CRÉDITS :

Publié en 1992 par :
Les Éditions Tormont Inc.
338, rue Saint-Antoine, est
Montréal, Canada H2Y 1A3
Tél. (514) 954-1441
Fax (514) 954-1443

Texte français © 1992 Les Éditions Tormont Inc.

Les recettes ont été testées et approuvées dans les cuisines de Land O'Lakes,
avec la collaboration de Robin Krause et Barbara Strand.

Concept, photographie et production : Cy DeCosse Incorporated.

Recettes et texte original © 1987, 1988, 1989 Land O'Lakes, Inc.
Concept et photographies © 1987, 1988, 1989 Cy DeCosse Incorporated.
Tous droits réservés.

LAND O LAKES® est la marque de commerce enregistrée de Land O'Lakes, Inc.
et est utilisée avec leur autorisation.

ISBN 2-89429-059-4
Imprimé au Canada

Cuisine FRAÎCHEUR

TORMONT

Cuisine FRAÎCHEUR

Au fil des ans, un intérêt marqué s'est toujours fait sentir pour les produits frais de la ferme. C'est cet intérêt que *Cuisine fraîcheur* veut vous transmettre, afin de préserver, chez chacun d'entre vous, le plaisir de bien manger. La plupart des recettes reposent sur des méthodes de cuisine traditionnelles et, bien qu'adaptées à notre époque, elles n'ont rien perdu de leur simplicité et de leurs délices.

Des spécialistes des arts ménagers ont testé et adapté ces recettes afin d'assurer une préparation facile et d'excellents résultats chaque fois que vous les cuisinerez. De superbes photos en couleurs des mets, ainsi que des photos étape par étape, vous montreront ce à quoi vous pouvez vous attendre.

Nous espérons que vous apprécierez le trésor de fraîcheur que vous apportera ce livre de recettes et qu'il vous donnera envie de cuisiner pour votre famille et vos amis.

Table des matières

Hors-d'œuvre, goûters et boissons . . . . page   6

Pains . . . . page 42

Soupes et ragoûts . . . . page 76

Volaille . . . . page 98

Viande . . . . page 158

Poisson et fruits de mer . . . . page 210

Œufs et fromage . . . . page 232

Salades et sandwiches . . . . page 254

Pâtes, riz et légumineuses . . . . page 322

Légumes . . . . page 344

Desserts, gâteaux et tartes . . . . page 394

Biscuits et friandises . . . . page 472

Index . . . . page 500

HORS-D'ŒUVRE, GOÛTERS ET BOISSONS

Par une belle journée ensoleillée, le meilleur endroit pour se réunir n'est-il pas sur la véranda ou sur le patio? L'herbe fraîchement coupée et les parterres de fleurs aux couleurs vives créent un climat idéal pour les réunions, que ce soit pour célébrer un événement spécial ou tout simplement pour se retrouver entre voisins.

Vos invités seront ravis de profiter du grand air. Les enfants pourront se dépenser pleinement, les adultes... peut-être entreprendre une partie de croquet, sans compter tout le temps que vous aurez pour échanger les uns avec les autres.

C'est l'occasion idéale pour préparer les amuse-gueule et les boissons préférés de votre famille, ou entreprendre de nouvelles créations culinaires des plus alléchantes. Commencez par de grands verres de limonade ou de jus de fruits frappés. Puis offrez à vos invités un plateau somptueusement garni de hors-d'œuvre et de goûters, comme des feuilletés au beurre avec une garniture crémeuse, des bouchées de poulet pané accompagnées d'une sauce savoureuse, des brochettes de légumes frais qui seront un régal tant pour les yeux que pour la bouche et une trempette relevée servie avec des petits pains ou un pain de seigle.

Ces délices sont aussi intéressantes lorsque vous les servez à l'intérieur lors d'une fête ou d'une agréable soirée de fin de semaine passée en famille. Si vous êtes invité, apportez-en avec vous; tout le monde en raffolera. Mais ce qui les rend encore plus délicieuses, c'est de les préparer pour les partager avec d'autres.

Bouchées de poulet pané

30 à 40 bouchées
30 min

De délicieuses bouchées de poulet pané
accompagnées d'une onctueuse sauce moutarde à la crème aigre.

250 mL	*(1 tasse)* flocons de maïs, émiettés
7 mL	*(1¹/₂ c. à thé)* origan
7 mL	*(1¹/₂ c. à thé)* thym
2	poitrines de poulet entières, dépiautées, en morceaux de 2,5 cm *(1 po)*
125 mL	*(¹/₂ tasse)* beurre ou margarine, fondu

Sauce

250 mL	*(1 tasse)* crème sure
30 mL	*(2 c. à soupe)* moutarde en grains forte
15 mL	*(1 c. à soupe)* lait

Préchauffer le four à 220 °C *(425 °F)*. Dans un petit bol, combiner les flocons de maïs, l'origan et le thym. Tremper les morceaux de poulet dans le beurre fondu, puis les enrober du mélange de flocons de maïs. Disposer le poulet sur une plaque à gâteau roulé de 40 x 25 x 2,5 cm *(15 x 10 x 1 po)*, en les espaçant de 1 cm *(¹/₂ po)*. Enfourner et faire cuire 10 à 15 min ou jusqu'à ce que le poulet soit tendre sous la fourchette et croustillant. Entre-temps, dans un petit bol, mélanger les ingrédients de la sauce. Servir les bouchées avec la sauce.

Conseil : les bouchées peuvent être préparées à l'avance et réchauffées 10 min au four, à 180 °C *(350 °F)*.

Cuisson au micro-ondes : placer les morceaux de poulet dans une casserole de 1 L *(4 tasses)* allant au micro-ondes. Couvrir; faire cuire à FORT en remuant deux fois, jusqu'à ce qu'ils soient tendres sous la fourchette (3 à 4 min). Dans un petit bol, combiner les flocons de maïs, l'origan et le thym. Dans un petit bol allant au micro-ondes, faire fondre le beurre à FORT (70 à 80 s). Tremper la moitié des morceaux de poulet dans le beurre fondu, puis les enrober du mélange de flocons de maïs. Les disposer dans un plat de service de 23 cm *(9 po)* de diamètre en les espaçant de 1 cm *(¹/₂ po)* vers l'extérieur de l'assiette. Couvrir d'un papier essuie-tout; faire cuire à FORT en tournant le plat de ¼ de tour après 1 min de cuisson, jusqu'à ce que les morceaux soient chauds (1¹/₂ à 2 min). Recommencez avec les morceaux de poulet qui restent.

Brochettes de légumes au citron

8 portions
30 min

Ce hors-d'œuvre léger et nourrissant a la fraîcheur de l'été.

1	poitrine de poulet entière, dépiautée, en lanières de 10 x 1 cm *(4 x ¹/₂ po)*
8	tomates cerise
1	poivron vert moyen, en morceaux de 2,5 cm *(1 po)*
15 mL	*(1 c. à soupe)* persil frais, haché
2 mL	*(¹/₂ c. à thé)* thym

1 mL	*(¹/₄ c. à thé)* sel
1	pincée de poivre
30 mL	*(2 c. à soupe)* jus de citron
4	tranches de citron de 1 cm *(¹/₂ po)* d'épaisseur, coupées en 4
8	brochettes de 13 x 20 cm *(5 x 8 po)*

Dans un bol de grandeur moyenne, mélanger tous les ingrédients *sauf* les tranches de citron et les brochettes. Laisser mariner 10 min. Entre-temps, allumer le gril de la cuisinière. Enfiler sur chaque brochette 1 morceau de citron puis, en alternant, les lanières de poulet et les légumes; terminer avec un morceau de citron. Badigeonner de marinade; faire griller de 5 à 10 cm *(2 à 4 po)* de l'élément supérieur, en retournant une fois, jusqu'à ce que le poulet soit tendre sous la fourchette (3 à 5 min).

Conseil : les brochettes peuvent se cuire sur du charbon bien blanc. Laisser griller 20 à 30 min en retournant de temps à autre, ou jusqu'à ce que le poulet soit tendre sous la fourchette.

Cuisson au micro-ondes : utiliser des grosses tomates cerise et des brochettes en bambou ou en bois. Suivre les indications ci-contre *sauf* pour le poulet qu'il faut découper en lanières de 5 x 1 cm *(2 x ¹/₂ po)*. Placer les brochettes préparées sur la grille d'une rôtissoire allant au micro-ondes. Badigeonner de marinade; faire cuire à FORT en tournant la grille de ¼ de tour et en retournant les brochettes après 4 min de cuisson, jusqu'à ce que le poulet soit tendre sous la fourchette (7 à 8 min).

Bouchées de poulet pané (en haut)
Brochettes de légumes au citron (en bas)

30 chaussons
60 min

Chaussons au poulet à la sauce crémeuse

*Des pâtisseries garnies qui peuvent se préparer à l'avance,
se congeler et se cuire juste avant de les servir.*

Garniture

30 mL	*(2 c. à soupe)* beurre ou margarine
30 mL	*(2 c. à soupe)* oignon haché fin
375 mL	*(1 1/2 tasse)* poulet, cuit, émietté
90 g	*(3 oz)* fromage à la crème
1 mL	*(1/4 c. à thé)* sel
1 mL	*(1/4 c. à thé)* thym
1 mL	*(1/4 c. à thé)* poivre
45 mL	*(3 c. à soupe)* vin blanc ou bouillon de poulet

Pâte

320 mL	*(1 1/3 tasse)* farine tout usage
2 mL	*(1/2 c. à thé)* sel
2 mL	*(1/2 c. à thé)* paprika
125 mL	*(1/2 tasse)* beurre ou margarine
30 à 60 mL	*(2 à 4 c. à soupe)* eau froide

Faire fondre le beurre dans un poêlon de 25 cm *(10 po)* de diamètre; ajouter l'oignon et le faire ramollir à feu moyen (4 à 5 min). Incorporer les autres ingrédients de la garniture. Poursuivre la cuisson en remuant de temps à autre jusqu'à ce que le fromage à la crème soit fondu et bien chaud (2 à 3 min). Réserver. Préchauffer le four à 190 °C *(375 °F)*. Dans un bol de grandeur moyenne, mélanger tous les ingrédients de la pâte *sauf* le beurre et l'eau. Ajouter le beurre et travailler au couteau pour obtenir un mélange grumeleux. Ajouter l'eau et façonner en boule. Déposer sur une surface de travail légèrement farinée et abaisser à 0,1 cm *(1/16 po)* d'épaisseur. Découper avec un emporte-pièce rond, enfariné, de 6 cm *(2 1/2 po)* de diamètre. Déposer 5 mL *(1 c. à thé)* de garniture sur la moitié d'un cercle de pâte; replier l'autre moitié par-dessus. Sceller les bords avec une fourchette. Déposer sur une plaque à biscuits. Recommencer avec le reste de pâte et de garniture. Enfourner et faire cuire 15 à 20 min ou jusqu'à brun doré.

Cuisson au micro-ondes : pour la garniture, couper le fromage à la crème en 6 morceaux. Dans une casserole de 1 L *(4 tasses)* allant au micro-ondes, faire fondre le beurre à FORT (40 à 50 s). Ajouter l'oignon; le faire cuire à FORT jusqu'à ce qu'il soit ramolli (1 1/2 à 1 3/4 min). Incorporer le fromage à la crème et le reste des ingrédients de la garniture. Faire cuire à FORT en remuant après 1 min, jusqu'à ce que le mélange soit bien chaud (2 à 2 1/2 min). Continuer comme indiqué ci-contre.

Chaussons au poulet à la sauce crémeuse

Poulet à la diable (en haut)
Ailes de poulet à la sauce aux ananas (en bas)

30 ailes de poulet
420 mL (1¾ tasse)
2 h 30 min

Ailes de poulet à la sauce aux ananas

Le raifort ajoute du piquant à ces tendres ailes de poulet.

Marinade

45 mL	*(3 c. à soupe)* vinaigre de cidre
30 mL	*(2 c. à soupe)* sauce soja
75 mL	*(⅓ tasse)* jus d'ananas, réservé
30 mL	*(2 c. à soupe)* huile végétale
10 mL	*(2 c. à thé)* raifort préparé
5 mL	*(1 c. à thé)* ail frais haché fin

1 kg	*(2½ lb)* ailes de poulet, parées (réserver les pointes pour une soupe)

Sauce

1 boîte	*(540 mL / 19 oz)* ananas broyé, égoutté (réserver le jus pour la marinade)
125 mL	*(½ tasse)* miel
15 mL	*(1 c. à soupe)* fécule de maïs

Dans un grand bol, mélanger tous les ingrédients de la marinade et les ailes de poulet panées. Laisser mariner au moins 1 heure. Préchauffer le four à 220 °C *(425 °F)*. Déposer les ailes de poulet et la marinade sur une plaque à gâteau roulé de 40 x 25 x 2,5 cm *(15 x 10 x 1 po)*. Enfourner et faire cuire, en remuant de temps à autre, 50 à 60 min ou jusqu'à ce que le poulet soit bruni et tendre sous la fourchette. Dans une casserole de 2 L *(8 tasses)*, mélanger tous les ingrédients de la sauce. Faire cuire à feu moyen-chaud, en remuant de temps à autre, jusqu'à ce que la sauce épaississe légèrement et soit bien chaude *(3 à 5 min)*.

Cuisson au micro-ondes : laisser mariner les ailes de poulet comme indiqué ci-contre. Entre-temps, dans un petit bol allant au micro-ondes, mélanger tous les ingrédients de la sauce. Faire cuire à FORT en remuant deux fois pendant la dernière moitié du temps de cuisson, jusqu'à ce que le mélange épaississe légèrement et soit bien chaud *(4½ à 5 min)*. Réserver. Dans un plat de service rond de 23 cm *(9 po)* de diamètre, disposer la moitié des ailes de poulet en rayons en les espaçant d'au moins 1 cm *(½ po)*. Couvrir d'une feuille de papier ciré; faire cuire à FORT, en tournant le plat de ¼ de tour deux fois pendant la cuisson, jusqu'à ce que le poulet soit tendre sous la fourchette *(8 à 9 min)*. Recommencer avec les ailes de poulet qui restent.

---

6 portions
45 min

Poulet à la diable

Une préparation relevée qui se déguste merveilleusement bien avec du pain français ou un délicieux pain de seigle.

500 mL	*(2 tasses)* poulet cuit, émietté
125 mL	*(½ tasse)* mayonnaise
45 mL	*(3 c. à soupe)* beurre ou margarine, fondu
30 mL	*(2 c. à soupe)* moutarde en grains forte
1	pincée de piment de Cayenne

250 mL	*(1 tasse)* chapelure fraîche
50 mL	*(¼ tasse)* persil frais haché
30 mL	*(2 c. à soupe)* beurre ou margarine, fondu
	Pain français, tranché

Préchauffer le four à 200 °C *(400 °F)*. Dans un bol de grandeur moyenne, mélanger le poulet, la mayonnaise, 45 mL *(3 c. à soupe)* de beurre, la moutarde et le piment de Cayenne. Étaler dans un moule à quiche de 25 cm *(10 po)* de diamètre ou dans un moule à tarte de 23 cm *(9 po)* de diamètre. Dans un petit bol, mélanger la chapelure, le persil et 30 mL *(2 c. à soupe)* de beurre. Parsemer sur le mélange de poulet. Enfourner et faire cuire 20 à 25 min ou jusqu'à brun doré et bien chaud. Tartiner sur du pain français.

Cuisson au micro-ondes : dans un petit bol allant au micro-ondes, mélanger la chapelure et 30 mL *(2 c. à soupe)* de beurre fondu; faire cuire à FORT en remuant toutes les 30 s, jusqu'à ce que la chapelure soit grillée *(3 à 4 min)*. Incorporer le persil; réserver. Dans un moule à quiche de 25 cm *(10 po)* de diamètre ou dans un moule à tarte de 23 cm *(9 po)* de diamètre allant au micro-ondes, faire fondre 45 mL *(3 c. à soupe)* de beurre à FORT *(40 à 50 s)*. Incorporer le poulet, la mayonnaise, la moutarde et le piment de Cayenne. Faire cuire à MOYEN *(50 % de la puissance)* en remuant toutes les 2 min, jusqu'à bien chaud *(8 à 10 min)*. Parsemer de chapelure grillée. Faire cuire à MOYEN *(50 % de la puissance)* jusqu'à bien chaud *(1 min)*.

Tartinade au foie de poulet

300 mL (*1¼ tasse*)
2 h 30 min

*Servez cette succulente préparation avec
des tranches de pain de seigle ou des craquelins de blé entier.*

Tartinade

45 mL	(*3 c. à soupe*) beurre ou margarine
225 g	(*½ lb*) foies de poulet
5 mL	(*1 c. à thé*) ail frais haché fin
30 mL	(*2 c. à soupe*) moutarde en grains forte
1 mL	(*¼ c. à thé*) sel
1	pincée de poivre

Glaçage

90 g	(*3 oz*) fromage à la crème, ramolli
30 à 45 mL	(*2 à 3 c. à soupe*) crème moitié-moitié
10 mL	(*2 c. à thé*) ciboulette fraîche hachée

Dans un poêlon de 25 cm (*10 po*) de diamètre, faire fondre le beurre; ajouter les foies de poulet et l'ail. Faire cuire à feu moyen-vif, en remuant de temps à autre, jusqu'à ce que les foies soient tendres sous la fourchette (6 à 8 min). Incorporer le reste des ingrédients de la tartinade. Poursuivre la cuisson jusqu'à bien chaud (1 à 2 min). Transvaser dans le bol du mélangeur ou du robot culinaire et mélanger jusqu'à consistance lisse. Presser le mélange dans un moule ou un bol à soupe de 500 mL (*2 tasses*) graissé. Faire prendre au réfrigérateur (1 à 2 h). Dans un petit bol, mélanger tous les ingrédients du glaçage. Démouler la tartinade dans un plat de service, glacer et décorer.

Cuisson au micro-ondes : pour la tartinade, découper les foies de poulet en deux. Dans une casserole de 1 L (*4 tasses*) allant au micro-ondes, faire fondre le beurre à FORT (40 à 50 s). Incorporer les foies de poulet et l'ail. Couvrir; faire cuire à FORT, en remuant toutes les minutes, jusqu'à ce que les foies soient tendres sous la fourchette (5 à 6 min). Ajouter le reste des ingrédients de la tartinade; mélanger. Faire cuire à FORT jusqu'à faible ébullition (45 à 60 s). Continuer comme indiqué ci-contre. Pour le glaçage, faire ramollir le fromage à la crème dans un petit bol, à MOYEN (50 % de la puissance), en remuant une fois après la mi-cuisson (1 à 1¼ min). Continuer comme indiqué ci-contre.

Pour servir la tartinade :

1. Démouler la tartinade dans un plat de service.

2. Glacer et décorer.

Tartinade au foie de poulet

Champignons farcis jardinière

20 hors-d'œuvre
45 min

Foies de poulet enrobés de bacon

Le bacon ajoute un délicieux petit goût fumé et les amandes,
un petit côté croquant aux foies de poulet.

225 à		
350 g	(*1/2 à 3/4 lb*) foies de poulet, coupés en 4	
20	amandes entières, blanchies	
10	tranches de bacon, coupées en 2	

Sauce

30 mL	(*2 c. à soupe*) sauce soja
15 mL	(*1 c. à soupe*) sherry
5 mL	(*1 c. à thé*) ail frais haché

Préchauffer le four à 200 °C (*400 °F*). Déposer 1 foie de poulet et 1 amande sur 1/2 tranche de bacon. Rouler; fixer avec un cure-dents. Recommencer avec le reste des ingrédients. Dans un bol de grandeur moyenne, mélanger les ingrédients de la sauce. Ajouter les foies de poulet; laisser mariner 10 min. Disposer les foies de poulet et la sauce sur une plaque à gâteau roulé de 40 x 25 x 2,5 cm (*15 x 10 x 1 po*). Enfourner et faire cuire 10 à 15 min ou jusqu'à ce que les foies soient tendres sous la fourchette.

Cuisson au micro-ondes : sur la grille d'une rôtissoire allant au micro-ondes, faire cuire le bacon à MOYEN (50 % de la puissance), en tournant le plat après la mi-cuisson, jusqu'à ce qu'il soit partiellement cuit (12 à 14 min). Continuer comme indiqué ci-contre, *mais* disposer les foies de poulet enrobés sur la grille d'une rôtissoire allant au micro-ondes. Faire cuire à FORT en réarrangeant les morceaux après la mi-cuisson, jusqu'à ce que les foies soient tendres sous la fourchette (6 à 8 min).

16 hors-d'œuvre
45 min

Champignons farcis jardinière

La carotte et le poivron vert ajoutent une touche de couleur
et de croquant à ces délicieux champignons farcis.

125 mL	(*1/2 tasse*) chapelure assaisonnée aux fines herbes
50 mL	(*1/4 tasse*) beurre ou margarine, fondu
50 mL	(*1/4 tasse*) carotte hachée fin
50 mL	(*1/4 tasse*) poivron vert haché fin

1	pincée de poivre
30 mL	(*2 c. à soupe*) oignon haché fin
16	têtes de champignon de 5 cm (*2 po*) de diamètre

Préchauffer le four à 180 °C (*350 °F*). Dans un petit bol, mélanger tous les ingrédients, *sauf* les champignons. Déposer 15 mL (*1 c. à soupe*) de garniture dans chaque tête de champignon. Disposer dans un plat allant au four de 33 x 23 cm (*13 x 9 po*). Enfourner et faire cuire 20 à 25 min ou jusqu'à tendres.

Cuisson au micro-ondes : préparer les champignons comme indiqué ci-contre. Disposer dans un plat de 30 x 20 cm (*12 x 8 po*) allant au micro-ondes. Couvrir; faire cuire à FORT, en tournant le plat après la mi-cuisson, jusqu'à tendres (8 à 9 min).

Boule au fromage suisse et au poivre

500 mL (*2 tasses*)
20 min

Tartinade au saumon fumé

Cette préparation servie sur des craquelins est idéale pour les réceptions.

250 g	(*8 oz*) fromage à la crème, ramolli
2 mL	(*½ c. à thé*) sel
15 mL	(*1 c. à soupe*) jus de citron
10 mL	(*2 c. à thé*) oignon haché fin
5 mL	(*1 c. à thé*) liquide fumé
2 mL	(*½ c. à thé*) raifort préparé

1 boîte (*439 g / 15,5 oz*) saumon égoutté, désossé, émietté

Pacanes hachées
Persil frais haché

Dans le petit bol du mélangeur, battre le fromage à la crème à vitesse moyenne, en raclant souvent le bol, jusqu'à ce que le mélange soit léger et gonflé (2 à 3 min). Ajouter le sel, le jus de citron, l'oignon, le liquide fumé et le raifort. Battre encore pour bien mélanger (1 à 2 min). À la main, incorporer le saumon. Transvaser à laide dune cuillère dans un bol de service. Garnir de pacanes et de persil, si désiré. Servir avec des craquelins. Garder au réfrigérateur.

1 boule au fromage
2 h

Boule au fromage suisse et au poivre

Le poivre complète le goût de noisette du fromage suisse.

170 g	(*6 oz*) fromage à la crème, ramolli
125 mL	(*½ tasse*) crème sure
1 mL	(*¼ c. à thé*) sel d'ail
375 mL	(*1½ tasse*) fromage suisse râpé (*170 g / 6 oz*)

30 mL	(*2 c. à soupe*) persil frais haché
30 à 45 mL	(*2 à 3 c. à soupe*) poivre grossièrement moulu

Dans le petit bol du mélangeur, battre le fromage à la crème à vitesse moyenne, en raclant souvent le bol, jusqu'à ce que le mélange soit lisse (1 à 2 min). Ajouter la crème sure et le sel d'ail; battre encore pour bien mélanger. À la main, incorporer le fromage et le persil. Laisser au moins 2 h au réfrigérateur. Façonner en une boule ou en un boudin aplati. Rouler dans le poivre pour l'en enrober. Garder au réfrigérateur.

28 hors-d'œuvre
30 min

Rouleaux au fromage et au bacon

*Le pain de seigle s'allie au bacon et au fromage
dans ce hors-d'œuvre rapide à préparer et qui plaît à tous.*

250 mL	(*1 tasse*) cheddar râpé (110 g / *4 oz*)
50 mL	(*¼ tasse*) bacon cuit, croustillant, émietté
50 mL	(*¼ tasse*) beurre ou margarine, ramolli

30 mL	(*2 c. à soupe*) oignons verts, en tranches de 0,2 cm (*⅛ po*)
7	tranches de pain de seigle sans la croûte

Dans un petit bol, mélanger tous les ingrédients *sauf* le pain. Aplatir chaque tranche de pain avec un rouleau à pâtisserie. Tartiner chaque tranche de pain avec 22 mL (*1½ c. à soupe*) de mélange au fromage. Rouler comme pour un gâteau roulé en commençant par le plus petit côté. Avec un couteau à dents de scie, trancher chaque rouleaux en quatre;

Pour préparer les rouleaux :

fixer avec un cure-dents. Déposer sur une plaque à biscuits. Faire chauffer le gril de la cuisinière. Faire griller à 13 cm (*5 po*) de l'élément supérieur 1½ à 2 ½ min ou jusqu'à brun doré et jusqu'à ce que le fromage soit fondu. Retirer de la plaque à biscuits; servir immédiatement.

1. Aplatir chaque tranche de pain avec un rouleau à pâtisserie.

2. Avec un couteau à dents de scie, trancher chaque rouleau en quatre; fixer avec un cure-dents.

Rouleaux au fromage et au bacon

Quartiers de pomme de terre au bacon et au fromage

10 à 12 portions
30 min

Un hors-d'œuvre délicieux ou un goûter de fin de soirée.

1 paquet	(750 g / *25 oz*) de pommes de terre de coupées en quartiers, surgelées	250 mL	(*1 tasse*) bacon cuit, croustillant, émietté
500 mL	(*2 tasses*) cheddar râpé (250 g / *8 oz*)	50 mL	(*¼ tasse*) oignons verts tranchés
			Crème sure

Préchauffer le four comme indiqué sur l'emballage des pommes de terre. Déposer les pommes de terre en une seule couche sur une plaque à biscuits. Enfourner et faire cuire suivant les directives sur l'emballage. Parsemer immédiatement de fromage, de bacon et d'oignons; poursuivre la cuisson 1 à 2 min ou jusqu'à ce que le fromage soit fondu. Servir chaud, avec de la crème sure, si désiré.

Cuisson au micro-ondes : déposer les pommes de terre en une seule couche dans une grande assiette ou sur une plaque à biscuits allant au micro-ondes. Faire cuire à FORT, en réarrangeant les pommes de terre après la mi-cuisson, jusqu'à ce qu'elles soient chaudes (10 à 12 min). Parsemer immédiatement de fromage, de bacon et d'oignons. Faire cuire au micro-ondes à FORT jusqu'à ce que le fromage soit fondu (1 à 2 min).

Trempette maison aux légumes

500 mL (*2 tasses*)
2 h 15 min

Des légumes fraîchement coupés ajoutent une touche de couleur et de saveur à cette trempette.

250 mL	(*1 tasse*) crème sure	1 mL	(*¼ c. à thé*) ail en poudre
125 mL	(*½ tasse*) mayonnaise		
50 mL	(*¼ tasse*) piment vert haché		Bâtonnets de carottes et de céleri,
1 bocal	(60 g / *2 oz*) piments doux rôtis en dés, égouttés		bouquets de brocoli ou de chou-fleur, cosses de pois, tomates cerise, champignons
15 mL	(*1 c. à soupe*) oignon vert haché		
5 mL	(*1 c. à thé*) sel assaisonné		

Dans un bol de grandeur moyenne, mélanger tous les ingrédients, *sauf* les légumes. Couvrir; mettre au moins 2 h au réfrigérateur. Servir avec les légumes.

Trempette maison aux légumes

50 hors-d'œuvre
45 min

Cosses de pois garnies en fête

*Des hors-d'œuvre spéciaux avec une garniture au fromage à la crème
rehaussée de cheddar et de poivre grossièrement moulu.*

50	cosses de pois (250g / *8 oz*)	125 mL	(*½ tasse*) cheddar râpé (60g / *2 oz*)
250 g	(*8 oz*) fromage à la crème, ramolli	2 mL	(*½ c. à thé*) poivre grossièrement moulu

Dans une casserole de 2 L (*8 tasses*) porter 500 mL (*2 tasses*) d'eau à forte ébullition. Ajouter les cosses de pois; faire cuire 1 min. Bien égoutter; plonger dans de l'eau glacée. Bien égoutter. Couper les tiges des cosses de pois, puis fendre un des côtés pour former une poche; réserver. Dans le petit bol du mélangeur, combiner le fromage à la crème, le cheddar et le poivre. Battre à vitesse moyenne, en raclant souvent le bol pour bien mélanger (1 à 2 min). Garnir chaque cosse de pois de mélange au fromage avec une cuillère ou une poche à douille. Garder au réfrigérateur jusqu'au moment de servir.

Pour préparer les cosses de pois garnies :

1. Couper les tiges des cosses, puis les fendre pour former une pochette; réserver.

2. Garnir les pochettes de mélange au fromage avec une cuillère ou une poche à douille.

Cosses de pois garnies en fête

250 mL (*1 tasse*)
15 min

Tartinade au beurre, aux dattes et aux pacanes

Servez cette savoureuse préparation lors de votre prochain brunch ou au déjeuner, sur des muffins au son.

75 mL	(*⅓ tasse*) beurre ou margarine, ramolli	50 mL	(*¼ tasse*) pacanes hachées
90 g	(*3 oz*) fromage à la crème, ramolli	15 mL	(*1 c. à soupe*) sherry ou jus de pomme
50 mL	(*¼ tasse*) dattes hachées fin		

Dans le petit bol du mélangeur, combiner le beurre et le fromage à la crème. Battre à vitesse moyenne, en raclant souvent le bol pour bien mélanger (1 à 2 min).

À la main, incorporer les ingrédients qui restent. Servir avec des craquelins, du pain aux noix ou des muffins. Garder au réfrigérateur.

450 mL (*1¾ tasse*)
2 h

Trempette régal aux fruits

Cette trempette ensoleillée peut aussi se servir comme dessert rafraîchissant à la fin d'un repas.

500 mL	(*2 tasses*) crème sure	15 mL	(*1 c. à soupe*) zeste d'orange, râpé
30 mL	(*2 c. à soupe*) cassonade bien tassée		
15 mL	(*1 c. à soupe*) jus d'orange		Fruits frais, en morceaux

Dans un bol de grandeur moyenne, mélanger tous les ingrédients, *sauf* les fruits. Couvrir; mettre au réfrigérateur au moins 2 h. Servir avec des fruits frais.

Trempette régal aux fruits

Noix épicées à l'orange et à la cannelle

1,5 L (*6 tasses*)
1 h 20 min

Personne ne pourra résister à ces noix subtilement parfumées à la cannelle.

500 mL	(*2 tasses*) amandes entières blanchies		1 mL	(*¼ c. à thé*) muscade
375 mL	(*1½ tasse*) demi-pacanes		1	pincée de sel
375 mL	(*1½ tasse*) avelines		2	blancs d'œufs
250 mL	(*1 tasse*) sucre		15 mL	(*1 c. à soupe*) zeste d'orange râpé
1 mL	(*¼ c. à thé*) cannelle		125 mL	(*½ tasse*) beurre ou margarine

Préchauffer le four à 160 °C (*325 °F*). Étaler les noix sur une plaque à gâteau roulé de 40 x 25 x 2,5 cm (*15 x 10 x 1 po*). Enfourner et faire cuire, en remuant de temps à autre, 20 à 25 min ou jusqu'à ce qu'elles soient légèrement rôties; réserver. Dans un petit bol, mélanger le sucre, la cannelle, la muscade et le sel. Dans le petit bol du mélangeur, battre les blancs d'œufs à vitesse élevée, en raclant souvent le bol, jusqu'à la formation de pics mous (1 à 2 min). Battre encore, en ajoutant progressivement le mélange de sucre, jusqu'à la formation de pics fermes (1 à 2 min). À la main, en repliant, ajouter les noix et le zeste d'orange. Sur la même plaque à gâteau roulé, faire fondre le beurre au four (4 à 6 min). Étaler le mélange de noix sur le beurre. Enfourner et faire cuire, en remuant toutes les 10 min, 25 à 30 min ou jusqu'à ce que les noix soient brunes et qu'il ne reste plus de beurre. Laisser complètement refroidir. Conserver dans un contenant qui ferme hermétiquement.

Cuisson au micro-ondes : étaler les noix dans un plat de 30 x 20 cm (*12 x 8 po*) allant au micro-ondes. Faire cuire à FORT, en remuant toutes les 2 min, jusqu'à légère coloration dorée (10 à 12 min). Dans un petit bol, mélanger le sucre, la cannelle, la muscade et le sel. Dans le petit bol du mélangeur, battre les blancs d'œufs à vitesse élevée, en raclant souvent le bol, jusqu'à la formation de pics mous (1 à 2 min). Battre de nouveau, en ajoutant progressivement le mélange de sucre, jusqu'à la formation de pics fermes (1 à 2 min). À la main, en repliant, ajouter les noix et le zeste d'orange. Dans le même plat de cuisson, faire fondre le beurre à FORT (70 à 80 s). Étaler le mélange de noix sur le beurre. Faire cuire à FORT, en remuant deux fois pendant la cuisson, jusqu'à ce que les noix soient dorées et qu'il ne reste plus de beurre (9 à 11 min). Laisser complètement refroidir. Conserver dans un contenant qui ferme hermétiquement.

Bouchées tendres à l'avoine et à l'érable

2 L (*8 tasses*)
2 h

Un goûter des plus tendres à déguster à l'école, au travail ou à la maison.

375 mL	(*1½ tasse*) flocons d'avoine à l'ancienne		225 g	(*8 oz*) mélange de fruits séchés, en dés, en sachet
250 mL	(*1 tasse*) céréales de riz soufflé		50 mL	(*¼ tasse*) beurre ou margarine, fondu
250 mL	(*1 tasse*) son en flocons		375 mL	(*1½ tasse*) sirop d'érable pur ou à saveur d'érable
125 mL	(*½ tasse*) demi-pacanes			
125 mL	(*½ tasse*) graines de tournesol			
125 mL	(*½ tasse*) raisins secs			

Préchauffer le four à 160 °C (*325 °F*). Dans un plat de 33 x 23 cm (*13 x 9 po*) allant au four, étaler les flocons d'avoine. Enfourner et faire cuire, en remuant de temps à autre, 20 à 30 min ou jusqu'à légère coloration dorée. Incorporer les céréales de riz soufflé, le son en flocons, les pacanes et les graines de tournesol. Poursuivre la cuisson 14 à 16 min ou jusqu'à légère coloration dorée. Sortir du four; incorporer les raisins secs et les fruits séchés. Dans un petit bol, combiner le beurre et le sirop d'érable; verser sur le mélange de céréales. Mélanger pour bien enrober. Poursuivre la cuisson, en remuant de temps à autre, 45 à 50 min ou jusqu'à ce que le mélange s'amalgame et soit brun doré. Étaler sur une feuille de papier ciré. Laisser complètement refroidir; briser en morceaux.

Cuisson au micro-ondes : dans un plat de 30 x 20 cm (*12 x 8 po*) allant au micro-ondes, étaler les flocons d'avoine. Faire cuire à FORT, en remuant toutes les minutes, jusqu'à légère coloration dorée (5 à 8 min). Incorporer les céréales de riz soufflé, le son en flocons, les pacanes et les graines de tournesol. Faire cuire à FORT, en remuant toutes les minutes, jusqu'à légère coloration dorée (2 à 4 min). Ajouter les raisins secs et les fruits séchés. Dans un petit bol, combiner le beurre et le sirop d'érable; verser sur le mélange de céréales. Mélanger pour bien enrober. Faire cuire à FORT, en remuant toutes les 2 min, jusqu'à ce que le mélange s'amalgame et soit brun doré (6 à 8 min). Étaler sur une feuille de papier ciré. Laisser complètement refroidir; briser en morceaux.

Bouchées tendres à l'avoine et à l'érable (en haut)
Noix épicées à l'orange et à la cannelle (en bas)

Maïs soufflé pour les fêtes

3 L (*12 tasses*)
15 min

Maïs soufflé pour les fêtes

*Ces quatre variétés de maïs soufflé seront un véritable régal
lors de la prochaine fête que vous donnerez.*

3 L   (*12 tasses*) maïs soufflé
75 mL   (*⅓ tasse*) beurre ou margarine

Mettre le maïs soufflé dans un grand bol. Dans une casserole de 1 L (*4 tasses*), faire fondre le beurre à feu doux (2 à 3 min). Suivre les directives de la recette choisie. Servir immédiatement.

Variantes :

Maïs soufflé épicé : incorporer 1 mL (*¼ c. à thé*) de sauce aux piments forts au beurre fondu. Verser sur le maïs soufflé; mélanger pour bien enrober. Dans un petit bol, mélanger 5 mL (*1 c. à thé*) de chili en poudre et 1 mL (*¼ c. à thé*) de sel d'ail. En saupoudrer le maïs soufflé, mélanger pour bien enrober.

Maïs soufflé savoureux : mélanger 10 mL (*2 c. à thé*) de sauce Worcestershire au beurre fondu. Verser sur le maïs soufflé; mélanger pour bien enrober. Dans un petit bol, combiner 5 mL (*1 c. à thé*) de paprika, 2 mL (*½ c. à thé*) de sel assaisonné, 1 mL (*¼ c. à thé*) de basilic, 1 mL (*¼ c. à thé*) de marjolaine, 1 mL (*¼ c. à thé*) de thym et 1 mL (*¼ c. à thé*) d'ail en poudre. En saupoudrer le maïs soufflé; mélanger pour bien enrober.

Maïs soufflé au parmesan : verser le beurre fondu sur le maïs soufflé; mélanger pour bien enrober. Dans un petit bol, combiner 30 mL (*2 c. à soupe*) de parmesan râpé, 5 mL (*1 c. à thé*) de basilic, 2 mL (*½ c. à thé*) d'origan et 1 mL (*¼ c. à thé*) d'ail en poudre. En saupoudrer le maïs soufflé; mélanger pour bien enrober.

*Maïs soufflé aux pacanes pralinées : augmenter le beurre à 125 mL (*½ tasse*). Incorporer au beurre, 125 mL (*½ tasse*) de cassonade bien tassée et 5 mL (*1 c. à thé*) de cannelle. Faire cuire à feu moyen, en remuant de temps à autre, jusqu'à ce que le mélange parvienne à pleine ébullition (3 à 5 min). Laisser bouillir 7 min, en remuant continuellement. Retirer du feu; incorporer 175 mL (*⅔ tasse*) de pacanes hachées. Verser lentement sur le maïs soufflé; mélanger pour bien enrober. Laisser refroidir 10 min; briser en morceaux.*

---

4 douzaines
30 min

Croustilles de pain

*Ces savoureuses croustilles sont faciles à préparer et amusantes à servir
comme goûter ou pour accompagner soupes et salades.*

½   pain à sandwich (24 tranches)
75 mL   (*⅓ tasse*) beurre ou margarine
15 mL   (*1 c. à soupe*) graines de sésame

2 mL   (*½ c. à thé*) thym
1   pincée de poivre
2 mL   (*½ c. à thé*) ail frais haché fin

Préchauffer le four à 180 °C (*350 °F*). Découper chaque tranche de pain en deux, diagonalement. Sur une plaque à gâteau roulé de 40 x 25 x 2,5 cm (*15 x 10 x 1 po*), faire fondre le beurre au four (3 à 5 min). Incorporer le reste des ingrédients *sauf* les tranches de pain. Mettre les tranches de pain dans le mélange de beurre; les retourner pour bien les enrober. Enfourner et faire cuire 10 min; remuer les croustilles. Poursuivre la cuisson 5 à 10 min ou jusqu'à ce que les croustilles soient prêtes.

Conseil : le pain à sandwich peut être découpé avec de petits emporte-pièce de 5 cm (*2 po*).

Rhum chaud au beurre, à l'ancienne (à droite)
Café à la menthe et à l'orange (à gauche)

16 portions
15 min

Rhum chaud au beurre, à l'ancienne

Chassez les frissons de l'hiver avec cette boisson chaude traditionnelle.

250 mL   (*1 tasse*) sucre
250 mL   (*1 tasse*) cassonade bien tassée
250 mL   (*1 tasse*) beurre
500 mL   (*2 tasses*) crème glacée à la vanille, ramollie

Rhum ou extrait de rhum
Eau bouillante
Muscade

Dans une casserole de 2 L (*8 tasses*), mélanger le sucre, la cassonade et le beurre. Faire cuire à feu doux, en remuant de temps à autre, jusqu'à ce que le beurre soit fondu (6 à 8 min). Dans le grand bol du mélangeur, incorporer le mélange cuit à la crème glacée; battre à vitesse moyenne, en raclant souvent le bol, jusqu'à ce que le mélange soit lisse (1 à 2 min).

Conserver jusqu'à 2 semaines au réfrigérateur, ou 1 mois au congélateur. Pour chaque portion, mettre dans une choppe 50 mL (*¼ tasse*) de mélange, 30 mL (*1 oz*) de rhum ou 1 mL (*¼ c. à thé*) d'extrait de rhum et 200 mL (*¾ tasse*) d'eau bouillante; saupoudrer de muscade.

6 portions
3 h

Café à la menthe et à l'orange

*Versé sur la menthe et l'orange, ce café au goût agréable est délicieux,
aussi bien glacé que chaud.*

Café glacé

6   tiges de menthe fraîche
6   tranches d'orange
2,5 L   (*10 tasses*) café fraîchement préparé
625 mL   (*2½ tasses*) crème glacée à la vanille

Café chaud

6   tiges de menthe fraîche
6   tranches d'orange
2,5 L   (*10 tasses*) café fraîchement préparé
    Crème fouettée sucrée

Pour préparer le café glacé, mettre la menthe et les tranches d'orange dans un grand pot à l'épreuve de la chaleur; ajouter le café fraîchement préparé. Laisser refroidir 1 h. Couvrir; faire refroidir au réfrigérateur (environ 2 h). Dans chacun des 6 verres, déposer 125 mL (*½ tasse*) de crème glacée et arroser de café glacé.

Pour préparer le café chaud, mettre 1 tige de menthe et 1 tranche d'orange dans chaque tasse. Ajouter le café fraîchement préparé. Servir avec de la crème fouettée sucrée. Si désiré, remplir de nouveau les tasses avec du café.

Punch chaud épicé

1,5 L (*6 tasses*)
4 h 45 min

*Servez ce punch épicé avec une cuillère afin que tous puissent déguster
les raisins secs et les amandes au fond de leur tasse.*

1 L	(*4 tasses*) cidre	6	lanières de zeste d'orange de 7 x 1 cm
500 mL	(*2 tasses*) jus de raisin ou vin rouge sec		(*3 x ½ po*)
30 mL	(*2 c. à soupe*) gingembre cristallisé en morceaux	1	bâton de cannelle
8	clous de girofle entiers	150 mL	(*⅔ tasse*) raisins secs
		150 mL	(*⅔ tasse*) amandes effilées

Dans une casserole de 3 L (*12 tasses*), mélanger tous les ingrédients *sauf* les raisins secs et les amandes. Laisser reposer à la température ambiante pendant 4 h. Faire cuire à feu moyen jusqu'à un début d'ébullition (15 à 20 min). Réduire le feu à faible; laisser mijoter 15 min. Filtrer; jeter le mélange d'épices. Remettre dans la casserole. Ajouter les raisins secs et les amandes. Poursuivre la cuisson à feu doux jusqu'à ce que les raisins secs soient tendres (10 à 15 min). Servir chaud avec une cuillère dans chaque tasse.

Cidre ensoleillé

4 L (*16 tasses*)
20 min

*Une boisson traditionnelle arrosée d'un trait de jus d'orange
pour chasser les froids intenses de l'hiver.*

4 L	(*16 tasses*) cidre
180 mL	(*6 oz*) jus d'orange surgelé
3	clous de girofle entiers
2	bâtons de cannelle

Dans une cocotte, mélanger tous les ingrédients. Faire cuire à feu moyen jusqu'à ce que le mélange soit bien chaud et les saveurs, bien mélangées (environ 15 min).

Conseil : pour garder le cidre chaud, le mettre dans une mijoteuse, à faible température.

Punch chaud épicé (à gauche)
Cidre ensoleillé (à droite)

Chocolat chaud riche et crémeux (à gauche)
Lait de poule crémeux, à l'ancienne (à droite)

2 L (*8 tasses*)
30 min

Chocolat chaud riche et crémeux

Prenez le temps de déguster une grande tasse de ce délicieux chocolat crémeux,
le préféré de tous les temps.

125 mL	(*1/2 tasse*) grains de chocolat mi-sucré	Liqueurs
125 mL	(*1/2 tasse*) sucre	Crème fouettée sucrée
125 mL	(*1/2 tasse*) eau	Chocolat râpé
1	pincée de sel	Zeste de citron râpé
1,4 L	(*5 1/2 tasses*) lait	Zeste d'orange râpé
500 mL	(*2 tasses*) crème à fouetter	Cannelle
10 mL	(*2 c. à thé*) vanille	Muscade

Dans une casserole de 3 L (*12 tasses*), faire fondre les grains de chocolat à feu doux, en remuant continuellement. Ajouter le sucre, l'eau et le sel. Faire cuire à feu moyen, en remuant continuellement avec un fouet métallique, jusqu'à ce que le mélange parvienne à pleine ébullition (4 à 5 min). Faire bouillir, en remuant continuellement, 2 min. Incorporer le lait et la crème à fouetter. Poursuivre la cuisson à feu moyen, en remuant de temps à autre, jusqu'à ce que le mélange soit bien chaud (12 à 15 min). NE PAS FAIRE BOUILLIR. Ajouter la vanille. Battre avec un fouet métallique ou électrique jusqu'à ce que le mélange soit mousseux. Verser dans des choppes. Si désiré, ajouter 15 à 30 mL (*1 à 2 c. à soupe*) de liqueur dans chaque choppe. Garnir chaque portion d'une cuillerée de crème fouettée sucrée. Si désiré, utiliser une des garnitures suivantes, au choix : chocolat râpé, zeste de citron râpé, zeste d'orange râpé, cannelle ou muscade.

Cuisson au micro-ondes : dans un bol de 3 L (*12 tasses*) allant au micro-ondes, mélanger les grains de chocolat, le sucre, l'eau et le sel. Faire cuire à FORT, en remuant toutes les minutes, jusqu'à ce que les grains de chocolat soient fondus et que le mélange parvienne à pleine ébullition (3 à 4 min). Faire cuire à FORT 2 min. Incorporer le lait et la crème à fouetter. Faire cuire à FORT en remuant après la mi-cuisson, jusqu'à ce que le mélange soit bien chaud (8 à 10 min). NE PAS FAIRE BOUILLIR. Ajouter la vanille. Battre avec un fouet métallique ou électrique jusqu'à ce que le mélange soit mousseux. Verser dans des choppes. Si désiré, ajouter 15 à 30 mL (*1 à 2 c. à soupe*) de liqueur dans chaque choppe. Garnir chaque portion d'une cuillerée de crème fouettée sucrée. Si désiré utiliser une des garnitures suivantes, au choix : chocolat râpé, zeste de citron râpé, zeste d'orange râpé, cannelle ou muscade.

1,3 L (*5 tasses*)
25 min

Lait de poule crémeux, à l'ancienne

La crème fraîche vient enrichir ce lait de poule chaud, idéal pour les réunions des fêtes.

125 mL	(*1/2 tasse*) sucre en poudre	Rhum
4	œufs	Crème fouettée sucrée
1 mL	(*1/4 c. à thé*) sel	Muscade
2 mL	(*1/2 c. à thé*) vanille	
1 L	(*4 tasses*) crème à fouetter ou lait	

Dans un bol du mélangeur de 1,3 L (*5 tasses*), combiner le sucre en poudre, les œufs, le sel et la vanille. Couvrir; bien mélanger à vitesse élevée (15 à 20 s). Dans une casserole de 2 L (*8 tasses*), mettre 500 mL (*2 tasses*) de crème à fouetter. Faire cuire à feu moyen jusqu'à ce que le thermomètre atteigne 60 °C (*140 °F*) (5 à 6 min). Tout en battant à vitesse moyenne, ajouter lentement la crème à fouetter chaude au mélange d'œufs. Continuer à mélanger jusqu'à ce que le mélange soit mousseux (15 à 20 s).

*Dans la même casserole de 2 L (*8 tasses*) combiner le mélange d'œufs et les 500 mL (*2 tasses*) de crème à fouetter qui restent. Faire cuire à feu moyen, en remuant de temps à autre, jusqu'à ce que le mélange atteigne 60 °C (*140 °F*) (5 à 6 min). Si désiré, ajouter 15 à 30 mL (*1 à 2 c. à soupe*) de rhum dans chaque tasse; garnir de crème fouettée sucrée et de muscade.

* Le mélange peut se conserver au réfrigérateur 2 à 3 jours.

Boisson panachée et crémeuse à la lime

4 L (*16 tasses*)
15 min

Un punch crémeux et rafraîchissant, idéal pour votre prochaine fête surprise.

1 L	(*4 tasses*) crème glacée à la vanille, légèrement ramollie
1 L	(*4 tasses*) sorbet à la lime, légèrement ramolli
1 L	(*4 tasses*) lait

180 mL	(*6 oz*) limonade concentrée, surgelée
180 mL	(*6 oz*) jus de lime concentré, surgelé
500 mL	(*2 tasses*) eau
1 L	(*4 tasses*) soda au gingembre

Dans un grand bol à punch, combiner la crème glacée, le sorbet et le lait. Dans un broc de 1 L (*4 tasses*), mélanger la limonade concentrée, le jus de lime concentré et l'eau. Verser sur le mélange de crème glacée. Ajouter le soda au gingembre; mélanger légèrement.

Lait malté au chocolat de la crémerie

1,2 L (*4¾ tasses*)
15 min

Un lait malté traditionnel avec quatre variantes qui vous mettront l'eau à la bouche.

175 mL	(*¾ tasse*) lait
50 mL	(*¼ tasse*) lait malté naturel, instantané
1 L	(*4 tasses*) crème glacée au chocolat

Dans un bol du mélangeur de 1,3 L (*5 tasses*), combiner le lait et le lait malté instantané. Mélanger à vitesse moyenne, en arrêtant souvent l'appareil pour racler les parois du bol, jusqu'à ce que le lait malté soit dissout (30 à 40 s). Ajouter la crème glacée; continuer à mélanger, en arrêtant souvent l'appareil pour racler les parois, jusqu'à ce que le mélange soit lisse (30 à 40 s). Servir immédiatement.

Variantes :

Lait malté au chocolat aux framboises : préparer le lait malté au chocolat en suivant les directives ci-dessus. À la main, incorporer 250 mL (*1 tasse*) de framboises sucrées.

Lait malté aux biscuits au chocolat à la menthe : préparer le lait malté au chocolat en suivant les directives ci-dessus. Incorporer 12 biscuits au chocolat fourrés à la menthe.

Lait malté au chocolat au beurre d'arachide : préparer le lait malté au chocolat en suivant les directives ci-dessus. Incorporer 250 mL (*1 tasse*) de beurre d'arachide.

Lait malté au chocolat aux amandes : préparer le lait malté au chocolat en suivant les directives ci-dessus. Incorporer 5 mL (*1 c. à thé*) d'extrait d'amande. À la main, incorporer 250 mL (*1 tasse*) de grains de chocolat mi-sucré.

Boisson panachée et crémeuse à la lime (à droite)
Lait malté au chocolat de la crémerie (à gauche)

3 L (*12 tasses*)
10 min

Punch aux pommes du verger

*Ce punch rapide et facile à préparer sera délicieux
pour une réception de mariage ou toute autre célébration.*

1	bouteille (900 mL / *32 oz*) jus de pomme, froid
1 bôite	(341 mL / *11 oz*) cocktail aux canneberges concentré, surgelé

250 mL	(*1 tasse*) jus d'orange
1,5 L	(*6 tasses*) soda au gingembre ou champagne, frappé
1	pomme rouge, non évidée

Dans un grand bol à punch, mélanger le jus de pomme, le cocktail aux canneberges concentré et le jus d'orange. Remuer pour dissoudre. Ajouter lentement le soda au gingembre ou le champagne.

Trancher finement la pomme, sur la verticale, pour former des tranches de pomme entières. Laisser flotter les tranches de pommes à la surface du punch.

1,5 L (*6 tasses*)
40 min

Limonade rose pétillante

*Les chaudes journées d'été passées sur le perron ne seront plus jamais
les mêmes sans cette limonade maison.*

375 mL	(*1¹/₂ tasse*) sucre
375 mL	(*1¹/₂ tasse*) jus de citron fraîchement pressé (6 citrons)
1 L	(*4 tasses*) soda club, froid*

20 mL	(*4 c. à thé*) sirop de grenadine**
	Brochettes en bois de 15 cm (*6 po*)
	Fruits frais en morceaux (fraises, boules de melon, morceaux d'ananas, etc.)

Dans un broc de 2 L (*8 tasses*), bien mélanger le sucre et le jus de citron. Mettre au réfrigérateur au moins 30 min. Juste avant de servir, ajouter le soda club. Incorporer le sirop de grenadine.

*Il est possible de remplacer le soda club par 1 L (*4 tasses*) d'eau.

Sur des brochettes en bois de 15 cm (*6 po*), enfiler les morceaux de fruit pour faire des brochettes. Déposer les brochettes dans les verres; ajouter des glaçons, puis la limonade.

**Il est possible de remplacer le sirop de grenadine par 4 à 6 gouttes de colorant alimentaire.

Punch aux pommes du verger

PAINS

L'odeur du pain qui cuit dégage un arôme si tentant que l'on résiste mal à l'envie d'en prendre une bouchée quand on vient juste de le sortir du four. Lorsqu'il a suffisamment refroidi, mais qu'il est encore tiède, quel plaisir d'en découper une tranche bien épaisse et de la tartiner de beurre et de confiture! Chaque bouchée est aussi délectable qu'un dessert.

Il est difficile de ne pas succomber aux délices du pain frais. Que ce soient les muffins épicés, les beignes tendres ou les pâtisseries croustillantes et feuilletées qui sortent du four, tous sont faits pour être dégustés autour d'une table pendant un déjeuner lors d'une fin de semaine de détente ou pour être servis aux amis qui s'arrêtent quelques instants pour prendre de vos nouvelles.

Au dîner comme au souper, le pain que l'on fait chez soi est tellement meilleur! Pensez au pain à la farine de maïs, tendre et moelleux, servi avec du beurre de miel pour accompagner une soupe costaude; aux petits gâteaux au babeurre qui donnent un petit air de fête à votre souper; ou encore aux pains de blé entier, si délicieux pour les sandwiches...

Le pain préparé chez vous remplit la maison d'odeurs et de saveurs incomparables. C'est probablement la plus belle marque de bienvenue que vous puissiez offrir à ceux qui se rassemblent autour de votre table.

Pain de farine de maïs au miel

6 portions
30 min

Ce pain de farine de maïs tendre et moelleux
gagne à être servi avec du beurre.

250 mL	(*1 tasse*) farine tout usage		250 mL	(*1 tasse*) crème fouettée
250 mL	(*1 tasse*) farine de maïs		50 mL	(*¼ tasse*) huile végétale
50 mL	(*¼ tasse*) sucre		50 mL	(*¼ tasse*) miel
15 mL	(*1 c. à soupe*) poudre à pâte		2	œufs, légèrement battus
3 mL	(*½ c. à thé*) sel			

Préchauffer le four à 200 °C (*400 °F*). Dans un bol de grandeur moyenne, mélanger la farine, la farine de maïs, le sucre, la poudre à pâte et le sel. Ajouter le reste des ingrédients et mélanger juste pour humecter. Verser dans un moule carré de 23 cm (*9 po*) de côté allant au four, graissé. Enfourner et faire cuire 20 à 25 min ou jusqu'à ce qu'un cure-dents inséré au milieu en ressorte propre.

Cuisson au micro-ondes : préparer le pain de farine de maïs comme indiqué ci-contre. Verser dans un moule en couronne de 1,5 L (*6 tasses*) allant au micro-ondes, graissé. Faire cuire à FORT, en tournant le plat toutes les 3 min, jusqu'à ce que le pain se détache des parois du moule et soit sec sur le dessus (7 à 9 min). Laisser reposer 3 min.

Petits pains au babeurre

8 petits pains
25 min

Des petits pains chauds qui fondent dans la bouche.

500 mL	(*2 tasses*) farine tout usage		150 mL	(*⅔ tasse*) graisse végétale
20 mL	(*4 c. à thé*) poudre à pâte		180 mL	(*¾ tasse*) babeurre
3 mL	(*½ c. à thé*) sel			

Préchauffer le four à 220 °C (*425 °F*). Dans un grand bol, mélanger la farine, la poudre à pâte et le sel. Ajouter la graisse végétale et travailler au couteau jusqu'à ce que le mélange soit grumeleux. Incorporer le babeurre; mélanger juste pour humecter. Verser la pâte sur une surface légèrement farinée; pétrir jusqu'à ce qu'elle soit lisse (1 min). Abaisser à 2 cm (*¾ po*) d'épaisseur. Découper en 8 petits pains de 5 cm (*2 po*) de diamètre; mettre sur une plaque à biscuits en les espaçant de 2,5 cm (*1 po*). Enfourner et faire cuire 10 à 14 min ou jusqu'à légèrement doré.

Pain de farine de maïs au miel (à gauche)
Petits pains au babeurre (à droite)

Petits pains au beurre et au parmesan

12 petits pains
35 min

Le parmesan et le basilic font toute la différence dans ces délicieux petits pains.

80 mL	(*⅓ tasse*) beurre ou margarine		20 mL	(*3½ c. à thé*) poudre à pâte
525 mL	(*2¼ tasses*) farine tout usage		5 mL	(*1 c. à thé*) basilic
30 mL	(*2 c. à soupe*) parmesan râpé		15 mL	(*1 c. à soupe*) persil frais haché
15 mL	(*1 c. à soupe*) sucre		250 mL	(*1 tasse*) lait

Préchauffer le four à 200 °C (*400 °F*). Dans un moule carré de 23 cm (*9 po*) de côté allant au four, faire fondre le beurre au four (3 à 5 min). Entre-temps, dans un bol de grandeur moyenne, combiner tous les ingrédients *sauf* le lait. Incorporer le lait; mélanger juste pour humecter. Verser la pâte sur une surface légèrement farinée; pétrir 10 fois ou jusqu'à ce qu'elle soit lisse. Abaisser en un rectangle de 30 x 10 cm (*12 x 4 po*). Découper en 12 lanières de 2,5 cm (*1 po*). Tremper chaque lanière dans le beurre fondu. Mettre dans le même plat. Enfourner et faire cuire 20 à 25 min ou jusqu'à légèrement doré.

Pour préparer les petits pains :

1. Abaisser la pâte en un rectangle de 30 x 10 cm (*12 x 4 po*). Découper en 12 lanières de 2,5 cm (*1 po*).

2. Tremper chaque lanière dans le beurre fondu. Déposer dans le même plat.

Petits pains au beurre et au parmesan

Muffins Streusel à la muscade

12 muffins
30 min

Muffins Streusel à la muscade

Dégustez ces muffins à la muscade dès leur sortie du four.

Mélange Streusel

325 mL	(*1 1/3 tasse*) farine tout usage
250 mL	(*1 tasse*) cassonade bien tassée
125 mL	(*1/2 tasse*) beurre ou margarine, ramolli

Muffins

150 mL	(*2/3 tasse*) farine tout usage
10 mL	(*1 1/2 c. à thé*) poudre à pâte

10 mL	(*1 1/2 c. à thé*) muscade
3 mL	(*1/2 c. à thé*) bicarbornate de soude
3 mL	(*1/2 c. à thé*) sel
150 mL	(*2/3 tasse*) babeurre
1	œuf

Préchauffer le four à 200 °C (*400 °F*). Dans un grand bol, combiner 325 mL (*1 1/3 tasse*) de farine et la cassonade; ajouter le beurre et travailler au couteau jusqu'à ce que le mélange soit grumeleux. Réserver 125 mL (*1/2 tasse*) pour la garniture Streusel. Dans le même bol, ajouter tous les ingrédients des muffins au mélange Streusel. Mélanger juste pour humecter. Déposer à la cuillère dans un moule pour 12 muffins, graissé. Saupoudrer avec le reste du mélange Streusel. Enfourner et faire cuire 18 à 22 min ou jusqu'à légèrement doré. Laisser reposer 5 min; démouler.

Cuisson au micro-ondes : préparer les muffins comme indiqué ci-contre. Déposer à la cuillère le 1/3 de la pâte dans un moule pour 6 muffins allant au micro-ondes, tapissé de moules en papier; remplir les cavités jusqu'à la moitié. Faire cuire à FORT 1 min. Saupoudrer avec le tiers du mélange Streusel; tourner. Faire cuire à FORT jusqu'à ce que la surface des muffins soit sèche (1 1/2 à 2 1/2 min). Recommencer avec le reste de pâte.   18 muffins.

12 muffins
30 min

Muffins épicés à la citrouille

Pendant les moissons d'automne, vous apprécierez ces tendres muffins à la citrouille, au goût subtil de cannelle et de gingembre.

500 mL	(*2 tasses*) farine tout usage
175 mL	(*2/3 tasse*) cassonade bien tassée
75 mL	(*1/3 tasse*) sucre
15 mL	(*1 c. à soupe*) poudre à pâte
5 mL	(*1 c. à thé*) sel
5 mL	(*1 c. à thé*) cannelle

1 mL	(*1/4 c. à thé*) bicarbonate de soude
1 mL	(*1/4 c. à thé*) gingembre
125 mL	(*1/2 tasse*) beurre ou margarine, fondu
125 mL	(*1/2 tasse*) citrouille cuite
75 mL	(*1/3 tasse*) babeurre
2	œufs, légèrement battus

Préchauffer le four à 200 °C (*400 °F*). Dans un grand bol, mélanger tous les ingrédients *sauf* le beurre, la citrouille, le babeurre et les œufs. Dans un bol de grandeur moyenne, combiner le reste des ingrédients. Ajouter le mélange de farine; mélanger juste pour humecter. Déposer la pâte à la cuillère dans un moule pour 12 muffins, graissé. Enfourner et faire cuire 15 à 20 min ou jusqu'à légèrement doré. Laisser reposer 5 min; démouler.

Cuisson au micro-ondes : préparer les muffins comme indiqué ci-contre. Déposer le 1/3 de la pâte dans un moule pour 6 muffins allant au micro-ondes, tapissé de moules en papier, en remplissant la moitié des cavités. Faire cuire à FORT, en tournant après la mi-cuisson, jusqu'à ce que la surface des muffins soit sèche (2 1/2 à 3 1/2 min). Recommencer avec le reste de la pâte.   18 muffins.

Scones au cheddar et à l'aneth

16 scones
30 min

L'irrésistible arôme de ces scones rapides à préparer remplira la cuisine et ouvrira l'appétit.

600 mL	(*2½ tasses*) farine tout usage		2 mL	(*½ c. à thé*) sel
250 mL	(*1 tasse*) cheddar râpé (110 g / *4 oz*)		175 mL	(*¾ tasse*) beurre ou margarine
50 mL	(*¼ tasse*) persil frais haché		2	œufs, légèrement battus
15 mL	(*1 c. à soupe*) poudre à pâte		120 mL	(*½ tasse*) lait moitié-moitié
10 mL	(*2 c. à thé*) aneth en grains			

Préchauffer le four à 200 °C (*400 °F*). Dans un bol de grandeur moyenne, mélanger tous les ingrédients, *sauf* le beurre, les œufs et le lait moitié-moitié. Ajouter le beurre et travailler au couteau, jusqu'à ce que le mélange soit grumeleux. Ajouter les œufs et le lait moitié-moitié; mélanger juste pour humecter. Renverser la pâte sur une surface légèrement farinée; pétrir jusqu'à ce qu'elle soit lisse (1 min). Diviser la pâte en deux; abaisser chaque moitié en un cercle de 20 cm (*8 po*) de diamètre. Découper chaque cercle en 8 pointes de tarte. Déposer sur une plaque à biscuits en les espaçant de 2,5 cm (*1 po*). Enfourner; faire cuire 15 à 20 min ou jusqu'à légèrement doré.

Pour préparer les scones au cheddar et à l'aneth :

1. Ajouter les œufs et le lait moitié-moitié; mélanger juste pour humecter. Renverser la pâte sur une surface légèrement farinée; pétrir jusqu'à ce qu'elle soit lisse (1 min).

2. Diviser la pâte en deux; abaisser chaque moitié en un cercle de 20 cm (*8 po*) de diamètre. Découper chaque cercle en 8 pointes de tarte.

Scones au cheddar et à l'aneth

Savoureux beignets soufflés

6 beignets soufflés
55 min

Des beignets soufflés bien gonflés, à la saveur d'antan.

3	œufs, à la température ambiante	300 mL	(*1¼ tasse*) farine tout usage
300 mL	(*1¼ tasse*) lait, à la température ambiante	1 mL	(*¼ c. à thé*) sel

Préchauffer le four à 230 °C (*450 °F*). Dans le petit bol du mélangeur, battre les œufs à vitesse moyenne, en raclant souvent le bol, jusqu'à ce que le mélange soit légèrement jaune (1 à 2 min). Ajouter le lait; battre encore 1 min pour incorporer de l'air. À la main, ajouter le reste des ingrédients. Verser la pâte dans un moule à 6 beignets soufflés ou dans 6 ramequins, graissés. Enfourner et faire cuire 15 min; réduire la température à 180 °C (*350 °F*). *Ne pas ouvrir la porte du four.* Poursuivre la cuisson 25 à 30 min ou jusqu'à brun doré. Enfoncer la pointe d'un couteau dans les beignets pour permettre à la vapeur de s'échapper. Servir immédiatement.

Conseil : pour avoir de meilleures chances de succès, utiliser des œufs et du lait à la température ambiante : 22 °C (*72 °F*).

Pour préparer les beignets soufflés :

1. Verser la pâte dans 6 moules à beignets soufflés ou dans 6 ramequins, graissés .

2. Planter la pointe d'un couteau dans les beignets pour permettre à la vapeur de s'échapper.

Savoureux beignets soufflés

Galettes de maïs croquantes au bacon

6 galettes de maïs
25 min

Galettes de maïs croquantes au bacon

Ces galettes sont savoureuses servies avec de la saucisse, des œufs et du sirop d'érable.

6	tranches de bacon, en morceaux de 1 cm (*1/2 po*)	1	œuf, légèrement battu
75 mL	(*1/3 tasse*) oignon haché	15 mL	(*1 c. à soupe*) huile végétale
250 mL	(*1 tasse*) farine tout usage	227 mL	(*8 oz*) maïs en grains entiers, égoutté
30 mL	(*2 c. à soupe*) ciboulette fraîche hachée	125 mL	(*1/2 tasse*) fromage Monterey Jack râpé (60 g / 2 oz)
5 mL	(*1 c. à thé*) poudre à pâte		
3 mL	(*1/2 c. à thé*) sel		Sirop d'érable ou sirop à la saveur d'érable, chaud
1	pincée de piment de Cayenne		
175 mL	(*2/3 tasse*) lait		

Dans un poêlon de 25 cm (*10 po*) de diamètre, faire cuire le bacon et l'oignon à feu moyen-vif, jusqu'à ce que le bacon soit doré (7 à 9 min). Entre-temps, dans un bol de grandeur moyenne, combiner la farine, la ciboulette, la poudre à pâte, le sel et le piment de Cayenne. Incorporer le lait, l'œuf et l'huile juste pour humecter. Ajouter le bacon et l'oignon, et le reste des ingrédients *sauf* le sirop d'érable. Faire chauffer une tôle graissée à 180 °C (*350 °F*) ou jusqu'à ce que des gouttes d'eau jetées dessus grésillent. Pour chaque galette, verser 75 mL (*1/3 tasse*) de pâte sur la tôle. Faire cuire jusqu'à ce que les galettes de maïs soient dorées (3 à 4 min de chaque côté). Servir chaud avec du sirop d'érable.

2 pains
1 h 30 min

Pains aux courgettes

La cuisson de ces pains, qui se préparent en un tournemain, dégage un doux arôme de cannelle.

725 mL	(*3 tasses*) farine tout usage	1 mL	(*1/4 c. à thé*) poudre à pâte
350 mL	(*1 1/2 tasse*) sucre	1 mL	(*1/4 c. à thé*) muscade
125 mL	(*1/2 tasse*) cassonade bien tassée	1 mL	(*1/4 c. à thé*) clous de girofle
250 mL	(*1 tasse*) beurre ou margarine, ramolli	15 mL	(*1 c. à soupe*) vanille
3	œufs	475 mL	(*2 tasses*) courgettes (2 moyennes) non pelées, râpées
15 mL	(*1 c. à soupe*) cannelle		
5 mL	(*1 c. à thé*) sel	125 mL	(*1/2 tasse*) noix de Grenoble hachées
5 mL	(*1 c. à thé*) bicarbonate de soude		

Préchauffer le four à 180 °C (*350 °F*). Dans le grand bol du mélangeur, combiner tous les ingrédients *sauf* les courgettes et les noix de Grenoble. Bien mélanger en battant à faible vitesse et en raclant souvent les parois du bol (2 à 3 min). À la main, incorporer les courgettes et les noix de Grenoble. Étaler dans 2 moules à pain de 20 x 10 cm (*8 x 4 po*). Enfourner; faire cuire au four 50 à 65 min ou jusqu'à ce qu'un cure-dents enfoncé au milieu en ressorte propre. Laisser refroidir 10 min; démouler. Laisser complètement refroidir; conserver au réfrigérateur.

Craquelins croustillants

Ces craquelins minces et croustillants, se préparent pendant que la soupe mijote.

7 g	(*¼ oz*) levure sèche active		600 à	
250 mL	(*1 tasse*) eau tiède		725 mL	(*2½ à 3 tasses*) farine tout usage
	(40° à 46 °C / 105° à 115 °F)		1	œuf, légèrement battu
10 mL	(*2 c. à thé*) sucre			Gros sel*
5 mL	(*1 c. à thé*) sel			Poivre concassé*
45 mL	(*3 c. à soupe*) beurre ou margarine, fondu			Graines de sésame

Préchauffer le four à 200 °C (*400 °F*). Dans un grand bol, dissoudre la levure dans de l'eau tiède. Incorporer le sucre, 5 mL (*1 c. à thé*) de sel et le beurre. Ajouter graduellement la farine, 250 mL (*1 tasse*) à la fois, en utilisant suffisamment de farine pour que la pâte soit facile à manier. Renverser la pâte sur une surface légèrement farinée; pétrir jusqu'à ce qu'elle soit lisse (5 min). Diviser la pâte en 4 portions égales; façonner en boules. Laisser reposer 10 min; abaisser chaque boule en un cercle de 30 cm

(*12 po*) de diamètre. Disposer sur des plaques à biscuits graissées. Badigeonner de blanc d'œuf; saupoudrer de sel ou de poivre, ou parsemer de graines de sésame. Enfourner; faire cuire 10 à 15 min ou jusqu'à légèrement doré. Laisser complètement refroidir sur une grille. (Ce pain sera de forme et de couleur irrégulières.) Pour servir, briser en morceaux.

*Le gros sel et le poivre concassé peuvent être remplacés par du sel et du poivre de table.

Pour préparer les craquelins :

1. Diviser la pâte en 4 portions égales; façonner en boules. Laisser reposer 10 min; abaisser chaque boule en un cercle de 30 cm (*12 po*) de diamètre.

2. Disposer sur des plaques à biscuits graissées. Badigeonner d'œuf battu; saupoudrer de sel ou de poivre, ou parsemer de graines de sésame.

Craquelins croustillants

6 tranches
15 min

Pain à l'ail rôti à la poêle

Le pain est d'abord rôti dans du beurre à l'ail, puis parsemé de mozzarella.

75 mL	(*⅓ tasse*) beurre ou margarine
0,5 mL	(*⅛ c. à thé*) piment de Cayenne
5 mL	(*1 c. à thé*) ail frais haché fin

6	tranches pain français de 2,5 cm (*1 po*) d'épaisseur
125 mL	(*½ tasse*) mozzarella râpée (60 g / *2 oz*)

Dans un poêlon de 25 cm (*10 po*) de diamètre, faire fondre le beurre jusqu'à ce qu'il grésille. Incorporer le piment de Cayenne et l'ail. Tremper les deux côtés de *chaque* tranche de pain dans le beurre fondu; disposer dans le même poêlon. Faire cuire à feu moyen, en surveillant attentivement, jusqu'à ce que le pain soit légèrement doré (2 à 3 min). Réduire le feu à doux. Retourner les tranches de pain; parsemer chacune d'elles d'environ 15 mL (*1 c. à soupe*) de fromage râpé. Couvrir; poursuivre la cuisson jusqu'à ce que le fromage soit fondu (1 à 2 min). Servir immédiatement.

Pour préparer le pain à l'ail rôti dans la poêle :

1. Tremper les deux côtés de *chaque* tranche de pain dans le beurre fondu; disposer dans le même poêlon. Faire cuire à feu moyen, en surveillant attentivement, jusqu'à ce que le pain soit légèrement doré (2 à 3 min). Réduire le feu à doux.

2. Retourner les tranches de pain; parsemer chacune d'elles d'environ 15 mL (*1 c. à soupe*) de fromage. Couvrir; poursuivre la cuisson jusqu'à ce que le fromage soit fondu (1 à 2 min).

Pain à l'ail rôti à la poêle

Pains de ménage

2 pains
4 h

Ces pains se dégustent encore chauds, à la sortie du four, et tartinés de beurre.

500 mL	(*2 tasses*) lait
15 mL	(*1 c. à soupe*) beurre ou margarine
7 g	(*1/4 oz*) levure sèche active
50 mL	(*1/4 tasse*) eau tiède (40° à 46 °C / *105° à 115 °F*)

1,4 à 1,6 L	(*5 1/2 à 6 1/2 tasses*) farine tout usage
30 mL	(*2 c. à soupe*) sucre
10 mL	(*2 c. à thé*) sel
	Beurre ou margarine, ramolli

Dans une casserole de 1 L (*4 tasses*), faire chauffer le lait jusqu'au point d'ébullition; ajouter le beurre et mélanger jusqu'à ce qu'il soit fondu. Laisser tiédir (40° à 46 °C / *105° à 115 °F*). Dans le grand bol du mélangeur, dissoudre la levure dans l'eau tiède. Ajouter le mélange de lait, 750 mL (*3 tasses*) de farine, le sucre et le sel. Battre à vitesse moyenne jusqu'à ce que le mélange soit lisse, en raclant souvent le bol (1 à 2 min). À la main, incorporer suffisamment de farine pour que la pâte soit facile à manier. Renverser la pâte sur une surface légèrement farinée; pétrir jusqu'à ce qu'elle soit lisse et élastique (environ 10 min).

Déposer dans un bol graissé; tourner le côté graissé vers le haut. Couvrir; laisser doubler de volume dans un endroit chaud (environ 1 1/2 h). La pâte est prête lorsque l'empreinte reste après l'avoir touchée. Abaisser la pâte d'un coup de poing; diviser en deux. Façonner chaque moitié en pain. Déposer les pains dans 2 moules à pain de 23 x 13 cm (*9 x 5 po*), graissés. Couvrir; laisser doubler de volume (environ 1 h). Préchauffer le four à 200 °C (*400 °F*). Enfourner; faire cuire 25 à 35 min ou jusqu'à ce que les pains sonnent creux lorsqu'on les tape. Démouler immédiatement. Si désiré, badigeonner la surface de beurre.

Pains de blé au miel

2 pains
4 h

Ces pains de blé entier remplissent la cuisine de leur arôme alléchant.

250 mL	(*1 tasse*) lait
50 mL	(*1/4 tasse*) beurre ou margarine
2	sachets de levure sèche active (7 g / *1/4 oz* chacun)
250 mL	(*1 tasse*) eau tiède (40° à 46 °C / *105° à 115 °F*)
1,2 à 1,6 L	(*4 3/4 à 5 3/4 tasses*) farine tout usage

500 mL	(*2 tasses*) farine de blé entier
75 mL	(*1/3 tasse*) miel
2	œufs
15 mL	(*1 c. à soupe*) sel
5 mL	(*1 c. à thé*) sucre
	Beurre ou margarine, ramolli

Dans une casserole de 1 L (*4 tasses*), combiner le lait et le beurre. Faire cuire à feu moyen jusqu'à ce que le beurre soit fondu (3 à 4 min). Laisser tiédir (40° à 46 °C / *105° à 115 °F*). Dans le grand bol du mélangeur, dissoudre la levure dans l'eau tiède. Ajouter le mélange de lait, 500 mL (*2 tasses*) de farine, la farine de blé entier, le miel, les œufs, le sel et le sucre. Battre à vitesse moyenne, en raclant souvent le bol, jusqu'à ce que le mélange soit lisse (1 à 2 min). À la main, incorporer suffisamment de farine pour que la pâte soit facile à manier. Renverser la pâte sur une surface légèrement farinée; pétrir jusqu'à ce qu'elle soit lisse et élastique (environ 10 min). Déposer dans

un bol graissé; tourner le côté graissé vers le haut. Couvrir; laisser doubler de volume dans un endroit chaud (environ 1 1/2 h). La pâte est prête lorsque l'empreinte reste après l'avoir touchée. Abaisser d'un coup de poing; diviser en deux. Façonner chaque moitié en pain. Déposer les pains dans 2 moules à pain de 23 x 13 cm (*9 x 5 po*), graissés. Couvrir; laisser doubler de volume (environ 1 1/2 h). Préchauffer le four à 180 °C (*350 °F*). Enfourner; faire cuire 25 à 35 min ou jusqu'à ce que les pains sonnent creux lorsqu'on les tape. Démouler immédiatement. Si désiré, badigeonner la surface de beurre.

Pain de ménage (à droite)
Pain de blé au miel (à gauche)

Petits pains aux flocons d'avoine et à la mélasse

Petits pains de grand-maman

4 douzaines
3 h

Un délice classique, parfait pour toutes les occasions.

500 mL	(*2 tasses*) eau bouillante
125 mL	(*½ tasse*) beurre ou margarine, ramolli
2	sachets de levure sèche active (7 g / *¼ oz* chacun)
125 mL	(*½ tasse*) eau tiède (40° à 46 °C / *105° à 115 °F*)

2,2 à 2,5 L	(*9 à 10 tasses*) farine tout usage
125 mL	(*½ tasse*) sucre
3	œufs
7 mL	(*1½ c. à thé*) sel

Beurre ou margarine, ramolli

Dans un bol de grandeur moyenne, mélanger l'eau bouillante et le beurre jusqu'à ce que le beurre soit fondu. Laisser tiédir (40° à 46 °C / *105° à 115 °F*). Dans le grand bol du mélangeur, dissoudre la levure dans l'eau tiède. Y ajouter le mélange de beurre, 750 mL (*3 tasses*) de farine, le sucre, les œufs et le sel. Battre à vitesse moyenne jusqu'à ce que le mélange soit lisse, en raclant souvent le bol (1 à 2 min). À la main, incorporer suffisamment de farine pour que la pâte soit facile à manier. Renverser la pâte sur une surface légèrement farinée; pétrir jusqu'à ce qu'elle soit lisse et élastique (environ 10 min). Rouler dans un bol graissé; tourner le côté graissé vers le haut. Couvrir; laisser doubler de volume dans un endroit chaud (environ 1 h). La pâte est prête lorsque l'empreinte reste après l'avoir touchée. Abaisser la pâte d'un coup de poing; la diviser en deux. Les mains farinées, façonner chaque moitié en 24 boules. Disposer dans 2 tôles de 33 x 23 cm (*13 x 9 po*), graissées. Couvrir; laisser doubler de volume (environ 1 h). Préchauffer le four à 200 °C (*400 °F*). Enfourner; faire cuire 20 à 25 min ou jusqu'à brun doré. Si désiré, badigeonner le dessus des petits pains avec du beurre.

Petits pains aux flocons d'avoine et à la mélasse

3 douzaines
3 h

Des petits pains maison tendres et légèrement sucrés.

500 mL	(*2 tasses*) flocons d'avoine
375 mL	(*1½ tasse*) eau bouillante
50 mL	(*¼ tasse*) beurre ou margarine
2	sachets de levure sèche active (7 g / *¼ oz* chacun)
125 mL	(*½ tasse*) eau tiède (40° à 46 °C / *105° à 115 °F*)

1,5 à 1,8 L	(*6¼ à 7¼ tasses*) farine tout usage
250 mL	(*1 tasse*) cassonade bien tassée
75 mL	(*⅓ tasse*) mélasse légère
2	œufs
7 mL	(*1½ c. à thé*) sel

Beurre ou margarine, ramolli

Dans un bol de grandeur moyenne, mélanger les flocons d'avoine, l'eau bouillante et le beurre jusqu'à ce que le beurre soit fondu. Laisser tiédir (40° et 46 °C / *105° et 115 °F*). Dans le grand bol du mélangeur, dissoudre la levure dans l'eau tiède. Ajouter le mélange de flocons d'avoine, 500 mL (*2 tasses*) de farine, la cassonade, la mélasse, les œufs et le sel. Battre à vitesse moyenne jusqu'à ce que le mélange soit lisse, en raclant souvent le bol (1 à 2 min). À la main, incorporer suffisamment de farine pour que la pâte soit facile à manier. Renverser sur une surface légèrement farinée; pétrir jusqu'à ce qu'elle soit lisse et élastique (environ 10 min). Déposer dans un bol graissé; tourner le côté graissé vers le haut. Couvrir; laisser doubler de volume dans un endroit chaud (environ 1 h). La pâte est prête lorsque l'empreinte reste après l'avoir touchée. Abaisser d'un coup de poing; diviser en deux. Avec les mains farinées, façonner chaque moitié en 18 boules. Les disposer sur une tôle de 33 x 23 cm (*13 x 9 po*). Couvrir; laisser doubler du volume (environ 1 h). Préchauffer le four à 190 °C (*375 °F*). Enfourner; faire cuire 20 à 25 min ou jusqu'à brun doré. Si désiré, badigeonner la surface de beurre.

18 brioches
3 h

Brioches au caramel et aux raisins secs

*Que ce soit les brioches au caramel appréciées de tout temps
ou les délicieuses brioches à l'orange glacées, toutes deux ont la même préparation de base.*

Pâte*

1,2 à 1,3 L	(*4¹/2 à 5 tasses*) farine tout usage
75 mL	(*¹/3 tasse*) sucre
250 mL	(*1 tasse*) lait tiède
	(49° à 54 °C / *120° à 130 °F*)
125 mL	(*¹/2 tasse*) beurre ou margarine, fondu
7 g	(*¹/4 oz*) levure sèche active
2	œufs
2 mL	(*¹/2 c. à thé*) sel
200 mL	(*³/4 tasse*) raisins secs

Garniture

300 mL	(*1¹/4 tasse*) cassonade bien tassée
175 mL	(*²/3 tasse*) beurre ou margarine, fondu
50 mL	(*3 c. à soupe*) sirop de maïs léger
10 mL	(*1¹/2 c. à thé*) cannelle

Dans le grand bol du mélangeur, combiner 500 mL (*2 tasses*) de farine, le sucre, le lait, 125 mL (*¹/2 tasse*) de beurre, la levure, les œufs et le sel. Battre à vitesse moyenne jusqu'à ce que le mélange soit lisse, en raclant souvent le bol (environ 1 à 2 min). À la main, incorporer les raisins secs et suffisamment de farine pour que la pâte soit facile à manier. Renverser la pâte sur une surface légèrement farinée; pétrir jusqu'à ce qu'elle soit lisse et élastique (3 à 5 min). Déposer dans un moule graissé; tourner le côté graissé vers le haut. Couvrir; laisser doubler de volume dans un endroit chaud (environ 1 à 1¹/2 h). La pâte est prête lorsque l'empreinte reste après l'avoir touchée. Abaisser d'un coup de poing. Dans un bol de grandeur moyenne, mélanger tous les ingrédients de la garniture *sauf* la cannelle. Étaler la ¹/2 de la garniture au fond d'une tôle de 33 x 23 cm (*13 x 9 po*), graissée. Incorporer la cannelle au reste de garniture. Sur une surface légèrement farinée, abaisser la pâte en un rectangle de 45 x 23 cm (*18 x 9 po*); la tartiner du reste de garniture. Rouler comme pour un gâteau roulé en commençant par le côté de 45 cm (*18 po*). Pincer les extrémités pour bien sceller. Découper en tranches de 2,5 cm (*1 po*); disposer les tranches sur la tôle préparée. Couvrir; laisser doubler de volume (environ 1 h). Préchauffer le four à 190 °C (*375 °F*). Enfourner; faire cuire 25 à 30 min ou jusqu'à brun doré. Renverser immédiatement sur un plateau de service; démouler.

Brioches à l'orange glacées : préparer la pâte comme indiqué ci-contre, en omettant les raisins secs. Omettre la garniture. Pour préparer la garniture à l'orange, dans un petit bol, combiner 75 mL (*¹/3 tasse*) de beurre fondu, 200 mL (*³/4 tasse*) de sucre, 15 mL (*1 c. à soupe*) de sirop de maïs léger et 15 mL (*1 c. à soupe*) de zeste d'orange râpé. Sur une surface légèrement farinée, abaisser la pâte en un rectangle de 45 x 23 cm (*18 x 9 po*); la tartiner de garniture à l'orange. Rouler comme pour un gâteau roulé en commençant par le côté de 45 cm (*18 po*). Pincer les extrémités pour bien sceller. Découper en tranches de 2,5 cm (*1 po*); disposer les tranches sur une tôle de 33 x 23 cm (*13 x 9 po*), graissée. Couvrir; laisser doubler de volume (environ 1 h). Préchauffer le four à 190 °C (*375 °F*). Enfourner; faire cuire 25 à 30 min ou jusqu'à brun doré. Renverser immédiatement sur une grille; démouler. Inverser les brioches sur un plateau de service (le dessus en haut). Pour préparer le glaçage, dans un petit bol, mélanger 500 mL (*2 tasses*) de sucre glace, 50 mL (*¹/4 tasse*) de jus d'orange et 5 mL (*1 c. à thé*) de zeste d'orange râpé. Glacer le dessus des brioches chaudes.

*De la pâte à pain surgelée pour 2 pains de 450 g (*1 lb*) chacun peut remplacer la pâte de cette recette. Faire dégeler la pâte à pain selon les directives sur l'emballage. Pour la préparation des brioches au caramel et aux raisins secs, pétrir 200 mL (*³/4 tasse*) de raisins secs dans la pâte. Préparer la garniture et poursuivre comme indiqué ci-contre.

Brioches au caramel et aux raisins secs

10 portions
3 h

Pain marguerite glacé au citron

Prenez le temps de façonner ce pain tendre en forme de marguerite.

Pâte

125 mL	(*1/2 tasse*) sucre
125 mL	(*1/2 tasse*) beurre ou margarine
175 mL	(*3/4 tasse*) lait
7 g	(*1/4 oz*) levure sèche active
1 à 1,2 L	(*41/4 à 43/4 tasses*) farine tout usage
3	œufs
3 mL	(*1/2 c. à thé*) sel
15 mL	(*1 c. à soupe*) zeste de citron râpé
5 mL	(*1 c. à thé*) vanille

Garniture

50 mL	(*1/4 tasse*) beurre ou margarine, ramolli
3 mL	(*1/2 c. à thé*) clous de girofle moulus

Glaçage

125 mL	(*1/2 tasse*) sucre
125 mL	(*1/2 tasse*) crème sure
50 mL	(*1/4 tasse*) beurre ou margarine
30 mL	(*2 c. à soupe*) jus de citron

Dans une casserole de 1 L (*4 tasses*), combiner 125 mL (*1/2 tasse*) de sucre, 125 mL (*1/2 tasse*) de beurre et le lait. Faire cuire à feu moyen jusqu'à ce que le beurre soit fondu (3 à 5 min). Verser dans un grand bol; laisser tiédir (40° à 46 °C / *105° à 115 °F*). Y incorporer la levure jusqu'à ce qu'elle soit dissoute. Ajouter 750 mL (*3 tasses*) de farine et le reste des ingrédients de la pâte; bien mélanger. Incorporer le reste de farine, 125 mL (*1/2 tasse*) à la fois, jusqu'à ce que la pâte soit lisse. Renverser la pâte sur une surface légèrement farinée; pétrir jusqu'à ce qu'elle soit lisse et élastique (3 à 5 min). Déposer dans un bol graissé; tourner le côté graissé vers le haut. Couvrir; laisser doubler de volume dans un endroit chaud (1 à 1½ h). La pâte est prête lorsque l'empreinte reste après l'avoir touchée. Abaisser la pâte d'un coup de poing; laisser reposer 10 min. Sur une surface légèrement farinée abaisser la pâte en un cercle de 45 cm (*18 po*).

Badigeonner avec 50 mL (*1/4 tasse*) de beurre ramolli; parsemer de clous de girofle. Déposer un verre renversé au milieu; pratiquez 4 fentes à intervalles réguliers, de l'extérieur du cercle vers le verre. Découper chaque portion en 5 pointes. Tordre légèrement les pointes deux par deux pour obtenir dix tortillons; pincer les extrémités. Rouler les tortillons vers le centre en formant une marguerite; enlever le verre. Rouler un tortillon pour le cœur. Disposer sur une grande plaque à biscuits graissée; retoucher la forme si nécessaire. Couvrir; laisser lever environ 45 min. Préchauffer le four à 180 °C (*350 °F*). Enfourner; faire cuire 20 à 30 min ou jusqu'à brun doré. Dans une casserole de 2 L (*8 tasses*) combiner tous les ingrédients du glaçage. Faire cuire à feu moyen, en remuant de temps à autre, jusqu'à pleine ébullition (5 à 6 min); laisser bouillir 3 min. Verser le glaçage chaud sur le pain chaud.

Pour préparer le pain :

1. Déposer un verre renversé au milieu; pratiquer 4 fentes à intervalles réguliers, de l'extérieur du cercle vers le verre. Découper chaque portion en 5 pointes. Tordre légèrement les pointes deux par deux pour obtenir 10 tortillons; pincer les extrémités.

2. Rouler les tortillons vers le centre pour former une marguerite; enlever le verre. Rouler un tortillon pour le cœur.

Pain marguerite glacé au citron

Gâteau détachable aux raisins secs et aux noix

Parfait pour une réunion imprévue, ce gâteau sucré détachable en régalera plusieurs.

1 gâteau
3 h 40 min

250 mL	*(1 tasse)* lait	1		œuf
50 mL	*(¼ tasse)* beurre ou margarine	3 mL	*(½ c. à thé)* sel
7 g	*(¼ oz)* levure sèche active	250 mL	*(1 tasse)* sucre
50 mL	*(¼ tasse)* eau tiède	125 mL	*(½ tasse)* pacanes hachées
	(40° à 46 °C / 105° à 115 °F)	7 mL	*(1½ c. à thé)* cannelle
750 mL			
à 1 L	*(3½ à 4 tasses)* farine tout usage	125 mL	*(½ tasse)* beurre ou margarine, fondu
50 mL	*(¼ tasse)* sucre	125 mL	*(½ tasse)* raisins secs dorés

Dans une casserole de 1 L (*4 tasses*), faire chauffer le lait jusqu'au point d'ébullition; incorporer 50 mL (*¼ tasse*) de beurre jusqu'à ce qu'il soit fondu. Laisser tiédir (40° à 46 °C / *105° à 115 °F*). Dans le grand bol du mélangeur, dissoudre la levure dans l'eau tiède. Ajouter le mélange de lait tiède, 500 mL (*2 tasses*) de farine, 50 mL (*¼ tasse*) de sucre, l'œuf et le sel. Battre à vitesse moyenne jusqu'à ce que le mélange soit lisse, en raclant souvent le bol (1 à 2 min). À la main, incorporer suffisamment de farine pour que la pâte soit facile à manier. Renverser la pâte sur une surface légèrement farinée; pétrir jusqu'à ce qu'elle soit lisse et élastique (environ 10 min). Déposer dans un bol graissé; tourner le côté graissé vers le haut. Couvrir; laisser doubler de volume dans un endroit chaud (environ 1½ h). La pâte est prête lorsque l'empreinte reste après l'avoir touchée. Abaisser la pâte d'un coup de poing; diviser en deux. Avec les mains farinées, façon-

ner chaque moitié en 24 boules. Dans un petit bol, mélanger 250 mL (*1 tasse*) de sucre, les pacanes et la cannelle. Tremper les boules d'abord dans le beurre fondu, puis dans le mélange de sucre. Disposer les 24 boules au fond d'un moule en couronne de 25 cm (*10 po*) de diamètre. (S'il s'agit d'un moule démontable, le foncer d'une feuille de papier d'aluminium.) Parsemer de raisins secs. Recouvrir des 24 boules qui restent. Couvrir; laisser doubler de volume (environ 45 min). Préchauffer le four à 190 °C (*375 °F*). Enfourner; faire cuire 35 à 40 min ou jusqu'à ce que le gâteau sonne creux lorsqu'on le tape. (Couvrir le gâteau d'une feuille de papier d'aluminium s'il brunit trop rapidement.) Renverser immédiatement le moule dans une assiette de service à l'épreuve de la chaleur. Laisser reposer 1 min pour permettre au mélange de sucre de se cristalliser sur le gâteau. Démouler; servir chaud.

Pour préparer le gâteau :

1. Avec les mains farinées, façonner chaque moitié en 24 boules. Dans un petit bol, mélanger 250 mL (*1 tasse*) de sucre, les pacanes et la cannelle. Tremper les boules d'abord dans le beurre fondu, puis dans le mélange de sucre. Disposer les 24 boules au fond d'un moule en couronne de 25 cm (*10 po*) de diamètre.

2. Renverser immédiatement le moule dans une assiette de service à l'épreuve de la chaleur. Laisser reposer 1 min pour permettre au sucre de se cristalliser sur le gâteau. Démouler; servir chaud.

Gâteau détachable aux raisins secs et aux noix

Beignes glacés au miel

*Ces beignes classiques satisferont les plus grands appétits avec leur texture
semblable à celle d'un succulent pain à la levure, et leur saveur de piment de la Jamaïque.*

Beignes

250 mL	(*1 tasse*) sucre
150 mL	(*2/3 tasse*) beurre ou margarine, coupé en morceaux
375 mL	(*1 1/2 tasse*) lait
15 mL	(*1 c. à soupe*) piment de la Jamaïque
7 mL	(*1 1/2 c. à thé*) sel
125 mL	(*1/2 tasse*) eau tiède (40° à 46 °C / 105° à 115 °F)
3	sachets de levure sèche active (7 g / 1/4 oz chacun)
4	œufs
1,8 à 2 L	(*7 à 8 tasses*) farine tout usage Huile végétale

Glaçage

625 mL	(*2 1/2 tasses*) sucre glace
50 mL	(*1/4 tasse*) eau
30 mL	(*2 c. à soupe*) miel

Dans une casserole de 2 L (*8 tasses*), combiner le sucre, le beurre, le lait, le piment de la Jamaïque et le sel. Faire cuire à feu moyen jusqu'à ce que le beurre soit fondu (3 à 4 min). Laisser tiédir (40° à 46 °C / *105° à 115 °F*). Entre-temps, dans le grand bol du mélangeur, combiner 125 mL (*1/2 tasse*) d'eau tiède et la levure. Ajouter le mélange de lait, les œufs et 1 L (*4 tasses*) de farine. Battre à faible vitesse pour humecter, en raclant souvent le bol. Augmenter la vitesse à moyen; battre encore 3 min. À la main, incorporer suffisamment de farine pour que la pâte soit facile à manier. Renverser la pâte sur une surface légèrement farinée; pétrir jusqu'à ce qu'elle soit lisse et élastique (5 à 10 min). Déposer dans un bol graissé; tourner le côté graissé vers le haut. Couvrir; laisser doubler de volume dans un endroit chaud (1 à 1h1/2). La pâte est prête lorsque l'empreinte reste après l'avoir touchée.

Abaisser d'un coup de poing; diviser en deux. Sur une surface légèrement farinée, abaisser chaque moitié à 1cm (*1/2 po*) d'épaisseur. Avec un emporte-pièce légèrement fariné de 7,5 cm (*3 po*) de diamètre, découper des beignes. Disposer sur des plaques à biscuits graissées. Couvrir; laisser doubler de volume dans un endroit chaud (30 à 45 min). Faire chauffer 7,5 cm (*3 po*) d'huile à 190 °C (*375 °F*) dans une friteuse ou une cocotte. Plonger les beignes dans l'huile chaude. Faire frire jusqu'à ce qu'ils soient dorés (30 à 45 s de chaque côté). Retirer de l'huile; égoutter sur des serviettes en papier. Dans un petit bol, combiner tous les ingrédients du glaçage. Tremper les beignes chauds dans le glaçage; disposer sur une feuille de papier ciré. Servir chaud.

Conseil : pour réchauffer au micro-ondes, faire chauffer un beigne à FORT 5 à 6 s.

Pour préparer les beignes glacés au miel :

1. Faire chauffer 7,5 cm (*3 po*) d'huile à 190 °C (*375 °F*) dans une friteuse ou une cocotte. Plonger les beignes dans l'huile chaude. Faire frire jusqu'à ce qu'ils soient dorés (30 à 45 s de chaque côté).

2. Tremper les beignes chauds dans le glaçage; disposer sur une feuille de papier ciré.

Beignes glacés au miel

Brioches à la cannelle

Brioches à la cannelle

2 douzaines
3 h 20 min

Cette recette facile à préparer s'appelle aussi Oreilles d'éléphants.

Pâte

950 mL à 1 L	(*3¾ à 4¼ tasses*) farine tout usage
7 g	(*¼ oz*) levure sèche active
50 mL	(*¼ tasse*) sucre
300 mL	(*1¼ tasse*) lait
50 mL	(*¼ tasse*) beurre ou margarine
5 mL	(*1 c. à thé*) sel
1	œuf

Garniture

250 mL	(*1 tasse*) sucre
50 mL	(*¼ tasse*) beurre ou margarine, fondu
3 mL	(*½ c. à thé*) cannelle

Glaçage

50 mL	(*¼ tasse*) beurre ou margarine, fondu
250 mL	(*1 tasse*) sucre
5 mL	(*1 c. à thé*) cannelle
125 mL	(*½ tasse*) pacanes hachées

Dans le grand bol du mélangeur, combiner 500 mL (*2 tasses*) de farine et la levure. Dans une casserole de 1 L (*4 tasses*) combiner 50 mL (*¼ tasse*) de sucre, le lait, 50 mL (*¼ tasse*) de beurre et le sel. Faire cuire à feu moyen, en remuant continuellement, jusqu'à ce que ce soit chaud (46° à 49 °C / *115° à 120 °F*). Incorporer au mélange de farine; ajouter l'œuf. Battre à faible vitesse pour bien mélanger, en raclant souvent le bol (1 à 2 min). Battre à vitesse élevée, en raclant souvent le bol, 3 min. À la main, ajouter suffisamment de farine pour que la pâte soit facile à manier. Renverser la pâte sur une surface légèrement farinée; pétrir jusqu'à ce qu'elle soit lisse et élastique (environ 5 min). Déposer dans un bol graissé; tourner le côté graissé vers le haut. Couvrir; laisser doubler de volume dans un endroit chaud (environ 1h½). La pâte est prête lorsque l'empreinte reste après l'avoir touchée. Abaisser d'un coup de poing; séparer en deux. Abaisser chaque moitié en carrés de 30 cm (*12 po*) de côté. Dans un bol de grandeur moyenne, mélanger tous les ingrédients de la garniture. En étaler la moitié sur chaque carré avant de les rouler comme pour un gâteau roulé; pincer pour bien sceller les extrémités,

puis découper chaque rouleau en 12 brioches. Disposer sur des plaques à biscuits graissées en les espaçant de 7 à 10 cm (*3 à 4 po*) (environ 6 brioches par plaque à biscuits). Couvrir de papier ciré. Avec un rouleau à pâtisserie, aplatir chaque brioche à environ 7 cm (*3 po*) de diamètre. Ne pas enlever le papier ciré; laisser lever dans un endroit chaud 30 min. Préchauffer le four à 200 °C (*400 °F*). Avec le rouleau à pâtisserie, aplatir à 0,2 cm (*⅛ po*) d'épaisseur; enlever le papier ciré. Badigeonner les brioches avec 50 mL (*¼ tasse*) de beurre fondu. Dans un petit bol, combiner 250 mL (*1 tasse*) de sucre et 5 mL (*1 c. à thé*) de cannelle. Saupoudrer les brioches de ce mélange. Parsemer de pacanes. Couvrir de papier ciré; aplatir avec le rouleau à pâtisserie. Enlever le papier ciré. Enfourner; faire cuire au four 8 à 12 min ou jusqu'à brun doré. Retirer de la plaque immédiatement.

Brioches à l'orange : omettre la cannelle dans la garniture. Ajouter 15 mL (*1 c. à soupe*) de zeste d'orange râpé à la garniture. *Omettre la cannelle et les pacanes dans le glaçage.* Ajouter 125 mL (*½ tasse*) d'amandes effilées et 5 mL (*1 c. à thé*) de zeste d'orange râpé à la garniture.

Pour préparer les brioches :

1. Disposer sur des plaques à biscuits graissées en les espaçant de 7 à 10 cm (*3 à 4 po*) (environ 6 par plaque à biscuits). Couvrir de papier ciré. Avec un rouleau à pâtisserie, aplatir chaque brioche à environ 7 cm (*3 po*) de diamètre.

2. Parsemer de pacanes. Couvrir de papier ciré; aplatir avec le rouleau à pâtisserie. Enlever le papier ciré.

Comment préparer le pain à la levure

Pour préparer la pâte :

1. Utiliser un thermomètre pour vérifier la température de l'eau avant de l'ajouter à la levure. Elle devrait être entre 40° et 46 °C (*105° et 115 °F*).

2. Ajouter juste assez de farine pour que la pâte soit facile à manier. La pâte devrait se détacher facilement des parois du bol lorsque la bonne quantité de farine y est ajoutée.

3. Pétrir la pâte sur une surface légèrement farinée. Ajouter de la farine jusqu'à ce que la pâte ne soit plus collante.

4. Pour pétrir, replier la pâte vers soi; avec le talon de la main, repousser la pâte dans un mouvement de bascule.

5. Laisser la pâte doubler de volume dans un endroit chaud (25° à 30 °C / *80° à 85 °F*). La pâte est prête lorsque l'empreinte reste après l'avoir touchée.

6. Pour libérer les grosses bulles d'air, abaisser la pâte d'un coup de poing. Façonner selon les indications.

Pour façonner le pain :

1. Abaisser la pâte en un rectangle de 45 x 23 cm (*18 x 9 po*). Replier les extrémités sur une longueur de 23 cm (*9 po*) de sorte que les bords se chevauchent.

2. Rouler bien serré, en commençant par une des extrémités ouvertes. Pincer les extrémités de la pâte pour bien sceller.

3. Appuyer sur chaque extrémité avec le côté de la main pour sceller, puis replier le bout en dessous. Disposer les pains dans des moules à pain graissés, le pli en dessous. Laisser doubler de volume.

Pour cuire et conserver le pain :

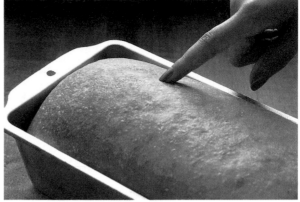

1. Faire cuire selon les indications. Le pain est cuit lorsque ça sonne creux quand on le tape.

2. Démouler immédiatement. Si désiré, badigeonner le dessus de beurre.

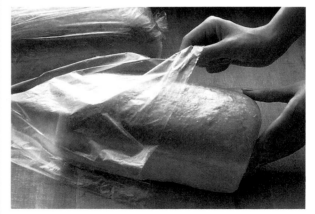

3. Laisser bien refroidir. Conserver 1 semaine à la température ambiante dans des sacs de plastique scellés hermétiquement ou 3 mois au congélateur.

SOUPES ET RAGOÛTS

Aucune invitation spéciale n'est nécessaire pour partager une délicieuse soupe ou un ragoût qui mijote depuis longtemps. L'arôme qui s'en dégage est une invitation en soi! Dans toute leur simplicité, ces soupes et ces ragoûts rappelleront les immenses chaudrons remplis de délices, qui mijotaient sur la cuisinière de grand-maman.

Elle semblait toujours savoir exactement ce qu'il fallait ajouter pour créer un mets des plus savoureux et mémorables, comme ce ragoût aux tomates épicé avec des fèves, du bœuf et de la saucisse de porc, parfait pour les jours frais d'automne, ou cette chaudrée crémeuse préparée avec des pommes de terre rouges nouvelles, ou encore une soupe au poulet avec de longues nouilles plates qu'il était si amusant d'aspirer, ce qui nous valait quelques réprimandes.

Les soupes, les ragoûts et les chaudrées, si simples et nourrissants à préparer, sont des classiques de la cuisine de chez nous. Servis au dîner ou au souper, ils satisfont l'appétit en tout temps de l'année avec naturel et générosité.

Chaudrée de pommes de terre et de bacon

6 portions
40 min

Une soupe simple, riche et consistante qui se sert à bien des occasions.

8	tranches de bacon, en morceaux de 2,5 cm (*1 po*)
500 mL	(*2 tasses*) pommes de terre rouges nouvelles (6 moyennes), en cubes de 1 cm (*0,5 po*)
250 mL	(*1 tasse*) oignons (2 moyens), hachés
250 mL	(*1 tasse*) crème sure

300 mL	(*1¼ tasse*) lait
284 mL	(*10 oz*) crème de poulet condensée en conserve
199 mL	(*8 oz*) maïs en grains entiers, égoutté
1 mL	(*¼ c. à thé*) poivre
1 mL	(*¼ c. à thé*) thym

Dans une casserole de 3 L (*12 tasses*), faire cuire le bacon à feu moyen 5 min; ajouter les pommes de terre et les oignons. Poursuivre la cuisson, en remuant de temps à autre, jusqu'à ce que les pommes de terre soient tendres (15 à 20 min). Ajouter le reste des ingrédients. Poursuivre la cuisson en remuant de temps à autre jusqu'à ce que le mélange soit bien chaud (10 à 12 min).

Cuisson au micro-ondes : dans une casserole de 3 L (*12 tasses*) allant au micro-ondes, combiner le bacon, les pommes de terre et les oignons. Couvrir; faire cuire à FORT, en remuant après la mi-cuisson, jusqu'à ce que les pommes de terre soient tendres (12 à 18 min). Incorporer le reste des ingrédients. Couvrir; faire cuire à FORT jusqu'à ce que le mélange soit bien chaud (2 à 4 min).

Chaudrée aux fruits de mer

4 portions
50 min

Cette chaudrée peut se préparer avec seulement des huîtres ou des palourdes.

6	tranches de bacon, en morceaux de 2,5 cm (*1 po*)
500 mL	(*2 tasses*) pommes de terres rouges nouvelles (6 moyennes), en cubes de 1 cm (*0,5 po*)
125 mL	(*½ tasse*) oignon (1 moyen), haché
125 mL	(*½ tasse*) céleri haché
45 mL	(*3 c. à soupe*) beurre ou margarine
45 mL	(*3 c. à soupe*) farine tout usage

750 mL	(*3 tasses*) lait
2 boîtes	(127 g / *4,46 oz* chacune) huîtres, égouttées, rincées
1 boîte	(142 g / *6,5 oz*) palourdes, égouttées, rincées
10 mL	(*2 c. à thé*) basilic
1	pincée de piment de Cayenne
50 mL	(*¼ tasse*) persil frais haché

Dans une casserole de 3 L (*12 tasses*), faire cuire le bacon à feu moyen 5 min; ajouter les pommes de terre, l'oignon et le céleri. Poursuivre la cuisson, en remuant de temps à autre, jusqu'à ce que les pommes de terre soient tendres (15 à 20 min). Retirer de la casserole; réserver. Dans la même casserole, faire fondre le beurre; incorporer la farine pour obtenir un mélange lisse et mousseux (1 min). Ajouter le mélange de pommes de terre et le reste des ingrédients *sauf* le persil. Faire cuire à feu moyen, en remuant de temps à autre, jusqu'à ce que ce soit bien chaud (10 à 15 min). Incorporer le persil.

Cuisson au micro-ondes : dans une casserole de 4 L (*16 tasses*) allant au micro-ondes, combiner le bacon, les pommes de terre, l'oignon et le céleri. Couvrir; faire cuire à FORT, en remuant après la mi-cuisson, jusqu'à ce que les pommes de terre soient tendres (12 à 18 min). Découper le beurre; l'incorporer au mélange de légumes. Ajouter la farine, mêler pour obtenir un mélange lisse. Incorporer le reste des ingrédients *sauf* les huîtres, les palourdes et le persil. Couvrir; faire cuire à FORT, en remuant après la mi-cuisson, jusqu'à un léger épaississement (6 à 10 min). Incorporer le reste des ingrédients. Couvrir; bien faire chauffer à FORT (1 à 2 min).

Chaudrée de pommes de terre et de bacon

Soupe crémeuse aux épinards et aux carottes

Cette délicieuse soupe colorée a un goût subtil de muscade et d'orange.

4 portions
30 min

45 mL	(*3 c. à soupe*) beurre ou margarine
250 mL	(*1 tasse*) oignons (2 moyens), hachés
30 mL	(*2 c. à soupe*) farine tout usage
250 mL	(*1 tasse*) lait moitié-moitié
284 mL	(*10 oz*) bouillon de poulet en conserve
250 mL	(*1 tasse*) carottes (2 moyennes), râpées

300 g	(*10 oz*) épinards hachés surgelés, dégelés, égouttés
1 mL	(*¼ c. à thé*) sel
1 mL	(*¼ c. à thé*) poivre
1	pincée de muscade

Zeste d'orange râpé ou en fines lanières

Dans une casserole de 2 L (*8 tasses*), faire fondre le beurre; ajouter les oignons. Faire cuire à feu moyen, en remuant de temps à autre, jusqu'à ce que les oignons soient tendres (5 à 6 min). Incorporer la farine pour obtenir un mélange lisse et mousseux (1 min), puis le lait moitié-moitié et le bouillon de poulet. Ajouter le reste des ingrédients *sauf* le zeste d'orange. Poursuivre la cuisson à feu doux, en remuant de temps à autre, jusqu'à ce que la soupe soit bien chaude (12 à 15 min). Garnir de zeste d'orange.

Cuisson au micro-ondes : dans une casserole de 2,5 L (*10 tasses*) allant au micro-ondes, combiner le beurre et les oignons. Faire cuire à FORT en remuant après la mi-cuisson, jusqu'à ce que les oignons soient tendres (2½ à 3 min). Incorporer la farine pour obtenir un mélange lisse. Faire cuire à FORT jusqu'à ce que le mélange soit mousseux (30 à 45 s). Incorporer le lait moitié-moitié et le bouillon de poulet. Ajouter le reste des ingrédients *sauf* le zeste d'orange. Couvrir; faire cuire à FORT, en remuant après la mi-cuisson, jusqu'à ce que la soupe soit bien chaude (8 à 10 min). Garnir de zeste d'orange.

Pour fabriquer des lanières de zeste d'orange :

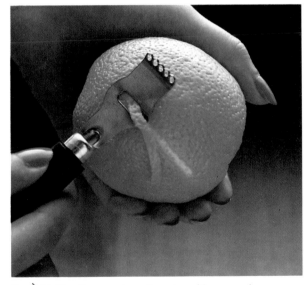

1. À l'aide d'un couteau à zester, découper des lanières de zeste d'orange.

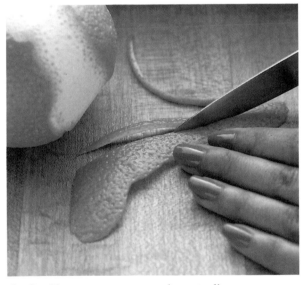

2. Ou découper un morceau de zeste d'orange avec un couteau-éplucheur. Retirer toute la peau blanche et, à l'aide d'un couteau bien affilé, détailler le zeste en fines lanières.

Soupe crémeuse aux épinards et aux carottes

Soupe au riz sauvage de Northwoods

8 portions
60 min

La saveur de noisette du riz sauvage rehausse cette soupe onctueuse.

750 mL	(*3 tasses*) riz sauvage cuit	1 L	(*4 tasses*) lait moitié-moitié
500 mL	(*2 tasses*) poulet ou dinde cuit, en cubes de 2,5 cm (*1 po*)	250 mL	(*1 tasse*) bouillon de poulet
250 mL	(*1 tasse*) jambon cuit, en cubes de 1 cm (*1/2 po*)	50 mL	(*1/4 tasse*) sherry ou bouillon de poulet
		1	oignon moyen, haché
250 mL	(*1 tasse*) carottes (2 moyennes), râpées	2 mL	(*1/2 c. à thé*) sel
250 mL	(*1 tasse*) céleri (2 branches), en tranches de 1 cm (*1/2 po*)	1 mL	(*1/4 c. à thé*) poivre
		50 mL	(*1/4 tasse*) farine tout usage
		45 mL	(*3 c. à soupe*) beurre ou margarine, fondu

Dans une cocotte, combiner tous les ingrédients *sauf* la farine et le beurre. Faire cuire à feu moyen, en remuant de temps à autre, jusqu'à ce que ce soit bien chaud (15 à 20 min). Dans un petit bol, mélanger la farine et le beurre; incorporer à la soupe chaude. Poursuivre la cuisson, en remuant de temps à autre, jusqu'à épaississement (5 à 8 min).

Cuisson au micro-ondes : dans une casserole de 4 L (*16 tasses*) allant au micro-ondes, combiner tous les ingrédients *sauf* la farine et le beurre. Couvrir; faire cuire à FORT, en remuant après la mi-cuisson, jusqu'à ce que le mélange soit chaud (13 à 15 min). Dans un petit bol, mélanger la farine et le beurre; incorporer à la soupe chaude. Faire cuire à FORT, en remuant après la mi-cuisson, jusqu'à épaississement (5 à 8 min). Laisser reposer 5 min.

Soupe aux pois cassés

6 portions
2 h 30 min

Cette soupe maison aux pois cassés, préparée avec du jambon fumé, réchauffe le coeur et le corps.

450 g	(*1 lb*) pois verts cassés séchés (550 mL / *2 1/4 tasses*)	450 à 675 g	(*1 à 1 1/2 lb*) jambon fumé, portion du jarret
375 mL	(*1 1/2 tasse*) céleri (3 branches), haché	5	brins de persil frais
250 mL	(*1 tasse*) oignons (2 moyens), hachés		Sel et poivre
2,3 L	(*9 tasses*) eau		

Dans une cocotte, combiner tous les ingrédients *sauf* le sel et le poivre. Faire cuire à feu moyen, jusqu'à pleine ébullition. Couvrir; réduire le feu à doux. Poursuivre la cuisson, en remuant de temps à autre, 1 1/2 h. Découvrir; poursuivre la cuisson jusqu'à épaississement (30 à 60 min). Retirer le jambon; lorsqu'il est suffisamment froid pour pouvoir le tenir, détacher la viande. Jeter les os; remettre la viande dans la soupe. Assaisonner au goût.

Cuisson au micro-ondes : dans une casserole de 4 L (*16 tasses*) allant au micro-ondes, combiner tous les ingrédients *sauf* le sel et le poivre. Couvrir; faire cuire à FORT, en remuant après la mi-cuisson, jusqu'à épaississement (40 à 60 min). Retirer le jambon; lorsqu'il est suffisamment froid pour qu'on puisse le tenir, détacher la viande. Jeter les os; remettre la viande dans la soupe. Assaisonner au goût.

Soupe au riz sauvage de Northwoods

Bisque de courgettes du jardin

4 portions
30 min

Une soupe riche et crémeuse, délicatement parfumée avec des légumes du jardin.

30 mL	(*2 c. à soupe*) beurre ou margarine
500 mL	(*2 tasses*) courgettes (2 moyennes), en tranches de 0,2 cm (*1/8 po*)
250 mL	(*1 tasse*) champignons frais, en tranches de 0,5 cm (*1/4 po*)
125 mL	(*1/2 tasse*) oignon (1 moyen), haché

50 mL	(*1/4 tasse*) persil frais haché
45 mL	(*3 c. à soupe*) beurre ou margarine
45 mL	(*3 c. à soupe*) farine tout usage
284 mL	(*10 oz*) bouillon de poulet en conserve
200 mL	(*3/4 tasse*) crème à fouetter
1	pincée de poivre

Dans une casserole de 3 L (*12 tasses*), faire fondre 30 mL (*2 c. à soupe*) de beurre; ajouter les courgettes, les champignons, l'oignon et le persil. Faire cuire à feu moyen, en remuant de temps à autre, jusqu'à ce que les légumes soient al dente (6 à 8 min). Entre-temps, dans une casserole de 2 L (*8 tasses*), faire fondre 45 mL (*3 c. à soupe*) de beurre à feu moyen; incorporer la farine pour obtenir un mélange lisse et mousseux (1 min). Ajouter le bouillon de poulet; poursuivre la cuisson en remuant de temps à autre, jusqu'à épaississement (5 à 7 min). Incorporer la crème, le poivre et le mélange aux courgettes. Poursuivre la cuisson jusqu'à ce que la soupe soit bien chaude (5 à 6 min).

Cuisson au micro-ondes : dans une casserole de 3 L (*12 tasses*) allant au micro-ondes, faire fondre 30 mL (*2 c. à soupe*) de beurre à FORT (30 à 40 s). Incorporer les courgettes, les champignons, l'oignon et le persil. Couvrir; faire cuire à FORT jusqu'à ce que les légumes soient al dente (2½ à 3½ min). Faire fondre dans les légumes 45 mL (*3 c. à soupe*) de beurre en morceaux. Incorporer la farine pour obtenir un mélange lisse; faire cuire à FORT jusqu'à faible ébullition (1 à 1½ min). Incorporer le reste des ingrédients. Couvrir; faire cuire à FORT, en remuant après la mi-cuisson, jusqu'à ce que le mélange épaississe légèrement et soit bien chaud (6 à 9 min).

Soupe à l'orge et à la tomate

6 portions
60 min

Un délicieux arôme d'ail, d'oignons et de légumes envahira votre cuisine lorsque vous préparerez cette soupe.

250 mL	(*1 tasse*) oignons (2 moyens), hachés
250 mL	(*1 tasse*) carottes (2 moyennes), en tranches de 0,5 cm (*1/4 po*)
250 mL	(*1 tasse*) céleri (2 branches), en tranches de 0,5 cm (*1/4 po*)
30 mL	(*2 c. à soupe*) huile végétale
10 mL	(*2 c. à thé*) ail frais haché fin

50 mL	(*1/4 tasse*) orge perlé
625 mL	(*2½ tasses*) eau
500 mL	(*2 tasses*) tomates mûres (2 moyennes), en cubes de 2,5 cm (*1 po*)
398 mL	(*14 oz*) tomates entières en conserve
284 mL	(*10 oz*) bouillon de poulet en conserve
1 mL	(*1/4 c. à thé*) poivre

Dans une casserole de 2 L (*8 tasses*), combiner les oignons, les carottes, le céleri, l'huile et l'ail. Faire cuire à feu moyen, en remuant de temps à autre, jusqu'à ce que les légumes soient al dente (8 à 10 min). Entre-temps, dans une casserole de 3 L (*12 tasses*), combiner le reste des ingrédients. Faire cuire jusqu'à pleine ébullition. Ajouter le mélange de légumes. Ramener à ébullition; réduire le feu à doux. Couvrir; faire cuire l'orge jusqu'à ce qu'elle soit tendre (35 à 40 min).

Cuisson au micro-ondes : dans une casserole de 3 L (*12 tasses*) allant au micro-ondes, combiner les oignons, les carottes, le céleri, l'huile et l'ail. Couvrir; faire cuire à FORT, en remuant après la mi-cuisson, jusqu'à ce que les légumes soient al dente (3 à 4 min). Ajouter le reste des ingrédients. Couvrir; faire cuire à FORT, en remuant après la mi-cuisson, jusqu'à ce que l'orge soit tendre (18 à 25 min). Laisser reposer 5 min.

Bisque de courgettes du jardin

Minestrone

Bouillon de poulet maison

1,3 L (*5 tasses*)
4 h

*Conserver les dos, les ailes et les cous des poulets,
puis préparez ce délicieux bouillon des plus économiques.*

1,3 à			2	carottes, coupées en trois
1,8 kg	(*3 à 4 lb*) dos, ailes et cous de poulet		1	feuille de laurier
2 L	(*8 tasses*) eau		2 mL	(*1/2 c. à thé*) sel
2	oignons moyens, coupés en 8		1 mL	(*1/4 c. à thé*) poivre
2	branches de céleri avec les feuilles, coupées en trois			

Dans une grande marmite, combiner tous les ingrédients. Couvrir; faire cuire à feu vif jusqu'à pleine ébullition (15 à 20 min). Réduire le feu à moyen-doux; poursuivre la cuisson 3 à 4 h. Filtrer; dégraisser. Peut se conserver 2 à 3 jours au réfrigérateur ou 3 à 4 mois au congélateur.

Cuisson au micro-ondes : dans une casserole de 5 L (*20 tasses*) allant au micro-ondes, combiner tous les ingrédients. Couvrir; faire cuire à FORT jusqu'à pleine ébullition (25 à 30 min). Mélanger. Couvrir; réduire la puissance à MOYEN (50 %). Faire cuire jusqu'à ce que les carottes soient al dente (30 à 40 min). Laisser reposer 5 min. Filtrer; dégraisser. Se conserve comme indiqué ci-contre.

Minestrone

14 portions de 250 mL (*1 tasse*)
2 h

Des légumes frais du jardin rendent cette soupe bien spéciale.

675 g	(*1 1/2 lb*) bœuf pour ragoût, en cubes de 2,5 cm (*1 po*)		500 mL	(*2 tasses*) tomates mûres (2 moyennes), hachées
2 L	(*8 tasses*) eau		500 mL	(*2 tasses*) pommes de terre (2 moyennes), en cubes de 1 cm (*1/2 po*)
10 mL	(*2 c. à thé*) sel			
375 mL	(*1 1/2 tasse*) oignons (3 moyens), hachés		250 mL	(*1 tasse*) courgette (1 moyenne), non pelée, en tranches de 0,5 cm (*1/4 po*)
250 mL	(*1 tasse*) carottes (2 moyennes), en tranches de 0,5 cm (*1/4 po*)		125 mL	(*1/2 tasse*) riz à grains longs, non cuit
250 mL	(*1 tasse*) céleri (2 branches), haché		398 mL	(*14 oz*) haricots rouges, en conserve, égouttés
125 mL	(*1/2 tasse*) beurre ou margarine			Sel et poivre
15 mL	(*1 c. à soupe*) persil frais haché			
5 mL	(*1 c. à thé*) ail frais haché fin			

Dans une cocotte, combiner le bœuf, l'eau et le sel. Couvrir; faire cuire à feu moyen jusqu'à pleine ébullition (10 à 12 min). Réduire le feu à doux; poursuivre la cuisson jusqu'à ce que la viande soit tendre sous la fourchette (environ 1 h). Entre-temps, dans un poêlon de 25 cm (*10 po*) de diamètre, combiner les oignons, les carottes, le céleri, le beurre, le persil et l'ail. Faire cuire à feu moyen, en remuant de temps à autre, jusqu'à ce que les légumes soient al dente (5 à 6 min). Ajouter le mélange de légumes et le reste des ingrédients au bœuf, *sauf* les haricots rouges. Faire cuire à feu moyen jusqu'à pleine ébullition (10 à 12 min); réduire le feu à doux. Couvrir; poursuivre la cuisson jusqu'à ce que les légumes soient al dente (20 à 30 min). Incorporer les haricots rouges. Poursuivre la cuisson jusqu'à ce que la soupe soit bien chaude (2 à 3 min). Assaisonnez au goût.

Cuisson au micro-ondes : dans une casserole de 5 L (*20 tasses*) allant au micro-ondes, combiner le bœuf, l'eau et le sel. Couvrir; faire cuire à FORT jusqu'à ce que la viande soit tendre sous la fourchette (30 à 40 min). Ajouter le riz. Couvrir; faire cuire à FORT jusqu'à ce que le riz soit cuit (12 à 15 min). Laisser reposer couvert. Entre-temps, dans une casserole de 3 L (*12 tasses*) allant au micro-ondes, faire fondre le beurre à FORT (70 à 80 s). Incorporer le reste des ingrédients *sauf* les tomates et les haricots rouges. Couvrir; faire cuire à FORT jusqu'à ce que les légumes soient tendres (5 à 8 min). Ajouter le mélange de légumes au mélange de bœuf. Couvrir; faire cuire à FORT jusqu'à ce que les légumes soient tendres sous la fourchette (10 à 12 min). Ajouter les haricots rouges. Couvrir; faire cuire à FORT jusqu'à ce que la soupe soit bien chaude (8 à 10 min). Incorporer les tomates. Laisser reposer, couvert, 5 min. Assaisonner au goût.

Délicieux ragoût de légumes

Délicieux ragoût de légumes

6 portions
60 min

Ce ragoût regorge d'ingrédients sains et d'épices savoureuses.

500 mL	(*2 tasses*) carottes (4 moyennes), en tranches de 0,5 cm (*1/4 po*)
250 mL	(*1 tasse*) oignons (2 moyens), hachés
250 mL	(*1 tasse*) céleri (2 branches), en tranches de 1 cm (*1/2 po*)
450 g	(*1 lb*) saucisses de porc, en morceaux de 5 cm (*2 po*)
1 L	(*4 tasses*) chou râpé
125 mL	(*1/2 tasse*) persil frais haché

250 mL	(*1 tasse*) jus de pomme
398 mL	(*14 oz*) sauce tomate en conserve
398 mL	(*14 oz*) tomates entières en conserve
284 mL	(*10 oz*) soupe aux tomates en conserve
1	feuille de laurier
2 mL	(*1/2 c. à thé*) sel
2 mL	(*1/2 c. à thé*) thym
1 mL	(*1/4 c. à thé*) poivre

Dans une casserole de 2 L (*8 tasses*), combiner les carottes, les oignons, le céleri et la saucisse. Faire cuire à feu moyen, en remuant de temps à autre, jusqu'à ce que la saucisse soit dorée et les légumes, al dente (8 à 12 min). Verser la graisse. Entre-temps, dans une casserole de 3 L (*12 tasses*) combiner le reste des ingrédients. Faire cuire à feu doux, en remuant de temps à autre, jusqu'à ce que le mélange soit bien chaud (12 à 15 min). Incorporer les saucisses et les légumes. Poursuivre la cuisson, en remuant de temps à autre, jusqu'à épaississement (20 à 30 min).

Cuisson au micro-ondes : dans une casserole de 3 L (*12 tasses*) allant au micro-ondes, combiner les carottes, les oignons, le céleri et la saucisse. Couvrir; faire cuire à FORT, en remuant après la mi-cuisson, jusqu'à ce que la saucisse soit cuite et les légumes, al dente (4 à 8 min). Incorporer le reste des ingrédients. Couvrir; faire cuire à FORT en remuant après la mi-cuisson, jusqu'à ce que le ragoût épaississe légèrement et soit bien chaud (10 à 15 min).

Ragoût de poulet et de nouilles

6 portions
60 min

Un ragoût qui réconforte merveilleusement.

1,3 à 1,6 kg	(*3 à 3 1/2 lb*) poulet à frire, en 8 morceaux
1,5 L	(*6 tasses*) eau chaude
500 mL	(*2 tasses*) céleri (4 branches), en tranches de 0,5 cm (*1/4 po*)
250 mL	(*1 tasse*) oignons (2 moyens), hachés
125 mL	(*1/2 tasse*) persil frais haché
3	carottes moyennes, en morceaux de 2,5 cm (*1 po*)

2	feuilles de laurier
15 mL	(*1 c. à soupe*) basilic
5 mL	(*1 c. à thé*) thym
5 mL	(*1 c. à thé*) marjolaine
5 mL	(*1 c. à thé*) sel
2 mL	(*1/2 c. à thé*) poivre
340 g	(*12 oz*) nouilles aux œufs surgelées*

Dans une cocotte, couvrir le poulet d'eau. Couvrir; faire cuire à feu moyen-vif 10 min. Entre-temps, apprêter les légumes. Ajouter les légumes et le reste des ingrédients *sauf* les nouilles. Couvrir; faire cuire à feu moyen-vif 20 min ou jusqu'à ce que le poulet soit tendre sous la fourchette. Retirer les morceaux de poulet; ajouter les nouilles. Ramener à pleine ébullition, en dégraissant pendant la cuisson. (Quelques fines herbes seront enlevées.) Entre-temps, désosser le poulet. Réduire le feu à doux. Ajouter le poulet. Laisser cuire les nouilles jusqu'à ce qu'elles soient al dente (20 à 25 min).

*Les nouilles aux œufs surgelées peuvent être remplacées par 500 mL (*2 tasses*) de nouilles aux œufs non cuites.

Cuisson au micro-ondes : dans une casserole de 6 L (*24 tasses*) allant au micro-ondes, combiner 1 L (*4 tasses*) d'eau et le reste des ingrédients *sauf* les nouilles. Couvrir; faire cuire à FORT, en remuant après la mi-cuisson, jusqu'à ce que le poulet soit tendre sous la fourchette (25 à 35 min). Retirer le poulet du bouillon; dégraisser. Ajouter les nouilles et 500 mL (*2 tasses*) d'eau; poursuivre la cuisson à FORT (8 à 10 min). Entre-temps, désosser le poulet. Ajouter le poulet au mélange de nouilles. Couvrir; faire cuire à FORT, en remuant après la mi-cuisson, jusqu'à ce que les nouilles soient al dente (18 à 20 min).

Ragoût de poulet avec dumplings

Un merveilleux souper du samedi soir servi avec des dumplings maison.

8 portions
2 h

Ragoût

1,1 à 1,3 kg	(2½ à 3 lb) cuisses de poulet
1,3 L	(5 tasses) eau
4	pommes de terre rouges nouvelles, coupées en six
3	carottes, coupées en quartiers
2	branches de céleri, en tranches de 0,5 cm (¼ po)
1	oignon moyen, coupé en 8
350 g	(12 oz) petits pois surgelés
2 mL	(½ c. à thé) sel
1	pincée de poivre

Dumplings

375 mL	(1½ tasse) farine tout usage
10 mL	(2 c. à thé) poudre à pâte
3 mL	(¾ c. à thé) sel
45 mL	(3 c. à soupe) beurre ou margarine, ramolli
200 mL	(¾ tasse) lait
50 mL	(¼ tasse) persil frais haché

Dans une cocotte, mettre le poulet; le couvrir d'eau. Couvrir; faire cuire à feu moyen jusqu'à ce qu'il soit tendre sous la fourchette (50 à 60 min). Retirer le poulet du bouillon; dégraisser. Désosser le poulet; le remettre dans le bouillon. Ajouter le reste des ingrédients du ragoût. Couvrir; faire cuire à feu moyen jusqu'à ce que les légumes soient tendres sous la fourchette (15 à 20 min). Dans un grand bol, combiner la farine, la poudre à pâte et le sel. Y incorporer le beurre avec un couteau pour obtenir un mélange grumeleux, puis le lait et le persil. Laisser tomber les dumplings par cuillerées à table dans le ragoût chaud. Faire cuire, sans couvrir, 10 min. Couvrir; poursuivre la cuisson jusqu'à ce que les dumplings soient tendres (8 à 10 min).

Cuisson au micro-ondes : *découper les carottes en tranches de 0,5 cm (¼ po). Diminuer la quantité de*

poudre à pâte à 7 mL (1¾ c. à thé), le beurre à 20 mL (1½ c. à soupe) et le lait à 125 mL (½ tasse) plus 15 mL (1 c. à soupe). Dans une casserole de 5 L (20 tasses) allant au micro-ondes, mettre le poulet; le couvrir d'eau. Couvrir; faire cuire à FORT jusqu'à pleine ébullition (16 à 18 min). Réarranger le poulet. Réduire la puissance à MOYEN (50 %); faire cuire 10 min. Retirer le poulet du bouillon; dégraisser. Désosser le poulet; le remettre dans le bouillon. Ajouter le reste des ingrédients *sauf* les petits pois. Couvrir; faire cuire à FORT 8 min. Réduire la puissance à MOYEN (50 %); faire cuire jusqu'à ce que les légumes soient al dente (7 à 9 min). Entre-temps, préparer les dumplings comme indiqué ci-contre. Ajouter les petits pois au ragoût. Faire cuire à FORT jusqu'à pleine ébullition (3 à 4 min). Laisser tomber les dumplings par cuillerées à table dans le ragoût chaud. Couvrir; faire cuire à FORT, en tournant le plat de ¼ de tour après la mi-cuisson, jusqu'à ce que les dumplings soient tendres (4 à 5 min).

Pour préparer les dumplings :

1. Laisser tomber les dumplings par cuillerées à table dans le ragoût chaud.

2. Faire cuire, sans couvrir, 10 min. Couvrir; poursuivre la cuisson jusqu'à ce que les dumplings soient tendres (8 à 10 min).

Ragoût de poulet avec dumplings

Soupe à l'oignon

6 portions
60 min

Le léger bouillon de poulet et la moutarde forte font ressortir la riche saveur des oignons.

Soupe

30 mL	(*2 c. à soupe*) beurre ou margarine
1 L	(*4 tasses*) oignons (4 moyens), en tranches de 0,2 cm (*1/8 po*)
2 mL	(*1/2 c. à thé*) ail frais haché fin
50 mL	(*1/4 tasse*) persil frais haché
500 mL	(*2 tasses*) eau
284 mL	(*10 oz*) bouillon de poulet en conserve
30 mL	(*2 c. à soupe*) moutarde en grains forte
5 mL	(*1 c. à thé*) basilic
1 mL	(*1/4 c. à thé*) thym
1 mL	(*1/4 c. à thé*) poivre

Croûtons

50 mL	(*1/4 tasse*) beurre ou margarine
5 mL	(*1 c. à thé*) basilic
2 mL	(*1/2 c. à thé*) ail frais haché fin
750 mL	(*3 tasses*) pain de seigle, en cubes de 2,5 cm (*1 po*)
6	tranches de mozzarella de 1 oz (*30 g*)

Préchauffer le four à 200 °C (*400 °F*). Dans une casserole de 3 L (*12 tasses*), faire fondre 30 mL (*2 c. à soupe*) de beurre; ajouter les oignons et 2 mL (*1/2 c. à thé*) d'ail. Faire cuire à feu moyen, en remuant de temps à autre, jusqu'à ce que les oignons soient tendres (7 à 10 min). Ajouter le reste des ingrédients de la soupe; poursuivre la cuisson jusqu'à bien chaud (12 à 15 min). Entre-temps, dans un plat allant au four de 33 x 23 cm (*13 x 9 po*), faire fondre au four 50 mL (*1/4 tasse*) de beurre (4 à 6 min). Incorporer le basilic et 2 mL (*1/2 c. à thé*) d'ail. Ajouter les cubes de pain; mélanger pour enrober. Faire cuire au four 10 à 15 min, en remuant de temps à autre, jusqu'à ce qu'ils soient grillés. Verser la soupe dans des bols à l'épreuve de la chaleur; mettre 1 tranche de fromage dans chaque bol. Enfourner; faire cuire 7 à 10 min ou jusqu'à ce que le fromage soit légèrement doré. Servir avec les croûtons de pain de seigle.

Cuisson au micro-ondes : dans une casserole de 4 L (*20 tasses*) allant au micro-ondes, combiner 30 mL (*2 c. à soupe*) de beurre, les oignons et 2 mL (*1/2 c. à thé*) d'ail. Couvrir; faire cuire à FORT, en remuant après la mi-cuisson, jusqu'à ce que les oignons soient tendres (5 à 6 min). Ajouter le reste des ingrédients de la soupe. Couvrir; faire cuire à FORT, en remuant après la mi-cuisson, jusqu'à ce que la soupe soit bien chaude (8 à 10 min). Laisser reposer 5 min. Dans un moule à tarte de 25 cm (*10 po*) de diamètre, faire fondre 50 mL (*1/4 tasse*) de beurre à FORT (50 à 60 s). Incorporer le basilic et 2 mL (*1/2 c. à thé*) d'ail. Ajouter les cubes de pain; remuer pour enrober. Faire cuire à FORT, en remuant toutes les 2 min, jusqu'à ce qu'ils soient secs au toucher (4 à 5 min). Verser la soupe dans les bols; garnir d'une tranche de fromage. Faire cuire à FORT jusqu'à ce que le fromage soit fondu (30 à 45 s). Servir avec les croûtons de pain de seigle.

Soupe à l'oignon

Ragoût de dinde à la tomate

4 à 6 portions
60 min

Ragoût de dinde à la tomate

La saucisse italienne donne un petit goût spécial à ce ragoût
préparé avec les légumes frais du jardin.

15 mL	(*1 c. à soupe*) huile végétale
10 mL	(*2 c. à thé*) ail frais haché fin
450 g	(*1 lb*) saucisse italienne, sans l'enveloppe, en morceaux de 2,5 cm (*1 po*)
500 mL	(*2 tasses*) dinde cuite, en cubes de 2,5 cm (*1 po*)
625 mL	(*2¹/₂ tasses*) bouillon de poulet
2	oignons moyens, coupés en huit
156 mL	(*5,5 oz*) pâte de tomate en conserve

5 mL	(*1 c. à thé*) basilic
5 mL	(*1 c. à thé*) origan
2 mL	(*¹/₂ c. à thé*) sel
1 mL	(*¹/₄ c. à thé*) poivre concassé
2	tomates mûres moyennes, en morceaux de 5 cm (*2 po*)
2	poivrons verts moyens, en morceaux de 2,5 cm (*1 po*)

Dans une cocotte, faire chauffer l'huile; ajouter l'ail. Faire cuire à feu moyen-vif 2 min. Ajouter les morceaux de saucisse. Poursuivre la cuisson, en remuant de temps à autre, jusqu'à ce qu'ils soient légèrement dorés (4 à 7 min). Dégraisser. Réduire le feu à moyen; incorporer le reste des ingrédients *sauf* les tomates et les poivrons verts. Couvrir; faire cuire, en remuant de temps à autre, jusqu'à bien chaud (15 à 20 min). Retirer du feu; incorporer les tomates et les poivrons verts. Couvrir; laisser reposer 5 min ou jusqu'à ce que ce soit bien chaud.

Cuisson au micro-ondes : omettre l'huile. Dans une casserole de 2,5 L (*10 tasses*) allant au micro-ondes, mélanger l'ail et les morceaux de saucisse. Couvrir; faire cuire à FORT, en remuant après la mi-cuisson, jusqu'à ce que la saucisse ne soit plus rose (5 à 8 min). Dégraisser. Ajouter le reste des ingré-dients *sauf* les tomates et les poivrons verts. Couvrir; faire cuire à FORT en remuant deux fois pendant la dernière moitié de la cuisson, jusqu'à bien chaud (12 à 13 min). Incorporer les tomates et les poivrons verts. Couvrir; faire cuire à FORT jusqu'à bien chaud (1 min). Laisser reposer 5 min.

6 portions
60 min

Ragoût de bœuf et de fèves épicé

Ce n'est pas du chili ni du spaghetti, mais un ragoût riche et épicé
préparé avec du bœuf haché et des saucisses de porc.

250 mL	(*1 tasse*) oignons (2 moyens), hachés
450 g	(*1 lb*) bœuf haché
450 g	(*1 lb*) saucisse de porc
250 mL	(*1 tasse*) eau
796 mL	(*28 oz*) tomates entières en conserve
398 mL	(*14 oz*) haricots rouges en conserve
398 mL	(*14 oz*) sauce de tomate en conserve
369 mL	(*13 oz*) pâte de tomate, en conserve

30 mL	(*2 c. à soupe*) poudre de chili
15 mL	(*1 c. à soupe*) basilic
5 mL	(*1 c. à thé*) origan
5 mL	(*1 c. à thé*) poivre
2 mL	(*¹/₂ c. à thé*) sel
45 mL	(*3 c. à soupe*) moutarde en grains forte
225 g	(*8 oz*) spaghetti non cuits

Dans un poêlon de 25 cm (*10 po*) de diamètre, faire cuire les oignons, le bœuf et la saucisse à feu moyen jusqu'à ce que la viande soit brunie (10 à 12 min); jeter la graisse. Entre-temps, dans une cocotte, combi-ner le reste des ingrédients *sauf* le spaghetti. Faire cuire à feu moyen, en remuant de temps à autre, 15 min. Réduire le feu à doux; ajouter la viande brunie. Faire cuire, en remuant de temps à autre, jusqu'à épaississement (20 à 30 min). Entre-temps, faire cuire le spaghetti selon les directives sur l'embal-lage. Servir le ragoût sur le spaghetti.

Cuisson au micro-ondes : dans une casserole de 4 L (*16 tasses*) allant au micro-ondes, combiner les oignons, le bœuf haché émietté et la saucisse. Couvrir; faire cuire à FORT, en remuant après la mi-cuisson, jusqu'à ce que la viande ne soit plus rose (5 à 8 min). Jeter la graisse. Dans la même casserole, combiner la viande et le reste des ingrédients *sauf* le spaghetti. Couvrir; faire cuire à FORT en remuant après la mi-cuisson, jusqu'à ce que ce soit bien chaud (15 à 20 min). Entre-temps, faire cuire le spaghetti selon les directives sur l'emballage. Servir le ragoût sur le spaghetti.

Comment préparer les soupes et les ragoûts

Soupe à l'orge à la tomate, p. 84; Chaudrée aux fruits de mer, p. 78

Pour identifier les soupes claires :

Le bouillon : liquide dans lequel cuisent lentement la viande, le poisson ou les légumes; souvent utilisé comme base dans la préparation des soupes.

Le consommé : bouillon réduit de moitié par ébullition, pour en accentuer la saveur.

Pour identifier les soupes costaudes :

La crème : préparation liquide épaissie avec de la farine, du jaune d'œuf, du riz ou des légumes. Le lait, la crème ou le bouillon sont utilisés comme liquide.

La bisque : soupe crémeuse à laquelle on ajoute des fruits de mer, des légumes en purée ou des morceaux d'aliments solides.

La purée : semblable à la bisque ou à la crème. Les légumes en purée sont utilisés pour épaissir.

La chaudrée : renferme des morceaux d'ingrédients et est faite spécifiquement de fruits de mer ou de légumes.

Le ragoût : un mélange de viande et de légumes cuits en les faisant mijoter dans un liquide.

Pour mieux réussir les soupes et les ragoûts :

Mettre les viandes et les légumes dans de l'eau froide pour en extraire le maximum de saveur.

Les os à moelle non cuits entourés de viande sont ceux qui donnent le plus de goût.

Les légumes aromatiques frais comme l'oignon, l'ail, le céleri et la carotte enrichissent la saveur d'un bouillon.

Les fines herbes comme le persil, le laurier, le thym, le basilic et le poivre en grains agrémentent la saveur des soupes et des ragoûts.

Le ragoût est une préparation idéale pour attendrir les pièces de viandes plus dures, tout en leur donnant une bonne saveur.

Pour conserver les soupes et les ragoûts :

Faire rapidement refroidir les soupes et les ragoûts; les ranger dans des contenants qui ferment hermétiquement.

Les soupes aux fèves et les bouillons avec viande et légumes peuvent se garder jusqu'à 3 mois au congélateur.

Lorsque vous préparez des ragoûts pour les congeler, ne pas les épaissir avec de la farine. Les épaissir juste au moment de les réchauffer.

Les soupes à base de crème, comme les chaudrées et les soupes à la crème de légumes ou celles qui contiennent du fromage ou des œufs ne se congèlent pas bien.

Pour dégraisser :

On dégraisse souvent un bouillon avec une grosse cuillère (en métal). Voici d'autres méthodes:

1. Faire refroidir la soupe ou le ragoût plusieurs heures jusqu'à ce que le gras se soit solidifié à la surface. Enlever la couche de graisse et la jeter.

2. Laisser tiédir la soupe et le ragoût et ajouter des cubes de glace. Le gras se solidifiera autour des cubes de glace; retirer les cubes de glace et le gras avec une écumoire, et les jeter.

3. Utiliser plusieurs serviettes en papier pour absorber le gras à la surface de la soupe ou du ragoût.

4. Utiliser une poire à jus pour aspirer la graisse.

VOLAILLE

Un anniversaire spécial ou une célébration familiale s'annonce... voilà l'occasion parfaite pour rassembler tous ceux que l'on aime afin de partager notre joie. Dans un tel cas, la tradition veut que l'on accueille famille et amis autour d'une table des plus garnies.

Lorsque la liste des invités est très longue, la dinde est souvent au menu, une dinde bien dodue et toute dorée, accompagnée de plats qui font d'office partie du festin, tels que la farce au pain garnie de raisins secs et de pommes; les pommes de terre sucrées cuites au four; la sauce aux canneberges agrémentée d'un soupçon d'orange; les petits pains maison; un grand bol de légumes verts bien fumants et luisants de beurre...

Une liste d'invités plus courte annoncera plutôt un poulet frotté avec des fines herbes et grillé au four, des poitrines de poulet mijotées dans une sauce savoureuse ou peut-être un poulet frit dans un poêlon en fonte.

Lorsqu'une occasion spéciale se présente, quelle satisfaction de préparer un vrai festin dont les mets sont tous plus spectaculaires et plus délicieux les uns que les autres. Mais ce qu'il y a de plus précieux encore, c'est d'avoir la chance de partager le temps d'un bon repas avec ceux qui vous sont chers.

Poulet rôti aux légumes du jardin

6 portions
3 h

Ce poulet rôti aux légumes du jardin, rehaussé de fines herbes, est des plus délicieux.

1,8 à	
2,3 kg	(*4 à 5 lb*) poulet à rôtir entier
125 mL	(*½ tasse*) beurre ou margarine, ramolli
10 mL	(*2 c. à thé*) romarin, broyé
2 mL	(*½ c. à thé*) sel
1 mL	(*¼ c. à thé*) poivre

10 mL	(*2 c. à thé*) ail frais haché fin
6	pommes de terre rouges nouvelles, coupées en deux
6	carottes, coupées en deux en travers
2	oignons moyens, coupés en quatre
30 mL	(*2 c. à soupe*) persil frais haché

Préchauffer le four à 180 °C (*350 °F*). Fixer les ailes du poulet au corps. Dans un petit bol, combiner le beurre, le romarin, le sel, le poivre et l'ail. Badigeonner le poulet avec la moitié du mélange au beurre. Mettre le poulet sur la grille d'une rôtissoire. Disposer les pommes de terre, les carottes et les oignons au fond de la rôtissoire, autour du poulet. Répartir uniformément sur les légumes, en grosses cuillerées, le mélange au beurre qui reste. Enfourner; faire cuire au four en arrosant de temps à autre le poulet et les légumes, 2 à 2½ h ou jusqu'à ce que le poulet soit tendre sous la fourchette. Parsemer de persil.

Cuisson au micro-ondes : découper les carottes en morceaux de 5 cm (*2 po*). Dans un petit bol, combiner le beurre, le romarin, le sel, le poivre et l'ail. Dans une casserole de 5 L (*20 tasses*) allant au micro-ondes, disposer le poulet, la poitrine vers le bas. Badigeonner le poulet avec une petite quantité du mélange au beurre. Couvrir; faire cuire à FORT 5 min. Réduire la puissance à MOYEN (50 %); faire cuire 20 min. Égoutter la graisse et le jus. Retourner le poulet, la poitrine vers le haut. Disposer les carottes autour du poulet. Badigeonner le poulet et les carottes avec la moitié du mélange au beurre qui reste. Couvrir; faire cuire à MOYEN (50% de la puissance) 10 min, en tournant le plat de ¼ de tour après la mi-cuisson. Réarranger les carottes. Mettre les pommes de terre et les oignons sur les carottes. Arroser les légumes avec le reste du mélange au beurre. Couvrir; faire cuire à FORT, en tournant le plat de ¼ de tour toutes les 5 min ou jusqu'à ce que le poulet soit tendre sous la fourchette (15 à 17 min). Le couvrir d'un papier d'aluminium en forme de tente; laisser reposer 5 min. Parsemer de persil.

Poulet rôti aux fines herbes et au beurre

4 portions
2 h 30 min

Le romarin, le persil frais et l'ail donnent une saveur toute particulière à ce poulet rôti.

1,8 à	
2,3 kg	(*4 à 5 lb*) poulet à rôtir entier
50 mL	(*¼ tasse*) beurre ou margarine, ramolli
5 mL	(*1 c. à thé*) romarin, broyé

5 mL	(*1 c. à thé*) sel
1 mL	(*¼ c. à thé*) poivre
30 mL	(*2 c. à soupe*) persil frais haché
5 mL	(*1 c. à thé*) ail frais haché fin

Préchauffer le four à 180 °C (*350 °F*). Fixer les ailes du poulet au corps. Dans un petit bol, combiner le reste des ingrédients. Badigeonner le poulet avec le mélange au beurre. Le déposer sur la grille d'une rôtissoire. Enfourner; faire cuire 2 à 2 ½ h ou jusqu'à ce qu'il soit tendre sous la fourchette.

Cuisson au micro-ondes : fixer les ailes du poulet au corps. Dans un petit bol, combiner le reste des ingrédients et 2 mL (*½ c. à thé*) de paprika. Badigeonner le poulet avec la moitié du mélange au beurre. Disposer le poulet, la poitrine vers le bas, sur la grille d'une rôtissoire allant au micro-ondes. Couvrir; faire cuire à FORT 5 min. Réduire la puissance à MOYEN (50 %); faire cuire 30 min, en tournant la grille de ¼ de tour après la mi-cuisson. Retourner le poulet, la poitrine vers le haut. Badigeonner le poulet avec le reste de mélange au beurre. Couvrir; faire cuire à MOYEN (50% de la puissance), en tournant la grille de ¼ de tour après la mi-cuisson, jusqu'à ce que le poulet soit tendre sous la fourchette (25 à 35 min). Le couvrir d'un papier d'aluminium en forme de tente; laisser reposer 5 à 10 min.

Poulet rôti aux légumes du jardin

Poulet glacé à la pomme rouge

Les pommes épicées rendent ce poulet unique.

6 portions
3 h

Farce

454 mL	(*16 oz*) tranches de pomme épicée en bocal, *réserver le jus*
375 mL	(*1½ tasse*) pain sec en cubes
250 mL	(*1 tasse*) céleri (2 branches) en tranches de 1 cm (*½ po*)
50 mL	(*¼ tasse*) oignon haché
50 mL	(*¼ tasse*) beurre ou margarine, fondu
30 mL	(*2 c. à soupe*) jus de pomme épicée *réservé* ou eau
2 mL	(*½ c. à thé*) sel
1	pincée de poivre
1	pincée de piment de la Jamaïque

1,8 à 2,3 kg	(*4 à 5 lb*) poulet à rôtir entier

Glace

50 mL	(*¼ tasse*) jus de pomme épicée *réservé*
30 mL	(*2 c. à soupe*) sirop de maïs clair
30 mL	(*2 c. à soupe*) eau

Préchauffer le four à 180 °C (*350 °F*). Découper 5 rondelles de pomme épicée en huit; réserver le reste des rondelles de pomme. Dans un bol de grandeur moyenne, combiner les morceaux de pomme et le reste des ingrédients de la farce. Farcir le poulet; fixer les ailes au corps. Disposer le poulet sur une grille dans une rôtissoire. Dans une casserole de 1 L (*4 tasses*) mélanger tous les ingrédients de la glace. Faire cuire à feu moyen-vif, en remuant de temps à autre, jusqu'à ce que ce soit bien chaud (5 à 6 min). Badigeonner le poulet de glace. Enfourner; faire cuire 1 h en arrosant de temps à autre. Au besoin, ajouter 50 mL (*¼ tasse*) d'eau au jus de cuisson. Recouvrir le poulet d'un papier d'aluminium, sans serrer. Poursuivre la cuisson, en arrosant de temps à autre, pendant 1 à 1½ h, ou jusqu'à ce que le poulet soit tendre sous la fourchette. Garnir de rondelles de pomme réservées.

Cuisson au micro-ondes : découper 5 rondelles de pomme épicée en huit; réserver les autres rondelles de pomme. Dans un bol de grandeur moyenne, combiner les morceaux de pommes et le reste des ingrédients de la farce. Farcir le poulet; fixer les ailes au corps. Dans un petit bol allant au micro-ondes, mélanger tous les ingrédients de la glace. Faire cuire à FORT jusqu'à ce que ce soit bien chaud (45 à 60 s). Disposer le poulet, la poitrine vers le bas, sur la grille d'une rôtissoire allant au micro-ondes. Badigeonner le poulet avec la moitié de la glace. Couvrir; faire cuire à FORT 5 min. Réduire la puissance à MOYEN (50 %); faire cuire 25 min, en tournant la grille de ¼ de tour après la mi-cuisson. Retourner le poulet, la poitrine vers le haut. Répartir, avec une cuillère, le reste de glace sur le poulet. Couvrir; faire cuire à MOYEN (50 % de la puissance), en tournant la grille de ¼ de tour après la mi-cuisson, jusqu'à ce que le poulet soit tendre sous la fourchette (22 à 24 min). Recouvrir d'un papier d'aluminium en forme de tente; laisser reposer 5 à 10 min. Garnir avec les rondelles de pomme réservées.

Poulet glacé à la pomme rouge

Poulet à la Kiev

La préparation prend un peu de temps, mais le résultat en vaut la peine.

Garniture

50 mL	(*¼ tasse*) beurre ou margarine, ramolli
30 mL	(*2 c. à soupe*) oignon vert haché
15 mL	(*1 c. à soupe*) ail frais haché fin
1 mL	(*¼ c. à thé*) sel
1	pincée de poivre concassé

Poulet

4	poitrines de poulet entières désossées, dépiautées
50 mL	(*¼ tasse*) beurre ou margarine
175 mL	(*⅔ tasse*) biscuits au beurre écrasés
50 mL	(*¼ tasse*) persil frais haché
1 mL	(*¼ c. à thé*) sel
1 mL	(*¼ c. à thé*) thym
1	pincée de poivre concassé

Dans un bol de grandeur moyenne, combiner tous les ingrédients de la garniture. Diviser en 4 portions égales. Faire congeler pendant au moins 30 min. Préchauffer le four à 180 °C (*350 °F*). Aplatir chaque poitrine de poulet à environ 0,5 cm (*¼ po*) d'épaisseur en la pilant entre deux feuilles de papier ciré. Mettre une portion de garniture congelée sur chaque poitrine aplatie. Rouler et rentrer les extrémités du poulet; fixer avec des cure-dents en bois. Dans un moule carré de 23 cm (*9 po*) de côté allant au four, faire fondre au four 50 mL (*¼ tasse*) de beurre (4 à 6 min). Combiner le reste des ingrédients du poulet. Tremper les rouleaux de poulet dans le beurre fondu, puis les enrober de chapelure. Disposer les rouleaux de poulet dans le même plat; parsemer avec le reste de chapelure. Enfourner; faire cuire 55 à 65 min, ou jusqu'à ce que le poulet soit tendre sous la fourchette. Retirer les cure-dents avant de servir.

Pour rouler les poitrines de poulet :

1. Aplatir chaque poitrine de poulet à environ 0,5 cm (*¼ po*) d'épaisseur en la pilant entre deux feuilles de papier ciré.

2. Mettre une portion de garniture congelée sur chaque poitrine aplatie. Rouler et rentrer les extrémités du poulet; fixer avec des cure-dents en bois.

Poulet à la Kiev

Poitrines de poulet à la tomate, au basilic et au fromage

6 portions
1 h 15 min

Poitrines de poulet à la tomate, au basilic et au fromage

Les tomates fraîches, le basilic et la mozzarella rendent ce poulet bien spécial.

Sauce

45 mL	*(3 c. à soupe)* beurre ou margarine
500 mL	*(2 tasses)* tomates mûres (2 moyennes) en cubes de 2,5 cm *(1 po)*
75 mL	*(1/3 tasse)* oignon haché
156 mL	*(5,5 oz)* pâte de tomate en conserve
15 mL	*(1 c. à soupe)* basilic
2 mL	*(1/2 c. à thé)* sel
1 mL	*(1/4 c. à thé)* poivre
10 mL	*(2 c. à thé)* ail frais haché fin

3	poitrines de poulet entières désossées, dépiautées, coupées en deux

Garniture

250 mL	*(1 tasse)* chapelure fraîche
50 mL	*(1/4 tasse)* persil frais haché
30 mL	*(2 c. à soupe)* beurre ou margarine, fondu
180 g	*(6 oz)* mozzarella, coupée en lanières

Préchauffer le four à 180 °C *(350 °F)*. Dans un moule de 33 x 23 cm *(13 x 9 po)* allant au four, faire fondre au four 45 mL *(3 c. à soupe)* de beurre (4 à 6 min). Entre-temps, dans un bol de grandeur moyenne, combiner le reste des ingrédients de la sauce, *sauf* le poulet; réserver. Mettre le poulet dans le plat de cuisson, le tourner pour l'enrober de beurre. Napper de sauce. Enfourner; faire cuire 30 à 40 min ou jusqu'à ce que le poulet ne soit plus rose. Entre-temps, dans un petit bol, mélanger tous les ingrédients de la garniture *sauf* le fromage. Mettre les lanières de fromage sur le poulet; parsemer de garniture. Poursuivre la cuisson 5 à 10 min, ou jusqu'à ce que le poulet soit tendre sous la fourchette et la chapelure, dorée.

Cuisson au micro-ondes : pour la garniture, dans un petit bol, faire fondre 30 mL *(2 c. à soupe)* de beurre à FORT (40 à 50 s). Incorporer la chapelure.

Faire cuire à FORT, en remuant toutes les 30 s, jusqu'à ce que la chapelure soit grillée (3 à 4 min). Incorporer le persil; réserver. Dans un moule de 23 cm *(9 po)* de diamètre allant au micro-ondes, faire fondre 45 mL *(3 c. à soupe)* de beurre à FORT (40 à 50 s). Disposer les morceaux de poulet dans le plat; les tourner pour les enrober de beurre. Dans un bol de grandeur moyenne, combiner le reste des ingrédients de la sauce. Verser sur le poulet. Couvrir de papier ciré; faire cuire à FORT en tournant le plat de 1/4 de tour deux fois pendant la dernière moitié de la cuisson, jusqu'à ce que le poulet soit tendre sous la fourchette (16 à 20 min). Disposer les lanières de fromage sur le poulet. Couvrir; faire cuire à FORT jusqu'à ce que le fromage fonde (2 à 2 1/2 min). Parsemer le fromage de chapelure grillée. Faire cuire à FORT pour réchauffer la chapelure (1 min).

---

4 à 6 portions (325 mL / 1 1/3 tasse de trempette)
1 h 15 min

Pilons de poulet en trempette

Ces croustillants pilons de poulet à l'oignon peuvent se servir chauds ou froids.

Poulet

75 mL	*(1/3 tasse)* beurre ou margarine
75 mL	*(1/3 tasse)* biscuits salés écrasés
30 mL	*(2 c. à soupe)* mélange de soupe à l'oignon déshydratée
8	pilons de poulet

Trempette

250 mL	*(1 tasse)* concombre (1 moyen) pelé, haché
250 mL	*(1 tasse)* crème sure
7 mL	*(1 1/2 c. à thé)* ciboulette fraîche hachée
2 mL	*(1/2 c. à thé)* sel
2 mL	*(1/2 c. à thé)* aneth en grains

Préchauffer le four à 180 °C *(350 °F)*. Dans un moule de 33 x 23 cm *(13 x 9 po)* allant au four, faire fondre le beurre au four (5 à 7 min). Mélanger les biscuits écrasés et le mélange de soupe à l'oignon. Tremper les pilons de poulet dans le beurre fondu, puis les enrober de chapelure. Dans le même plat, disposer les pilons de poulet; les parsemer avec le reste de

chapelure. Enfourner; faire cuire 45 à 55 min ou jusqu'à ce que le poulet soit tendre sous la fourchette. Entre-temps, dans un bol de grandeur moyenne, mélanger les ingrédients de la trempette. Couvrir; mettre au réfrigérateur au moins 1 h. Servir le poulet chaud ou froid avec la trempette.

VOLAILLE

Poulet à la ciboulette et à la crème sure

6 portions
1 h 45 min

Ce poulet délicieux à la saveur d'oignon est recouvert d'une sauce crémeuse et savoureuse.

Enrobage

500 mL	(*2 tasses*)	chapelure fraîche
2 mL	(*1/2 c. à thé*)	sel
1 mL	(*1/4 c. à thé*)	poivre concassé
1 mL	(*1/4 c. à thé*)	oignon en poudre
1 mL	(*1/4 c. à thé*)	paprika
125 mL	(*1/2 tasse*)	beurre ou margarine, fondu
1,2 à 1,6 kg	(*2 1/2 à 3 1/2 lb*)	poulet à frire, coupé en 8
3		oignons moyens, coupés en deux

Sauce

15 mL	(*1 c. à soupe*)	farine tout usage
250 mL	(*1 tasse*)	crème sure
1 mL	(*1/4 c. à thé*)	poivre concassé
		Lait
30 mL	(*2 c. à soupe*)	ciboulette fraîche hachée

Préchauffer le four à 180 °C (*350 °F*). Combiner tous les ingrédients de l'enrobage *sauf* le beurre. Tremper le poulet dans le beurre fondu; enrober du mélange de chapelure. *Réserver le reste de chapelure et de beurre.* Dans un plat de 33 x 23 cm (*13 x 9 po*) allant au four, placer le poulet; ajouter les oignons. Parsemer le reste de chapelure sur les oignons; arroser du reste de beurre. Enfourner; faire cuire, en arrosant de temps à autre, pendant 60 à 70 min ou jusqu'à le poulet que ce soit tendre sous la fourchette. Dresser le poulet sur un plateau; garder au chaud. Pour faire la sauce, racler le plat de cuisson; verser la graisse de cuisson dans une casserole de 2 L (*8 tasses*). Incorporer la farine. Faire cuire à feu moyen-vif, en remuant de temps à autre, jusqu'à ce que le mélange soit mousseux (1 min). Réduire le feu à moyen. Incorporer la crème sure et le poivre. Poursuivre la cuisson, en remuant de temps à autre, jusqu'à ce que ce soit bien chaud (1 à 2 min). Au besoin, ajouter du lait pour obtenir la consistance désirée. Verser la sauce sur le poulet et les oignons. Parsemer de ciboulette.

Cuisson au micro-ondes : diviser le beurre. Dans une casserole de 1 L (*4 tasses*) allant au micro-ondes, faire fondre 50 mL (*1/4 tasse*) de beurre à FORT (50 à 60 s). Y mélanger les ingrédients de l'enrobage. Faire cuire à FORT, en remuant deux fois, jusqu'à ce que la chapelure soit grillée (4 à 5 min). Réserver. Dans un plat de 30 x 20 cm (*12 x 8 po*) allant au micro-ondes, faire fondre les 50 mL (*1/4 tasse*) de beurre qui restent à FORT (50 à 60 s). Disposer le poulet dans le plat, les parties les plus épaisses vers l'extérieur, et le tourner pour bien l'enrober de beurre. Mettre les oignons sur le poulet. Couvrir; faire cuire à FORT, en tournant le plat de 1/4 de tour deux fois pendant la cuisson, jusqu'à ce que le poulet soit tendre sous la fourchette (21 à 23 min). Dresser le poulet sur un plateau; garder au chaud. Racler la graisse au fond du plat et la verser dans un petit bol. Incorporer la farine. Faire cuire à FORT jusqu'à ce que le mélange soit mousseux (1 à 1 1/4 min). Incorporer la crème sure et le poivre. Réduire la puissance à MOYEN (50 %); faire bien chauffer la sauce (3 à 4 min). Au besoin, ajouter du lait pour obtenir la consistance désirée. Remettre le poulet et les oignons dans le plat de cuisson. Verser la sauce sur le poulet et les oignons. Parsemer de chapelure. Faire chauffer à FORT (2 1/2 à 3 min) pour réchauffer la chapelure. Parsemer de ciboulette.

Poulet à la ciboulette et à la crème sure

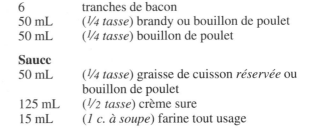

Petits rouleaux de poulet et de légumes

*Découvrez la magie de couleurs que vous offrent les carottes
et les courgettes assaisonnées d'une touche de romarin.*

6 portions
1 h 15 min

3	poitrines de poulet entières désossées, dépiautées, coupées en deux
45 mL	(*3 c. à soupe*) beurre ou margarine, fondu
2	carottes moyennes, en bâtonnets de 10 x 0,2 x 0,2 cm (*4 x ⅛ x ⅛ po*)
1	courgette moyenne, en bâtonnets de 10 x 0,2 x 0,2 cm (*4 x ⅛ x ⅛ po*)
2 mL	(*½ c. à thé*) sel
1 mL	(*¼ c. à thé*) romarin, écrasé
1 mL	(*¼ c. à thé*) poivre

6	tranches de bacon
50 mL	(*¼ tasse*) brandy ou bouillon de poulet
50 mL	(*¼ tasse*) bouillon de poulet

Sauce

50 mL	(*¼ tasse*) graisse de cuisson *réservée* ou bouillon de poulet
125 mL	(*½ tasse*) crème sure
15 mL	(*1 c. à soupe*) farine tout usage

Préchauffer le four à 180 °C (*350 °F*). Aplatir chaque demi-poitrine de poulet à environ 0,5 cm (*¼ po*) d'épaisseur, en la pilant entre deux feuilles de papier ciré; réserver. Dans un bol de grandeur moyenne, combiner le beurre, les carottes, la courgette, le sel, le romarin et le poivre. Répartir le mélange entre les poitrines de poulet aplaties. Rouler les poitrines de poulet. Enrouler une tranche de bacon autour de chaque petit rouleau de poulet; fixer avec des cure-dents en bois. Dans un moule de 33 x 23 cm (*13 x 9 po*) allant au four, mettre les rouleaux de poulet. Dans un petit bol, combiner

le brandy et le bouillon de poulet. Verser sur le poulet. Enfourner; faire cuire en arrosant de temps à autre 35 à 40 min ou jusqu'à ce que le poulet soit tendre sous la fourchette. Disposer les rouleaux de poulet sur un plateau; garder au chaud. *Réserver le jus de cuisson.* Dans une casserole de 1 L (*4 tasses*), combiner le jus de cuisson réservé et suffisamment de bouillon de poulet pour obtenir 50 mL (*¼ tasse*) de liquide. Dans un petit bol, mélanger la crème sure et la farine. Incorporer au mélange de jus de cuisson. Faire chauffer à feu moyen, en remuant de temps à autre, jusqu'à épaississement (2 à 4 min). NE PAS LAISSER BOUILLIR. Verser sur les rouleaux de poulet.

Pour préparer les poitrines de poulet :

1. Aplatir chaque demi-poitrine de poulet à environ 0,5 cm (*¼ po*) d'épaisseur en la pilant entre deux feuilles de papier ciré; réserver.

2. Répartir le mélange entre les poitrines de poulet aplaties. Rouler les poitrines de poulet. Enrouler une tranche de bacon autour de chaque rouleau au poulet; fixer avec des cure-dents en bois.

Petits rouleaux de poulet et de légumes

Poitrines de poulet à l'ananas et à l'estragon

Poitrines de poulet à l'ananas et à l'estragon

6 portions
60 min

L'estragon et le goût sucré de l'ananas se complètent merveilleusement bien.

Sauce

180 mL	(*6 oz*) jus d'ananas concentré surgelé, dégelé
50 mL	(*¼ tasse*) miel
5 mL	(*1 c. à thé*) estragon

2 mL	(*½ c. à thé*) sel
1	pincée de poivre
6	poitrines de poulet divisées

Préparer le gril en regroupant les charbons sur un côté; faire chauffer jusqu'à ce que les charbons soient blancs. Fabriquer un moule en papier d'aluminium pour la graisse de cuisson; le placer à l'opposé des charbons. Dans une casserole de 1 L (*4 tasses*), combiner tous les ingrédients de la sauce. Faire cuire à feu moyen, en remuant de temps à autre, jusqu'à ce que ce soit bien chaud (3 à 5 min). Placer les poitrines de poulet sur la grille au-dessus du moule en aluminium. Badigeonner de sauce. Faire griller en retournant et en arrosant avec la sauce de temps à autre, 25 à 35 min ou jusqu'à ce que la viande soit tendre sous la fourchette. Pour servir, faire cuire le reste de sauce à feu moyen, en remuant de temps à autre, jusqu'à ce qu'elle soit bien chaude (3 à 5 min). Verser la sauce sur le poulet.

Conseil : le jus d'orange concentré surgelé, dégelé, peut-être remplacé par du jus d'ananas concentré.

Cuisson au micro-ondes : dans un petit bol, combiner tous les ingrédients de la sauce. Faire cuire à FORT, en remuant après 1 min, jusqu'à ce que ce soit bien chaud (1½ à 1¾ min). Dans un plat à cuisson de 30 x 20 cm (*12 x 8 po*) allant au micro-ondes, placer les poitrines de poulet. Saupoudrer de paprika. Verser la moitié de la sauce sur le poulet. Couvrir; faire cuire à FORT, en redisposant les morceaux de poulet et en les arrosant du reste de sauce après la mi-cuisson, jusqu'à ce qu'ils soient tendres sous la fourchette (19 à 21 min). Verser la sauce sur le poulet.

Poitrines de poulet du Sud-Ouest

4 portions
1 h 20 min

Les piments forts verts et la salsa donnent une saveur exotique à ces poitrines de poulet grillées.

Marinade

175 mL	(*⅔ tasse*) huile végétale
75 mL	(*⅓ tasse*) jus de lime
30 mL	(*2 c. à soupe*) piments forts verts hachés
5 mL	(*1 c. à thé*) ail frais haché fin

2	poitrines de poulet entières désossées, dépiautées, coupées en deux
8	tranches de cheddar de 5 x 2,5 x 0,5 cm (*2 x 1 x ¼ po*)
	Salsa

Dans un moule carré de 23 cm (*9 po*) de côté, combiner tous les ingrédients de la marinade. Ajouter les poitrines de poulet; faire mariner au réfrigérateur au moins 45 min, en retournant une fois. Entre-temps, préparer le gril en regroupant les charbons sur un côté; faire chauffer jusqu'à ce que les charbons soient blancs. Fabriquer un moule en papier d'aluminium pour la graisse de cuisson; le placer à l'opposé des

charbons. Retirer le poulet de la marinade; égoutter. Faire griller le poulet 7 min; le tourner. Poursuivre la cuisson jusqu'à ce qu'il soit tendre sous la fourchette (6 à 8 min). Couvrir chaque poitrine de poulet de 2 tranches de fromage. Poursuivre la cuisson jusqu'à ce que le fromage commence à fondre (1 à 2 min). Servir avec de la salsa.

Poulet grillé à l'ail

Brochettes de réception

*Ces brochettes peuvent se préparer d'avance et se conserver au réfrigérateur
dans un contenant fermé, jusqu'à ce que la fête commence!*

4	poitrines de poulet entières désossées, dépiautées, coupées en morceaux de 2,5 cm (*1 po*)

Sauce

175 mL	(*2/3 tasse*) jus d'ananas *réservé*
50 mL	(*1/4 tasse*) miel
2 mL	(*1/2 c. à thé*) sel
1 mL	(*1/4 c. à thé*) poivre
1 mL	(*1/4 c. à thé*) gingembre

Brochettes

2	poivrons verts moyens, en morceaux de 5 cm (*2 po*)
12	tomates cerise
2	oignons moyens, coupés en huit
398 mL	(*15 oz*) ananas en morceaux en conserve, égoutté, *réserver le jus*
6	brochettes en métal de 30 cm (*12 po*) de long

Dans un bol de grandeur moyenne, mettre les morceaux de poulet. Dans une casserole de 2 L (*8 tasses*), combiner tous les ingrédients de la sauce. Faire cuire à feu moyen, en remuant de temps à autre, jusqu'à ce que le miel soit fondu (2 à 3 min). Verser sur les morceaux de poulet; laisser mariner 20 min en remuant de temps à autre. Égoutter; *réserver la marinade*. Préparer le gril en regroupant les charbons d'un côté; faire chauffer jusqu'à ce que les charbons soient blancs. Fabriquer un moule en papier d'aluminium pour la graisse de cuisson; le placer à l'opposé des charbons. Pour assembler les brochettes, enfiler sur les brochettes en métal, en alternant, les morceaux de poulet, les morceaux de poivron vert, les tomates cerise, les morceaux d'oignons et d'ananas. Mettre les brochettes sur le gril, au-dessus du moule en aluminium. Faire griller, en tournant et en arrosant de temps à autre, jusqu'à ce que le poulet soit tendre sous la fourchette (8 à 12 min). Dans une casserole de 1 L (*4 tasses*) faire cuire le reste de marinade à feu moyen, en remuant de temps à autre, jusqu'à ce que le mélange arrive à pleine ébullition (2 à 3 min). Juste avant de servir, verser la marinade sur les brochettes.

Cuisson au micro-ondes : *utiliser 6 brochettes en bois de 30 cm (12 po) de long. Utiliser des grosses tomates cerise.* Dans un bol de grandeur moyenne, mettre les morceaux de poulet. Dans un petit bol allant au micro-ondes, combiner tous les ingrédients de la sauce. Faire cuire à FORT, en remuant après la mi-cuisson, jusqu'à ce que le miel soit fondu (1½ à 2 min). Verser sur les morceaux de poulet; laisser mariner 20 min en remuant de temps à autre. Égoutter; *réserver la marinade*. Pour assembler les brochettes, enfiler sur les brochettes de bois, en alternant, les morceaux de poulet et de poivrons verts, les grosses tomates cerise, les morceaux d'oignons et d'ananas. Mettre les brochettes sur la grille d'une rôtissoire allant au micro-ondes. Faire cuire à FORT, en tournant la grille de ¼ de tour après la moitié du temps, 7 min. Réarranger et retourner les brochettes; arroser. Faire cuire à FORT, en tournant la grille de ¼ de tour après la mi-cuisson, jusqu'à ce que le poulet soit tendre sous la fourchette (3 à 5 min). Faire cuire la marinade réservée à FORT, en remuant après la mi-cuisson, jusqu'à ce que le mélange parvienne à pleine ébullition (2 à 2½ min). Juste avant de servir, verser la marinade sur les brochettes.

Poulet grillé à l'ail

Dans cette recette, l'ail fond durant la cuisson, créant un arôme riche et délicieux.

50 mL	(*1/4 tasse*) beurre ou margarine, fondu
1 mL	(*1/4 c. à thé*) poivre
45 mL	(*3 c. à soupe*) ail frais haché fin
30 mL	(*2 c. à soupe*) sauce soja

1,2 à 1,6 kg	(*2½ à 3½ lb*) poulet entier à frire, coupé en deux
50 mL	(*1/4 tasse*) persil frais haché
	Riz cuit

Dans un petit bol, combiner le beurre, le poivre, l'ail et la sauce soja. Faire chauffer le gril. Mettre le poulet dans une rôtissoire graissée. Faire griller le poulet entre 15 à 20 cm (*6 à 8 po*) de l'élément supérieur, en le tournant toutes les 10 min et en le

badigeonnant avec le mélange au beurre durant les 10 dernières min, pendant 30 à 35 min ou jusqu'à ce qu'il soit tendre sous la fourchette. Juste avant de servir, badigeonner avec le mélange au beurre et parsemer de persil. Servir avec du riz cuit.

8 portions
1 h 15 min

Salade de poulet chaude en cocotte

Un plat en cocotte à la mode, cuisiné avec des restes de poulet et de dinde.

1 L	(*4 tasses*) poulet ou dinde cuit, en cubes de 5 cm (*2 po*)	60 g	(*2 oz*) piments doux rôtis hachés, égouttés
500 mL	(*2 tasses*) riz cuit	3	œufs durs, hachés
250 mL	(*1 tasse*) céleri (2 branches) haché	30 mL	(*2 c. à soupe*) poivron vert haché
125 mL	(*1/2 tasse*) amandes effilées	30 mL	(*2 c. à soupe*) oignon
200 mL	(*3/4 tasse*) mayonnaise	1 mL	(*1/4 c. à thé*) sel
284 mL	(*10 oz*) crème de poulet condensée en conserve	15 mL	(*1 c. à soupe*) jus de citron
		125 mL	(*1/2 tasse*) pommes chips écrasées

Préchauffer le four à 180 °C (*350 °F*). Dans un grand bol, combiner tous les ingrédients *sauf* les pommes chips. Étaler dans un moule de 33 x 23 cm (*13 x 9 po*) allant au four, graissé. Parsemer des pommes chips. Enfourner et faire cuire 40 à 50 min, ou jusqu'à ce que ce soit bien chaud.

Cuisson au micro-ondes : préparer comme indiqué ci-contre, *mais* étaler le mélange dans un moule de 30 x 20 cm (*12 x 8 po*) allant au micro-ondes. Faire cuire à FORT, en remuant toutes les 4 min, jusqu'à ce que ce soit bien chaud (14 à 15 min). Parsemer de pommes chips. Faire chauffer à FORT (1 à 1 1/2 min).

6 portions
60 min

Tarte au poulet et aux épinards recouverte de biscuits

De tendres biscuits au babeurre recouvrent cette tarte au poulet et aux épinards.

Garniture

500 mL	(*2 tasses*) de poulet cuit, déchiqueté
125 mL	(*1/2 tasse*) oignon (1 moyen) haché
300 g	(*10 oz*) épinards surgelés, dégelés, égouttés
60 g	(*2 oz*) piments doux rôtis, égouttés
250 mL	(*1 tasse*) crème sure
1	œuf, légèrement battu
2 mL	(*1/2 c. à thé*) sel
1 mL	(*1/4 c. à thé*) poivre
1	pincée de muscade
5 mL	(*1 c. à thé*) ail frais haché fin

Biscuits

425 mL	(*1 2/3 tasse*) farine tout usage
50 mL	(*1/4 tasse*) beurre ou margarine, fondu
200 mL	(*3/4 tasse*) babeurre*
10 mL	(*2 c. à thé*) poudre à pâte
2 mL	(*1/2 c. à thé*) sel

Préchauffer le four à 190 °C (*375 °F*). Dans un grand bol, combiner les ingrédients de la garniture. Étaler dans un moule à tarte de 23 cm (*9 po*) de diamètre, graissé; réserver. Dans un bol de grandeur moyenne, mélanger tous les ingrédients des biscuits. Laisser tomber la pâte par cuillerées sur le mélange aux épinards. Enfourner; faire cuire 30 à 40 min ou jusqu'à ce que les biscuits soient dorés et la tarte, bien chaude.

*250 mL (*1 tasse*) de babeurre peuvent être remplacés par 15 mL (*1 c. à soupe*) de vinaigre dilué dans suffisamment de lait pour donner 250 mL (*1 tasse*) de liquide.

F

Tarte au poulet et aux épinards recouverte de biscuits

Tourte au poulet

4 à 6 portions
1 h 30 min

Cette tarte feuilletée laissera des souvenirs mémorables.

Croûte

500 mL	(*2 tasses*) farine tout usage
1 mL	(*1/4 c. à thé*) sel
175 mL	(*2/3 tasse*) beurre ou margarine
50 mL	(*1/4 tasse*) eau froide

Garniture

625 mL	(*2 1/2 tasses*) poulet cuit, en cubes de 2,5 cm (*1 po*)
500 mL	(*2 tasses*) petits pois frais ou surgelés
50 mL	(*1/4 tasse*) oignon haché fin
3	carottes moyennes, en tranches de 2,5 cm (*1 po*)
2	pommes de terre moyennes, pelées, en cubes de 2,5 cm (*1 po*)

Sauce

45 mL	(*3 c. à soupe*) beurre ou margarine
45 mL	(*3 c. à soupe*) farine tout usage
250 mL	(*1 tasse*) lait moitié-moitié
125 mL	(*1/2 tasse*) bouillon de poulet
2 mL	(*1/2 c. à thé*) sel
1 mL	(*1/4 c. à thé*) poivre
	Lait

Préchauffer le four à 190 °C (*375 °F*). Dans un grand bol, combiner 500 mL (*2 tasses*) de farine et 1 mL (*1/4 c. à thé*) de sel. Incorporer au couteau 175 mL (*2/3 tasse*) de beurre pour obtenir un mélange grumeleux; avec une fourchette, incorporer l'eau. Diviser la pâte en proportions de 1/3 / 2/3. Réserver le 1/3 de la pâte. Abaisser le reste en un cercle de 35 cm (*14 po*) de diamètre et de 0,2 cm (*1/8 po*) d'épaisseur. Déposer avec précaution dans un moule profond de 3 L (*12 tasses*); réserver. Dans un grand bol, combiner tous les ingrédients de la garniture; réserver. Dans une casserole de 2 L (*8 tasses*) faire fondre 45 mL (*3 c. à soupe*) de beurre; incorporer 45 mL (*3 c. à soupe*) de farine. Faire cuire à feu moyen-vif, en remuant de temps à autre, jusqu'à ce que le mélange soit chaud et bouillonnant (3 à 4 min).

Pour préparer la croûte :

Ajouter, en fouettant, le lait moitié-moitié, le bouillon de poulet, 2 mL (*1/2 c. à thé*) de sel et le poivre. Poursuivre la cuisson, en remuant de temps à autre, jusqu'à ce que la sauce épaississe (3 à 5 min). Incorporer la sauce chaude à la garniture; en garnir la croûte de tarte. Abaisser le dernier 1/3 de pâte en un cercle de 25 cm (*10 po*) de diamètre et de 0,2 cm (*1/8 po*) d'épaisseur. Déposer sur la tarte. Pincer le bord pour sceller. Pratiquer 3 petites fentes sur la croûte; badigeonner légèrement de lait. Enfourner; faire cuire 50 à 60 min ou jusqu'à brun doré.

Conseil : un moule de 30 x 20 cm (*12 x 8 po*) allant au four peut remplacer la casserole de 3 L (*12 tasses*). Abaisser les 2/3 de la pâte en un rectangle de 45 x 35 cm (*18 x 14 po*). Abaisser le 1/3 de pâte qui reste en un rectangle de 33 x 23 cm (*13 x 9 po*).

1. Incorporer au couteau 175 mL (*2/3 tasse*) de beurre pour obtenir un mélange grumeleux.

2. Pincer les bords pour sceller.

Tourte au poulet

Poulet pané à la bière, frit

4 à 6 portions
60 min

Poulet pané à la bière, frit

Le chili en poudre est l'ingrédient mystère de ce poulet spécial qui se prépare en grande friture.
La sauce aux oignons verts et à la crème sure ajoutent une note rafraîchissante.

1,2 à	
1,6 kg	*(2½ à 3½ lb)* poulet, en huit
1 L	*(4 tasses)* eau
	Huile végétale

Pâte

250 mL	*(1 tasse)* farine tout usage
7 mL	*(1½ c. à thé)* poudre à pâte
5 mL	*(1 c. à thé)* sel
30 mL	*(2 c. à soupe)* chili en poudre

5 mL	*(1 c. à thé)* cumin
2 mL	*(½ c. à thé)* piment de Cayenne
2 mL	*(½ c. à thé)* poivre
1	blanc d'œuf
200 mL	*(¾ tasse)* bière

Sauce

50 mL	*(¼ tasse)* oignons verts hachés
250 mL	*(1 tasse)* crème sure

Dans une cocotte, combiner le poulet et l'eau. Couvrir; faire cuire à feu moyen-vif, en remuant de temps à autre, jusqu'à ce que l'eau soit à pleine ébullition (20 à 25 min). Réduire le feu à moyen. Faire cuire 20 min. Égoutter; assécher. Dans une friteuse ou dans une casserole de 3 L *(12 tasses)*, faire chauffer 5 cm *(2 po)* d'huile à 190 °C *(375 °F)*. Dans un bol de grandeur moyenne, combiner tous les ingrédients de la pâte *sauf* le blanc d'œuf et la bière. Dans le petit bol du mélangeur, battre le blanc d'œuf en neige ferme,

à vitesse moyenne, (2 à 3 min); réserver. Ajouter la bière au mélange à la farine; incorporer le blanc d'œuf en le pliant. Tremper le poulet dans la pâte, puis le plonger dans l'huile chaude. Faire frire jusqu'à brun doré (2 à 3 min de chaque côté). Sortir de l'huile; égoutter sur des serviettes en papier. Recommencer avec le reste de poulet. Dans un petit bol, mélanger les oignons verts et la crème sure. Servir la sauce avec le poulet.

4 à 6 portions
1 h 30 min

Poulet frit au four

*Le thym et le romarin ajoutent une saveur délicieuse
à ce poulet frit au four, facile à préparer.*

75 mL	(*1/3 tasse*) beurre ou margarine, fondu
75 mL	(*1/3 tasse*) farine tout usage
3 mL	(*3/4 tasse*) sel
2 mL	(*1/2 c. à thé*) poivre
1 mL	(*1/4 c. à thé*) thym

1 mL	(*1/4 c. à thé*) romarin, écrasé
1 mL	(*1/4 c. à thé*) paprika
1,2 à	
1,6 kg	(*2 1/2 à 3 1/2 lb*) poulet, en 8 morceaux

Préchauffer le four à 190 °C (*375 °F*). Dans une rôtissoire, faire fondre le beurre au four (4 à 6 min). Entre-temps, combiner le reste des ingrédients *sauf* le poulet. Tremper le poulet dans le beurre fondu, puis l'enrober du mélange à la farine. Dans le même plat, disposer le poulet, la peau en dessous. Enfourner; faire cuire 25 à 30 min; retourner le poulet. Poursuivre la cuisson 30 à 35 min ou jusqu'à ce que le poulet soit tendre sous la fourchette.

Cuisson au micro-ondes : réduire le beurre à 50 mL (*1/4 tasse*). *Éliminer la farine.* Augmenter le paprika à 3 mL (*3/4 c. à thé*). Dans un moule de 30 x 20 cm (*12 x 8 po*) allant au micro-ondes, faire fondre le beurre à FORT (50 à 60 s). Disposer le poulet dans le plat, les parties les plus épaisses vers l'extérieur.Retourner pour bien enduire de beurre. Dans un petit bol, combiner le sel, le poivre, le thym, le romarin et le paprika. Parsemer sur le poulet. Couvrir; faire cuire à FORT, en tournant le plat de 1/4 de tour deux fois pendant la dernière moitié de la cuisson, jusqu'à ce que le poulet soit tendre sous la fourchette (18 à 25 min).

4 portions
30 min

Piccata de poulet

Le citron et les oignons verts donnent un goût délicat à ce plat de poulet alléchant.

50 mL	(*1/4 tasse*) lait
1	œuf, légèrement battu
75 mL	(*1/3 tasse*) farine tout usage
75 mL	(*1/3 tasse*) flocons de maïs écrasés
1 mL	(*1/4 c. à thé*) sel
1	pincée de poivre
2	poitrines de poulet entières désossées, dépiautées, coupées en deux
90 mL	(*6 c. à soupe*) beurre ou margarine

5 mL	(*1 c. à thé*) ail frais haché fin
30 mL	(*2 c. à soupe*) jus de citron
250 mL	(*1 tasse*) oignons verts en tranches de 2,5 cm (*1 po*)
250 mL	(*1 tasse*) champignons frais, en deux
	Tranches de citron
	Persil frais

Dans un petit bol, combiner le lait et l'œuf. Incorporer la farine, les flocons de maïs, le sel et le poivre. Aplatir chaque demi-poitrine de poulet à environ 0,5 cm (*1/4 po*) d'épaisseur en la pilant entre deux feuilles de papier ciré. Plonger le poulet dans le mélange au lait, puis bien l'enrober du mélange à la farine. Dans un poêlon de 25 cm (*10 po*) de diamètre, faire fondre 60 mL (*4 c. à soupe*) de beurre. Ajouter l'ail et le poulet. Faire cuire à feu moyen, en retournant de temps à autre, jusqu'à ce que le poulet soit doré (5 à 6 min). Disposer le poulet dans un plat de service; garder au chaud. Ajouter les 30 mL (*2 c. à soupe*) de beurre au jus de cuisson dans le plat. Mélanger jusqu'à ce que le beurre soit fondu; incorporer le jus de citron. Ajouter les oignons verts et les champignons. Poursuivre la cuisson, en remuant de temps à autre, jusqu'à ce que ce soit bien chaud (2 à 4 min). Verser sur le poulet à l'aide d'une cuillère. Garnir de tranches de citron et de persil.

F

Piccata de poulet

Poulet au chou et aux pommes

6 portions
60 min

*Le chou, les pommes et le carvi en grains ajoutés au poulet
font de ce plat un repas idéal pour le temps des moissons.*

8	tranches de bacon, en morceaux de 2,5 cm (*1 po*)
250 mL	(*1 tasse*) d'oignons (2 moyens) hachés
125 mL	(*1/2 tasse*) céleri en tranches de 1 cm (*1/2 po*)
30 mL	(*2 c. à soupe*) beurre ou margarine
1,2 à 1,4 kg	(*2 1/2 à 3 lb*) cuisses de poulet (8)
75 mL	(*1/3 tasse*) jus de pomme
7 mL	(*1 1/2 c. à thé*) carvi en grains
5 mL	(*1 c. à thé*) sel
1 mL	(*1/4 c. à thé*) poivre
1	petit chou, coupé en 8 pointes
2	pommes pour tarte moyennes, coupées en six

Dans une cocotte, faire cuire le bacon à feu moyen-vif jusqu'à ce qu'il soit ramolli (5 à 7 min). Ajouter les oignons et le céleri; poursuivre la cuisson jusqu'à ce que les légumes soient tendres (2 à 3 min). Avec une écumoire, retirer le mélange de bacon de la cocotte; réserver. Ajouter le beurre dans la même cocotte; faire chauffer jusqu'à ce qu'il grésille. Disposer la moitié du poulet dans la cocotte. Poursuivre la cuisson, en remuant de temps à autre, jusqu'à ce que le poulet soit légèrement doré (5 à 8 min). Retirer de la cocotte; réserver. Recommencer avec le reste de poulet. Réduire le feu à moyen; remettre le poulet et le mélange au bacon dans la cocotte. Ajouter le reste des ingrédients *sauf* le chou et les pommes. Mettre le chou sur le poulet pour le faire cuire à l'étuvée. Couvrir; poursuivre la cuisson, en arrosant de temps à autre, jusqu'à ce que le poulet soit tendre sous la fourchette et le chou, al dente (15 à 20 min). Recouvrir de pommes. Couvrir; poursuivre la cuisson jusqu'à ce que les pommes soient al dente (10 à 15 min).

Cuisson au micro-ondes : dans un plat de 30 x 20 cm (*12 x 8 po*) allant au micro-ondes, mettre le bacon. Couvrir; faire cuire à FORT jusqu'à ce qu'il soit ramolli (8 à 9 min). Incorporer les oignons et le céleri. Couvrir; faire cuire à FORT, en remuant après la mi-cuisson, jusqu'à ce que les légumes soient tendres (2 à 3 min). Avec une écumoire, retirer le mélange au bacon du plat; réserver. Ajouter le beurre au même plat; faire fondre le beurre à FORT (40 à 50 s). Disposer les cuisses de poulet dans le plat, les retourner pour les enduire de beurre; verser le mélange au bacon sur le poulet. Couvrir; faire cuire à FORT, en redisposant les morceaux de poulet après la mi-cuisson, jusqu'à ce que le poulet soit tendre sous la fourchette (8 à 10 min). Mettre le chou sur le poulet. Ajouter le reste des ingrédients *sauf* les pommes. Couvrir d'une pellicule de plastique perforée; faire cuire à FORT jusqu'à ce que le chou soit partiellement cuit (4 min). Arroser le chou. Recouvrir de pommes. Couvrir; faire cuire à FORT, en tournant le plat de 1/4 de tour après la mi-cuisson, jusqu'à ce que le chou et les pommes soient al dente (5 à 6 min).

Poulet au chou et aux pommes

Poitrines de poulet et courgettes avec crème à l'ail

Poitrines de poulet et courgettes avec crème à l'ail

4 portions
45 min

*La délicate saveur du poulet se marie merveilleusement bien
avec la courgette et cette délicieuse sauce au fromage et à l'ail.*

50 mL	(*1/4 tasse*) beurre ou margarine
3	poitrines de poulet entières, désossées, dépiautées, en moitié
750 mL	(*3 tasses*) courgettes (3 moyennes), en tranches de 0,2 cm (*1/8 po*)
75 mL	(*1/3 tasse*) oignons verts en tranches de 0,5 cm (*1/4 po*)

Crème à l'ail

30 mL	(*2 c. à soupe*) beurre ou margarine
2 mL	(*1/2 c. à thé*) ail frais haché fin
45 mL	(*3 c. à soupe*) farine tout usage
90 g	(*3 oz*) fromage à la crème
1 boîte	(284 mL / *10 oz*) bouillon de poulet
2 mL	(*1/2 c. à thé*) poivre

Riz cuit

Dans un poêlon de 25 cm (*10 po*) de diamètre, faire fondre 50 mL (*1/4 tasse*) de beurre jusqu'à ce qu'il grésille; ajouter les poitrines de poulet. Faire cuire à feu moyen-vif, en les retournant une fois, jusqu'à ce que le poulet soit doré et tendre sous la fourchette (12 à 15 min). Ajouter les courgettes et les oignons. Poursuivre la cuisson, en remuant de temps à autre, jusqu'à ce que les courgettes soient al dente (5 à 7 min). Entre-temps, dans une casserole de 2 L (*8 tasses*), faire fondre 30 mL (*2 c. à soupe*) de beurre jusqu'à ce qu'il grésille; ajouter l'ail. Faire cuire à feu moyen, en remuant de temps à autre, pendant 1 min. Ajouter la farine; poursuivre la cuisson jusqu'à ce que le mélange soit lisse et qu'il bouillonne (1 min). Ajouter le reste des ingrédients de la crème à l'ail *sauf* le riz. Poursuivre la cuisson, en remuant de temps à autre, jusqu'à ce que la sauce épaississe (5 à 7 min). Servir les courgettes et le poulet sur le riz; verser la sauce sur le poulet.

Cuisson au micro-ondes : augmenter la quantité de farine à 50 mL (*1/4 tasse*). Dans un plat de 30 x 20 cm (*12 x 8 po*) allant au micro-ondes, faire fondre le beurre à FORT (30 à 45 s). Disposer le poulet dans le plat; retourner pour l'enrober de beurre. Couvrir; faire cuire à FORT, en réarrangeant les morceaux après la mi-cuisson, jusqu'à ce que le poulet ne soit plus rose (5 à 8 min). Ajouter les courgettes et les oignons. Couvrir; faire cuire à FORT jusqu'à ce que les courgettes soient al dente (5 à 6 min). Avec une écumoire, dresser le poulet et les légumes dans un plat de service; garder au chaud. Incorporer 30 mL (*2 c. à soupe*) de beurre, l'ail, 50 mL (*1/4 tasse*) de farine, le fromage à la crème, le bouillon de poulet et le poivre au jus de cuisson. Faire cuire à FORT, en remuant aux 2 min, jusqu'à ce que la sauce épaississe (4 à 6 min). Servir les courgettes et le poulet sur le riz; verser la sauce sur le poulet.

Cocotte de poulet et de maïs en épi

6 portions
60 min

Ce plat coloré, qui paraît sur la page couverture, est bon à s'en lécher les doigts.

45 mL	(*3 c. à soupe*) beurre ou margarine
1,4 kg	(*3 lb*) cuisses de poulet
10 mL	(*2 c. à thé*) ail frais haché fin
50 mL	(*1/4 tasse*) eau
3	épis de maïs frais ou surgelés, épluchés, coupés en trois
5 mL	(*1 c. à thé*) estragon

2 mL	(*1/2 c. à thé*) sel
1 mL	(*1/4 c. à thé*) poivre
2	courgettes moyennes, en morceaux de 5 cm (*2 po*)
2	tomates moyennes mûres, en morceaux de 2,5 cm (*1 po*)

Dans une cocotte, faire fondre le beurre; ajouter le poulet et l'ail. Faire cuire à feu vif, en remuant de temps à autre, jusqu'à ce que le poulet soit doré (10 à 15 min). Réduire le feu à moyen. Ajouter le reste des ingrédients *sauf* les courgettes et les tomates.

Couvrir; faire cuire jusqu'à ce que le poulet soit tendre sous la fourchette (20 à 25 min). Disposer les courgettes sur le poulet et le mélange aux épis de maïs. Couvrir; faire cuire à l'étuvée 3 à 6 min. Ajouter les tomates. Couvrir; laisser reposer 5 min.

4 portions
2 h

Poulets de Cornouailles aux légumes
avec beurre aux fines herbes

Les légumes du jardin rendent ces poulets de Cornouailles cuits au four tout à fait spéciaux.

4	poulets de Cornouailles	2 mL	(*1/2 c. à thé*) sauge, écrasé
8	petites carottes	1 mL	(*1/4 c. à thé*) poivre
8	petites pommes de terre nouvelles rouges	10 mL	(*2 c. à thé*) ail frais haché fin
75 mL	(*1/3 tasse*) beurre ou margarine, fondu	8	petites courges d'été ou courgettes
5 mL	(*1 c. à thé*) sel		

Préchauffer le four à 190 °C (*375 °F*). Disposer les poulets, la poitrine vers le haut, sur la grille d'une grande rôtissoire. Les entourer de carottes et de pommes de terre. Dans un petit bol, combiner le reste des ingrédients sauf les courges. Verser sur les poulets et les légumes. Couvrir; faire cuire au four, en arrosant de temps à autre, pendant 1 h. Découvrir; ajouter les courges. Mélanger et poursuivre la cuisson pendant 30 à 45 min, ou jusqu'à ce que les poulets soient tendres sous la fourchette.

---

4 portions
2 h 15 min

Poulets de Cornouailles glacés à l'abricot

Les abricots et la marjolaine rehaussent le goût de ces poulets de Cornouailles garnis.

Farce

500 mL	(*2 tasses*) cubes de pain secs
125 mL	(*1/2 tasse*) céleri en tranches de 0,5 cm (*1/4 po*)
50 mL	(*1/4 tasse*) oignon haché
2 mL	(*1/2 c. à thé*) sel
1 mL	(*1/4 c. à thé*) poivre
1 mL	(*1/4 c. à thé*) marjolaine
125 mL	(*1/2 tasse*) confiture d'abricots
50 mL	(*1/4 tasse*) beurre ou margarine
30 à	(*2 à 3 c. à soupe*) vin blanc ou bouillon
45 mL	de poulet

4	poulets de Cornouailles

Sauce

125 mL	(*1/2 tasse*) confiture d'abricots
125 mL	(*1/2 tasse*) beurre ou margarine
2 mL	(*1/2 c. à thé*) marjolaine

Préchauffer le four à 190 °C (*375 °F*). Dans un bol de grandeur moyenne, combiner tous les ingrédients de la farce *sauf* la confiture, le beurre et le vin. Dans une casserole de 1 L (*4 tasses*), faire fondre 125 mL (*1/2 tasse*) de confiture d'abricots et 50 mL (*1/4 tasse*) de beurre. Incorporer à la farce; ajouter 30 à 45 mL (*2 à 3 c. à soupe*) de vin pour humecter la farce. Farcir les poulets avec la farce; fermer les cavités avec des cure-dents en bois. Replier les ailes sous les poulets. Disposer les poulets, la poitrine vers le haut, dans la rôtissoire. Enfourner; faire cuire pendant 1 h.

Entre-temps, dans la même casserole, combiner tous les ingrédients de la sauce. Faire cuire à feu moyen, en remuant de temps à autre pour faire fondre (2 à 3 min). Badigeonner les poulets avec la moitié de la sauce. Poursuivre la cuisson, sans couvrir, 40 à 50 min, ou jusqu'à ce que les poulets soient tendres sous la fourchette. Couvrir d'une feuille de papier d'aluminium sans serrer si les poulets brunissent trop rapidement. Servir avec le reste de sauce.

Poulets de Cornouailles glacés à l'abricot

6 à 8 portions
3 h

Poitrine de dinde farcie
à la saucisse et aux raisins secs

La saucisse, combinée aux raisins secs et aux pacanes, et cuite au four avec la dinde est un délice.

340 g	(*12 oz*) saucisse de porc		1	oignon moyen, haché
500 mL	(*2 tasses*) cubes de pain secs		2 mL	(*1/2 c. à thé*) sel
250 mL	(*1 tasse*) céleri (2 branches) en tranches de 1 cm (*1/2 po*)		1 mL	(*1/4 c. à thé*) sauge, écrasée
250 mL	(*1 tasse*) demi-pacanes		1	pincée de poivre
125 mL	(*1/2 tasse*) raisins secs		2,3 à	
50 mL	(*1/4 tasse*) beurre ou margarine, fondu		3,2 kg	(*5 à 7 lb*) poitrine de dinde avec os
75 mL	(*1/3 tasse*) bouillon de poulet		45 mL	(*3 c. à soupe*) beurre ou margarine, fondu

Préchauffer le four à 180 °C (*350 °F*). Dans un poêlon de 25 cm (*10 po*) de diamètre, faire dorer la saucisse à feu moyen; dégraisser. Dans un grand bol, combiner la saucisse cuite et le reste des ingrédients *sauf* la poitrine de dinde et 45 mL (*3 c. à soupe*) de beurre. Autour du cou, détacher avec précaution la peau de la chair pour obtenir une grande surface à farcir. Farcir avec le mélange à la saucisse; rabattre la peau par-dessus; fixer avec des cure-dents en bois. Mettre le reste du mélange à la saucisse dans une casserole couverte de 1 L (*4 tasses*); conserver au réfrigérateur. Pendant les 30 dernières min de cuisson de la poitrine de dinde, faire cuire le reste de farce pendant 25 à 30 min, ou jusqu'à bien chaud. Dresser la poitrine de dinde, poitrine vers le haut, sur la grille d'une rôtissoire. Badigeonner avec 45 mL (*3 c. à soupe*) de beurre. Enfourner; faire cuire, en arrosant de temps à autre, pendant 2 à 2½ h ou jusqu'à ce que le thermomètre à viande atteigne 77° à 80 °C (*170° à 175 °F*) et que la poitrine de dinde soit tendre sous la fourchette. Laisser reposer 10 min.

Cuisson au micro-ondes : *réduire la quantité de beurre à 45 mL* (3 c. à soupe). Dans une casserole de 2 L (*8 tasses*) allant au micro-ondes, faire cuire la saucisse à FORT, en remuant deux fois pendant la dernière moitié de la cuisson, jusqu'à ce que la saucisse soit bien cuite (4½ à 5 min). Incorporer le reste des ingrédients *sauf* la poitrine de dinde et 45 mL (*3 c. à soupe*) de beurre. Farcir comme indiqué ci-contre. Disposer le reste du mélange à la saucisse dans la même casserole couverte de 2 L (*8 tasses*); conserver au réfrigérateur. Dresser la poitrine de dinde, la poitrine vers le bas, dans un plat de 30 x 20 cm (*12 x 8 po*) allant au micro-ondes. Badigeonner avec 45 mL (*3 c. à soupe*) de beurre. *Saupoudrer de paprika.* Couvrir d'une pellicule de plastique perforée; faire cuire à FORT 10 min. Réduire la puissance à MOYEN (50 %); faire cuire 25 min, en tournant le plat de ¼ de tour après la mi-cuisson, jusqu'à ce que la sonde thermique atteigne 77° à 80 °C (*170° à 175 °F*) et que la dinde soit tendre sous la fourchette (22 à 25 min). Dresser la poitrine de poulet sur un plateau de service. La couvrir d'une tente de papier d'aluminium; laisser reposer 5 à 10 min. Entre-temps, faire cuire au micro-ondes le reste de farce à FORT, en remuant après la mi-cuisson, jusqu'à ce qu'elle soit bien chaude (5½ à 6½ min).

Pour farcir la poitrine de dinde :

1. Autour du cou, détacher avec précaution la peau de la chair, pour obtenir une grande surface à farcir.

2. Farcir avec le mélange à la saucisse; rabattre la peau par-dessus; fixer avec des cure-dents en bois.

Poitrine de dinde farcie à la saucisse et aux raisins secs

Collations au fromage, à la dinde et à la courgette

4 portions
30 min

Collations au fromage, à la dinde et à la courgette

*Il n'y a rien de meilleur que ces muffins anglais garnis de dinde
et de courgette, nappés d'une sauce au fromage onctueuse.*

Sauce au fromage

30 mL	(*2 c. à soupe*) beurre ou margarine
15 mL	(*1 c. à soupe*) farine tout usage
1 mL	(*¼ c. à thé*) sel
1 mL	(*¼ c. à thé*) moutarde sèche
1 mL	(*¼ c. à thé*) poivre
250 mL	(*1 tasse*) lait
250 mL	(*1 tasse*) cheddar râpé (110 g / *4 oz*)

15 mL	(*1 c. à soupe*) ciboulette fraîche hachée
30 mL	(*2 c. à soupe*) beurre ou margarine
1	courgette moyenne, en tranches de 0,5 cm (*¼ po*)
5 mL	(*1 c. à thé*) basilic
4	muffins anglais, divisés, rôtis
8	tranches de dinde cuite de 30 g (*8 oz*) chacune

Dans une casserole de 2 L (*8 tasses*), faire fondre 30 mL (*2 c. à soupe*) de beurre; incorporer la farine, le sel, la moutarde et le poivre. Faire cuire à feu doux, en remuant continuellement, pour obtenir un mélange lisse et bouillonnant (1 min). Ajouter le lait. Poursuivre la cuisson à feu doux, en remuant continuellement, jusqu'à ce que le mélange épaississe et arrive à pleine ébullition (4 à 5 min). Laisser bouillir 1 min. Retirer du feu. Ajouter le fromage et la ciboulette; mélanger jusqu'à ce que le fromage soit fondu; garder au chaud. Dans un poêlon de 25 cm (*10 po*) de diamètre faire fondre 30 mL (*2 c. à soupe*) de beurre; incorporer la courgette et le basilic. Faire cuire à feu moyen-vif, en remuant de temps à autre, jusqu'à al dente (3 à 5 min). Dresser les moitiés de muffins anglais rôtis dans un plat de service; garnir chacune d'elles d'une tranche de dinde, et de ⅛ du mélange aux courgette et de sauce au fromage.

4 portions
30 min

Dinde et brocoli au four avec sauce au cheddar

*La sauce au fromage, légèrement arrosée de jus de citron,
fait ressortir toute la saveur de ce plat si facile à préparer.*

8	tranches de poitrine de dinde cuite de 30 g (*1 oz*) chacune
240 g	(*8 oz*) bouquets de brocoli surgelés
½	oignon rouge moyen, en tranches de 0,2 cm (*⅛ po*)
45 mL	(*3 c. à soupe*) beurre ou margarine
30 mL	(*2 c. à soupe*) farine tout usage

250 mL	(*1 tasse*) lait moitié-moitié ou lait
2 mL	(*½ c. à thé*) sel
1 mL	(*¼ c. à thé*) poivre
5 mL	(*1 c. à thé*) jus de citron
250 mL	(*1 tasse*) cheddar râpé (110 g / *4 oz*)

Préchauffer le four à 180 °C (*350 °F*). Disposer la dinde au fond d'un moule de 23 cm (*9 po*) de diamètre allant au four, graissé; recouvrir de brocoli et d'oignon. Réserver. Dans une casserole de 2 L (*8 tasses*), faire fondre le beurre à feu moyen; incorporer la farine pour obtenir un mélange lisse et bouillonnant (1 min). Incorporer le reste des ingrédients *sauf* le fromage. Poursuivre la cuisson, en remuant de temps à autre, jusqu'à épaississement (2 à 3 min). Retirer du feu; incorporer le fromage jusqu'à ce qu'il soit fondu. Verser sur le brocoli et l'oignon. Enfourner; faire cuire 15 à 20 min ou jusqu'à bien chaud.

Cuisson au micro-ondes : déposer la dinde au fond d'un plat de 23 cm (*9 po*) de diamètre allant au micro-ondes; recouvrir de l'oignon et du brocoli. Couvrir d'une pellicule de plastique; faire cuire à FORT jusqu'à bien chaud (4 à 6 min). Bien égoutter; réserver. Dans un bol de grandeur moyenne, faire fondre le beurre à FORT (50 à 60 s). Incorporer la farine. Faire cuire à FORT jusqu'à bouillonnement (45 à 60 s). Incorporer le reste des ingrédients *sauf* le fromage. Faire cuire à FORT, en remuant après la mi-cuisson, jusqu'à épaississement (2 à 3 min). Ajouter le fromage et mélanger jusqu'à ce qu'il soit fondu. Verser sur le brocoli et l'oignon. Couvrir d'une pellicule de plastique; faire cuire à FORT jusqu'à bien chaud (2 à 3 min).

Poitrine de dinde farcie aux épinards

6 portions
2 h 30 min

Les épinards et le bacon parfument cette délicieuse poitrine de dinde grillée.

Farce

250 mL	(*1 tasse*) cubes de pain secs
250 mL	(*1 tasse*) céleri (2 branches) en tranches de 1 cm (*1/2 po*)
75 mL	(*1/3 tasse*) beurre ou margarine, fondu
50 mL	(*1/4 tasse*) vin blanc ou bouillon de poulet
1 paquet	(300 g / *10 oz*) épinards hachés surgelés, dégelés, égouttés

6	tranches bacon cuit, croustillant, en morceaux de 2,5 cm (*1 po*)
1	oignon moyen, haché
2 mL	(*1/2 c. à thé*) sel
1 mL	(*1/4 c. à thé*) poivre concassé
2,3 à 3,2 kg	(*5 à 7 lb*) poitrine de dinde avec os
30 mL	(*2 c. à soupe*) beurre ou margarine, ramolli

Préparer le barbecue en regroupant les charbons d'un même côté; les faire chauffer jusqu'à ce qu'ils soient blancs. Fabriquer un plat avec du papier d'aluminium; le placer à l'opposé des charbons. Dans un grand bol, mélanger tous les ingrédients de la farce. Retourner la dinde, la poitrine vers le bas. Pour avoir une plus grande surface à farcir, détacher avec précaution la peau de la chair autour du cou. Farcir. (La farce qui reste peut être placée dans un plat en papier d'aluminium, couverte et mise à chauffer pendant les 30 dernières min de cuisson.) Ramener la peau par-dessus la farce et la fixer avec des cure-dents en bois. Frotter légèrement la poitrine de dinde avec du beurre. Placer sur la grille au-dessus du plat en aluminium. Faire griller 1½ à 2 h ou jusqu'à ce que la viande atteigne 82° à 85 °C (*180° à 185 °F*) au thermomètre à viande et qu'elle soit tendre sous la fourchette.

Cuisses de dinde à la sauce barbecue

6 portions
2 h 30 min

*Une sauce aux tomates épicée
qui ajoute une saveur spéciale à ces cuisses de dinde charnues.*

6	cuisses de dinde de 335 à 450 g (*3/4 à 1 lb*)
1 à 1,5 L	(*4 à 6 tasses*) eau

Sauce

50 mL	(*1/4 tasse*) cassonade bien tassée
250 mL	(*1 tasse*) tomate mûre (1 moyenne) en cubes de 1 cm (*1/2 po*)
125 mL	(*1/2 tasse*) oignon (1 moyen) haché
50 mL	(*1/4 tasse*) moutarde en grains forte
50 mL	(*1/4 tasse*) vinaigre de vin rouge ou vinaigre de cidre
50 mL	(*1/4 tasse*) jus de tomate
156 mL	(*5,5 oz*) pâte de tomate
2 mL	(*1/2 c. à thé*) sel
1 mL	(*1/4 c. à thé*) poivre concassé
15 mL	(*1 c. à soupe*) ail frais haché fin

Dans une cocotte, combiner les cuisses de dinde et l'eau. Couvrir; faire cuire à feu moyen, en remuant de temps à autre, jusqu'à ce que la viande soit tendre sous la fourchette (40 à 60 min). Égoutter; assécher. Préparer le barbecue en regroupant les charbons d'un même côté; les faire chauffer jusqu'à ce qu'ils soient blancs. Fabriquer un plat avec du papier d'aluminium; le placer à l'opposé des charbons. Disposer les cuisses de dinde sur la grille au-dessus du plat en papier d'aluminium. Faire griller, en retournant de temps à autre, jusqu'à ce que la dinde soit tendre sous la fourchette et bien chaude (40 à 50 min). Entre-temps, dans une casserole de 2 L (*8 tasses*), mélanger tous les ingrédients de la sauce. Faire cuire à feu doux, en remuant de temps à autre, jusqu'à bien chaud (10 à 15 min). Arroser les cuisses de dinde de sauce pendant les 15 dernières min de cuisson. Servir avec le reste de sauce chaude.

Poitrine de dinde farcie aux épinards

Brochettes de dinde et de légumes grillées

6 portions
3 h 45 min

Brochettes de dinde et de légumes grillées

Servez ces brochettes grillées à la perfection avec une sauce teriyaki maison.

Marinade

75 mL	(*1/3 tasse*) jus de citron
50 mL	(*1/4 tasse*) sauce soja
50 mL	(*1/4 tasse*) huile végétale
30 mL	(*2 c. à soupe*) cassonade bien tassée
2 mL	(*1/2 c. à thé*) gingembre
1 mL	(*1/4 c. à thé*) poivre
45 mL	(*3 c. à soupe*) ketchup
5 mL	(*1 c. à thé*) ail frais haché fin

Brochettes

675 g	(*1 1/2 lb*) poitrine de dinde fraîche, dépiautée, désossée, coupée en morceaux de 3,5 x 2,5 cm (*1 1/2 x 1 po*)
12	champignons moyens frais
2	oignons rouges moyens, chacun coupé en 6 quartiers
1	poivron vert, en 12 morceaux
12	tomates cerise
6	brochettes en métal de 30 cm (*12 po*) de long

Dans un bol de grandeur moyenne, combiner tous les ingrédients de la marinade. Incorporer la dinde en morceaux. Couvrir; mettre au réfrigérateur en remuant de temps à autre, 3 à 4 h. Égoutter; *réserver la marinade*. Préparer le barbecue en regroupant les charbons d'un même côté; les faire chauffer jusqu'à ce qu'ils soient blancs. Fabriquer un plat avec du papier d'aluminium; le placer à l'opposé des charbons.

Pour assembler les brochettes, enfiler, en alternant, sur des brochettes en métal, les morceaux de dinde, de champignons, d'oignons, de poivron vert et les tomates cerise. Badigeonner avec la marinade. Déposer les brochettes sur la grille au-dessus du plat en aluminium. Faire griller en retournant et en arrosant de temps à autre, jusqu'à ce que la viande soit tendre sous la fourchette (15 à 20 min).

3 h

Dinde sur le barbecue

L'été, il n'y a rien de mieux qu'une dinde bien juteuse et bien tendre, cuite en plein air.

Barbecue couvert

Faire dégeler et parer une dinde de 4,5 à 5,4 kg (*10 à 12 lb*) selon les indications sur l'emballage; ne pas la farcir. Saler la cavité et badigeonner la peau de beurre ou de margarine fondu. Préparer le barbecue en regroupant les charbons d'un même côté; les faire chauffer jusqu'à ce qu'ils soient blancs. Fabriquer un plat avec du papier d'aluminium; le placer à l'opposé des charbons. Mettre la grille par-dessus les charbons et le plat en aluminium. Déposer la dinde parée au-dessus du plat en aluminium. Ouvrir les prises d'air situées sous les charbons. Fermer le barbecue en plaçant la prise d'air du couvercle au-dessus de la dinde. Ajuster la prise d'air au besoin, pour maintenir un feu constant et bien chaud. Ajouter des charbons si nécessaire. Faire griller la dinde 11 à 20 min par 450 g (*1 lb*), en la retournant à la mi-cuisson. La dinde est cuite quand le thermomètre à viande inséré dans le muscle de la cuisse atteint 82° à 85 °C (*180° à 185 °F*).

Barbecue au gaz

Faire dégeler et parer une dinde de 4,5 à 5,4 kg (*10 à 12 lb*) selon les indications sur l'emballage; ne pas farcir. Saler la cavité et badigeonner la peau de beurre ou de margarine fondu. Si vous utilisez un barbecue à double commande, fabriquer un plat en papier d'aluminium; le placer au-dessus des charbons sur un côté de la grille, puis faire chauffer l'autre côté à fort, 10 à 15 min. Si vous utilisez un barbecue à commande simple, fabriquer un plat en papier d'aluminium; le placer au-dessus d'une moitié des charbons pour bloquer l'arrivée d'air directe, puis faire chauffer le barbecue à fort 10 à 15 min. Réduire le feu à moyen. Replacer la grille; déposer la dinde sur la grille directement au-dessus du plat en aluminium. Faire griller la dinde à feu moyen 11 à 12 min par 450 g (*1 lb*) en la retournant à la mi-cuisson. La dinde est cuite quand le thermomètre à viande inséré dans le muscle de la cuisse atteint 82° à 85 °C (*180° à 185 °F*).

Dinde rôtie

Une dinde cuite au four parfaite!

Préparation :

1. Faire dégeler la dinde dans son emballage en plastique d'origine, en suivant le tableau ci-dessous.

2. Enlever la dinde du sac en plastique. Retirer le cou et les abats des cavités.

3. Bien rincer la dinde à l'eau froide et égoutter.

4. Farcir légèrement les cavités du cou et du corps (environ 200 mL / *¾ tasse* de farce par livre)

5. Replier la peau du cou sur le dos de la dinde et la fixer avec des cure-dents. Replier les ailes sous le dos ou les ficeler à la dinde. Rentrer la queue dans la cavité du corps. Attacher les pattes ensemble.

6. Si vous utilisez un thermomètre à viande standard, l'enfoncer dans un muscle de la cuisse, près du corps, sans toucher l'os. La dinde est prête lorsque le thermomètre atteint 82° à 85 °C (*180° à 185 °F*).

Temps de décongélation approximatifs

Poids	Dans l'eau froide*	Au réfrigérateur
4,5 à 6,5 kg (*10 à 14 lb*)	5 à 6 heures	2 à 3 jours
6,5 à 8 kg (*14 à 18 lb*)	6 à 7 heures	2 à 3 jours
8 à 10 kg (*18 à 22 lb*)	7 à 8 heures	3 à 4 jours

*Changer l'eau souvent pour la garder froide.

Garder la dinde décongelée au réfrigérateur. Ne pas la farcir tant qu'elle n'est pas prête à rôtir. Faire rôtir dans les 24 h après la décongélation. Il n'est pas recommandé de la faire congeler de nouveau.

Cuisson :

1. Déposer la dinde, la poitrine vers le haut, dans un plat peu profond, et la badigeonner avec du beurre fondue.

2. Faire rôtir la dinde au four à 160 °C (*325 °F*) en suivant le tableau ci-dessous. Pour une dinde non farcie, soustraire 3 min de cuisson par 450 g (*1 lb*).

3. Les abats, *sauf* le foie, peuvent être cuits à petit feu dans de l'eau salée pendant 2 à 2½ h; ajouter le foie pour la dernière demi-heure de cuisson. Utiliser les abats cuits, hachés, dans une sauce au jus de viande ou une vinaigrette.

Temps de cuisson approximatifs

Poids	Au four à 160 °C (*325 °F*) dans un plat peu profond, non couvert	Au four à 160 °C (*325 °F*) dans une tente en papier d'aluminium non serrée
4,5 à 6,5 kg (*10 à 14 lb*)	3 à 4½ heures	3½ à 5 heures
6,5 à 8 kg (*14 à 18 lb*)	4 à 5 heures	4½ à 5½ heures
8 à 10 kg (*18 à 22 lb*)	4½ à 6 heures	5 à 6½ heures

Le temps requis pour faire rôtir une dinde sera plus court ou plus long que le temps indiqué au tableau, si la dinde est plus chaude ou plus froide que la température du réfrigérateur.

Dinde rôtie

Farce au pain et aux fruits secs épicée

2,3 L (*9 tasses*)
20 min

Les fruits séchés ajoutent une saveur toute nouvelle à cette farce maison.

1 L	(*4 tasses*) cubes de pain secs	2	oignons moyens, hachés
500 mL	(*2 tasses*) céleri (4 branches) en tranches de 1 cm (*1/2 po*)	5 mL	(*1 c. à thé*) sel
125 mL	(*1/2 tasse*) beurre ou margarine, fondu	1 mL	(*1/4 c. à thé*) poivre
125 mL	(*1/2 tasse*) sherry ou bouillon de poulet	1 mL	(*1/4 c. à thé*) clous de girofle moulus
230 g	(*8 oz*) mélange de fruits séchés entiers, coupés en deux	1 mL	(*1/4 c. à thé*) gingembre

Dans un grand bol, mélanger tous les ingrédients. Utiliser pour farcir une dinde de 5,4 à 6,5 kg (*12 à 14 lb*).

Conseil : préparer la moitié de la recette pour farcir un poulet, un canard ou une oie de 1,8 à 2,3 kg (*4 à 5 lb*).

Farce au pain et à la sauge

2,3 L (*9 tasses*)
20 min

Une recette traditionnelle de farce accompagnée de suggestions pour de nouvelles variantes.

1 L	(*4 tasses*) cubes de pain secs	2	oignons moyens, hachés
500 mL	(*2 tasses*) céleri (4 branches) en tranches de 1 cm (*1/2 po*)	15 mL	(*1 c. à soupe*) sauge écrasée
125 mL	(*1/2 tasse*) beurre ou margarine, fondu	5 mL	(*1 c. à thé*) sel
125 mL	(*1/2 tasse*) bouillon de poulet	1	pincée de poivre

Dans un grand bol, combiner tous les ingrédients. Utiliser pour farcir une dinde de 5,4 à 6,5 kg (*12 à 14 lb*).

Conseil : préparer la moitié de la recette pour farcir un poulet, un canard ou une oie de 1,8 à 2,3 kg (*4 à 5 lb*).

Variantes :

Farce aux huîtres — Ajouter 500 mL (*2 tasses*) d'huîtres rincées, égouttées. Réduire le sel à 2 mL (*1/2 c. à thé*).

Farce aux raisins secs et aux noix — Ajouter 250 mL (*1 tasse*) de pacanes ou de noix de Grenoble entières et 250 mL (*1 tasse*) de raisins secs.

Farce au pain et à la sauge (en haut)
Farce au pain et aux fruits secs épicée (en bas)

Farce au riz et au bacon

2 L (*8 tasses*)
30 min

Farce au riz et au bacon

Lorsque vous faites cuire un poulet, un canard ou une oie,
le bacon fumé, dans cette recette, leur confère une saveur toute spéciale.

1 L	(*4 tasses*) riz à grains longs cuit*	1	oignon moyen, haché
500 mL	(*2 tasses*) céleri (4 branches) en tranches de 1 cm (*1/2 po*)	450 g	(*1 lb*) bacon cuit, croustillant, en morceaux de 2,5 cm (*1 po*)
50 mL	(*1/4 tasse*) persil frais haché	1 mL	(*1/4 c. à thé*) sel
75 mL	(*1/3 tasse*) beurre ou margarine, fondu	1 mL	(*1/4 c. à thé*) poivre
50 mL	(*1/4 tasse*) vin blanc ou bouillon de poulet		

Dans un grand bol, combiner tous les ingrédients. Utiliser pour farcir une dinde de 5,4 à 6,5 kg (*12 à 14 lb*).

*Du riz sauvage cuit peut remplacer en totalité ou en partie le riz à grains longs.

Conseil : préparer la moitié de la recette pour farcir un poulet, un canard ou une oie de 1,8 à 2,3 kg (*4 à 5 lb*).

1,6 L (*6 1/2 tasses*)
30 min

Farce au pain de farine de maïs

Le pain de farine de maïs mélangé au bacon rendent cette farce unique.

1 L	(*4 tasses*) pain de farine de maïs émietté*	1	oignon moyen, haché
500 mL	(*2 tasses*) céleri (4 branches) en tranches de 1 cm (*1/2 po*)	5 mL	(*1 c. à thé*) sel
50 mL	(*1/4 tasse*) beurre ou margarine, fondu	1 mL	(*1/4 c. à thé*) poivre
50 mL	(*1/4 tasse*) bouillon de poulet	45 mL	(*3 c. à soupe*) graisse de bacon réservée
8	tranches de bacon cuit, croustillant, émietté, *réserver la graisse de cuisson*		

Dans un grand bol, combiner tous les ingrédients. Utiliser pour farcir une dinde de 5,4 à 6,5 kg (*12 à 14 lb*).

*Un pain de farine de maïs cuit dans un moule carré de 23 cm (*9 po*) de côté donne 1 L (*4 tasses*) de pain de farine de maïs émietté.

Conseil : préparer la moitié de la recette pour farcir un poulet, un canard ou une oie de 1,8 à 2,3 kg (*4 à 5 lb*).

Sauce crémeuse à la moutarde et aux oignons verts

500 mL (*2 tasses*)
20 min

Cette sauce lisse, crémeuse et légèrement piquante ravive le goût du poulet.

45 mL	(*3 c. à soupe*) beurre ou margarine		1 mL	(*1/4 c. à thé*) sel
30 mL	(*2 c. à soupe*) farine tout usage		1	pincée de poivre
75 mL	(*1/3 tasse*) oignons verts hachés		15 mL	(*1 c. à soupe*) moutarde en grains forte
200 mL	(*3/4 tasse*) bouillon de poulet		250 mL	(*1 tasse*) yogourt nature

Dans une casserole de 2 L (*8 tasses*), faire fondre le beurre à feu moyen-vif. Incorporer la farine; poursuivre la cuisson jusqu'à bouillonnement (1 min). Réduire le feu à moyen. Incorporer le reste des ingrédients *sauf* le yogourt. Poursuivre la cuisson, en remuant de temps à autre, jusqu'à ce que la sauce épaississe (3 à 5 min). Ajouter le yogourt; mélanger. Poursuivre la cuisson, en remuant de temps à autre, jusqu'à bien chaud (3 à 5 min).

Cuisson au micro-ondes : dans un petit bol, faire fondre le beurre à FORT (40 à 50 s). Incorporer le reste des ingrédients *sauf* le yogourt. Faire cuire à FORT, en remuant deux fois pendant la dernière moitié du temps de cuisson, jusqu'à ce que la sauce épaississe (2 à 2½ min). Battre le yogourt avec un fouet métallique; incorporer à la sauce. Faire cuire à FORT, en remuant aux 30 s, jusqu'à bien chaud (1¼ à 1½ min).

Sauce au vin blanc et à la crème sure

375 mL (*1½ tasse*)
15 min

Une sauce rapide pour habiller, en un rien de temps, des poitrines de poulet cuites au four.

45 mL	(*3 c. à soupe*) beurre ou margarine		50 mL	(*1/4 tasse*) vin blanc
15 mL	(*1 c. à soupe*) ail frais haché fin		1 mL	(*1/4 c. à thé*) sel
30 mL	(*2 c. à soupe*) farine tout usage		1	pincée de poivre
50 mL	(*1/4 tasse*) persil frais haché		250 mL	(*1 tasse*) crème sure
125 mL	(*1/2 tasse*) bouillon de poulet			

Dans une casserole de 2 L (*8 tasses*), faire fondre le beurre jusqu'à ce qu'il grésille; ajouter l'ail. Faire cuire à feu moyen-vif 1 min. Incorporer la farine; poursuivre la cuisson jusqu'à bouillonnement (1 min). Réduire le feu à moyen. Incorporer le reste des ingrédients, *sauf* la crème sure. Faire cuire, en remuant de temps à autre, jusqu'à ce que la sauce épaississe (1 à 2 min). Ajouter la crème sure; mélanger. Poursuivre la cuisson, en remuant de temps à autre, jusqu'à bien chaud (3 à 5 min).

Cuisson au micro-ondes : dans un petit bol, faire fondre le beurre à FORT (40 à 50 s). Incorporer l'ail et la farine. Faire cuire à FORT 1 min. Ajouter le reste des ingrédients, *sauf* la crème sure. Faire cuire à FORT, en remuant deux fois pendant la dernière moitié du temps de cuisson, jusqu'à ce que la sauce épaississe (2 à 2½ min). Incorporer la crème sure. Faire cuire à MOYEN (50 % de la puissance), en remuant à toutes les min, jusqu'à bien chaud (4 à 5 min).

Sauce crémeuse à la moutarde et aux oignons verts

Marinade au vin et aux fines herbes

200 mL (¾ tasse)
60 min

On retrouve principalement de l'estragon, du romarin et du thym dans cette marinade.

175 mL (²/₃ tasse) vin blanc
5 mL (*1 c. à thé*) estragon
1 mL (*¼ c. à thé*) romarin, écrasé

1 mL (*¼ c. à thé*) thym
30 mL (*2 c. à soupe*) huile végétale
15 mL (*1 c. à soupe*) ail frais haché fin

Dans un bol de grandeur moyenne, combiner tous les ingrédients de la marinade. Utiliser pour faire mariner 1 à 1,4 kg (*2½ à 3 lb*) de poulet en morceaux. Faire cuire selon votre goût, en arrosant de temps à autre avec la marinade.

Conseil : si désiré, utiliser pour faire mariner 900 g à 1,4 kg (*2 à 3 lb*) de bœuf ou de porc.

Marinade persillée au citron

300 mL (1¼ tasse)
60 min

Cette marinade donne au poulet une saveur légèrement citronnée et rafraîchissante.

50 mL (*¼ tasse*) persil frais haché
125 mL (*½ tasse*) bouillon de poulet
125 mL (*½ tasse*) jus de citron

4 tranches de citron, coupées en deux
1 mL (*¼ c. à thé*) poivre
45 mL (*3 c. à soupe*) huile végétale

Dans un bol de grandeur moyenne, combiner tous les ingrédients de la marinade. Utiliser pour faire mariner 1 à 1,4 kg (*2 à 3 lb*) de poulet en morceaux.

Faire cuire selon votre goût, en arrosant de temps à autre avec la marinade.

Marinade persillée au citron (en haut)
Marinade au vin et aux fines herbes (en bas)

Sauce brune pour dinde

750 mL (*3 tasses*)
15 min

Sauce brune pour dinde

Cette sauce peut aussi être servie avec du poulet, du bœuf ou du porc.

	Bouillon de poulet ou eau	
125 mL	(*1/2 tasse*) eau	Sel
50 mL	(*1/4 tasse*) farine tout usage	Poivre concassé

Déglacer le plat en mélangeant, au jus de cuisson, 50 mL (*1/4 tasse*) d'eau. Faire chauffer, en remuant et en raclant le plat, 2 à 3 min. Passer le jus de cuisson dans une tasse à mesurer de 1 L (*4 tasses*); dégraisser; *réserver 45 mL (3 c. à soupe) de graisse.* Ajouter suffisamment de bouillon de poulet ou d'eau pour obtenir 750 mL (*3 tasses*) de liquide. Dans une casserole de 3 L (*12 tasses*), combiner 750 mL (*3 tasses*) du mélange de jus de cuisson et 45 mL (*3 c. à soupe*) de graisse réservée; faire cuire à feu moyen jusqu'à pleine ébullition (3 à 5 min). Entre-temps, dans un bocal muni d'un couvercle, combiner 125 mL (*1/2 tasse*) d'eau et la farine; secouer pour bien mélanger. Incorporer lentement au mélange de jus de cuisson chaud. Poursuivre la cuisson, en mélangeant continuellement, jusqu'à pleine ébullition; laisser bouillir 1 min. Assaisonner au goût.

Cuisson au micro-ondes : déglacer le plat comme indiqué ci-contre. Filtrer le jus de cuisson dans une tasse à mesurer de 2 L (*8 tasses*); dégraisser; *réserver 45 mL (3 c. à soupe) de graisse.* Ajouter suffisamment de bouillon de poulet ou d'eau pour obtenir 750 mL (*3 tasses*) de liquide; ajouter les 45 mL (*3 c. à soupe*) de graisse réservée. Faire cuire à FORT jusqu'à pleine ébullition (3 à 5 min). Entre-temps, dans un bocal muni d'un couvercle, combiner 125 mL (*1/2 tasse*) d'eau et la farine; secouer pour bien mélanger. Lentement, incorporer au mélange de jus de cuisson chaud. Faire cuire à FORT, en remuant deux fois pendant la cuisson, jusqu'à pleine ébullition (3 1/2 à 4 1/2 min). Assaisonner au goût.

500 mL (*2 tasses*)
15 min

Sauce crémeuse de grand-maman

Cette sauce est lisse et onctueuse, tout comme celle que grand-maman préparait.

	Lait
45 mL	(*3 c. à soupe*) farine tout usage
	Sel
	Poivre concassé

Déglacer le plat en mélangeant 50 mL (*1/4 tasse*) d'eau au gras de cuisson. Faire chauffer, en remuant et en raclant le plat, 2 à 3 min. Filtrer le jus dans une tasse à mesurer de 500 mL (*2 tasses*); dégraisser; *réserver 30 mL (2 c. à soupe) de graisse.* Ajouter suffisamment de lait pour obtenir 500 mL (*2 tasses*) de liquide; réserver. Dans une casserole de 2 L (*8 tasses*), faire cuire 30 mL (*2 c. à soupe*) de graisse réservée, à feu moyen, jusqu'à bouillonnement (1 à 1 1/2 min). Incorporer la farine. Poursuivre la cuisson, en remuant continuellement, pendant 1 min. Incorporer au mélange de jus de cuisson. Poursuivre la cuisson, en remuant continuellement, jusqu'à épaississement (3 à 5 min). Assaisonner au goût.

Cuisson au micro-ondes : déglacer le plat comme indiqué ci-contre. Filtrer le jus de cuisson dans une tasse à mesurer de 500 mL (*2 tasses*); dégraisser; *réserver 30 mL (2 c. à soupe) de graisse.* Ajouter suffisamment de lait pour obtenir 500 mL (*2 tasses*) de liquide; réserver. Dans une tasse à mesurer en verre de 1 L (*4 tasses*) allant au micro-ondes, combiner les 30 mL (*2 c. à soupe*) de graisse réservée et la farine. Faire cuire à FORT jusqu'à bouillonnement (1 à 1 1/2 min). Incorporer au mélange de jus de cuisson. Faire cuire à FORT, en remuant deux fois pendant la dernière moitié de la cuisson, jusqu'à épaississement (3 1/2 à 4 1/2 min) Assaisonner au goût.

Comment acheter, conserver et décongeler la volaille

L'ACHAT : la volaille est un aliment très populaire de nos jours, pas seulement parce qu'elle est nourrissante et faible en gras, mais aussi à cause de sa délicate saveur qui se marie si bien avec les fines herbes et les épices. De plus, elle est d'un prix très abordable.

Recherchez, lors de votre achat, une volaille ayant un corps dodu et une peau lisse, sans aucune tache.

Les poulets : comptez environ 225 g (*1/2 lb*) de poulet par portion. Le poulet entier est le meilleur des achats — plus il est gros, plus il y a de viande par rapport aux os. Le poulet peut aussi s'acheter en différentes coupes. Voici différentes sortes et coupes de poulet que vous trouverez :

Les poulets entiers à rôtir (A) sont plus gros et plus âgés. Ces volailles pèsent entre 1,5 et 2,3 kg (*3 1/2 et 5 lb*) et sont excellentes pour être farcies ou rôties.

Les poulets à frire et à griller (B) sont la sorte de poulet la plus commune. Ce sont de jeunes volailles qui pèsent entre 900 g et 1,5 kg (*2 et 3 1/2 lb*).

Les poulets de Cornouailles (C) sont les plus petits et les plus jeunes des poulets; ils pèsent environ 450 à 675 g (*1 à 1 1/2 lb*). Au supermarché, on les trouve souvent dans le rayon des viandes surgelées.

Les quarts de poulet (D) sont un poulet découpé en quatre, l'aile rattachée à la poitrine et le pilon, à la cuisse.

Les morceaux de poulet consistent en un poulet entier découpé en huit — deux pilons, deux cuisses, deux ailes et la poitrine divisée en deux. Le dos et les abats sont parfois inclus.

Les poitrines de poulet (E) peuvent être achetées entières, avec ou sans côtes; divisées, avec ou sans côtes; ou désossées.

Les cuisses, les pilons et les ailes de poulet (F) sont vendues dans des emballages de grosseurs différentes et devraient être achetées d'après le nombre de portions nécessaire.

Les dindes : il faut compter environ 225 à 350 g (*¹/₂ à ³/₄ lb*) de dinde par portion. Le meilleur achat, si l'on tient compte de la quantité de viande par 450 g (*1 lb*), est une volaille de 7 à 10 kg (*16 à 24 lb*).

Les dindes entières à rôtir (A) pèsent entre 4,5 et 12 kg (10 et 26 lb) et sont excellentes pour farcir ou être rôties.

Les poitrines de dinde (B) peuvent être entières ou découpées en moitié, désossées ou non.

Les cuisses et les ailes de dinde (C) sont vendues dans des emballages de grosseurs différentes et devraient être achetées d'après le nombre de portions nécessaire.

LA CONSERVATION : il est essentiel de bien entreposer la volaille pour lui garder sa saveur et sa qualité. La volaille peut se garder jusqu'à deux jours en toute sécurité, au réfrigérateur, et jusqu'à six mois au congélateur. Avant de garder la volaille au réfrigérateur, il est conseillé de la laver à l'eau froide, de l'assécher et de l'envelopper dans une pellicule de plastique ou dans une feuille de papier d'aluminium. Si elle est mise au congélateur, la laver à l'eau froide, l'assécher et l'envelopper dans du papier pour congélation, du papier d'aluminium ou des sacs en plastique pour congélateur. La température du congélateur devrait être de -18 °C (*0 °F*) ou moins.

POUR DÉCONGELER LA VOLAILLE CONGELÉE : la meilleure façon de décongeler une volaille est dans le réfrigérateur. Décongeler une volaille de 1,8 kg (*4 lb*) prend 12 à 16 h. Décongeler un poulet découpé en morceaux prend 4 à 9 h. Si désiré, la volaille peut être dégelée dans de l'eau froide. Placer la volaille dans un grand bol et la recouvrir d'eau froide; *il faut changer l'eau souvent pour la garder froide.*

Tableau de décongélation de la volaille au micro-ondes

Volaille	Puissance minimale (30 %) ou décongélation
Poitrines de poulet désossées	9 à 13 min / 450 g (*1 lb*)
Poulet en morceaux	4 à 8 min / 450 g (*1 lb*)
Quarts de poulet	5 à 9 min / 450 g (*1 lb*)
Poulet de Cornouailles	8 à 11 min / 450 g (*1 lb*)
Canard	7 à 10 min / 450 g (*1 lb*)
Dinde en morceaux	7 à 9 min / 450 g (*1 lb*)
Moitiés de dinde	5 à 8 min / 450 g (*1 lb*)
Poulet entier	5 à 9 min / 450 g (*1 lb*)

Réarranger souvent la volaille pendant le temps de décongélation.

Comment dépecer et désosser le poulet

Pour dépecer le poulet entier :

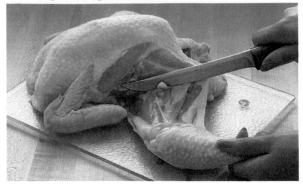

1. Tirer sur la patte pour l'éloigner du corps afin de trouver la jointure qui rattache la cuisse au dos. Avec un couteau affilé, couper le pilon et la cuisse au niveau de l'os.

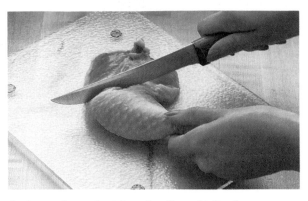

2. Pour séparer la cuisse du pilon, déplier la patte pour trouver la jointure et couper au niveau de l'os.

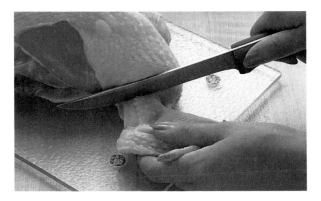

3. Tirer sur l'aile pour l'éloigner du corps afin de trouver la jointure qui relie l'aile au corps. Couper au niveau de l'os, en laissant glisser le couteau pour que la lame suive la courbe de la jointure.

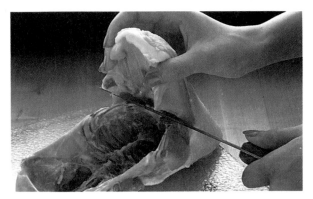

4. Soulever le poulet vers le haut en l'appuyant sur l'extrémité du cou. Découper le long de chaque côté de l'os du dos à travers les jointures des côtes pour détacher l'os du dos.

5. Tenir la poitrine, la peau vers le bas et l'extrémité du cou vers le haut. Découper dans le cartilage, au V du cou. Plier les deux côtés vers l'arrière pour faire ressortir et démettre l'os et le cartilage. Retirer l'os et le cartilage.

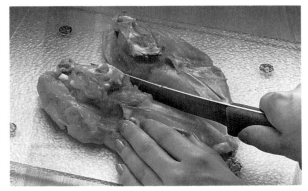

6. Découper la poitrine en moitiés.

Pour désosser la poitrine de poulet :

1. Placer toute la poitrine de poulet, la peau vers le bas, sur la surface de coupe. Avec un couteau affilé, découper à travers le nerf blanc à l'extrémité de l'os, au milieu de la poitrine.

2. Plier les moitiés de poitrine vers l'arrière pour démettre l'os. Dégager et retirer l'os.

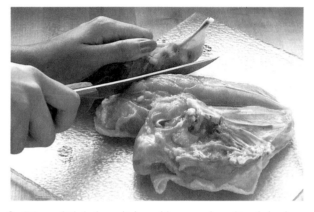

3. D'un côté de la poitrine, découper les côtes loin de la poitrine. Tout en les découpant, dégager avec précaution la viande des côtes. Découper à travers la jointure de l'épaule pour retirer toute la cage thoracique. Recommencer de l'autre côté.

4. Retourner la poitrine et retirer le bréchet. À l'aide du couteau, dégager et retirer les tendons blancs.

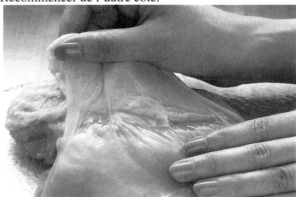

5. Si désiré, enlever la peau en la tirant loin de la chair.

M

Comment enrober et farcir la volaille

Pour enrober :

Combiner tous les ingrédients secs dans un sac en plastique, et les ingrédients humides dans un moule à tarte. Plonger le poulet dans les ingrédients humides, puis les mettre dans le sac en plastique, un ou deux morceaux à la fois, et secouer le sac.

Utiliser deux moules à tarte : un pour les ingrédients secs et l'autre pour les ingrédients humides. Tremper les morceaux de poulet dans les ingrédients humides, puis les rouler dans les ingrédients secs.

Pour farcir la volaille :

Les cavités du cou et du corps et la région sous la peau de la poitrine peuvent être farcies. Farcir les cavités légèrement en laissant de la place pour que la farce puisse gonfler. Utiliser environ 200 mL (*3/4 tasse*) de farce par 450 g (*lb*) de volaille. Remplir environ les 3/4 des cavités de farce avec une cuillère.

Conseil : Toujours farcir la volaille *juste avant la cuisson*; ne jamais la farcir la veille afin d'éviter toute propagation de bactéries.

Pour farcir sous la peau de la poitrine, détacher la peau à l'aide d'une cuillère et remplir de farce l'espace entre la peau et la poitrine.

Comment découper la volaille

Pour découper la volaille :

1. Séparer la patte : pour retirer la patte entière — cuisse et pilon — tenir le pilon fermement avec les doigts et le tirer loin du corps. Au même moment, découper la peau entre la patte et le corps. La peau étant coupée, toute la patte se détachera du corps d'elle-même.

2. Retirer la patte : appuyer sur la patte pour l'éloigner du corps. La jointure qui relie la patte à l'os du dos se détachera souvent seule ou très facilement avec la pointe d'un couteau. Avec le couteau, découper complètement la viande brune du corps en suivant avec précaution le contour du corps.

3. Trancher la viande brune : déposer la patte sur une autre assiette et découper au niveau de la jointure. Les deux morceaux doivent être découpés individuellement. Tenir le pilon avec une serviette en papier et l'incliner. Trancher vers le plat.

4. Trancher la cuisse : maintenir fermement la cuisse à l'aide d'une fourchette. Découper des tranches de même épaisseur, parallèlement à l'os. Les tranches de viande brune peuvent être dressées sur une assiette. Recommencer avec l'autre patte pour obtenir plus de viande.

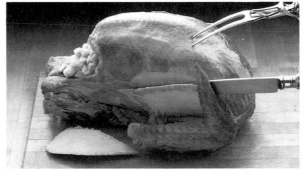

5. Préparer la poitrine : pour faciliter la découpe, placer le couteau parallèlement et aussi près que possible de l'aile. Pratiquer une profonde entaille dans la poitrine en coupant jusqu'à l'os. Ce sera la découpe de base. Toutes les tranches de la poitrine s'arrêteront à cette marque.

6. Découper la poitrine : après avoir fait la coupe de base, commencer à trancher la poitrine. Commencer à mi-chemin d'un côté, et découper vers le bas en arrêtant à la coupe de base. Commencer chaque nouvelle tranche un peu plus haut. Faire des tranches fines et régulières.

VIANDE

Une atmosphère intime et agréable se dégage
autour d'une table où parents et amis se retrouvent
pour partager un délicieux repas. C'est peut-être une
occasion spéciale, et vous en profitez pour sortir votre
plus belle nappe, vos couverts en porcelaine, votre
coutellerie en argent. Les noms des invités sont
inscrits sur de jolies petites cartes placées devant
chaque assiette et un magnifique bouquet orne le
centre de la table. Mais cela peut aussi être un sympa-
thique repas du soir autour de la table de pique-nique
ou un souper sans cérémonie autour de la table de la
cuisine.

L'ambiance que vous créez n'a d'égal que votre
chaleur humaine et votre hospitalité. Ne soyez pas
surpris si votre cuisine est l'endroit où tous se retrouvent avant le repas. Un de vos bons amis sera peut-
être tenté de jeter un coup d'œil au délicieux jambon
pour en vérifier la cuisson, ou humer l'odeur de votre
délicieux bœuf stroganoff qui mijote doucement sur la
cuisinière. Et il y a bien des chances pour que l'on
vous offre de vous aider pendant les dernières minutes
de préparation, par exemple en remuant le porc à la
sauce barbecue ou en vérifiant la cuisson du rôti.

Un bon repas préparé à la maison et servi avec amour
fait ressortir le meilleur de chacun de nous. Il s'en
découle généralement des conversations intéressantes,
de la gaieté, des rires, et l'impression que tout est bien
dans le meilleur des mondes.

Rôti du dimanche de grand-maman

6 portions
2 h

Une recette familiale spéciale qui donne un petit air de dimanche, quelle que soit la journée.

1,4 à		5 mL	(*1 c. à thé*) ail frais haché fin
1,8 kg	(*3 à 4 lb*) rôti de croupe de bœuf	250 mL	(*1 tasse*) eau
3	oignons moyens, en quartiers	6	carottes, coupées en deux en travers
1	feuille de laurier	6	pommes de terre moyennes, en quartier
5 mL	(*1 c. à thé*) sel		
5 mL	(*1 c. à thé*) poivre		

Préchauffer le four à 180 °C (*350 °F*). Mettre le rôti sur une grille dans une rôtissoire. Ajouter le reste des ingrédients *sauf* l'eau, les carottes et les pommes de terre. Verser l'eau sur le rôti. Couvrir; enfourner et faire cuire 45 min. Découvrir; disposer les carottes et les pommes de terre autour du rôti. Arroser avec le jus de cuisson. Couvrir; enfourner, faire cuire en arrosant de temps à autre, 60 à 70 min, ou jusqu'à ce que les légumes soient tendres sous la fourchette et que le thermomètre à viande atteigne 71 °C (*160 °F*) (moyen). Servir avec le jus de cuisson.

Bœuf	Température interne de cuisson
Saignant	60 °C (*140 °F*)
Moyen	71 °C (*160 °F*)
Bien cuit	76 °C (*170 °F*)

Rôti de bœuf au poivre

6 portions
1 h 30 min

Votre cuisine se remplira d'un arôme d'ail poivré lorsque vous préparerez ce rôti.

1,4 à		15 mL	(*1 c. à soupe*) ail frais haché fin
1,8 kg	(*3 à 4 lb*) rôti de croupe de bœuf roulé	15 mL	(*1 c. à soupe*) poivre fraîchement concassé
50 mL	(*¼ tasse*) huile végétale		

Préchauffer le four à 160 °C (*325 °F*). Mettre le rôti sur une grille dans une rôtissoire. Dans un petit bol, combiner le reste des ingrédients. Verser le mélange à l'huile sur le rôti. Enfourner, faire cuire, en arrosant de temps à autre, 70 à 90 min ou jusqu'à ce que le thermomètre à viande atteigne 71 °C (*160 °F*).

Bœuf	Température interne de cuisson
Saignant	60 °C (*140 °F*)
Moyen	71 °C (*160 °F*)
Bien cuit	76 °C (*170 °F*)

Rôti du dimanche de grand-maman

6 à 8 portions
3 h 30 min

Pointe de poitrine de bœuf
à la moutarde en grains

Une délicieuse sauce sucrée, aigre et épicée accompagne cette pièce de bœuf bouillie.

Pointe de poitrine

1,4 à	
1,8 kg	*(3 à 4 lb)* pointe de poitrine de bœuf
1,5 L	*(6 tasses)* eau
50 mL	*(1/4 tasse)* persil frais haché
4	branches de céleri, en morceaux de 2,5 cm *(1 po)*
4	carottes moyennes, en morceaux de 2,5 cm *(1 po)*
2	oignons moyens, en morceaux de 3,5 cm *(1 1/2 po)*
5 mL	*(1 c. à thé)* sel
5 mL	*(1 c. à thé)* poivre grossièrement moulu
5 mL	*(1 c. à thé)* thym
2	feuilles de laurier

Sauce

45 mL	*(3 c. à soupe)* farine tout usage
125 mL	*(1/2 tasse)* moutarde en grains forte
125 mL	*(1/2 tasse)* gelée de groseilles
125 mL	*(1/2 tasse)* crème à fouetter
5 mL	*(1 c. à thé)* sauce Worcestershire

Dans une cocotte, mettre la pointe de poitrine; la recouvrir d'eau. Ajouter le reste des ingrédients pour la préparation de la pointe de poitrine; amener à pleine ébullition. Couvrir; faire cuire à feu moyen-doux pendant 2 1/2 à 3 h ou jusqu'à ce que la viande soit tendre sous la fourchette. Retirer les feuilles de laurier. Dresser la pointe de poitrine et les légumes dans un plat de service; *réserver le bouillon.* Dans le même plat de cuisson ou dans une casserole de 2 L

(8 tasses), verser 375 mL *(1 1/2 tasse)* de bouillon réservé; incorporer la farine avec un fouet. Faire cuire à feu moyen, en remuant de temps à autre, pour obtenir un mélange lisse et bouillonnant (2 à 3 min). Incorporer le reste des ingrédients de la sauce. Poursuivre la cuisson, en remuant de temps à autre, jusqu'à ce que la sauce épaississe (4 à 5 min). Servir sur la pointe de poitrine découpée et sur les légumes.

8 portions
4 h 30 min ·

Ragoût de bœuf énergétique

Pendant que ce délicieux repas mijote doucement,
savourez l'air frais d'une belle journée d'automne, ou les premiers flocons de neige.

250 mL	*(1 tasse)* oignons (2 moyens) hachés
6	tranches de bacon, en morceaux de 1 cm *(1/2 po)*
1,4 kg	*(3 lb)* rôti de palette, paré, en morceaux de 6 cm *(2 1/2 po)*
8	pommes de terre rouges nouvelles, en demies
3	carottes moyennes, en morceaux de 2,5 cm *(1 po)*
3	oignons moyens, en moitiés
1 paquet	*(227 g / 8 oz)* champignons frais, en moitiés
125 mL	*(1/2 tasse)* persil frais haché

250 mL	*(1 tasse)* jus de pomme
1 boîte	*(284 mL / 10 oz)* bouillon de bœuf
1 boîte	*(156 mL / 5,5 oz)* pâte de tomate
2 mL	*(1/2 c. à thé)* sel
2 mL	*(1/2 c. à thé)* poivre
2 mL	*(1/2 c. à thé)* thym
5 mL	*(1 c. à thé)* ail frais haché fin
2	feuilles de laurier

Préchauffer le four à 160 °C *(325 °F)*. Dans une cocotte, à feu moyen-fort, faire cuire l'oignon, le bacon et le rôti, en remuant de temps à autre, jusqu'à ce que la viande et le bacon soient brunis (8 à 10 min). Ajouter les légumes; mélanger.

Incorporer les autres ingrédients. Couvrir; enfourner, faire cuire 1 1/2 h. Découvrir; poursuivre la cuisson, en arrosant de temps à autre, pendant 2 à 2 1/2 h ou jusqu'à ce que le rôti soit tendre sous la fourchette.

Ragoût de bœuf énergétique

Biftecks ou hamburgers farcis aux épinards

Cette préparation ne saurait mieux faire ressortir toute la saveur de la viande.

4 portions
30 min

Farce

1 paquet	(300 g / *10 oz*) épinards surgelés, dégelés, égouttés
1 mL	(*¼ c. à thé*) sel
1 mL	(*¼ c. à thé*) poivre
2 mL	(*½ c. à thé*) ail frais haché fin
2	biftecks d'aloyau parés, de 340 g (*¾ lb*) chacun OU 675 g (*1½ lb*) bœuf haché

6	tranches de bacon, en morceaux de 1 cm (*½ po*)
30 mL	(*2 c. à soupe*) beurre ou margarine

Sauce

15 mL	(*1 c. à soupe*) farine tout usage
250 mL	(*1 tasse*) eau
1 mL	(*¼ c. à thé*) sel
30 mL	(*2 c. à soupe*) pâte de tomate
2 mL	(*½ c. à thé*) ail frais haché fin

Dans un petit bol, combiner tous les ingrédients de la farce; réserver. Pour préparer les biftecks, tailler l'excès de gras. Trancher les biftecks de l'extérieur vers l'os pour former une poche. Pour préparer les hamburgers, séparer le bœuf haché en 4 portions égales. Façonner en palets de 10 x 7,5 cm (*4 x 3 po*). Pratiquer une incision au milieu de chaque palet. Diviser le mélange aux épinards; remplir chaque poche. Dans un poêlon de 25 cm (*10 po*), faire brunir le bacon et le beurre à feu moyen-vif (5 min). Mettre les biftecks ou les hamburgers dans le même poêlon. Faire cuire à feu moyen-vif, en les retournant une fois, jusqu'au degré de cuisson désiré (7 à 9 min pour des biftecks avec un degré de cuisson moyen; 10 à 15 min, pour des hamburgers avec un degré de cuisson moyen). Mettre la viande sur un plateau; garder au chaud pendant la préparation de la sauce. Dégraisser, en laissant le bacon et le graillon dans le poêlon. Réduire le feu à moyen; incorporer la farine. Faire cuire, en remuant de temps à autre, jusqu'à ce que le mélange soit lisse et bouillonnant (1 min). Incorporer le reste des ingrédients de la sauce. Poursuivre la cuisson, en remuant de temps à autre, jusqu'à épaississement (4 à 5 min). Servir sur les biftecks ou sur les hamburgers.

Pour farcir les biftecks :

1. Trancher chaque bifteck de l'extérieur vers l'os, pour former une poche.

2. Diviser le mélange aux épinards; remplir chaque poche.

Hamburgers farcis aux épinards

Bifteck Western

Bifteck Western

4 portions
35 min

Ce délicieux bifteck nourrira toute votre famille.

Marinade

2 mL	(*1/2 c. à thé*) sel
2 mL	(*1/2 c. à thé*) origan
2 mL	(*1/2 c. à thé*) poivre
30 mL	(*2 c. à soupe*) vinaigre de cidre
30 mL	(*2 c. à soupe*) huile végétale
15 mL	(*1 c. à soupe*) moutarde en grains forte
5 mL	(*1 c. à thé*) ail frais haché fin

Bifteck

675 g	(*1 1/2 lb*) bifteck de surlonge
2	carottes moyennes, en morceaux de 2,5 cm (*1 po*)
1	oignon moyen, en tranches de 0,5 cm (*1/4 po*)
2	tomates moyennes, en morceaux de 5 cm (*2 po*)
1	poivron vert moyen, en lanières de 2,5 cm (*1 po*)

Dans un poêlon de 25 cm (*10 po*) de diamètre, combiner tous les ingrédients de la marinade. Enduire les deux côtés du bifteck de marinade; le mettre dans le poêlon. Entourer le bifteck de carottes et d'oignon. Couvrir; faire cuire à feu moyen-vif, en le retournant une fois, jusqu'à ce qu'il soit brun (10 à 12 min). Réduire le feu à moyen. Ajouter le reste des ingrédients. Couvrir; faire cuire, en remuant de temps à autre, jusqu'à ce que les légumes soient al dente et la viande, cuite au degré de cuisson désiré (5 à 7 min pour moyen).

Cuisson au micro-ondes : découper le bifteck en deux. Dans une casserole de 2 L (*8 tasses*) allant au micro-ondes, combiner tous les ingrédients de la marinade. Enduire les deux côtés du bifteck de marinade; le mettre dans la casserole. Entourer la viande des carottes et de l'oignon. Couvrir et faire cuire à FORT, en retournant une fois après la mi-cuisson (8 à 10 min). Ajouter le reste des ingrédients. Couvrir; faire cuire à FORT jusqu'à ce que les légumes soient al dente et la viande, cuite au degré de cuisson désiré (5 à 7 min pour moyen).

Bœuf stroganoff aux petits oignons blancs

4 portions
35 min

Le fromage à la crème augmente l'onctuosité de ce bœuf stroganoff.

45 mL	(*3 c. à soupe*) beurre ou margarine
675 g	(*1 1/2 lb*) bifteck de surlonge, en morceaux de 3,5 cm (*1 1/2 po*)
2 mL	(*1/2 c. à thé*) sel
2 mL	(*1/2 c. à thé*) poivre
30 mL	(*2 c. à soupe*) farine tout usage
500 mL	(*2 tasses*) lait moitié-moitié
90 g	(*3 oz*) fromage à la crème, ramolli

30 mL	(*2 c. à soupe*) pâte de tomate
500 mL	(*2 tasses*) champignons frais (225 g / *1/2 lb*), en moitiés
250 mL	(*1 tasse*) petits oignons blancs surgelés, dégelés, égouttés
50 mL	(*1/4 tasse*) persil frais haché
5 mL	(*1 c. à thé*) marjolaine

Nouilles aux œufs cuites

Dans un poêlon de 25 cm (*10 po*) de diamètre, faire fondre le beurre jusqu'à ce qu'il grésille. Ajouter le bifteck, le sel et le poivre. Faire brunir à feu moyen-vif, en remuant de temps à autre (5 min). Incorporer la farine pour enrober le bifteck; ajouter le lait moitié-moitié, le fromage à la crème et la pâte de tomate. Réduire le feu à moyen. Faire cuire, en remuant de temps à autre, jusqu'à ce que la sauce épaississe (7 à 9 min). Incorporer le reste des ingrédients *sauf* les nouilles. Poursuivre la cuisson, en remuant de temps à autre, jusqu'à ce que les champignons soient tendres (3 à 4 min). Servir sur les nouilles.

Cuisson au micro-ondes : dans une casserole de 3 L (*12 tasses*) allant au micro-ondes, faire fondre le beurre à FORT (30 à 40 s). Ajouter le bifteck, le sel et le poivre. Couvrir; faire cuire à FORT, en remuant après la mi-cuisson, jusqu'à ce que la viande ne soit plus rose (3 à 4 min). Incorporer la farine, le lait moitié-moitié, le fromage à la crème et la pâte de tomate. Faire cuire à FORT, en remuant après la mi-cuisson, jusqu'à ce que la sauce épaississe (4 à 6 min). Incorporer le reste des ingrédients *sauf* les nouilles. Faire cuire à FORT jusqu'à ce que les champignons soient tendres (2 1/2 à 3 1/2 min). Servir sur les nouilles.

Bœuf mariné au brocoli

Une légère marinade au citron et au gingembre attendrit ce bifteck de surlonge.

50 mL	(*¼ tasse*) beurre ou margarine
750 mL	(*3 tasses*) bouquets de brocoli
1	oignon moyen, en tranches de 0,2 cm (*⅛ po*)
3 mL	(*¾ c. à thé*) gingembre
1 mL	(*¼ c. à thé*) sel
1 mL	(*¼ c. à thé*) poivre
15 mL	(*1 c. à soupe*) jus de citron

4 portions
30 min

15 mL	(*1 c. à soupe*) sauce Worcestershire
5 mL	(*1 c. à thé*) ail frais haché fin
450 g	(*1 lb*) bifteck de surlonge, en lanières de 7,5 x 1 cm (*3 x ½ po*)
2	tomates moyennes mûres, en morceaux de 2,5 cm (*1 po*)
	Riz cuit

Dans un poêlon de 25 cm (*10 po*) de diamètre, faire fondre le beurre jusqu'à ce qu'il grésille. Ajouter le brocoli et l'oignon. Faire cuire à feu moyen, en remuant de temps à autre, jusqu'à al dente (5 à 6 min). Entre-temps, dans un bol de grandeur moyenne, combiner le reste des ingrédients *sauf* le bifteck, les tomates et le riz. Ajouter les lanières de surlonge; laisser reposer 5 min. Ajouter le surlonge et la marinade au mélange de légumes. Poursuivre la cuisson, en remuant de temps à autre, jusqu'à ce que la viande soit brunie (6 à 8 min). Incorporer les tomates. Couvrir; laisser reposer 2 min ou jusqu'à bien chaud. Servir la viande et les légumes avec le jus de cuisson, sur le riz.

Cuisson au micro-ondes : dans une casserole de 2 L (*8 tasses*) allant au micro-ondes, faire fondre le beurre à FORT (40 à 50 s). Incorporer le brocoli et l'oignon. Couvrir; faire cuire à FORT jusqu'à al dente (2 min). Entre-temps, dans un bol de grandeur moyenne, combiner le reste des ingrédients *sauf* le bifteck, les tomates et le riz. Ajouter le surlonge en lanières; laisser reposer 5 min. Ajouter le surlonge et la marinade au mélange de légumes. Couvrir; faire cuire à FORT, en remuant une fois après la mi-cuisson, jusqu'à ce que la viande ne soit plus rose (3 à 5 min). Incorporer les tomates. Couvrir; laisser reposer 5 min. Servir la viande et les légumes avec le jus de cuisson sur le riz.

Bifteck familial mariné

La marinade rehausse autant le goût subtil que la tendreté de cette coupe de viande.

6 portions
1 jour

Marinade

125 mL	(*½ tasse*) ketchup
50 mL	(*¼ tasse*) moutarde en grains forte
30 mL	(*2 c. à soupe*) cassonade bien tassée
15 mL	(*1 c. à soupe*) vinaigre de cidre
5 mL	(*1 c. à thé*) ail frais haché fin

2 mL	(*½ c. à thé*) poivre fraîchement concassé
1 mL	(*¼ c. à thé*) sel
675 g	(*1½ lb*) bifteck d'intérieur de ronde, en tranches de 2,5 cm (*1 po*) d'épaisseur

Dans un bol de grandeur moyenne, combiner tous les ingrédients de la marinade. Piquer le bifteck à la fourchette puis le mettre dans un sac en plastique. Arroser de marinade; sceller le sac. Mettre dans un moule de 23 cm (*9 po*) de diamètre. Garder au réfrigérateur 24 h. Faire chauffer le gril. Égoutter le bifteck; réserver la marinade. Mettre le bifteck dans une rôtissoire graissée. Faire griller à 10 ou 12,5 cm (*4 à 5 po*) de l'élément supérieur pendant 5 à 6 min. Retourner le bifteck, le badigeonner de marinade; poursuivre la cuisson 4 à 5 min ou jusqu'au degré de cuisson désiré. Dans une casserole de 1 L (*4 tasses*), faire cuire le reste de marinade à feu moyen jusqu'à ce qu'elle soit bien chaude (2 à 4 min). Pour servir, découper le bifteck en biais, en tranches fines. Servir avec la marinade chaude.

Cuisson au barbecue : faire mariner le bifteck comme indiqué ci-contre. Préparer le barbecue en regroupant les charbons d'un même côté; faire chauffer jusqu'à ce que les charbons soient blancs. Fabriquer un moule en papier d'aluminium; le placer à l'opposé des charbons. Déposer le bifteck sur la grille au-dessus du moule en papier d'aluminium. Faire griller 5 à 8 min. Retourner le bifteck; le badigeonner de marinade. Poursuivre la cuisson 5 à 8 min ou jusqu'au degré de cuisson désiré. Dans une casserole de 1 L (*4 tasses*), faire chauffer le reste de marinade à feu moyen (2 à 4 min). Pour servir, découper le bifteck en biais, en tranches fines. Servir avec la marinade chaude.

Bœuf mariné au brocoli

Bifteck de flanc roulé, farci au cheddar et aux pacanes

6 à 8 portions
1 jour

En tranchant ce bifteck de flanc mariné, vous découvrirez une farce des plus savoureuses.

Marinade

250 mL	(*1 tasse*) oignons (2 moyens) hachés
500 mL	(*2 tasses*) jus d'ananas
5 mL	(*1 c. à thé*) sel
5 mL	(*1 c. à thé*) thym
2 mL	(*1/2 c. à thé*) poivre
2 mL	(*1/2 c. à thé*) romarin, écrasé
30 mL	(*2 c. à soupe*) sauce Worcestershire
675 à 900 g (*1 1/2 à 2 lb*) bifteck de flanc	

Farce

375 mL	(*1 1/2 tasse*) chapelure fraîche
375 mL	(*1 1/2 tasse*) cheddar râpé (170 g / 6 oz)
125 mL	(*1/2 tasse*) pacanes hachées
50 mL	(*1/4 tasse*) oignon haché
50 mL	(*1/4 tasse*) persil frais haché
2 mL	(*1/2 c. à thé*) ail frais haché fin

Dans un bol de grandeur moyenne, combiner tous les ingrédients *sauf* le bifteck. Avec un maillet à viande, abaisser la viande à 0,5 cm (*1/4 po*) d'épaisseur. Mettre le bifteck dans un sac de plastique. Verser la marinade dans le sac; bien sceller. Placer le sac dans un plat de 33 x 23 cm (*13 x 9 po*). Garder au réfrigérateur, en retournant deux fois, pendant 24 h. Préchauffer le four à 200 °C (*400 °F*). Retirer le bifteck de la marinade; *réserver la marinade*. Dans un bol de grandeur moyenne, combiner tous les ingrédients de la farce. Étaler le mélange de farce sur toute la surface de la viande; appuyer légèrement. Rouler le bifteck serré, comme pour un gâteau roulé. Ficeler pour maintenir la farce à l'intérieur. Tapisser un moule de 33 x 23 cm (*13 x 9 po*) allant au four d'une feuille de papier d'aluminium épais. Mettre le bifteck dans le moule préparé; badigeonner avec la marinade réservée. Enfourner; faire cuire, en badigeonnant de marinade toutes les 15 min, pendant 50 à 60 min ou jusqu'à ce que le thermomètre à viande atteigne 71 °C (*160 °F*). Juste avant de servir, badigeonner de marinade.

Bœuf	Température interne de cuisson
Saignant	60 °C (*140 °F*)
Moyen	71 °C (*160 °F*)
Bien cuit	76 °C (*170 °F*)

Pour préparer le bifteck :

1. Étaler le mélange de farce sur toute la surface du bifteck; appuyer légèrement.

2. Rouler le bifteck serré, comme pour un gâteau roulé. Ficeler pour maintenir la farce à l'intérieur.

Bifteck de flanc roulé, farci au cheddar et aux pacanes

Filet de bœuf au fromage bleu

6 à 8 portions
1 h 15 min

Filet de bœuf au fromage bleu

Ce riche et noble filet de bœuf est plein de caractère.

Bœuf

50 mL	(*¼ tasse*) beurre ou margarine
2 mL	(*½ c. à thé*) poivre grossièrement moulu
5 mL	(*1 c. à thé*) ail frais haché fin
900 g à 1,4 kg	(*2 à 3 lb*) filet de bœuf paré, ficelé

Sauce

30 mL	(*2 c. à soupe*) beurre ou margarine
110 g	(*4 oz*) fromage bleu émietté
250 mL	(*1 tasse*) bouillon de bœuf
50 mL	(*¼ tasse*) madère
500 mL	(*2 tasses*) champignons frais (225 g / 8 oz), en tranches de 0,5 cm (*¼ po*)
125 mL	(*½ tasse*) pacanes hachées, grillées
125 mL	(*½ tasse*) noix de pin ou amandes effilées, grillées
75 mL	(*⅓ tasse*) oignons verts, en tranches de 0,5 cm (*¼ po*)

Préchauffer le four à 200 °C (*400 °F*). Dans un poêlon de 25 cm (*10 po*) de diamètre, faire fondre 50 mL (*¼ tasse*) de beurre jusqu'à ce qu'il grésille; incorporer le poivre et l'ail. Mettre le filet dans le même poêlon. Faire brunir sur toutes les faces à feu moyen-vif (7 à 9 min). Retirer du plat; *réserver le jus de cuisson et le graillon.* Tapisser un moule de 33 x 23 cm (*13 x 9 po*) allant au four d'une feuille de papier d'aluminium; mettre le filet dans le moule. Enfourner; faire cuire 35 à 50 min ou jusqu'à ce que le thermomètre à viande atteigne 71 °C (*160 °F*). Entre-temps, faire fondre 30 mL (*2 c. à soupe*) de beurre dans le poêlon contenant le jus de cuisson et le graillon, jusqu'à ce qu'il grésille; ajouter le fromage bleu. Faire cuire à feu moyen, en remuant de temps à autre, jusqu'à ce que le fromage soit fondu (4 à 5 min). Incorporer le bouillon de bœuf et le vin; ajouter les champignons. Poursuivre la cuisson, en remuant de temps à autre, jusqu'à ce que les champignons soient tendres (4 à 5 min). Incorporer le reste des ingrédients de la sauce. Servir sur le filet découpé.

Bœuf	Température interne de cuisson
Saignant	60 °C (*140 °F*)
Moyen	71 °C (*160 °F*)
Bien cuit	76 °C (*170 °F*)

4 portions
2 h

Biftecks grillés au beurre au poivre et aux fines herbes

Garni d'une noisette de beurre aux fines herbes fondante, ce bifteck est un véritable délice.

50 mL	(*¼ tasse*) vin blanc
15 mL	(*1 c. à soupe*) échalotes fraîches hachées fin
15 mL	(*1 c. à soupe*) ciboulette fraîche hachée
5 mL	(*1 c. à thé*) estragon frais haché
2 mL	(*½ c. à thé*) poivre grossièrement moulu
1 mL	(*¼ c. à thé*) sel
125 mL	(*½ tasse*) beurre, ramolli
4	biftecks de châteaubriand ou d'aloyau

Dans une casserole de 1 L (*4 tasses*), combiner tous les ingrédients *sauf* le beurre et les biftecks. Faire cuire à feu moyen, en remuant de temps à autre, jusqu'à évaporation complète du liquide (5 à 6 min). Réserver; laisser refroidir complètement. Dans un petit bol, mélanger le beurre et les fines herbes refroidies. Déposer le mélange sur une feuille de papier ciré; façonner en un rondin de 10 cm (*4 po*). Garder au réfrigérateur jusqu'au moment de servir. Entre-temps, faire griller les biftecks au degré de cuisson désiré. Surmonter chacun d'eux d'une rondelle de beurre de 1 cm (*½ po*) d'épaisseur. Servir lorsque le beurre fond sur les biftecks.

Conseil : le reste de beurre aux fines herbes peut être utilisé pour assaisonner les légumes cuits ou être tartiné sur du pain.

173

Rôti de bœuf à l'aneth

6 à 8 portions
3 h 30 min

Rôti de bœuf à l'aneth

*Servi avec une sauce à la crème sure et à l'aneth,
ce plat est idéal pour un repas familial dominical.*

Rôti

30 mL	*(2 c. à soupe)* huile végétale
30 mL	*(2 c. à soupe)* vinaigre de cidre
5 mL	*(1 c. à thé)* sel
5 mL	*(1 c. à thé)* aneth en grains
2 mL	*(1/2 c. à thé)* poivre
1,4 à	
1,8 kg	*(3 à 4 lb)* rôti de palette
6 à 8	pommes de terre rouges nouvelles, en morceaux de 2,5 cm *(1 po)*
4 à 6	carottes moyennes, en morceaux de 3,5 cm *(1 1/2 po)*

2	poireaux, en quartiers, tranchés sur la longueur, en morceaux de 5 cm *(2 po)**
50 mL	*(1/4 tasse)* eau
1	feuille de laurier

Sauce au jus de viande

50 mL	*(1/4 tasse)* farine tout usage
2 mL	*(1/2 c. à thé)* sel
2 mL	*(1/2 c. à thé)* aneth en grains
250 mL	*(1 tasse)* crème sure

Préchauffer le four à 180 °C *(350 °F)*. Dans un plat de 33 x 23 cm *(13 x 9 po)* allant au four, combiner l'huile, le vinaigre, 5 mL *(1 c. à thé)* de sel, l'aneth en grains et le poivre; ajouter le rôti. Retourner sur toutes les faces pour enrober d'huile et de fines herbes. Laisser reposer 15 min. Entre-temps, dans une grande rôtissoire, mettre les pommes de terre, les carottes et les poireaux. Ajouter ensuite le rôti et le mélange de fines herbes et d'huile; ajouter l'eau et la feuille de laurier. Couvrir; enfourner et faire cuire, en arrosant de temps à autre, pendant 2 1/2 à 3 h ou jusqu'à ce que la viande soit tendre sous la fourchette. Retirer la feuille de laurier. Dresser le rôti et les

légumes sur un plateau de service; *réserver le jus de cuisson.* Dans une casserole de 2 L *(8 tasses)*, mettre 375 mL *(1 1/2 tasse)* de jus de cuisson réservé. Incorporer, en fouettant, la farine, 2 mL *(1/2 c. à thé)* de sel et l'aneth en grains. Faire cuire à feu moyen, en remuant de temps à autre pour obtenir un liquide lisse et bouillonnant (1 min). Incorporer la crème sure; poursuivre la cuisson, en remuant de temps à autre, jusqu'à ce que la sauce épaississe (4 à 5 min). Servir sur le rôti découpé et sur les légumes.

*2 gros oignons, coupés en morceaux de 5 cm *(2 po)*, peuvent remplacer les 2 poireaux.

6 à 8 portions
1 jour

Rôti de bœuf à la crème au raifort

La marinade et la cuisson à feu doux rendent ce rôti tendre et savoureux.

Marinade

50 mL	*(1/4 tasse)* huile végétale
30 mL	*(2 c. à soupe)* vinaigre de cidre
5 mL	*(1 c. à thé)* sel
5 mL	*(1 c. à thé)* poivre
15 mL	*(1 c. à soupe)* raifort préparé
5 mL	*(1 c. à thé)* ail frais haché fin
50 mL	*(1/4 tasse)* persil frais haché
1,4 à	
1,8 kg	*(3 à 4 lb)* rôti de palette

Crème au raifort

125 mL	*(1/2 tasse)* crème sure
125 mL	*(1/2 tasse)* mayonnaise
1 mL	*(1/4 c. à thé)* sel
1 mL	*(1/4 c. à thé)* poivre
15 mL	*(1 c. à soupe)* raifort préparé
5 mL	*(1 c. à thé)* jus de citron
5 mL	*(1 c. à thé)* moutarde en grains forte
50 mL	*(1/4 tasse)* persil frais haché

Dans une cocotte, combiner tous les ingrédients de la marinade *sauf* le persil et le rôti; incorporer le persil. Mettre le rôti dans la marinade; le tourner pour bien l'enrober. Couvrir; garder au réfrigérateur toute la nuit. Préchauffer le four à 180 °C *(350 °F)*. Enfourner; faire cuire le rôti dans la marinade pendant

1 1/2 à 2 h ou jusqu'à ce que la viande soit tendre sous la fourchette. Entre-temps, dans un petit bol, combiner tous les ingrédients de la crème au raifort *sauf* le persil. Incorporer le persil. Couvrir; garder au réfrigérateur jusqu'au moment de servir. Servir sur le rôti découpé.

Biftecks poivrés en sauce avec pommes de terre sautées

4 portions
40 min

Biftecks poivrés en sauce
avec pommes de terre sautées

Ce repas deviendra sûrement le préféré de toute la famille.

Pommes de terre

50 mL	(*¼ tasse*) beurre ou margarine
6	pommes de terre rouges nouvelles, en quartiers
1 mL	(*¼ c. à thé*) sel
1 mL	(*¼ c. à thé*) poivre

Biftecks

75 mL	(*⅓ tasse*) farine tout usage
1 mL	(*¼ c. à thé*) sel
1	pincée de poivre
4	biftecks attendris

Sauce au jus de viande

15 mL	(*1 c. à soupe*) beurre ou margarine
15 mL	(*1 c. à soupe*) farine tout usage
250 mL	(*1 tasse*) lait
1 mL	(*¼ c. à thé*) sel
1	pincée de poivre

Dans un poêlon de 25 cm (*10 po*) de diamètre, faire fondre 50 mL (*¼ tasse*) de beurre jusqu'à ce qu'il grésille. Ajouter le reste des ingrédients des pommes de terre. Faire cuire à feu moyen-vif, en tournant de temps à autre, jusqu'à brun doré (10 à 15 min). Dresser les pommes de terre sur un plateau; garder au chaud pendant la préparation des biftecks et de la sauce. Dans un moule à tarte de 23 cm (*9 po*), combiner tous les ingrédients des biftecks *sauf* les biftecks. Enrober les deux côtés des biftecks de mélange à la farine. Mettre 2 biftecks dans le même poêlon. Couvrir à feu moyen-vif jusqu'à brun et croustillant (3 min de chaque côté). Dresser les biftecks sur le plateau avec les pommes de terre. Faire cuire les biftecks qui restent. Réduire le feu à moyen. Dans le même poêlon, avec la graisse de cuisson et le graillon, faire fondre 15 mL (*1 c. à soupe*) de beurre; incorporer 15 mL (*1 c. à soupe*) de farine. Faire cuire, en remuant de temps à autre, pour obtenir un mélange lisse et bouillonnant (1 min). Incorporer les autres ingrédients de la sauce. Poursuivre la cuisson, en remuant de temps à autre, jusqu'à ce que la sauce épaississe (4 à 5 min). Servir sur les biftecks et sur les pommes de terre.

Cuisson au micro-ondes : dans un plat de 33 x 23 cm (*13 x 9 po*) allant au micro-ondes, faire fondre 50 mL (*¼ tasse*) de beurre à FORT (50 à 60 s). Incorporer le reste des ingrédients des pommes de terre. Couvrir; faire cuire à FORT, en remuant après la mi-cuisson, jusqu'à ce que les pommes de terre soient tendres (8 à 11 min). Dresser les pommes de terre sur un plateau; garder au chaud pendant la préparation des biftecks et de la sauce. Omettre 75 mL (*⅓ tasse*) de farine. Mettre les biftecks dans le plat de cuisson; saler et poivrer. Couvrir; faire cuire à FORT en retournant les biftecks après la mi-cuisson, jusqu'à ce que la viande ne soit plus rose. Dresser les biftecks sur le plateau avec les pommes de terre. Omettre 15 mL (*1 c. à soupe*) de beurre; augmenter la farine à 45 mL (*3 c. à soupe*). Incorporer 45 mL (*3 c. à soupe*) de farine au jus de cuisson. Faire cuire à FORT jusqu'à bouillonnant (1 à 1½ min). Incorporer le reste des ingrédients de la sauce. Couvrir; faire cuire à FORT, en remuant après la mi-cuisson, jusqu'à ce que la sauce épaississe (3 à 5 min). Servir sur les biftecks et sur les pommes de terre.

Boulettes de viande à la sauce aux tomates

Cette recette vous remémorera sûrement d'agréables souvenirs de votre enfance.

Boulettes de viande

450 g	(*1 lb*) bœuf haché
125 mL	(*½ tasse*) riz à grains longs non cuit
125 mL	(*½ tasse*) eau
2 mL	(*½ c. à thé*) sel
2 mL	(*½ c. à thé*) basilic
2 mL	(*½ c. à thé*) poivre

Sauce

250 mL	(*1 tasse*) eau
3	tomates moyennes, en morceaux de 2,5 cm (*1 po*)
2	branches de céleri, en tranches de 1 cm (*½ po*)
1	oignon moyen, en morceaux de 1 cm (*½ po*)
1 boîte	(*156 mL / 5,5 oz*) pâte de tomate
2 mL	(*½ c. à thé*) sel
1 mL	(*¼ c. à thé*) poivre
5 mL	(*1 c. à thé*) ail frais haché fin

Préchauffer le four à 190 °C (*375 °F*). Dans un bol de grandeur moyenne, combiner tous les ingrédients des boulettes de viande. Façonner en 12 boulettes; mettre dans un moule de 30 x 20 cm (*12 x 8 po*) allant au four. Dans un bol de grandeur moyenne, combiner tous les ingrédients de la sauce; verser sur les boulettes de viande. Couvrir; faire cuire au four 45 à 50 min, ou jusqu'à ce que le riz soit tendre.

Cuisson au micro-ondes : préparer les boulettes de viande comme indiqué ci-contre. Mettre les boulettes dans un plat de 30 x 20 cm (*12 x 8 po*) allant au micro-ondes. Dans un bol de grandeur moyenne, combiner tous les ingrédients de la sauce; verser sur les boulettes de viande. Couvrir d'une pellicule de plastique; faire cuire à FORT, en remuant et en réarrageant les boulettes de viande après la mi-cuisson, jusqu'à ce que le riz soit tendre (25 à 35 min). Laisser reposer 5 min.

Pain de viande aux fines herbes

Ce pain de viande épicé constitue un repas bien spécial.

375 mL	(*1½ tasse*) chapelure fraîche
125 mL	(*½ tasse*) oignon haché
125 mL	(*½ tasse*) poivron rouge ou vert haché fin
125 mL	(*½ tasse*) sauce tomate
450 g	(*1 lb*) bœuf haché régulier*
450 g	(*1 lb*) porc haché
1 boîte	(*156 mL / 5,5 oz*) pâte de tomate
2	œufs, légèrement battus
30 mL	(*2 c. à soupe*) persil frais haché
15 mL	(*1 c. à soupe*) sauge, frottée

5 mL	(*1 c. à thé*) sel
2 mL	(*½ c. à thé*) poivre
2 mL	(*½ c. à thé*) thym
15 mL	(*1 c. à soupe*) jus de citron
5 mL	(*1 c. à thé*) ail frais haché fin
125 mL	(*½ tasse*) crème à fouetter
15 mL	(*1 c. à soupe*) farine tout usage
2 mL	(*½ c. à thé*) thym

Préchauffer le four à 180 °C (*350 °F*). Dans un grand bol, combiner tous les ingrédients, *sauf* la crème à fouetter, la farine et 2 mL (*½ c. à thé*) de thym. Façonner en pain; mettre dans un moule à pain de 33 x 23 cm (*13 x 9 po*). Enfourner et faire cuire 55 à 65 min ou jusqu'à ce que le pain de viande soit bruni. *Réserver le jus de cuisson.* Dans une casserole de 1 L (*4 tasses*), combiner la crème à fouetter,

la farine, 2 mL (*½ c. à thé*) de thym et 200 mL (*¾ tasse*) de jus de cuisson réservé. Faire cuire à feu moyen, en remuant de temps à autre, jusqu'à léger épaississement (3 à 4 min). Servir avec le pain de viande.

*Ne pas remplacer la viande hachée régulière par de la viande hachée maigre.

Pain de viande aux fines herbes

Carrés stroganoff

Une tarte à la viande facile à préparer qui satisfait tous les appétits.

9 portions
1 h 15 min

Stroganoff

500 mL	(*2 tasses*) champignons frais (225 g / *8 oz*), en tranches de 0,5 cm (*1/4 po*)
250 mL	(*1 tasse*) oignons (2 moyens) hachés
900 g	(*2 lb*) bœuf haché
250 mL	(*1 tasse*) persil frais haché
125 mL	(*1/2 tasse*) chapelure fraîche
1 paquet	fromage à la crème (250 mL / *8 oz*), ramolli
5 mL	(*1 c. à thé*) sel
2 mL	(*1/2 c. à thé*) poivre
2 mL	(*1/2 c. à thé*) thym

Croûte

750 mL	(*3 tasses*) farine tout usage
30 mL	(*2 c. à soupe*) oignon instantané, haché fin
5 mL	(*1 c. à thé*) sel
5 mL	(*1 c. à thé*) sucre
1 mL	(*1/4 c. à thé*) poivre
125 mL	(*1/2 tasse*) beurre ou margarine
125 mL	(*1/2 tasse*) graisse végétale
1	œuf, légèrement battu
90 à	
120 mL	(*6 à 8 c. à soupe*) eau froide
1	œuf, légèrement battu
15 mL	(*1 c. à soupe*) lait

Préchauffer le four à 190 °C (*375 °F*). Dans un poêlon de 25 cm (*10 po*) de diamètre, faire brunir les champignons, les oignons et le bœuf haché à feu moyen-vif, en remuant de temps à autre (12 à 15 min). Dégraisser. Incorporer le reste des ingrédients du mélange stroganoff; faire cuire à feu moyen jusqu'à ce que le fromage à la crème soit fondu (3 à 4 min). Dans un grand bol, combiner la farine, l'oignon haché fin, 5 mL (*1 c. à thé*) de sel, le sucre et 1 mL (*1/4 c. à thé*) de poivre. Incorporer le beurre et la graisse végétale à l'aide d'un couteau, pour obtenir un mélange grumeleux. Avec une fourchette, incorporer 1 œuf et l'eau pour humecter la farine. Diviser la pâte en deux; façonner en 2 boules et aplatir. Envelopper 1 boule dans une pellicule de plastique; garder au réfrigérateur.

Sur une surface légèrement farinée, abaisser l'autre boule en un carré de 35 cm (*14 po*) de côté. En tapisser un moule carré de 23 cm (*9 po*) de côté allant au four. Découper la pâte à 1 cm (*1/2 po*) du bord du moule. Remplir de mélange stroganoff. Abaisser la boule de pâte qui reste en un carré de 35 cm (*14 po*) de côté. En recouvrir le mélange stroganoff. Découper la pâte à 1 cm (*1/2 po*) du bord du moule. Glisser la pâte par en dessous pour former le tour; pincer ou flûter la croûte. Avec un couteau affilé, pratiquer un X aux 7,5 cm (*3 po*) de pâte pour décorer 9 carrés. Dans un petit bol, combiner 1 œuf et le lait; badigeonner la pâte de ce mélange. Enfourner; faire cuire au four 35 à 45 min ou jusqu'à ce que la croûte soit dorée. Laisser reposer 5 min; découper en carrés.

Carrés stroganoff

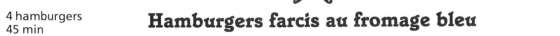

4 hamburgers
45 min

Hamburgers farcis au fromage bleu

Ces hamburgers juteux sont rehaussés de fromage bleu, de champignons et d'oignons.

675 g	*(1½ lb)*	bœuf haché
1 mL	*(¼ c. à thé)*	sel
1 mL	*(¼ c. à thé)*	poivre
75 mL	*(⅓ tasse)*	fromage bleu émietté
90 g	*(3 oz)*	fromage à la crème, ramolli
15 mL	*(1 c. à soupe)*	moutarde en grains forte
4		petits pains à l'oignon

375 mL	*(1½ tasse)*	champignons frais, en tranches de 0,5 cm *(¼ po)* d'épaisseur
2		oignons moyens, en tranches de 0,2 cm *(⅛ po)*
1 mL	*(¼ c. à thé)*	sel
1 mL	*(¼ c. à thé)*	poivre
15 mL	*(1 c. à soupe)*	sauce Worcestershire
4		tranches de tomate mûre

Dans un bol de grandeur moyenne, combiner le bœuf haché, 1 mL *(¼ c. à thé)* de sel et 1 mL *(¼ c. à thé)* de poivre. Façonner en 8 gros palets de 0,5 cm *(¼ po)* d'épaisseur. Dans un petit bol, combiner le fromage bleu, le fromage à la crème et la moutarde. Déposer environ 30 mL *(2 c. à soupe)* de mélange au fromage sur chacun des 4 palets. Recouvrir avec le reste des palets. Presser les bords pour sceller. Mettre les hamburgers dans un poêlon de 25 cm *(10 po)* de diamètre. Faire cuire à feu moyen, en retournant une fois, jusqu'au degré de cuisson désiré (12 à 15 min pour moyen). Déposer les hamburgers sur les petits pains. Dans le même poêlon, ajouter au jus de cuisson les champignons et les oignons; ajouter 1 mL *(¼ c. à thé)* de sel, 1 mL *(¼ c. à thé)* de poivre et la sauce Worcestershire. Faire cuire à feu

moyen-vif, en remuant de temps à autre, jusqu'à tendre (4 à 5 min). Entre-temps, mettre une tranche de tomate sur chaque hamburger; recouvrir de champignons et d'oignons grillés.

Cuisson au micro-ondes : préparer les hamburgers comme indiqué ci-contre. Mettre les hamburgers sur la grille d'un plat pour faire griller le bacon ou d'une rôtissoire de 30 x 20 cm *(12 x 8 po)* allant au micro-ondes. Couvrir; faire cuire à FORT, en retournant les hamburgers et en les réarrangeant après la mi-cuisson, jusqu'au degré de cuisson désiré (5 à 8 min pour moyen). Dans un bol de grandeur moyenne, combiner le reste des ingrédients, *sauf* les petits pains et les tomates. Couvrir. Faire cuire à FORT jusqu'à al dente (2 à 3 min). Assembler comme indiqué ci-contre.

Pour farcir les hamburgers :

1. Façonner en 8 gros palets de 0,5 cm *(¼ po)* d'épaisseur.

2. Mettre environ 30 mL *(2 c. à soupe)* de mélange au fromage sur 4 palets. Recouvrir chacun d'eux des palets qui restent. Presser les bords pour sceller.

Hamburgers farcis au fromage bleu

Jambon au miel glacé au cidre

10 à 12 portions
3 h

Longe de porc farcie aux fruits

*Cette succulente longe de porc rôtie aux fines herbes renferme
une farce aux fruits surprenante.*

250 mL	(*1 tasse*) eau
250 mL	(*1 tasse*) pomme à tarte (1 moyenne) hachée
250 mL	(*1 tasse*) abricots séchés
250 mL	(*1 tasse*) pruneaux dénoyautés séchés
1,8 à 2,3 kg	(*4 à 5 lb*) rôti de centre de longe désossé (2 longes ficelées)
5 mL	(*1 c. à thé*) thym
2 mL	(*1/2 c. à thé*) romarin, écrasé
2 mL	(*1/2 c. à thé*) sauge, écrasé
2 mL	(*1/2 c. à thé*) sel
2 mL	(*1/2 c. à thé*) poivre grossièrement moulu
30 mL	(*2 c. à soupe*) beurre ou margarine, fondu
15 mL	(*1 c. à soupe*) farine tout usage
1 mL	(*1/4 c. à thé*) sel
500 mL	(*2 tasses*) eau

Préchauffer le four à 160 °C (*325 °F*). Dans une casserole de 2 L (*8 tasses*), amener 250 mL (*1 tasse*) d'eau à pleine ébullition; retirer du feu. Ajouter la pomme, les abricots et les pruneaux; laisser reposer 5 min. Égoutter l'eau; réserver les fruits. Déficeler le rôti; le laisser ouvert. Avec un couteau affilé, pratiquer une fente de 1 cm (*1/2 po*) de profondeur au centre du rôti, sur la longueur, d'une extrémité à l'autre, dans les deux longes. À l'aide d'une cuillère en bois, tasser les fruits dans les deux fentes. Remettre les longes ensemble; les ficeler. Dans un petit bol, combiner tous les ingrédients qui restent, *sauf* le beurre, la farine, 1 mL (*1/4 c. à thé*) de sel et l'eau. Badigeonner le rôti de beurre fondu; parsemer entièrement de fines herbes. Déposer le rôti, le gras vers le haut, dans une rôtissoire. Enfourner; faire cuire en arrosant de temps à autre avec le jus de cuisson,

pendant 2 à 2 1/2 h ou jusqu'à ce que le thermomètre à viande atteigne 74 °C (*165 °F*). Retirer du four; laisser reposer environ 10 min ou jusqu'à ce que le thermomètre à viande atteigne 76 °C (*170 °F*). Mettre le rôti sur un plateau de service; *réserver le jus de cuisson*. Dans la même rôtissoire, mettre 50 mL (*1/4 tasse*) de jus de cuisson réservé; incorporer la farine et 1 mL (*1/4 c. à thé*) de sel. Faire cuire à feu moyen jusqu'à ce que le mélange soit lisse et bouillonnant (1 min). Incorporer 500 mL (*2 tasses*) d'eau; poursuivre la cuisson, en remuant de temps à autre, jusqu'à ce que le mélange parvienne à pleine ébullition (4 à 5 min). Servir sur le rôti découpé.

Conseil : enfoncer le thermomètre à viande au milieu du rôti. (Ne pas toucher la farce aux fruits.)

8 à 10 portions
1 h 30 min

Jambon au miel glacé au cidre

*Durant la cuisson, arrosez le jambon de cidre;
vous obtiendrez une délicieuse sauce à la moutarde et au miel.*

1,8 à 2,3 kg	(*4 à 5 lb*) jambon fumé entièrement cuit, désossé
250 mL	(*1 tasse*) cidre
50 mL	(*1/4 tasse*) cassonade bien tassée
50 mL	(*1/4 tasse*) moutarde en grains forte
50 mL	(*1/4 tasse*) miel
2 mL	(*1/2 c. à thé*) liquide fumé

Tranches de pommes rouge, verte et jaune

Préchauffer le four à 180 °C (*350 °F*). Mettre le jambon dans un plat de 33 x 23 cm (*13 x 9 po*) allant au four. Arroser de cidre. Dans un bol de grandeur moyenne, combiner tous les ingrédients, *sauf* les tranches de pommes. Verser la sauce sur le jambon. Enfourner; faire cuire en arrosant toutes les 15 min avec le jus de cuisson, pendant 60 à 70 min ou jusqu'à ce que ce soit bien chaud. Servir le jambon découpé avec le jus de cuisson; garnir de tranches de pommes.

Cuisson au micro-ondes : mettre le jambon dans un plat de 33 x 23 cm (*13 x 9 po*) allant au micro-

ondes. Arroser de cidre. Dans un bol de grandeur moyenne, combiner les autres ingrédients, *sauf* les tranches de pommes. Verser la sauce sur tout le jambon à l'aide d'une cuillère. Couvrir d'une pellicule de plastique. Faire cuire à FORT 5 min. Réduire la puissance à MOYEN (50 % de la puissance); faire cuire au micro-ondes, en arrosant toutes les 15 min avec le jus de cuisson et en retournant le jambon après la mi-cuisson, jusqu'à ce que ce soit bien chaud (60 à 90 min). Si les extrémités commencent à se dessécher, les couvrir de papier d'aluminium. Servir le jambon découpé avec le jus de cuisson; garnir de tranches de pommes.

Rôti de porc à la sauge

Un rôti simple à préparer, enrobé de sauce et cuit à la perfection.

1,8 à		2 mL	(*½ c. à thé*) sel
2,3 kg	(*4 à 5 lb*) rôti d'épaule de porc	1 mL	(*¼ c. à thé*) poivre
30 à 45 mL	(*2 à 3 c. à soupe*) huile végétale		
45 mL	(*3 c. à soupe*) sauge, écrasée		

Préchauffer le four à 180 °C (*350 °F*). Enrober le rôti d'huile; le frotter avec la sauge. Mettre le rôti, le gras vers le haut, sur la grille d'une rôtissoire.

Saler et poivrer. Enfourner; faire cuire pendant 2 à 3 h ou jusqu'à ce que le thermomètre à viande atteigne 76 °C (*170 °F*).

Côtelettes de porc à la tomate et au basilic

Ces côtelettes de porc cuites dans une sauce aux légumes frais sont des plus tendres.

30 mL	(*2 c. à soupe*) beurre ou margarine	2 mL	(*½ c. à thé*) poivre
5 mL	(*1 c. à thé*) ail frais haché fin	125 mL	(*½ tasse*) eau
8	côtelettes de porc de 1 cm (*½ po*) d'épaisseur	45 mL	(*3 c. à soupe*) fécule de maïs
		1	oignon moyen, tranché en rondelles
1 boîte	(796 mL / *28 oz*) tomates entières	1	poivron vert moyen, tranché en rondelles
5 mL	(*1 c. à thé*) basilic		
5 mL	(*1 c. à thé*) sel		

Dans une cocotte, faire fondre le beurre jusqu'à ce qu'il grésille; incorporer l'ail. Ajouter 4 côtelettes de porc; les faire brunir sur les deux faces. Retirer de la cocotte; poursuivre avec le reste des côtelettes de porc. Remettre toutes les côtelettes de porc dans la cocotte. Incorporer les reste des ingrédienrs, *sauf* l'eau, la fécule de maïs, l'oignon et le poivron vert. Couvrir; faire cuire à feu moyen, en remuant de temps à autre, jusqu'à ce que les côtelettes de porc soient tendres sous la fourchette (50 à 60 min). Retirer les côtelettes de porc; garder au chaud. Dans un petit bol, combiner l'eau et la fécule de maïs. Incorporer ce mélange au liquide de cuisson chaud, dans la cocotte; ajouter l'oignon et le poivron vert. Faire cuire à feu moyen-vif, en remuant de temps à autre, jusqu'à épaississement et jusqu'à ce que les légumes soient al dente (5 à 6 min). Servir la sauce sur les côtelettes de porc.

Cuisson au micro-ondes : dans un plat de 33 x 23 cm (*13 x 9 po*) allant au micro-ondes, faire fondre le beurre à FORT (40 à 50 s). Incorporer l'ail; ajouter les côtelettes de porc. Dans un bol de grandeur moyenne, combiner tous les ingrédients, *sauf* l'eau, la fécule de maïs, l'oignon et le poivron vert. Verser sur les côtelettes de porc. Couvrir; faire cuire à FORT, en réarrangeant les côtelettes de porc après la mi-cuisson, jusqu'à ce que la viande soit tendre sous la fourchette (25 à 35 min). Retirer les côtelettes de porc; les garder au chaud. Dans un petit bol, combiner l'eau et la fécule de maïs. Incorporer le mélange au liquide chaud dans le plat de cuisson; ajouter l'oignon et le poivron vert. Faire cuire à FORT, en remuant deux fois pendant la cuisson, jusqu'à ce que le mélange épaississe et que les légumes soient al dente (4 à 5 min). Servir la sauce sur les côtelettes de porc.

Côtelettes de porc à la tomate et au basilic

Côtelettes de porc farcies à la pomme et aux noix

6 portions
1 h 30 min

Les pommes fraîches ajoutent couleur et saveur à ces délicieuses côtelettes de porc farcies.

125 mL	(*1/2 tasse*) beurre ou margarine
75 mL	(*1/3 tasse*) oignon haché
75 mL	(*1/3 tasse*) noix de Grenoble hachées
75 mL	(*1/3 tasse*) pomme hachée
250 mL	(*1 tasse*) eau
225 g	(*8 oz*) farce aux fines herbes, en petits morceaux

6	côtelettes de bout de côtes doubles de 5 à 5,5 cm (*2 à 2 1/4 po*) d'épaisseur, avec une entaille de 3,5 à 5 cm (*1 1/2 à 2 po*) de profondeur du côté des côtes pour former une poche.
30 mL	(*2 c. à soupe*) beurre ou margarine

Préchauffer le four à 180 °C (*350 °F*). Dans un poêlon de 25 cm (*10 po*) de diamètre, faire fondre 125 mL (*1/2 tasse*) de beurre jusqu'à ce qu'il grésille; ajouter l'oignon. Faire cuire à feu moyen jusqu'à tendre (4 à 5 min). Retirer du feu. Incorporer les noix de Grenoble, la pomme, l'eau et la farce. Remplir la poche de farce. Dans le même poêlon, faire fondre 30 mL (*2 c. à soupe*) de beurre. Faire brunir les côtelettes des deux côtés; les dresser dans un plat de 33 x 23 cm (*13 x 9 po*) allant au four. Couvrir; enfourner; faire cuire 60 à 70 min ou jusqu'à ce que la viande ne soit plus rose et que le thermomètre atteigne 76 °C (*170 °F*).

Cuisson au micro-ondes : *éliminez 30 mL (*2 c. à soupe*) de beurre.* Dans un plat de 33 x 23 cm (*13 x 9 po*) allant au micro-ondes, faire fondre 125 mL (*1/2 tasse*) de beurre à FORT (50 à 60 s); ajouter l'oignon. Couvrir; faire cuire à FORT, en remuant après la mi-cuisson, jusqu'à ce que l'oignon soit tendre (2 à 3 min). Incorporer le reste des ingrédients *sauf* les côtelettes de porc. Remplir les poches de farce. Dans le même plat, disposer les côtelettes de porc en dirigeant le côté le plus épais vers l'extérieur; *saupoudrer de paprika.* Couvrir; faire cuire à FORT, en tournant le plat de 1/2 tour après la mi-cuisson, jusqu'à ce que la viande ne soit plus rose et que la sonde thermique atteigne 76 °C (*170 °F*) (20 à 30 min). Laisser reposer 5 min.

Côtelettes de porc au four

6 portions
1 h 30 min

Un repas facile à préparer puisque les côtelettes de porc et le riz cuisent dans le même plat.

6	côtelettes de bout de côtes ou de filet de 2,5 à 3 cm (*1 à 1 1/4 po*) d'épaisseur
250 mL	(*1 tasse*) céleri (2 branches), en tranches de 1 cm (*1/2 po*)
375 mL	(*1 1/2 tasse*) riz à grains longs non cuit
1	oignon moyen tranché

750 mL	(*3 tasses*) eau
20 mL	(*4 c. à thé*) bouillon de poulet instantané
5 mL	(*1 c. à thé*) assaisonnements à l'italienne*
2 mL	(*1/2 c. à thé*) sel
1	poivron vert moyen, coupé en 6 rondelles

Préchauffer le four à 180 °C (*350 °F*). Dans un poêlon de 25 cm (*10 po*) de diamètre, faire brunir les côtelettes de porc à feu moyen. Dans un plat de 33 x 23 cm (*13 x 9 po*) allant au four, combiner le céleri et le riz non cuit. Mettre les rondelles d'oignon sur le riz; recouvrir avec les côtelettes de porc. Dans une casserole de 2 L (*8 tasses*), amener l'eau à pleine ébullition. Ajouter le reste des ingrédients, *sauf* le poivron vert. Remuer pour dissoudre; verser sur les côtelettes de porc. Couvrir de papier d'aluminium; enfourner; faire cuire pendant 60 à 70 min ou jusqu'à ce que le riz soit cuit et les côtelettes, tendres sous la fourchette. Retirer le papier d'aluminium; couvrir les côtelettes de porc de rondelles de poivron vert. Poursuivre la cuisson pendant 10 à 15 min ou jusqu'à ce que le poivron vert soit al dente.

*Il est possible de remplacer 5 mL (*1 c. à thé*) d'assaisonnements à l'italienne par 1 mL (*1/4 de c. à thé*) de chacune des épices suivantes : origan, marjolaine et basilic, et par une pincée de sauge écrasée.

Côtelettes de porc farcies à la pomme et aux noix

Côtelettes de porc à la sauce aux champignons

4 portions
45 min

*Vous pouvez servir ces côtelettes de porc tendres sur un lit de riz,
arrosées d'une généreuse portion de sauce.*

6	tranches de bacon, en morceaux de 1 cm (*1/2 po*)
500 mL	(*2 tasses*) oignons (2 moyens), en tranches de 0,2 cm (*1/8 po*) d'épaisseur
4	côtelettes de centre de 2 cm (*3/4 po*) d'épaisseur
45 mL	(*3 c. à soupe*) farine tout usage
2 mL	(*1/2 c. à thé*) sel
2 mL	(*1/2 c. à thé*) thym

1 mL	(*1/4 c. à thé*) poivre
500 mL	(*2 tasses*) lait moitié-moitié
500 mL	(*2 tasses*) champignons frais, en tranches de 0,5 cm (*1/4 po*)
	Riz cuit

Dans un poêlon de 25 cm (*10 po*) de diamètre, faire brunir le bacon et les oignons, à feu moyen-vif, en remuant de temps à autre (8 à 10 min). Ajouter les côtelettes de porc, les recouvrir du bacon et des oignons. Couvrir; poursuivre la cuisson pendant 10 min ou jusqu'à ce que la viande soit brunie. Retourner les côtelettes. Réduire le feu à moyen. Couvrir; faire cuire jusqu'à ce que la viande soit tendre (10 à 15 min). Dresser les côtelettes de porc sur un plateau; garder au chaud pendant la préparation de la sauce. Dans le même poêlon, avec le jus de cuisson, le graillon, le bacon et les oignons, ajouter le reste des ingrédients, *sauf* le lait moitié-moitié, les champignons et le riz. Faire cuire à feu moyen, en remuant de temps à autre, jusqu'à ce que la sauce soit lisse et qu'elle bouillonne (1 min). Incorporer le lait moitié-moitié et les champignons. Poursuivre la cuisson, en remuant de temps à autre, jusqu'à épaississement (8 à 10 min). Servir la sauce sur le riz et sur les côtelettes de porc.

Cuisson au micro-ondes : dans un plat de 30 x 20 cm (*12 x 8 po*) allant au micro-ondes, faire cuire le bacon et les oignons à FORT, en remuant après la mi-cuisson, jusqu'à ce qu'ils soient tendres (4 à 8 min). Ajouter les côtelettes de porc; les recouvrir du bacon et des oignons. Couvrir; faire cuire à FORT, en retournant les côtelettes de porc et en les réarrangeant après la mi-cuisson, jusqu'à ce que la viande soit tendre (10 à 18 min). Dresser les côtelettes de porc sur un plateau; garder au chaud pendant la préparation de la sauce. Dégraisser. Dans le même plat de cuisson, ajouter le reste des ingrédients, *sauf* le lait moitié-moitié, les champignons et le riz. Faire cuire à FORT, en remuant après la mi-cuisson, jusqu'à ce que le mélange bouillonne (3 à 5 min). Incorporer le lait moitié-moitié et les champignons. Faire cuire à fort, en remuant après la mi-cuisson, jusqu'à ce que le mélange épaississe (5 1/2 à 7 1/2 min). Servir la sauce sur le riz et sur les côtelettes de porc.

Côtelettes de porc à la sauce aux champignons

6 à 8 portions
3 h 30 min

Pointe de poitrine de bœuf
à la moutarde en grains

Une délicieuse sauce sucrée, aigre et épicée accompagne cette pièce de bœuf bouillie.

Pointe de poitrine

1,4 à	
1,8 kg	*(3 à 4 lb)* pointe de poitrine de bœuf
1,5 L	*(6 tasses)* eau
50 mL	*(1/4 tasse)* persil frais haché
4	branches de céleri, en morceaux de 2,5 cm *(1 po)*
4	carottes moyennes, en morceaux de 2,5 cm *(1 po)*
2	oignons moyens, en morceaux de 3,5 cm *(1 1/2 po)*
5 mL	*(1 c. à thé)* sel
5 mL	*(1 c. à thé)* poivre grossièrement moulu
5 mL	*(1 c. à thé)* thym
2	feuilles de laurier

Sauce

45 mL	*(3 c. à soupe)* farine tout usage
125 mL	*(1/2 tasse)* moutarde en grains forte
125 mL	*(1/2 tasse)* gelée de groseilles
125 mL	*(1/2 tasse)* crème à fouetter
5 mL	*(1 c. à thé)* sauce Worcestershire

Dans une cocotte, mettre la pointe de poitrine; la recouvrir d'eau. Ajouter le reste des ingrédients pour la préparation de la pointe de poitrine; amener à pleine ébullition. Couvrir; faire cuire à feu moyen-doux pendant 2 1/2 à 3 h ou jusqu'à ce que la viande soit tendre sous la fourchette. Retirer les feuilles de laurier. Dresser la pointe de poitrine et les légumes dans un plat de service; *réserver le bouillon.* Dans le même plat de cuisson ou dans une casserole de 2 L

(8 tasses), verser 375 mL *(1 1/2 tasse)* de bouillon réservé; incorporer la farine avec un fouet. Faire cuire à feu moyen, en remuant de temps à autre, pour obtenir un mélange lisse et bouillonnant (2 à 3 min). Incorporer le reste des ingrédients de la sauce. Poursuivre la cuisson, en remuant de temps à autre, jusqu'à ce que la sauce épaississe (4 à 5 min). Servir sur la pointe de poitrine découpée et sur les légumes.

8 portions
4 h 30 min

Ragoût de bœuf énergétique

Pendant que ce délicieux repas mijote doucement,
savourez l'air frais d'une belle journée d'automne, ou les premiers flocons de neige.

250 mL	*(1 tasse)* oignons (2 moyens) hachés
6	tranches de bacon, en morceaux de 1 cm *(1/2 po)*
1,4 kg	*(3 lb)* rôti de palette, paré, en morceaux de 6 cm *(2 1/2 po)*
8	pommes de terre rouges nouvelles, en demies
3	carottes moyennes, en morceaux de 2,5 cm *(1 po)*
3	oignons moyens, en moitiés
1 paquet	*(227 g / 8 oz)* champignons frais, en moitiés
125 mL	*(1/2 tasse)* persil frais haché

250 mL	*(1 tasse)* jus de pomme
1 boîte	*(284 mL / 10 oz)* bouillon de bœuf
1 boîte	*(156 mL / 5,5 oz)* pâte de tomate
2 mL	*(1/2 c. à thé)* sel
2 mL	*(1/2 c. à thé)* poivre
2 mL	*(1/2 c. à thé)* thym
5 mL	*(1 c. à thé)* ail frais haché fin
2	feuilles de laurier

Préchauffer le four à 160 °C *(325 °F)*. Dans une cocotte, à feu moyen-fort, faire cuire l'oignon, le bacon et le rôti, en remuant de temps à autre, jusqu'à ce que la viande et le bacon soient brunis (8 à 10 min). Ajouter les légumes; mélanger.

Incorporer les autres ingrédients. Couvrir; enfourner, faire cuire 1 1/2 h. Découvrir; poursuivre la cuisson, en arrosant de temps à autre, pendant 2 à 2 1/2 h ou jusqu'à ce que le rôti soit tendre sous la fourchette.

Filet de porc fumé au miel

Porc aux courgerons des moines

Porc aux courgerons des moines

Ce filet de porc délicieux est servi dans des courgerons des moines.

2	courgerons des moines moyens, coupés en deux	2 mL	(*1/2 c. à thé*) sel
125 mL	(*1/2 tasse*) eau	2 mL	(*1/2 c. à thé*) marjolaine
125 mL	(*1/2 tasse*) beurre ou margarine	2 mL	(*1/2 c. à thé*) poivre
250 mL	(*1 tasse*) oignons (2 moyens) hachés	2 mL	(*1/2 c. à thé*) thym
250 mL	(*1 tasse*) céleri (2 branches), en tranches de 0,5 cm (*1/4 po*)	500 mL	(*2 tasses*) pain de seigle, en cubes de 2,5 cm (*1 po*)
350 g	(*3/4 lb*) filet de porc, découpé en lanières de 5 x 1 cm (*2 x 1/2 po*)	15 mL	(*1 c. à soupe*) zeste d'orange râpé

Préchauffer le four à 190 °C (*375 °F*). Mettre la courge dans un plat de 33 x 23 cm (*13 x 9 po*) allant au four; verser l'eau au fond du plat. Couvrir; enfourner; faire cuire 45 à 50 min ou jusqu'à ce que la viande soit tendre sous la fourchette. Entre-temps, dans un poêlon de 25 cm (*10 po*) de diamètre, faire fondre le beurre jusqu'à ce qu'il grésille. Ajouter le reste des ingrédients, *sauf* le pain de seigle et le zeste d'orange. Faire cuire à feu moyen-vif, en remuant de temps à autre, jusqu'à ce que la viande soit tendre sous la fourchette (15 à 20 min). Incorporer le pain de seigle et le zeste d'orange. Poursuivre la cuisson, en remuant de temps à autre, jusqu'à ce que ce soit bien chaud (3 à 4 min). Pour servir, répartir également le mélange entre les courgerons cuits.

Cuisson au micro-ondes : mettre les courgerons dans un plat de 33 x 23 cm (*13 x 9 po*) allant au micro-ondes. Omettre 125 mL (*1/2 tasse*) d'eau. Couvrir; faire cuire à FORT, en réarrangeant après la mi-cuisson, jusqu'à ce que les courgerons soient tendres. Laisser reposer 5 min. Entre-temps, dans un bol de grandeur moyenne, combiner le reste des ingrédients, *sauf* le pain de seigle et le zeste d'orange. Couvrir; faire cuire à FORT, en remuant après la mi-cuisson, jusqu'à ce que la viande ne soit plus rose (8 à 10 min). Incorporer le pain de seigle et le zeste d'orange. Couvrir; faire cuire jusqu'à ce que ce soit bien chaud (2 à 3 min).

Cubes de porc aux fines herbes en cocotte

Ce plat se sert merveilleusement bien au dîner.

125 mL	(*1/2 tasse*) beurre ou margarine	5 mL	(*1 c. à thé*) ail frais haché fin
750 mL	(*3 tasse*) pommes de terre rouges nouvelles (4 moyennes), en morceaux de 2,5 cm (*1 po*)	500 mL	(*2 tasses*) farce aux fines herbes, en petits morceaux
450 g	(*1 lb*) rôti de porc, en morceaux de 2,5 cm (*1 po*)	250 mL	(*1 tasse*) céleri (2 branches), en tranches de 1 cm (*1/2 po*)
2 mL	(*1/2 c. à thé*) sel	250 mL	(*1 tasse*) oignon rouge haché
2 mL	(*1/2 c. à thé*) romarin écrasé	125 mL	(*1/2 tasse*) jus de pomme
2 mL	(*1/2 c. à thé*) poivre	50 mL	(*1/4 tasse*) persil frais haché
2 mL	(*1/2 c. à thé*) sauge	2	tomates moyennes mûres, en morceaux de 2,5 cm (*1 po*)

Dans un poêlon profond de 25 cm (*10 po*) de diamètre, faire fondre 50 mL (*1/4 tasse*) de beurre jusqu'à ce qu'il grésille; ajouter les pommes de terre. Faire cuire à feu moyen-vif, en remuant de temps à autre, jusqu'à ce que les pommes de terre soient légèrement dorées (10 à 15 min). Ajouter le porc, le sel, le romarin, le poivre, la sauge et l'ail. Poursui-vre la cuisson, en remuant de temps à autre, jusqu'à ce que la viande soit brunie (10 à 12 min). Réduire le feu à moyen. Ajouter les 50 mL (*1/4 tasse*) de beurre qui restent et les autres ingrédients *sauf* le persil et les tomates. Couvrir; faire cuire jusqu'à ce que ce soit bien chaud (7 à 9 min). Incorporer le persil et les tomates. Couvrir; laisser reposer 2 min ou jusqu'à ce que ce soit bien chaud.

Cuisson au micro-ondes : dans une casserole de 3 L (*12 tasses*) allant au micro-ondes, faire fondre 50 mL (*1/4 tasse*) de beurre à FORT (50 à 60 s). Incor-porer les pommes de terre, le porc, le sel, le romarin, le poivre, la sauge et l'ail. Couvrir; faire cuire à FORT, en remuant après la mi-cuisson, jusqu'à ce que le porc ne soit plus rose (10 à 13 min). Incorporer les 50 mL (*1/4 tasse*) de beurre qui restent et les autres ingrédients *sauf* le persil et les tomates. Couvrir; faire cuire à FORT, en remuant après la mi-cuisson, jusqu'à ce que ce soit bien chaud (3 à 5 min). Incorporer le persil et les tomates. Couvrir; laisser reposer 2 min ou jusqu'à ce que ce soit bien chaud.

Bifteck de jambon glacé aux pommes

4 portions
20 min

Bifteck de jambon glacé aux pommes

Les pommes glacées à la cassonade ajoutent à ce bifteck de jambon,
une saveur qui donne chaud au cœur.

45 mL	(*3 c. à soupe*) beurre ou margarine
50 mL	(*1/4 tasse*) cassonade bien tassée
30 mL	(*2 c. à soupe*) moutarde en grains forte

500 mL	(*2 tasses*) pommes à tarte (2 moyennes), sans trognon, en tranches de 0,2 cm (*1/8 po*)
450 g	(*1 lb*) bifteck de jambon de 1 cm (*1/2 po*) d'épaisseur

Dans un poêlon de 25 cm (*10 po*) de diamètre, faire fondre le beurre jusqu'à ce qu'il grésille; incorporer la cassonade et la muscade. Ajouter les pommes. Faire cuire à feu moyen, en remuant de temps à autre, jusqu'à ce que les pommes soient tendres mais croquantes (5 à 7 min). Mettre le bifteck de jambon dans le même poêlon, et le recouvrir des pommes. Couvrir; poursuivre la cuisson jusqu'à ce que le bifteck de jambon soit bien chaud (5 à 7 min).

Cuisson au micro-ondes : dans un plat de 33 x 23 cm (*13 x 9 po*) allant au four à micro-ondes, faire fondre le beurre à FORT (30 à 45 s). Incorporer la cassonade et la moutarde. Ajouter les pommes. Mettre le bifteck de jambon dans le plat, et le recouvrir des pommes. Couvrir; faire cuire à FORT, en remuant les pommes après la mi-cuisson, jusqu'à ce que les pommes soient tendres, mais croquantes, et le bifteck de jambon, bien chaud (5 à 8 min).

6 portions
1 h 30 min

Pommes de terre au jambon et au fromage

Des pommes de terre cuites dans une délicieuse sauce au cheddar.

1,5 L	(*6 tasses*) pommes de terre (4 grosses), en tranches fines
1 L	(*4 tasses*) jambon cuit, en cubes de 2,5 cm (*1 po*)
250 mL	(*1 tasse*) oignon (1 moyen), en tranches fines, séparées en rondelles
50 mL	(*1/4 tasse*) beurre ou margarine

75 mL	(*1/3 tasse*) farine tout usage
5 mL	(*1 c. à thé*) moutarde sèche
2 mL	(*1/2 c. à thé*) poivre
500 mL	(*2 tasses*) lait
750 mL	(*3 tasses*) cheddar râpé (340 g / *12 oz*)
30 mL	(*2 c. à soupe*) ciboulette fraîche hachée

Préchauffer le four à 180 °C (*350 °F*). Dans un moule de 33 x 23 cm (*13 x 9 po*) allant au four, étaler une couche de pommes de terre, de jambon et d'oignon. Dans une casserole de 2 L (*8 tasses*), faire fondre le beurre jusqu'à ce qu'il grésille. Incorporer la farine, la moutarde et le poivre. Faire cuire à feu moyen, en remuant continuellement, jusqu'à ce que le mélange épaississe et bouillonne (1 min). Ajouter le lait. Poursuivre la cuisson, en remuant de temps à autre, jusqu'à ce que la sauce épaississe (2 à 3 min). Incorporer le fromage jusqu'à ce qu'il soit fondu (3 à 4 min). Verser la sauce sur les pommes de terre; parsemer de ciboulette. Enfourner; faire cuire 60 à 75 min ou jusqu'à ce que le mélange bouillonne et que les pommes de terre soient tendres sous la fourchette.

Cuisson au micro-ondes : dans un plat de 33 x 23 cm (*13 x 9 po*) allant au four à micro-ondes, étaler en couches les pommes de terre, le jambon et l'oignon. Dans une casserole de 2 L (*8 tasses*), faire fondre le beurre à FORT (60 à 70 s). Incorporer la farine, la moutarde et le poivre. Faire cuire à FORT jusqu'à ce que le mélange bouillonne (30 à 45 s). Ajouter le lait. Faire cuire à FORT, en remuant après la mi-cuisson, jusqu'à ce que la sauce épaississe (4 1/2 à 6 min). Incorporer le fromage jusqu'à ce qu'il soit fondu. Verser la sauce sur les pommes de terre. Couvrir d'une pellicule de plastique. Faire cuire à FORT, en remuant toutes les 10 min, jusqu'à ce que le mélange bouillonne et que les pommes de terre soient tendres sous la fourchette (20 à 26 min). Laisser reposer 5 min. Parsemer de ciboulette.

Pommes de terre et saucisse épicée à la poêle

6 portions
35 min

Une saucisse épicée et des pommes de terre rouges nouvelles d'abord saisies à la poêle jusqu'à ce qu'elles soient croustillantes, puis cuites avec le poivron vert et les oignons.

675 g	(*1½ lb*) saucisse italienne douce (6 saucisses), coupée en morceaux de 2,5 cm (*1 po*)
10	petites pommes de terre nouvelles rouges, en quartiers
2 mL	(*½ c. à thé*) poivre
2 mL	(*½ c. à thé*) thym

250 mL	(*1 tasse*) oignon rouge, en tranches de 0,2 cm (*⅛ po*)
50 mL	(*¼ tasse*) persil frais haché
1	poivron vert, en morceaux de 2,5 cm (*1 po*)

Dans un poêlon de 25 cm (*10 po*) de diamètre, combiner la saucisse, les pommes de terre, le poivre et le thym. Faire cuire à feu moyen-vif, en remuant de temps à autre, jusqu'à ce que les pommes de terre soient brunies (10 à 12 min). Réduire le feu à moyen-doux. Couvrir; faire cuire jusqu'à ce que les pommes de terre soient tendres (8 à 10 min). Incorporer le reste des ingrédients. Poursuivre la cuisson, sans couvrir, jusqu'à ce que les légumes soient al dente (4 à 5 min).

Cuisson au micro-ondes : dans une casserole de 3 L (*12 tasses*) allant au micro-ondes, combiner la saucisse, les pommes de terre, le poivre et le thym. Couvrir; faire cuire à FORT, en remuant après la mi-cuisson, jusqu'à ce que les pommes de terre soient tendres (9 à 11 min). Incorporer le reste des ingrédients. Couvrir; faire cuire à FORT jusqu'à ce que les légumes soient croquants (4 à 6 min).

Choucroute aux saucisses bratwurst poêlée

4 portions
30 min

Le jus de pomme donne une saveur unique aux saucisses et à la choucroute.

6	saucisses bratwurst
250 mL	(*1 tasse*) jus de pomme
500 mL	(*2 tasses*) choucroute, égouttée

2	poivrons verts moyens, en rondelles de 0,5 cm (*¼ po*)
10 mL	(*2 c. à thé*) carvi en grains

Dans un poêlon de 25 cm (*10 po*) de diamètre, faire brunir les saucisses à feu moyen-vif, en les retournant de temps à autre (5 min). Réduire le feu à moyen; ajouter le jus de pomme. Couvrir; faire cuire jusqu'à ce que les saucisses soient tendres sous la fourchette (10 à 12 min). Incorporer le reste des ingrédients. Poursuivre la cuisson, enlever le couvercle, faire chauffer jusqu'à ce que ce soit bien chaud (4 à 5 min).

Cuisson au micro-ondes : dans un plat de 33 x 23 cm (*13 x 9 po*) allant au micro-ondes, mettre les saucisses et le jus de pomme. Couvrir; faire cuire à FORT, en retournant les saucisses après la mi-cuisson, jusqu'à ce qu'elles soient presque cuites (5 à 8 min). Ajouter le reste des ingrédients. Couvrir; faire cuire à FORT jusqu'à ce que ce soit bien chaud et que les saucisses ne soient plus roses (5 à 8 min).

B

Pommes de terre et saucisse épicée à la poêle

Couronne d'agneau farcie, glacée à l'orange

**6 portions
2 h 50 min**

Régalez vos invités avec cette élégante couronne farcie aux épinards.

Couronne d'agneau de 1,4 à 1,8 kg
(*3 à 4 lb*)
Sel et poivre
50 mL   (*1/4 tasse*) beurre ou margarine
180 mL   (*6 oz*) jus d'orange concentré surgelé,
         dégelé
30 mL   (*2 c. à soupe*) madère, facultatif

Farce
500 mL   (*2 tasses*) farce aux fines herbes, en petits
         morceaux
125 mL   (*1/2 tasse*) beurre ou margarine, fondu
2 paquets (*300 g / 10 oz* chacun) épinards hachés
         surgelés, dégelés, égouttés
2   tranches de bacon, en morceaux
         de 1 cm (*1/2 po*)
2   œufs, légèrement battus
2 mL   (*1/2 c. à thé*) moutarde sèche
1 mL   (*1/4 c. à thé*) sel
1 mL   (*1/4 c. à thé*) poivre

Préchauffer le four à 160 °C (*325 °F*). Tapisser une rôtissoire peu profonde de papier d'aluminium. Déposer le rôti, les os vers le haut, sur la grille de la rôtissoire. Protéger l'extrémité des os avec du papier d'aluminium. Saler et poivrer. Enfourner; faire cuire pendant 30 à 35 min / 450 g (1 *lb*) ou jusqu'à ce que le thermomètre à viande atteigne 71 °C (*160 °F*). Entre-temps, dans une casserole de 1 L (*4 tasses*), combiner 50 mL (*1/4 tasse*) de beurre, le jus d'orange concentré et le vin. Faire cuire à feu moyen, jusqu'à ce que le beurre soit fondu (4 à 5 min). Une heure avant la fin de la cuisson, badigeonner le rôti avec le mélange de jus d'orange toutes les 15 min, et préparer la farce. Dans un grand bol, combiner tous les ingrédients de la farce; mettre dans une casserole de 1,5 L (*6 tasses*). Enfourner; faire cuire dans le même four que la couronne, pendant 35 à 40 min, ou jusqu'à ce que ce soit bien chaud. Laisser reposer le rôti pendant 15 min avant de le découper. Remplir le centre de la couronne de farce et servir avec le mélange de jus d'orange chaud.

Conseil : pour que le bacon soit croustillant, le faire cuire avant de l'ajouter à la farce.

Pour préparer la couronne :

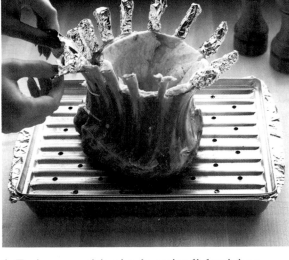

1. Tapisser une rôtissoire de papier d'aluminium. Mettre le rôti, les os vers le haut, sur la grille de la rôtissoire. Protéger le bout des os de papier d'aluminium.

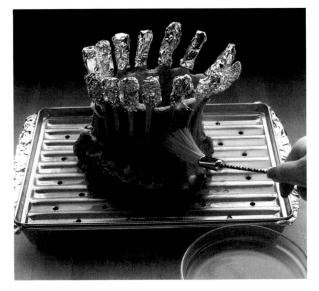

2. Une heure avant la fin de la cuisson, badigeonner le rôti du mélange de jus d'orange toutes les 15 min.

Couronne d'agneau farcie, glacée à l'orange

Côtelettes d'agneau farcies à la saucisse

4 à 6 portions
1 h 20 min

Côtelettes d'agneau farcies à la saucisse

Le goût de l'agneau se marie merveilleusement bien à celui de la saucisse.

225 g	(*1/2 lb*) saucisse italienne douce
125 mL	(*1/2 tasse*) oignon (1 moyen) haché fin
250 mL	(*1 tasse*) chapelure fraîche
50 mL	(*1/4 tasse*) persil frais haché
5 mL	(*1 c. à thé*) thym
2 mL	(*1/2 c. à thé*) marjolaine
2 mL	(*1/2 c. à thé*) poivre grossièrement concassé
2 mL	(*1/2 c. à thé*) zeste d'orange râpé
2 mL	(*1/2 c. à thé*) ail frais haché fin
50 mL	(*1/4 tasse*) beurre ou margarine
2 mL	(*1/2 c. à thé*) thym
2 mL	(*1/2 c. à thé*) marjolaine
6	côtelettes d'agneau doubles de 5 cm (*2 po*) d'épaisseur, avec une poche de 3,5 cm (*1 1/2 po*) de profondeur, pratiquée du côté du filet

Préchauffer le four à 180 °C (*350 °F*). Dans un poêlon de 25 cm (*10 po*) de diamètre, faire cuire la saucisse et l'oignon à feu moyen-vif, en remuant de temps à autre, jusqu'à ce que la saucisse soit brunie (7 à 9 min). Dégraisser. Incorporer le reste des ingrédients *sauf* le beurre, 2 mL (*1/2 c. à thé*) de thym, 2 mL (*1/2 c. à thé*) de marjolaine et les côtelettes d'agneau. Réserver. Dans le même poêlon, faire fondre le beurre jusqu'à ce qu'il grésille; incorporer le reste des ingrédients *sauf* les côtelettes d'agneau. Ajouter les côtelettes d'agneau. Faire brunir à feu moyen-vif (2 à 3 min de chaque côté). Farcir chaque côtelette d'agneau avec environ 50 mL (*1/4 tasse*) de farce. Déposer dans un plat de 33 x 23 cm (*13 x 9 po*) allant au four. Enfourner; faire cuire pendant 30 à 40 min ou jusqu'à ce que le thermomètre atteigne 71 °C (*160 °F*).

Agneau	Degré de cuisson interne
Saignant	60 °C (*140 °F*)
Moyen	71 °C (*160 °F*)
Bien cuit	76 °C (*170 °F*)

Cuisson au micro-ondes : dans une casserole de 2 L (*8 tasses*) allant au micro-ondes, combiner la saucisse et l'oignon. Couvrir; faire cuire à FORT, en remuant après la mi-cuisson, jusqu'à ce que la saucisse soit cuite (4 à 5 1/2 min). Dégraisser. Incorporer le reste des ingrédients *sauf* le beurre, 2 mL (*1/2 c. à thé*) de thym, 2 mL (*1/2 c. à thé*) de marjolaine et les côtelettes d'agneau. Réserver. Dans un moule de 33 x 23 cm (*13 x 9 po*) allant au micro-ondes, faire fondre le beurre à FORT (50 à 60 s). Incorporer le reste des ingrédients *sauf* les côtelettes d'agneau. Farcir chaque côtelette d'agneau avec 50 mL (*1/4 tasse*) de farce. Les mettre dans le moule de 33 x 23 cm (*13 x 9 po*); les retourner pour bien les enduire de beurre. Couvrir; faire cuire à FORT, en les tournant de 1/4 de tour après la mi-cuisson, 5 min. Réduire la puissance à MOYEN (50 %); faire cuire en retournant les côtelettes d'agneau et en les réarrangeant après la mi-cuisson, jusqu'à ce que la sonde thermique atteigne 71 °C (*160 °F*) (10 à 15 min).

Brochettes d'agneau et de légumes

6 portions
1 h 30 min

Gigot d'agneau rôti au romarin

Servez ce gigot d'agneau avec de la gelée de menthe,
des petits pois frais et des pommes de terre nouvelles.

1,4 à
1,8 kg (*3 à 4 lb*) gigot d'agneau
30 mL (*2 c. à soupe*) ail frais haché fin
10 mL (*2 c. à thé*) romarin, écrasé

5 mL (*1 c. à thé*) sel
2 mL (*½ c. à thé*) poivre

Préchauffer le four à 180 °C (*350 °F*). Mettre l'agneau, le gras vers le haut, sur la grille d'une rôtissoire. Dans un petit bol, combiner tous les ingrédients qui restent. Étaler sur l'agneau. Enfourner; faire cuire pendant 60 à 90 min ou jusqu'à ce que le thermomètre atteigne 71 °C (*160 °F*).

Agneau	Température interne de cuisson
Saignant	60 °C (*140 °F*)
Moyen	71 °C (*160 °F*)
Bien cuit	76 °C (*170 °F*)

4 portions
60 min

Brochettes d'agneau et de légumes

Une marinade relevée rend ces brochettes d'agneau irrésistibles.

Marinade
50 mL (*¼ tasse*) beurre ou margarine
75 mL (*⅓ tasse*) jus de citron
15 mL (*1 c. à soupe*) sucre
5 mL (*1 c. à thé*) thym
3 mL (*¾ c. à thé*) sel
1 mL (*¼ c. à thé*) origan
1 mL (*¼ c. à thé*) poivre
30 mL (*2 c. à soupe*) oignon haché fin
5 mL (*1 c. à thé*) sauce au piment fort
2 mL (*½ c. à thé*) ail frais haché fin

Brochettes
450 g (*1 lb*) agneau, découpé en 32 morceaux environ, de 2,5 cm (*1 po*) chacun
8 petits champignons
8 tomates cerise
1 petit poivron vert, en 8 morceaux de 2,5 cm (*1 po*)
1 petite courge d'été, en 8 morceaux de 2,5 cm (*1 po*)
4 brochettes en métal de 30 cm (*12 po*)

Préparer le barbecue en regroupant les charbons d'un même côté; faire chauffer jusqu'à ce que les charbons soient blancs. Fabriquer un plat en papier d'aluminium; le placer du côté opposé aux charbons. Dans une petite casserole, combiner tous les ingrédients de la marinade. Faire cuire à feu moyen, en remuant de temps à autre, jusqu'à ce que le beurre soit fondu et que le mélange arrive à pleine ébullition (8 à 10 min); retirer du feu. Laisser refroidir 5 min. Incorporer les morceaux d'agneau; réserver. Laisser mariner 15 min. Pour assembler, enfiler en alternant, sur des brochettes en métal, les morceaux d'agneau, les champignons, les tomates cerise, le poivron vert et la courge d'été. Placer les brochettes sur la grille, au-dessus du plat en papier d'aluminium. Faire griller, en tournant de temps à autre, jusqu'à ce que l'agneau soit tendre sous la fourchette ou atteigne le degré de cuisson désiré (10 à 15 min). Faire chauffer le reste de marinade; en badigeonner les brochettes avant de servir.

Cuisson au four : préparer les brochettes comme indiqué ci-contre. Faire chauffer le four à gril. Déposer les brochettes dans une rôtissoire graissée, de 10 à 12,5 cm (*4 à 5 po*) de l'élément supérieur. Faire brunir (5 à 7 min). Retourner, badigeonner de marinade; poursuivre la cuisson jusqu'à ce que l'agneau soit tendre sous la fourchette ou atteigne le degré de cuisson désiré (5 à 7 min). Faire chauffer le reste de marinade; en badigeonner les brochettes avant de servir.

Cuisson au micro-ondes : *utiliser 4 brochettes en bois de 30 cm* (12 po) *de long.* Préparer les brochettes comme indiqué ci-contre. Mettre les brochettes dans un plat de 30 x 20 cm (*12 x 8 po*) allant au micro-ondes. Faire cuire à FORT 5 min. Retourner les brochettes; badigeonner de marinade. Faire cuire à FORT jusqu'à ce que l'agneau soit tendre sous la fourchette ou atteigne le degré de cuisson désiré (4 à 5 min). Faire chauffer le reste de marinade; en badigeonner les brochettes avant de servir.

Rôti de veau mariné aux fines herbes

Les fines herbes de cette marinade transmettent une délicieuse saveur à ce rôti de veau.

Marinade

50 mL	(*1/4 tasse*) huile d'olive ou végétale
15 mL	(*1 c. à soupe*) vinaigre de vin blanc
15 mL	(*1 c. à soupe*) sucre
5 mL	(*1 c. à thé*) basilic
5 mL	(*1 c. à thé*) thym
3 mL	(*3/4 c. à thé*) sel
1 mL	(*1/4 c. à thé*) poivre
30 mL	(*2 c. à soupe*) persil frais haché
10 mL	(*2 c. à thé*) ail frais haché fin
1 à 1,4 kg	(*2 à 3 lb*) rôti d'épaule de veau désossé

Sauce

125 mL	(*1/2 tasse*) champignons frais hachés
125 mL	(*1/2 tasse*) poivron rouge haché
5 mL	(*1 c. à thé*) zeste de citron râpé
30 mL	(*2 c. à soupe*) ciboulette fraîche hachée

Dans une cocotte, combiner l'huile et le vinaigre. Incorporer le reste des ingrédients de la marinade, *sauf* le rôti. Mettre le rôti dans la marinade; le tourner pour enrober toutes ses faces de fines herbes et d'huile. Couvrir; mettre au réfrigérateur 12 h ou toute la nuit. Préchauffer le four à 180 °C (*350 °F*). Enfourner; faire cuire le rôti dans la marinade, couvert, pendant 45 min. Découvrir; poursuivre la cuisson, en arrosant avec le jus de cuisson de temps à autre, pendant 1 à 1 1/2 h, ou jusqu'à ce que le thermomètre à viande atteigne 71 °C (*160 °F*). *Réserver le jus de cuisson;* dégraisser. Dans une casserole de 1 L (*4 tasses*), combiner 75 mL (*1/3 tasse*) de jus de cuisson réservé et

tous les ingrédients de la sauce *sauf* la ciboulette. Faire cuire à feu moyen-vif, jusqu'à ce que la sauce soit à pleine ébullition; laisser bouillir 2 min. Incorporer la ciboulette. Servir sur le rôti découpé.

Agneau	Température interne de cuisson
Saignant	60 °C (*140 °F*)
Moyen	71 °C (*160 °F*)
Bien cuit	76 °C (*170 °F*)

Veau aux artichauts et aux champignons

Quelques gouttes de citron donnent une saveur rafraîchissante à cette entrée attrayante.

50 mL	(*1/4 tasse*) farine tout usage
50 mL	(*1/4 tasse*) parmesan fraîchement râpé
1 mL	(*1/4 c. à thé*) sel
1 mL	(*1/4 c. à thé*) poivre
6	côtelettes de veau désossées de 0,5 cm (*1/4 po*) d'épaisseur
2	œufs, légèrement battus
50 mL	(*1/4 tasse*) beurre ou margarine
30 mL	(*2 c. à soupe*) jus de citron
125 mL	(*1/2 tasse*) crème à fouetter

250 mL	(*1 tasse*) champignons frais, en tranches de 0,5 cm (*1/4 po*) d'épaisseur
270 g	(*9 oz*) cœurs d'artichauts égouttés
30 mL	(*2 c. à soupe*) parmesan fraîchement râpé
1 mL	(*1/4 c. à thé*) sel
	pincée de piment de Cayenne
30 mL	(*2 c. à soupe*) jus de citron
30 mL	(*2 c. à soupe*) persil frais haché

Dans un moule à tarte de 23 cm (*9 po*), combiner la farine, 50 mL (*1/4 tasse*) de parmesan, 1 mL (*1/4 c. à thé*) de sel et le poivre. Tremper les côtelettes dans les œufs; les enrober d'une légère couche de mélange de farine. Dans un poêlon de 25 cm (*10 po*) de diamètre, faire fondre le beurre à feu moyen jusqu'à ce qu'il grésille; ajouter 30 mL (*2 c. à soupe*) de jus de citron. Mettre 3 côtelettes dans le beurre et le jus de citron; faire frire jusqu'à ce qu'elles brunissent (3 min

de chaque côté). Dresser les côtelettes sur un plateau de service; garder au chaud. Recommencer avec le reste de côtelettes. Dans le même poêlon, incorporer la crème à fouetter au jus de cuisson et au graillon. Ajouter le reste des ingrédients, *sauf* le persil. Faire cuire à feu moyen, en remuant de temps à autre, jusqu'à ce que la sauce soit légèrement épaissie et les artichauts, bien chauds (4 à 6 min). Incorporer le persil. Servir sur les côtelettes.

Veau aux artichauts et aux champignons

Comment faire cuire au barbecue

Il existe plusieurs sortes de barbecue sur le marché; ceux que l'on rencontre le plus souvent sont :

- un barbecue rond avec couvercle
- un barbecue de forme carrée ou rectangulaire avec un couvercle à charnières
- un barbecue sans couvercle
- un barbecue au gaz ou électrique

Pour obtenir les meilleurs résultats avec la cuisson au barbecue :

Les briquettes de charbon sont les plus utilisées pour la cuisson au barbecue. Toutes les recettes de ce livre ont été testées en utilisant des briquettes de charbon et un barbecue au gaz. D'autres carburants, comme le bois, le charbon de bois, et des copeaux de différents arômes, apportent une saveur unique aux aliments pendant la cuisson.

Pour déterminer le nombre de briquettes qu'il faut, pour les petites coupes de vienade, étaler une couche simple de briquettes, dépassant de 2,5 cm (*1 po*) la surface occupée par les aliments à cuire. Pour les pièces qui demandent une plus longue cuisson, utiliser plus de briquettes. Il est préférable de les entasser en forme pyramidale pour assurer une bonne aération.

Allumer les briquettes 30 à 40 min avant la cuisson. Ouvrir toutes les prises d'air du barbecue. Préchauffer le barbecue au gaz suivant les indications du manufacturier. Pour une cuisson indirecte, sur un barbecue au gaz à double contrôle, utiliser un seul contrôle et déposer la viande du côté opposé.

Pour allumer les briquettes :

Utiliser une matière ignifuge liquide, en suivant les indications sur l'emballage. Allumer les briquettes avec des allumettes ou un allumeur électrique. Les briquettes sont prêtes lorsqu'elles ont une couleur de cendre.

Pour éteindre les briquettes :

Immédiatement après la cuisson, fermer le couvercle du barbecue et toutes les prises d'air. Les briquettes de charbon seront réutilisables si elles sont bien sèches. Pour allumer des briquettes ayant déjà servi, les mélanger avec de nouvelles briquettes et suivre les instructions ci-haut.

Il existe deux méthode de cuisson de base pour les recettes de ce livre : la méthode indirecte et la méthode directe. La méthode **indirecte** est un mode de cuisson plus lent qui atténue les possibilités de flambées dues au jus de cuisson. C'est le mode de cuisson recommandé lorsque des sauces ou des marinades sont utilisées. La cuisson indirecte est aussi recommandée pour des grosses pièces de volaille, de viande, de poisson ou pour les aliments gras afin d'assure une cuisson plus uniforme. Le barbecue est souvent ouvert pour distribuer la chaleur pendant la cuisson. La cuisson **directe** est un mode de cuisson plus rapide, car une chaleur plus intense est fournie. Les viandes à cuisson rapide ou les minces pièces de viande, de volaille, de poisson, sont habituellement grillées sur un feu direct.

La disposition des charbons pour une cuisson indirecte :

1. Regrouper les charbons d'un même côté; faire chauffer jusqu'à ce qu'ils soient blancs. Fabriquer un plat en papier d'aluminium; le déposer à l'opposé des charbons.

La disposition des charbons pour une cuisson directe :

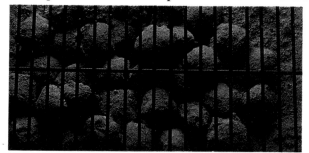

2. Préparer le barbecue; faire chauffer jusqu'à ce que les charbons soient blancs.

Pour fabriquer un plat en papier d'aluminium : (il est possible d'acheter ces plats tout fait).

1. Prendre deux feuilles de papier d'aluminium épais, mesurant 7,5 cm (*3 po*) de plus que l'aliment qui doit être grillé. Les mettre l'une sur l'autre et replier les bords vers l'intérieur, sur une largeur de 5 cm (*2 po*).

2. Retourner le papier d'aluminium. Marquer les bords sur une largeur de 2,5 cm (*1 po*). Marquer les coins d'une ligne diagonale vers la pointe.

3. Replier les bords pour former un plat et pincer les coins.

4. Replier les coins sur les côtés pour les aplatir.

POISSON ET FRUITS DE MER

Représentez-vous un bel après-midi d'été à la campagne. Le temps est idéal pour la pêche. Vous saisissez votre canne à pêche et vous vous dirigez vers le ruisseau... Cependant, qu'ils viennent d'être pêchés ou qu'ils soient achetés à la poissonnerie, rien ne vaut l'attrait du poisson frais et des fruits de mer cuits à la perfection.

De toutes les régions de notre vaste continent, que ce soit des rivières et des lacs d'eau douce, des profondeurs glacées de l'océan Pacifique, des eaux bordées de récifs de l'océan Atlantique, une variété incroyable de poissons et de fruits de mer parvient jusqu'à nous. Ils sont des plus variés et des plus riches, allant des pétoncles et des crevettes tendres et sucrés, au saumon dont le goût est plus soutenu.

Le poisson cuit avec une farce aux fines herbes ou grillé sur charbon de bois est délicieux, surtout s'il est servi avec une sauce aux fines herbes onctueuse. Mais pour saisir la véritable saveur délicate et douce du poisson, faites-le simplement sauter à la poêle et servez-le avec un mélange de beurre fondu et de jus de citron. Peut-être, cependant, préférerez-vous des préparations plus élaborées. Pourquoi ne pas inviter quelques-uns de vos amis à un souper de pêche? Préparez-leur de délicieux filets de poissons que vous enroberez d'une pâte spéciale avant de les faire frire jusqu'à ce qu'ils prennent une belle teinte dorée. Quelle que soit la préparation, le poisson demeure l'un des mets les plus versatiles pour les repas de famille ou d'agréable compagnie.

Filets de perche aux légumes

4 portions
35 min

Préparé dans un poêlon, ce délicieux repas de poisson et de légumes est excellent pour la santé.

50 mL	(*¼ tasse*) beurre ou margarine
6	petites pommes de terre rouges nouvelles, en quartier
3	branches de céleri, en tranches de 2,5 cm (*1 po*)
3	carottes, en tranches de 2,5 cm (*1 po*)
2 mL	(*½ c. à thé*) sel

2 mL	(*½ c. à thé*) moutarde sèche
1 mL	(*¼ c. à thé*) poivre
450 g	(*1 lb*) filets de perche frais ou surgelés, dégelés et égouttés
1	tomate moyenne, mûre, en morceaux de 2,5 cm (*1 po*)

Dans un poêlon de 25 cm (*10 po*) de diamètre, faire fondre le beurre jusqu'à ce qu'il grésille; ajouter le reste des ingrédients *sauf* le poisson et la tomate. Couvrir; faire cuire à feu moyen-vif, en remuant de temps à autre, jusqu'à ce que les légumes soient dorés et al dente (12 à 15 min). Réduire le feu à moyen. Mettre le poisson dans le même poêlon, le recouvrir avec les légumes. Parsemer de tomate. Couvrir; faire cuire jusqu'à ce que le poisson se défasse en flocons sous la fourchette (5 à 7 min).

Cuisson au micro-ondes : dans un plat de 33 x 23 cm (*13 x 9 po*) allant au micro-ondes, faire fondre le beurre à FORT (50 à 60 s). Incorporer le reste des ingrédients *sauf* le poisson et la tomate. Couvrir; faire cuire à FORT, en remuant après la mi-cuisson, jusqu'à ce que les légumes soient al dente (9 à 11 min). Mettre le poisson dans le même plat; le recouvrir avec les légumes. Parsemer de tomate. Couvrir; faire cuire à FORT, en tournant après la mi-cuisson, jusqu'à ce que le poisson se défasse sous la fourchette (5 à 7 min).

Repas du pêcheur

4 portions
30 min

*Le beurre à l'ail complète cette simple combinaison
de sole, de courgette et d'oignon rouge.*

450 g	(*1 lb*) filets de sole frais ou surgelés, dégelés, égouttés
250 mL	(*1 tasse*) courgette (1 moyenne), en tranches de 0,2 cm (*⅛ po*)
250 mL	(*1 tasse*) oignon rouge en tranches de 0,2 cm (*⅛ po*), séparées en rondelles

50 mL	(*¼ tasse*) beurre ou margarine, fondu
1 mL	(*¼ c. à thé*) sel
1 mL	(*¼ c. à thé*) poivre
5 mL	(*1 c. à thé*) ail frais haché fin
30 mL	(*2 c. à soupe*) persil frais haché

Préchauffer le four à 190 °C (*375 °F*). Mettre le poisson dans un plat carré de 23 cm (*9 po*) de côté allant au four. Étaler la courgette et l'oignon rouge en une couche égale sur le poisson. Dans un petit bol, combiner tout le reste des ingrédients *sauf* le persil; verser sur les légumes. Couvrir; enfourner; faire cuire 20 à 25 min ou jusqu'à ce que les légumes soient al dente et que le poisson se défasse en flocons sous la fourchette. Parsemer de persil.

Cuisson au micro-ondes : mettre le poisson dans un plat carré de 23 cm (*9 po*) de côté, allant au micro-ondes. Recouvrir le poisson d'une couche égale de courgette et d'oignon rouge. Dans un petit bol, combiner le reste des ingrédients, *sauf* le persil; verser sur les légumes. Couvrir; faire cuire à FORT, en tournant le plat de ¼ de tour après la mi-cuisson, jusqu'à ce que le poisson se défasse en flocons sous la fourchette (8 à 10 min). Parsemer de persil.

Filets de perche aux légumes

Croquettes de poisson et de pommes de terre

6 portions
20 min

Poisson pané à la farine de maïs

*La prise du jour est trempée dans un délicieux mélange
à la farine de maïs, puis saisie à la poêle.*

125 mL	(*1/2 tasse*) farine tout usage
125 mL	(*1/2 tasse*) lait
1	œuf
15 mL	(*1 c. à soupe*) sucre
2 mL	(*1/2 c. à thé*) sel
2 mL	(*1/2 c. à thé*) paprika

1 mL	(*1/4 c. à thé*) piment de Cayenne
1 mL	(*1/4 c. à thé*) origan
125 mL	(*1/2 tasse*) farine de maïs jaune
900 g	(*2 lb*) filets de poisson ou darnes, surgelés, dégelés, égouttés
125 mL	(*1/2 tasse*) huile végétale

Dans un moule à tarte de 23 cm (*9 po*) de diamètre, combiner tous les ingrédients *sauf* la farine de maïs, le poisson et l'huile. Étaler la farine de maïs sur une feuille de papier ciré. Enrober les deux côtés des filets de farine de maïs, puis les plonger dans la pâte. Faire bien chauffer l'huile dans un poêlon de 25 cm (*10 po*)

de diamètre. Déposer 3 à 4 filets de poisson dans l'huile chaude. Faire dorer à feu moyen (3 à 4 min). Retourner; poursuivre la cuisson jusqu'à ce que le poisson soit doré et qu'il se détache en flocons sous la fourchette (2 à 3 min). Recommencer avec le reste de poisson.

4 portions
60 min

Croquettes de poisson et de pommes de terre

Ces filets de perche cuits avec des pommes de terre font un repas complet et savoureux.

75 mL	(*1/3 tasse*) beurre ou margarine
500 mL	(*2 tasses*) pommes de terre (2 moyennes), en tranches de 0,5 cm (*1/4 po*)
200 mL	(*3/4 tasse*) craquelins au beurre, écrasés
5 mL	(*1 c. à thé*) paprika

2 mL	(*1/2 c. à thé*) ail en poudre
1 mL	(*1/4 c. à thé*) sel
30 mL	(*2 c. à soupe*) persil frais haché
450 g	(*1 lb*) filets de perche frais ou surgelés, dégelés, égouttés

Préchauffer le four à 180 °C (*350 °F*). Dans un plat de 33 x 23 cm (*13 x 9 po*) allant au four, faire fondre le beurre au four (5 à 7 min). Ajouter les pommes de terre tranchées; mélanger pour les enrober. Couvrir de papier d'aluminium; enfourner; faire cuire 20 à 25 min ou jusqu'à ce que les pommes de terre soient tendres sous la fourchette. Entre-temps, dans un moule à tarte de 23 cm (*9 po*) de diamètre, combiner tous les autres ingrédients, *sauf* les filets de perche. Regrouper les pommes de terre d'un même côté du plat. Tremper les filets de perche dans le beurre fondu ayant servi à la cuisson des pommes de terre, puis les enrober du mélange de chapelure. Disposer les filets d'un côté du plat contenant les pommes de terre. Saupoudrer le poisson et les pommes de terre du reste de mélange de chapelure. Enfourner; faire cuire 20 à 30 min ou jusqu'à ce que le poisson se défasse en flocons sous la fourchette.

Cuisson au micro-ondes : dans un moule de 33 x 23 cm (*13 x 9 po*) allant au micro-ondes, faire fondre le beurre à FORT (60 à 70 s). Ajouter les pommes de terre tranchées; mélanger pour les enrober. Couvrir; faire cuire à FORT, en remuant après la mi-cuisson, jusqu'à ce que les pommes de terre soient tendres sous la fourchette (5 à 6 min). Entre-temps, dans un moule à tarte de 23 cm (*9 po*) de diamètre combiner tous aures les ingrédients, *sauf* les filets de perche. Regrouper les pommes de terre d'un côté du moule. Tremper les filets de perche dans le beurre fondu ayant servi à la cuisson des pommes de terre, puis les enrober du mélange de chapelure. Disposer les filets, d'un même côté, dans le même moule que les pommes de terre. Saupoudrer le poisson et les pommes de terre du reste de mélange de chapelure. Faire cuire à FORT jusqu'à ce que le poisson se défasse en flocons sous la fourchette (7 à 9 min).

Croquettes de morue
aux oignons verts et à l'aneth

6 croquettes de morue
20 min

Ces croquettes de morue croustillantes et bien dorées,
nous rappellent un goût de la côte de la Nouvelle-Angleterre.

450 g	(*1 lb*) filets de morue frais ou surgelés, dégelés, égouttés		2 mL	(*½ c. à thé*) sel
500 mL	(*2 tasses*) chapelure de pain frais, écrasée grossièrement		1 mL	(*¼ c. à thé*) aneth en grains
50 mL	(*¼ tasse*) oignons verts hachés		1 mL	(*¼ c. à thé*) poivre
2	œufs, légèrement battus		15 mL	(*1 c. à soupe*) jus de citron
			50 mL	(*¼ tasse*) beurre ou margarine

Réduire les filets de morue en flocons à l'aide d'une fourchette ou d'un maillet. Dans un bol de grandeur moyenne, combiner la morue en flocons et le reste des ingrédients, *sauf* le beurre. Façonner en 6 palets de 7,5 cm (*3 po*) de diamètre. Dans un poêlon de 25 cm (*10 po*) de diamètre, faire fondre le beurre jusqu'à ce qu'il grésille. Disposer 3 palets dans le même poêlon. Faire cuire à feu moyen-vif jusqu'à ce qu'ils soient dorés (4 à 5 min). Retourner; poursuivre la cuisson jusqu'à ce qu'ils soient dorés et que le poisson se défasse en flocons sous la fourchette (3 à 4 min). Recommencer avec les autres palets.

Cuisson au micro-ondes : dans un bol de grandeur moyenne, faire fondre le beurre à FORT (50 à 60 s). Réduire les filets de morue en flocons à l'aide d'une fourchette ou d'un maillet. Dans le même bol, combiner les ingrédients qui restent et la morue en flocons. Façonner en 6 palets de 7,5 cm (*3 po*); *saupoudrer de paprika*. Disposer dans un moule de 33 x 23 cm (*13 x 9 po*) allant au micro-ondes. Couvrir; faire cuire à FORT, en tournant le plat de ½ tour après la mi-cuisson, jusqu'à ce que le poisson se défasse en flocons sous la fourchette (5 à 7 min).

Brochettes de poisson aux légumes

6 brochettes
45 min

L'été, accompagnez ce plat d'une délicieuse salade d'épinards frais,
d'un pain au levain et d'un grand verre de thé glacé.

450 g	(*1 lb*) filets de poisson (morue ou aiglefin), en cubes de 2,5 cm (*1 po*)		6	brochettes en métal de 30 cm (*12 po*) de long
1	courgette moyenne, en morceaux de 1 cm (*½ po*)		**Sauce**	
12	tomates cerise		125 mL	(*½ tasse*) beurre ou margarine, fondu
12	champignons frais moyens		50 mL	(*¼ tasse*) sauce teriyaki ou sauce soja
1	poivron vert moyen, sans cœur, en morceaux de 2,5 cm (*1 po*)		30 mL	(*2 c. à soupe*) jus de citron

Préparer le barbecue en regroupant les charbons d'un même côté; allumer et faire chauffer jusqu'à ce que les charbons soient blancs. Fabriquer un plat en papier d'aluminium; le disposer de l'autre côté des charbons. Enfiler, en alternant, les cubes de poisson et de légumes sur les brochettes. Dans un petit bol, combiner tous les ingrédients de la sauce; en badigeonner les brochettes. Mettre les brochettes sur la grille, au-dessus du plat en aluminium. Faire griller, en retournant de temps à autre, et en arrosant de sauce, 10 à 20 min ou jusqu'à ce que le poisson se défasse en flocons sous la fourchette. Servir avec le reste de sauce.

Cuisson au micro-ondes : *utiliser des brochettes en bois de 30 cm (12 po) de long.* Assembler les brochettes et préparer la sauce comme indiqué ci-contre. Disposer les brochettes dans un plat de 33 x 23 cm (*13 x 9 po*) ou sur une grande plaque à biscuits allant au micro-ondes. Couvrir; faire cuire à FORT, en retournant et en arrosant de sauce après la mi-cuisson, jusqu'à ce que le poisson se défasse en flocons sous la fourchette (8 à 10 min). Servir avec le reste de sauce.

Brochettes de poisson aux légumes

4 portions
40 min

Fagots de sole et de carottes au citron

Des filets de sole farcis de carottes tendres et sucrées,
et recouverts d'une délicieuse farce aux fines herbes.

4	carottes moyennes, en lanières de 12,5 x 0,5 cm (*5 x 1/4 po*)
375 mL	(*1 1/2 tasse*) farce aux fines herbes, en petits morceaux
75 mL	(*1/3 tasse*) beurre ou margarine, fondu

2 mL	(*1/2 c. à thé*) sel
1 mL	(*1/4 c. à thé*) poivre
30 mL	(*2 c. à soupe*) jus de citron
450 g	(*1 lb*) filets de sole frais ou surgelés, dégelés, égouttés

Préchauffer le four à 190 °C (*375 °F*). Dans une casserole de 8 tasses (*2 L*) mettre les carottes; les couvrir d'eau. Amener à pleine ébullition. Faire cuire à feu moyen, jusqu'à ce que les carottes soient al dente (6 à 8 min). Entre-temps, dans un petit bol, mélanger tous les ingrédients qui restent, *sauf* le poisson; réserver. Séparer les filets et répartir les carottes entre eux. Enrouler chaque filet autour d'une portion de carottes. Disposer les filets, le pli en dessous, dans un moule carré de 23 cm (*9 po*) de côté allant au four. Parsemer du mélange de farce. Couvrir; faire cuire au four 10 min. Découvrir; poursuivre la cuisson pendant 8 à 10 min ou jusqu'à ce que le poisson se défasse en flocons sous la fourchette.

Cuisson au micro-ondes : dans un bol de 2 L (*8 tasses*) allant au micro-ondes, combiner 50 mL (*1/4 tasse*) d'eau et les carottes. Couvrir; faire cuire à FORT, en remuant après la mi-cuisson, jusqu'à al dente (5 à 6 min). Entre-temps, dans un petit bol, combiner tout le reste des ingrédients, *sauf* le poisson; réserver. Séparer les filets et répartir les carottes entre eux. Enrouler chaque filet autour d'une portion de carottes. Disposer les filets, le pli en dessous, dans une casserole de 1,5 L (*6 tasses*) allant au micro-ondes. Parsemer du mélange de farce. Faire cuire au micro-ondes à FORT jusqu'à ce que le poisson se détache en flocons sous la fourchette (7 à 9 min).

Pour enrouler les filets :

1. Séparer les filets et répartir les carottes entre eux.

2. Enrouler chaque filet autour d'une portion de carottes. Disposer les filets, le pli en dessous, dans un moule carré de 23 cm (*9 po*) de côté allant au four.

Fagots de sole et de carottes au citron

6 portions
1 h 5 min

Filets de sole farcis au fromage

Des filets de sole farcis de fromage et de tomate,
et cuits jusqu'à ce que le fromage soit crémeux et fondu.

75 mL	(*1/3 tasse*) beurre ou margarine	1	grosse tomate mûre, en 6 tranches
7 mL	(*1 1/2 c. à thé*) ail en poudre	12	tranches de fromage Monterey Jack
7 mL	(*1 1/2 c. à thé*) basilic		de 7,5 x 3,5 x 0,5 cm (*3 x 1 1/2 x 1/4 po*)
30 mL	(*2 c. à soupe*) oignons verts hachés	30 mL	(*2 c. à soupe*) parmesan râpé
6	filets de sole frais (140 g / *5 oz*), coupés en deux		

Préchauffer le four à 180 °C (*350 °F*). Dans un plat de 33 x 23 cm (*13 x 9 po*) allant au four, faire fondre le beurre. Incorporer l'ail en poudre, le basilic et les oignons verts. Tremper les deux côtés des demi-filets de sole dans le beurre assaisonné fondu. Réserver 6 demi-filets de sole. Disposer les 6 demi-filets qui restent dans le même plat de cuisson; couvrir

chacun d'une tranche de tomate et de deux tranches de fromage. Recouvrir chacun avec un demi-filet de sole réservé. Saupoudrer de parmesan. Enfourner; faire cuire 25 à 35 min ou jusqu'à ce que le poisson se défasse en flocons avec une fourchette. Pour servir, arroser les filets de sole avec le beurre au fond du plat de cuisson.

6 portions
30 min

Truites arc-en-ciel et gaspacho croquant

Cette sauce à la tomate et aux légumes, froide et croquante, versée sur les truites arc-en-ciel,
donne un plat savoureux et riche en couleurs.

Gaspacho

500 mL	(*2 tasses*) tomates mûres (2 moyennes), en morceaux de 1 cm (*1/2 po*)	45 mL	(*3 c. à soupe*) vinaigre de vin rouge
250 mL	(*1 tasse*) concombre (1 moyen) pelé, en morceaux de 1 cm (*1/2 po*)	15 mL	(*1 c. à soupe*) sauce Worcestershire
		1 mL	(*1/4 c. à thé*) sauce au piment fort
250 mL	(*1 tasse*) poivron rouge ou vert (1 moyen), en morceaux de 1 cm (*1/2 po*)	**Truites**	
250 mL	(*1 tasse*) oignon rouge, en morceaux de 0,5 cm (*1/4 po*)	50 mL	(*1/4 tasse*) beurre ou margarine
		2 mL	(*1/2 c. à thé*) ail frais haché fin
50 mL	(*1/4 tasse*) persil frais haché	125 mL	(*1/2 tasse*) oignon rouge haché
50 mL	(*1/4 tasse*) huile d'olive ou végétale	50 mL	(*1/4 tasse*) persil frais haché
2 mL	(*1/2 c. à thé*) sel	2 mL	(*1/2 c. à thé*) sel
2 mL	(*1/2 c. à thé*) poivre	1 mL	(*1/4 c. à thé*) poivre
		6	truites arc-en-ciel parées, de 225 à 340 g (*1/2 à 3/4 lb*) chacune

Dans un bol de grandeur moyenne, combiner tous les ingrédients du gaspacho. Dans le bol d'un mélangeur de 1,3 L (*5 tasses*) verser 500 mL (*2 tasses*) du mélange. Mêler à vitesse élevée pour obtenir une sauce (30 à 45 s). Remettre dans le gaspacho qui reste; réserver. Dans un poêlon de 25 cm (*10 po*) de diamètre, faire fondre le beurre et l'ail jusqu'à ce que le beurre grésille. Entre-temps, dans un petit bol, combiner le reste des ingrédients de la truite, *sauf* la truite. Mettre environ 30 mL (*2 c. à soupe*) de mélange dans la cavité de chacune des truites. Déposer 3 truites dans le poêlon; faire cuire à feu moyen-vif, en les retournant une fois, jusqu'à ce que le poisson se défasse sous la fourchette (4 à 5 min de chaque côté). Dresser sur un plateau de service; garder au chaud. Recommencer avec les truites qui restent. Verser 250 mL (*1 tasse*) de sauce sur les truites; servir le reste de sauce à part.

Cuisson au barbecue : *omettre le beurre et l'ail.* Préparer le gaspacho comme indiqué ci-contre. Préparer le barbecue; faire chauffer les charbons jusqu'à ce qu'ils soient blancs. Préparer les truites comme indiqué ci-contre. Les badigeonner d'huile végétale. Faire griller à feu moyen-vif jusqu'à ce que le poisson se défasse en flocons sous la fourchette (7 à 10 min de chaque côté). Dresser sur un plateau de service. Verser 250 mL (*1 tasse*) de sauce sur les truites; servir le reste de sauce à part.

Truites arc-en-ciel et gaspacho croquant

6 portions
1 h 30 min

Tourte au saumon

Une tarte à la riche saveur de fruits de mer, servie avec une délicieuse sauce tomate croquante.

Croûte

50 mL	(*1/4 tasse*) beurre ou margarine
200 mL	(*3/4 tasse*) farce aux fines herbes, en petits morceaux, *finement* écrasée

Garniture

500 mL	(*2 tasses*) farce aux fines herbes, en petits morceaux, émiettée
250 mL	(*1 tasse*) cheddar râpé (110 g / *4 oz*)
250 mL	(*1 tasse*) eau
125 mL	(*1/2 tasse*) lait
1 boîte	(439 g/*15,5 oz*) saumon rouge, égoutté, désossé, en flocons*
2	œufs
5 mL	(*1 c. à thé*) bouillon de poulet instantané
2 mL	(*1/2 c. à thé*) moutarde sèche
30 mL	(*2 c. à soupe*) persil frais haché
15 mL	(*1 c. à soupe*) oignon haché fin

Sauce

75 mL	(*1/3 tasse*) beurre ou margarine
30 mL	(*2 c. à soupe*) fécule de maïs
325 mL	(*1 1/3 tasse*) eau
5 mL	(*1 c. à thé*) aneth en grains
2 mL	(*1/2 c. à thé*) sel
500 mL	(*2 tasses*) tomates mûres (2 moyennes), en cubes de 1 cm (*1/2 po*)

Préchauffer le four à 180 °C (*350 °F*). Dans une casserole de 3 L (*12 tasses*) allant au four, faire fondre 50 mL (*1/4 tasse*) de beurre. Incorporer 200 mL (*3/4 tasse*) de farce finement écrasée. Presser le mélange de chapelure au fond et contre les parois d'un moule à tarte de 23 cm (*9 po*) de diamètre; réserver. Dans la même casserole, combiner tous les ingrédients de la garniture; verser dans la croûte. Enfourner; faire cuire 50 à 55 min ou jusqu'à ce que ce soit bien chaud; laisser reposer 10 min. Entre-temps, dans une casserole de 2 L (*8 tasses*), faire fondre 75 mL (*1/3 tasse*) de beurre. Incorporer la fécule de maïs, puis les autres ingrédients de la sauce *sauf* les tomates. Faire cuire à feu moyen, en remuant de temps à autre, jusqu'à pleine ébullition (5 à 7 min). Ajouter les tomates; faire bouillir 1 min. Pour servir, découper la tarte en 6 pointes; napper de sauce et servir.

*3 boîtes de thon de 184 g (*6,5 oz*) chacune, égoutté, en flocons, peuvent remplacer la boîte de saumon de 439 g (*15,5 oz*).

Tourte au saumon

Crevettes et courgettes du jardin (en haut)
Jambalaya (en bas)

8 portions
40 min

Jambalaya

Un riz épicé mijoté dans un poêlon avec des crevettes et des légumes du jardin.

250 mL	(*1 tasse*) eau
284 mL	(*10 oz*) bouillon de poulet
15 mL	(*1 c. à soupe*) poudre de chili
3 mL	(*¾ c. à thé*) sel
2 mL	(*½ c. à thé*) paprika
2 mL	(*½ c. à thé*) poivre
30 mL	(*2 c. à soupe*) huile végétale
5 mL	(*1 c. à thé*) ail frais haché fin
250 mL	(*1 tasse*) riz à grains longs non cuit
280 g	(*10 oz*) grosses crevettes déveinées, surgelées, dégelées, égouttées
225 g	(*½ lb*) filets de poisson frais ou surgelés, dégelés, égouttés
2	tomates moyennes mûres, en morceaux de 2,5 cm (*1 po*)
1	poivron vert moyen, en morceaux de 2,5 cm (*1 po*)
250 mL	(*1 tasse*) oignons verts, en tranches de 1 cm (*½ po*)
50 mL	(*¼ tasse*) persil frais haché
350 g	(*12 oz*) petits pois surgelés, dégelés, égouttés

Dans un poêlon de 25 cm (*10 po*) de diamètre, combiner l'eau, le bouillon de poulet, la poudre de chili, le sel, le paprika, le poivre, l'huile et l'ail. Amener à pleine ébullition. Incorporer le riz. Couvrir; faire cuire à feu moyen-doux pendant 15 min. Incorporer le reste des ingrédients *sauf* les oignons, le persil et les petits pois. Poursuivre la cuisson, sans couvrir, jusqu'à ce que le liquide soit absorbé et le riz, tendre (10 à 15 min). Ajouter le reste des ingrédients. Poursuivre la cuisson jusqu'à ce que ce soit bien chaud (4 à 5 min).

Cuisson au micro-ondes : dans une casserole de 3 L (*12 tasses*) allant au micro-ondes combiner l'eau, le bouillon de poulet, la poudre de chili, le sel, le paprika, le poivre, l'huile, l'ail et le riz. Couvrir; faire cuire à FORT, en remuant à la mi-cuisson, jusqu'à ce que le riz soit tendre (15 à 20 min). Incorporer le reste des ingrédients *sauf* les oignons, le persil et les petits pois. Couvrir; faire cuire à FORT, en remuant après la mi-cuisson, jusqu'à ce que le poisson se défasse sous la fourchette (7 à 9 min). Ajouter le reste des ingrédients. Couvrir; faire cuire à FORT jusqu'à ce que ce soit bien chaud (2 à 3 min). Laisser reposer 5 min.

4 portions
30 min

Crevettes et courgettes du jardin

L'aneth et l'ail ajoutent une légère saveur à ce repas de crevettes.

75 mL	(*⅓ tasse*) beurre ou margarine
500 mL	(*2 tasses*) courgettes (2 moyennes), en tranches de 0,5 cm (*¼ po*)
50 mL	(*¼ tasse*) persil frais haché
20	crevettes moyennes non cuites, surgelées ou fraîches, décortiquées, déveinées, rincées
2 mL	(*½ c. à thé*) aneth en grains
1 mL	(*¼ c. à thé*) sel
30 mL	(*2 c. à soupe*) oignon haché
15 mL	(*1 c. à soupe*) jus de citron
2 mL	(*½ c. à thé*) ail frais haché fin
	Riz cuit chaud

Dans un poêlon de 25 cm (*10 po*) de diamètre, faire fondre le beurre à feu moyen (3 à 6 min). Incorporer le reste des ingrédients *sauf* le riz. Faire cuire à feu moyen, en remuant de temps à autre, jusqu'à ce que les crevettes soient roses et les courgettes al dente (5 à 8 min). Pour servir, verser les crevettes avec les courgettes et la sauce au beurre sur le riz cuit chaud.

Cuisson au micro-ondes : dans un plat de 30 x 20 cm (*12 x 8 po*) allant au micro-ondes, faire fondre le beurre à FORT (60 à 70 s). Incorporer le reste des ingrédients *sauf* le riz. Couvrir; faire cuire à FORT, en remuant après la mi-cuisson, jusqu'à ce que les crevettes soient roses et les courgettes al dente (3½ à 5 min). Pour servir, verser les crevettes avec les courgettes et la sauce au beurre sur du riz cuit chaud.

Crevettes glacées à la marmelade

4 portions
30 min

La marmelade à l'orange et la noix de coco grillée
complètent merveilleusement bien la saveur des crevettes sautées.

450 g	(*1 lb*) crevettes (environ 24 moyennes) non cuites, surgelées ou fraîches
50 mL	(*¼ tasse*) beurre ou margarine
2 mL	(*½ c. à thé*) gingembre moulu
1 mL	(*¼ c. à thé*) sel
1 mL	(*¼ c. à thé*) poivre

5 mL	(*1 c. à thé*) ail frais haché fin
125 mL	(*½ tasse*) marmelade d'oranges
10 mL	(*2 c. à thé*) raifort préparé
50 mL	(*¼ tasse*) noix de coco en flocons, grillée

Peler et déveiner les crevettes en gardant la queue. (Si les crevettes sont surgelées, ne pas les faire dégeler et les décortiquer sous l'eau froide courante.) Dans un poêlon de 25 cm (*10 po*) de diamètre, faire fondre le beurre jusqu'à ce qu'il grésille. Incorporer le gingembre, le sel, le poivre et l'ail; ajouter les crevettes. Faire cuire à feu moyen, en remuant de temps à autre, jusqu'à ce que les crevettes soient roses (5 à 7 min). Dans un petit bol, combiner la marmelade et le raifort; ajouter aux crevettes. Poursuivre la cuisson, en remuant de temps à autre, jusqu'à ce que ce soit bien chaud (3 à 4 min). Si désiré, parsemer de noix de coco grillée.

Cuisson au micro-ondes : peler et déveiner les crevettes, en gardant la queue intacte. (Si les crevettes sont surgelées, ne pas les faire dégeler; les décortiquer sous l'eau froide courante.) Dans une casserole de 2 L (*8 tasses*) allant au micro-ondes, faire fondre le beurre à FORT (50 à 60 s). Incorporer le gingembre, le sel, le poivre et l'ail; ajouter les crevettes. Couvrir; faire cuire à FORT en remuant aux 2 min, jusqu'à ce que les crevettes soient roses (4 à 6 min)*. Dans un petit bol, combiner la marmelade et le raifort; ajouter aux crevettes. Faire cuire à FORT, en remuant après la mi-cuisson, jusqu'à ce que ce soit bien chaud (1 à 1½ min). Si désiré, parsemer de noix de coco grillée.

*Si vous utilisez des crevettes surgelées, les faire cuire à FORT en remuant aux 2 min, jusqu'à ce qu'elles soient roses (6½ à 8½ min).

Crabe et palourdes rôtis au four

8 portions
1 h 30 min

Une façon originale et amusante de servir des fruits de mer
et de jouer avec les couleurs et les saveurs.

1,4 kg	(*3 lb*) pinces de crabe*
16	palourdes
8	pommes de terre rouges nouvelles, en quartiers
8	épis de maïs frais, épluchés, *chacun* en 3 morceaux
2	oignons moyens, en morceaux de 5 cm (*2 po*)
250 mL	(*1 tasse*) persil frais haché
50 mL	(*¼ tasse*) feuilles de basilic frais déchiquetées

250 mL	(*1 tasse*) vin blanc sec ou bouillon de poulet
125 mL	(*½ tasse*) huile d'olive ou végétale
5 mL	(*1 c. à thé*) poivre grossièrement moulu
2 mL	(*½ c. à thé*) sel
10 mL	(*2 c. à thé*) ail frais haché fin
5 mL	(*1 c. à thé*) sauce au piment fort
3	feuilles de laurier
50 mL	(*¼ tasse*) beurre ou margarine

Préchauffer le four à 200 °C (*400 °F*). Dans une grande rôtissoire, disposer par couches, le crabe, les palourdes, les pommes de terre, le maïs et les oignons. Dans un bol de grandeur moyenne, combiner tous les autres ingrédients, *sauf* les feuilles de laurier et le beurre; verser sur les ingrédients dans la rôtissoire. Ajouter les feuilles de laurier. Couvrir; faire cuire au four 30 min. Mélanger les ingrédients pour qu'ils baignent dans le jus de cuisson. Couvrir; poursuivre la cuisson, en remuant après 15 min, pendant 30 à 35 min ou jusqu'à ce que les fruits de mer soient cuits et les légumes, tendres sous la fourchette. Retirer les feuilles de laurier. Parsemer de noisettes de beurre; servir avec le jus de cuisson.

*Il est possible de remplacer les pinces de crabe par des pattes de crabe avec leurs articulations.

Crabe et palourdes rôtis au four

Garniture aux pétoncles et aux tomates pour pain français

Huîtres aux épinards à la crème

**6 portions
60 min**

Napper une tranche de pain de farine de maïs frais de ce délicieux mélange crémeux.

30 mL	(*2 c. à soupe*) beurre ou margarine
125 mL	(*1/2 tasse*) oignon (1 moyen) haché
2 mL	(*1/2 c. à thé*) ail frais haché fin
30 mL	(*2 c. à soupe*) farine tout usage
2 mL	(*1/2 c. à thé*) sel
2 mL	(*1/2 c. à thé*) poivre grossièrement concassé
2 mL	(*1/2 c. à thé*) thym
125 mL	(*1/2 tasse*) jus d'huître ou jus de palourde, réservé

125 mL	(*1/2 tasse*) crème à fouetter
1 L	(*4 tasses*) épinards déchiquetés
24	huîtres fraîches écalées, égouttées, réserver le jus
	Pain à la farine de maïs, biscottes ou rôties**

Dans un poêlon de 25 cm (*10 po*) de diamètre, faire fondre le beurre jusqu'à ce qu'il grésille. Ajouter l'oignon et l'ail. Faire cuire à feu moyen, en remuant de temps à autre, jusqu'à ce que l'oignon soit tendre (3 à 4 min). Incorporer la farine, le sel, le poivre et le thym. Poursuivre la cuisson, en remuant continuellement, jusqu'à ce que le mélange soit lisse et qu'il bouillonne (30 s). Incorporer le jus d'huître réservé et la crème à fouetter. Poursuivre la cuisson, en remuant de temps à autre, jusqu'à ce que le mélange épaississe (3 à 5 min). Incorporer les épinards et les huîtres; poursuivre la cuisson jusqu'à ce que les huîtres soient tendres (5 à 6 min). Servir sur du pain de farine de maïs, des biscottes ou des rôties.

*2 paquets d'épinards surgelés de 300 g (*10 oz*) chacun, dégelés, hachés, bien égouttés, peuvent remplacer 1 L (*4 tasses*) d'épinards.

Cuisson au micro-ondes : dans une casserole de 3 L (*12 tasses*) allant au four à micro-ondes, faire fondre le beurre à FORT (30 à 60 s). Ajouter l'oignon et l'ail. Faire cuire à FORT jusqu'à ce que l'oignon soit tendre (2 à 3 min). Incorporer la farine, le sel, le poivre et le thym. Faire cuire à FORT jusqu'à bouillonnant (30 à 60 s). Incorporer le jus d'huître réservé et la crème à fouetter. Faire cuire à FORT jusqu'à ce que le mélange épaississe (1 1/2 à 2 min). Incorporer les épinards et les huîtres. Couvrir; faire cuire à FORT en remuant après la mi-cuisson, jusqu'à ce que les huîtres soient tendres (4 à 5 1/2 min). Servir sur du pain de farine de maïs, des biscottes ou des rôties.

**Voir la recette du Pain de farine de maïs au miel ou des Petits pains au babeurre, à la page 44.

Garniture aux pétoncles et aux tomates pour pain français

**6 portions
30 min**

Des pétoncles, mijotés dans une riche sauce rosée, servis sur des tranches de pain français rôties.

8	tranches de bacon, en morceaux de 1 cm (*1/2 po*)
15 mL	(*1 c. à soupe*) farine tout usage
2 mL	(*1/2 c. à thé*) thym
2 mL	(*1/2 c. à thé*) poivre grossièrement concassé
5 mL	(*1 c. à thé*) ail frais haché fin
45 mL	(*3 c. à soupe*) pâte de tomate
450 g	(*1 lb*) pétoncles, rincés, égouttés

750 mL	(*3 tasses*) tomates mûres (3 moyennes), en morceaux de 2,5 cm (*1 po*)
125 mL	(*1/2 tasse*) olives mûres dénoyautées, en demies
30 mL	(*2 c. à soupe*) vin rouge sec
50 mL	(*1/4 tasse*) persil frais haché
6	tranches de pain français coupées en biais

Dans un poêlon de 25 cm (*10 po*) de diamètre, faire cuire le bacon à feu moyen-vif, en remuant de temps à autre, jusqu'à ce que le bacon soit bruni (6 à 8 min). Incorporer la farine, le thym, le poivre et l'ail. Réduire le feu à moyen. Faire cuire, en remuant continuellement, jusqu'à ce que le mélange soit lisse et qu'il bouillonne (30 s). Incorporer la pâte de tomate et

le reste des ingrédients *sauf* le vin, le persil et le pain. Poursuivre la cuisson, en remuant de temps à autre, jusqu'à ce que les pétoncles soient blancs (4 à 5 min). Si désiré au grille-pain ou au four, incorporer le vin, puis le persil. Faire griller le pain. Servir le mélange aux pétoncles sur le pain grillé.

Comment lever les filets et identifier les coupes de poisson :

Pour lever les filets :

1. Soulever la nageoire pectorale. Placer un couteau à lame fine, flexible et affilée, légèrement en angle vers le dos de la tête et découper jusqu'à l'arête du dos.

2. Tourner la lame parallèlement à l'arête du dos. Découper, en sciant, jusqu'à la queue. Détacher le filet.

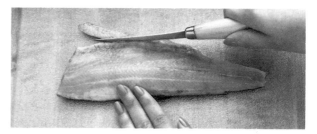

3. Glisser la lame le long de l'arête centrale pour la détacher. Retourner le poisson et détacher l'autre filet.

4. Découper la lanière de chair grasse le long du ventre. Jeter les entrailles, l'abdomen, les arêtes et la tête.

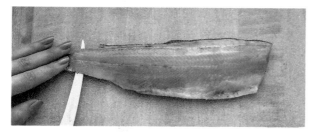

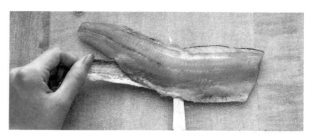

5. Si désiré, dépiauter le filet en coupant la queue jusqu'à la peau. Retourner la lame pour qu'elle soit parallèle à la peau.

6. Tirer fermement sur la peau et découper entre la chair et la peau en sciant.

Pour identifier les coupes de poisson :

Coupe	Définition
A. Entier	Le poisson entier.
B. Paré	Le poisson entier, vidé et écaillé.
C. Filets	Morceaux de poisson sans arêtes découpés sur les côtés.
D. Darnes	Tranches coupées sur la largeur.

ŒUFS ET FROMAGE

Des œufs frais de la ferme ramassés aux petites heures du matin, d'épaisses tranches de cheddar fort, de fromage Monterey Jack blanc et crémeux et de fromage suisse au goût de noisette, voilà autant de délices qui apportent chaleur et réconfort à un repas.

Il n'y a pas de meilleure façon d'accueillir la famille au saut du lit, lorsque la journée s'annonce des plus occupées pour tous, que de leur servir des œufs brouillés accompagnés de bacon, de pommes de terre nouvelles, d'oignons et de poivrons verts parsemés de fromage râpé. S'il s'agit d'un dîner ou d'un souper en tête-à-tête, savourez pleinement ce moment autour d'une délicieuse omelette au fromage, nappée d'une sauce aux fines herbes. Si vous décidez de faire un brunch de fin de semaine, préparez une quiche au fromage; pendant que vous accueillerez vos invités, la quiche finira de cuire et prendra une riche couleur dorée.

Quel que soit le moment de la journée, quelle que soit l'occasion, les mets à base d'œufs et de fromage sont des plus délicieux et des plus nutritifs.

Omelette jardinière

1 omelette (2 portions)
30 min

*La sauce aux fines herbes préparée avec les tomates mûres du jardin rend
cette omelette à la courgette et aux champignons absolument délicieuse.*

Omelette

30 mL	(*2 c. à soupe*)	beurre ou margarine
250 mL	(*1 tasse*)	champignons frais, en tranches de 0,5 cm (*1/4 po*)
250 mL	(*1 tasse*)	courgette (1 moyenne), en tranches de 0,5 cm (*1/4 po*)
4		œufs, légèrement battus
1 mL	(*1/4 c. à thé*)	sel
1 mL	(*1/4 c. à thé*)	poivre
45 mL	(*3 c. à soupe*)	eau
15 mL	(*1 c. à soupe*)	beurre ou margarine
125 mL	(*1/2 tasse*)	mozzarella râpée (60 g / *2 oz*)

Sauce tomate

15 mL	(*1 c. à soupe*)	beurre ou margarine
1		tomate mûre moyenne, en morceaux de 1 cm (*1/2 po*)
30 mL	(*2 c. à soupe*)	persil frais haché
2 mL	(*1/2 c. à thé*)	basilic
1		pincée de sel
(2 mL)	(*1/2 c. à thé*)	ail frais haché fin

Dans une poêle à omelette de 20 cm (*8 po*) ou dans un poêlon de 25 cm (*10 po*) de diamètre, faire fondre 30 mL (*2 c. à soupe*) de beurre jusqu'à ce qu'il grésille. Ajouter les champignons et la courgette. Faire cuire à feu moyen, en remuant de temps à autre, jusqu'à ce que les légumes soient al dente (4 à 5 min). Retirer du poêlon; réserver. Dans un petit bol, mélanger le reste des ingrédients de l'omelette, *sauf* le beurre et le fromage. Dans le même poêlon, faire fondre 15 mL (*1 c. à soupe*) de beurre jusqu'à ce qu'il grésille. Verser le mélange aux œufs dans le poêlon. Faire cuire à feu moyen, en soulevant légèrement le mélange avec une spatule pour permettre aux parties non cuites de s'écouler au fond de la poêle, jusqu'à ce que l'omelette soit prise (3 à 4 min). Disposer les légumes sautés et le fromage sur une moitié de l'omelette. Replier avec précaution l'autre moitié de l'omelette sur la garniture. Entre-temps, dans une casserole de 1 L (*4 tasses*) faire fondre 15 mL (*1 c. à soupe*) de beurre; ajouter les autres ingrédients de la sauce. Faire cuire à feu moyen, en remuant de temps à autre, jusqu'à ce que ce soit bien chaud (4 à 5 min). Servir la sauce sur l'omelette.

Cuisson au micro-ondes : dans un moule à quiche de 25 cm (*10 po*) allant au micro-ondes, mettre 30 mL (*2 c. à soupe*) de beurre, les champignons et la courgette. Couvrir; faire cuire à FORT, en remuant après la mi-cuisson, jusqu'à ce que les légumes soient al dente (3 à 4 min). Retirer du moule à quiche; réserver. Entre-temps, dans un petit bol, combiner le reste des ingrédients de l'omelette *sauf* le beurre et le fromage. Dans le même moule à quiche, faire fondre 15 mL (*1 c. à soupe*) de beurre à FORT (20 à 35 s). Verser le mélange aux œufs dans le moule. Couvrir; faire cuire à FORT, en remuant après la mi-cuisson, jusqu'à ce que l'omelette soit prise (2 à 4 min). Disposer les légumes sautés et le fromage sur une moitié de l'omelette. Replier avec précaution l'autre moitié de l'omelette sur la garniture. Dans un petit bol, combiner les ingrédients de la sauce. Couvrir; faire cuire à FORT, en remuant après la mi-cuisson, jusqu'à ce que ce soit bien chaud (2 à 3 min). Servir la sauce sur l'omelette.

Omelette jardinière

4 portions
50 min

Quiche aux pommes de terre et à l'oignon

*Cette quiche au fromage suisse est des plus chaleureuses
lorsqu'elle est servie lors d'un repas réunissant toute la famille.*

30 mL	(*2 c. à soupe*) beurre ou margarine
250 mL	(*1 tasse*) pommes de terre rouges nouvelles (3 petites), en tranches de 0,2 cm (*1/8 po*)
1	oignon moyen, en tranches de 0,2 cm (*1/8 po*), séparées en rondelles
250 mL	(*1 tasse*) fromage suisse râpé (110 g / *4 oz*)
75 mL	(*1/3 tasse*) persil frais haché
75 mL	(*1/3 tasse*) lait
8	œufs, légèrement battus
2 mL	(*1/2 c. à thé*) sel
1 mL	(*1/4 c. à thé*) poivre
1	tomate mûre moyenne, en tranches de 0,5 cm (*1/4 po*)

Préchauffer le four à 200 °C (*400 °F*). Dans un poêlon de 25 cm (*10 po*) de diamètre, allant au four, faire fondre le beurre au four (3 à 4 min). Ajouter les pommes de terre et l'oignon. Enfourner, faire cuire en remuant une fois, pendant 15 à 20 min ou jusqu'à ce que les légumes soient al dente. Entre-temps, dans un petit bol, combiner le reste des ingrédients *sauf* les tranches de tomate. Verser sur les pommes de terre cuites et sur l'oignon; disposer les tranches de tomate sur les œufs. Remettre au four; poursuivre la cuisson pendant 17 à 22 min ou jusqu'à ce que les œufs soient pris et légèrement dorés.

Cuisson au micro-ondes : dans un moule à quiche de 25 cm (*10 po*) de diamètre allant au micro-ondes, faire fondre le beurre à FORT (30 à 45 s). Ajouter les pommes de terre et l'oignon. Couvrir; faire cuire à FORT, en remuant après la mi-cuisson, jusqu'à ce que les légumes soient al dente (3 à 5 min). Laisser reposer 5 min. Entre-temps, dans un bol de grandeur moyenne, combiner tous les ingrédients qui restent *sauf* les tranches de tomate. Couvrir; faire cuire à FORT en remuant aux 2 min, jusqu'à ce que le mélange soit chaud et commence à épaissir (5 à 7 min). Verser le mélange aux œufs chaud sur les pommes de terre et l'oignon. Couvrir; faire cuire à FORT, en tournant de 1/2 tour après la mi-cuisson, jusqu'à ce que les œufs soient pris au centre (5 à 7 min). Recouvrir des tomates pendant les deux dernières min du temps de cuisson.

6 portions
1 h 30 min

Quiche printanière

*La ciboulette fraîche dans la croûte et les asperges fraîches
dans la garniture font de cette quiche un délice du printemps.*

Croûte

250 mL	(*1 tasse*) farine tout usage
1 mL	(*1/4 c. à thé*) sel
75 mL	(*1/3 tasse*) beurre ou margarine
30 mL	(*2 c. à soupe*) ciboulette fraîche hachée
30 mL	(*2 c. à soupe*) eau froide

Garniture

500 mL	(*2 tasses*) cheddar râpé (225 g / *8 oz*)
250 mL	(*1 tasse*) poulet cuit, déchiqueté
6	tranches de bacon cuit, croustillant, en morceaux de 2,5 cm (*1 po*)
125 g	(*1/4 lb*) asperges fraîches
375 mL	(*1 1/2 tasse*) lait moitié-moitié ou lait
4	œufs, légèrement battus
1 mL	(*1/4 c. à thé*) sel
1	pincée de poivre

Préchauffer le four à 200 °C (*400 °F*). Dans un bol de grandeur moyenne, combiner la farine et le sel; incorporer le beurre en le coupant pour obtenir un mélange grumeleux. Incorporer la ciboulette et l'eau (le mélange sera grumeleux). Façonner en boule. Sur une surface légèrement farinée, abaisser la pâte en un cercle de 30 cm (*12 po*) de diamètre et de 0,2 cm (*1/8 po*) d'épaisseur. Plier en quatre; déplier et déposer dans un moule à quiche de 25 cm (*10 po*) de diamètre, en appuyant fermement au fond et contre les bords. Pincer les extrémités. Étaler le fromage au fond de la croûte; recouvrir de poulet. Parsemer de bacon. Dans un petit bol, combiner les ingrédients de la garniture qui restent. Verser sur le mélange au poulet. Enfourner; faire cuire au four 40 à 45 min ou jusqu'à ce que le mélange soit pris au centre et bien doré. Laisser reposer 10 min.

Quiche aux pommes de terre et à l'oignon

Œufs brouillés

4 portions
35 min

Des œufs frais de la ferme qui vous mettront en appétit.

8	tranches de bacon, en morceaux de 1 cm (*1/2 po*)
500 mL	(*2 tasses*) pommes de terre rouges nouvelles, en cubes de 2,5 cm (*1 po*)
250 mL	(*1 tasse*) oignons (2 moyens) hachés
125 mL	(*1/2 tasse*) poivron vert haché
50 mL	(*1/4 tasse*) lait

8	œufs, légèrement battus
2 mL	(*1/2 c. à thé*) sel
1 mL	(*1/4 c. à thé*) poivre
250 mL	(*1 tasse*) cheddar râpé (110 g / *4 oz*)

Dans un poêlon de 25 cm (*10 po*) de diamètre faire cuire le bacon à feu moyen pendant 5 min. Ajouter les pommes de terre, poursuivre la cuisson, en remuant de temps à autre, jusqu'à ce que les pommes de terre soient al dente (12 à 15 min). Ajouter les oignons et le poivron vert. Poursuivre la cuisson jusqu'à ce que les légumes soient al dente (3 à 4 min). Verser la graisse. Entre-temps, dans un petit bol, combiner le reste de ingrédients *sauf* le fromage. Verser le mélange aux œufs sur les légumes; bien mélanger. Faire cuire à feu moyen, en soulevant doucement avec une spatule pour que les portions non cuites s'écoulent au fond du poêlon, jusqu'à ce que les œufs soient pris (4 à 5 min). Parsemer les œufs de fromage; laisser reposer jusqu'à ce que le fromage soit fondu (2 à 4 min).

Cuisson au micro-ondes : dans une casserole de 3 L (*12 tasses*) allant au micro-ondes, faire cuire le bacon à FORT jusqu'à ce qu'il soit ramolli (2½ à 3 min). Ajouter les pommes de terre. Couvrir; faire cuire à FORT, en remuant après la mi-cuisson, jusqu'à ce que les pommes de terre soient al dente (5 à 8 min). Incorporer les oignons et le poivron vert. Couvrir; faire cuire à FORT, en remuant après la mi-cuisson, jusqu'à ce que les légumes soient al dente (2 à 2½ min). Verser la graisse. Entre-temps, dans un petit bol, combiner le reste des ingrédients *sauf* le fromage. Verser le mélange aux œufs sur les légumes; bien mélanger. Couvrir; faire cuire à FORT, en remuant après la mi-cuisson, jusqu'à ce que les œufs soient pris et juste secs (4 à 5 min). Parsemer les œufs de fromage; laisser reposer jusqu'à ce que le fromage soit fondu (2 à 4 min).

Œufs brouillés

Strata aux épinards et au cheddar (en haut)
Crêpe au four (en bas)

Crêpe au four

4 portions
45 min

Une crêpe gonflée remplie de légumes croquants et de cheddar.

15 mL	(*1 c. à soupe*) beurre ou margarine
125 mL	(*1/2 tasse*) farine tout usage
125 mL	(*1/2 tasse*) lait
2	œufs, légèrement battus
1 mL	(*1/4 c. à thé*) sel
30 mL	(*2 c. à soupe*) beurre ou margarine
500 mL	(*2 tasses*) bouquets de brocoli
250 mL	(*1 tasse*) oignon rouge, en morceaux de 2,5 cm (*1 po*)

250 mL	(*1 tasse*) poivron vert (1 moyen), en morceaux de 2,5 cm (*1 po*)
250 mL	(*1 tasse*) tomate mûre (1 moyenne), en morceaux de 2,5 cm (*1 po*)
1 mL	(*1/4 c. à thé*) sel
1 mL	(*1/4 c. à thé*) poivre
375 mL	(*1 1/2 tasse*) de cheddar émietté (170 g / 6 oz)

Préchauffer le four à 220 °C (*425 °F*). Dans un moule à tarte de 23 cm (*9 po*), faire fondre 15 mL (*1 c. à soupe*) de beurre au four (2 à 3 min). Entre-temps, dans un petit bol, combiner la farine, le lait, les œufs, 1 mL (*1/4 c. à thé*) de sel. Verser dans le moule à tarte avec le beurre fondu. Enfourner; faire cuire 12 à 15 min ou jusqu'à ce que ce soit doré. Entre-temps, dans un poêlon de 25 cm (*10 po*) de diamètre, faire fondre 30 mL (*2 c. à soupe*) de beurre. Ajouter le reste des ingrédients *sauf* le fromage. Faire cuire à feu moyen, en remuant de temps à autre, jusqu'à ce que les légumes soient al dente (12 à 15 min). Parsemer la crêpe de 125 mL (*1/2 tasse*) de fromage; couvrir d'un mélange de légumes. Parsemer avec les 250 mL (*1 tasse*) de fromage qui restent. Remettre au four; poursuivre la cuisson 5 à 7 min ou jusqu'à ce que le fromage soit fondu.

Strata aux épinards et au cheddar

8 portions
2 h 30 min

Pour faciliter les choses, préparez cette strata la veille et faites-la cuire le lendemain.

1,5 L	(*6 tasses*) pain de blé entier (8 tranches), en cubes de 1 cm (*1/2 po*)
750 mL	(*3 tasses*) cheddar râpé (340 g / 12 oz)
2 paquets	(300 g / 10 oz chacun) épinards hachés surgelés, dégelés, égouttés

60 g	(*2 oz*) piments doux rôtis en bocal, égouttés
6	œufs, battus
750 mL	(*3 tasses*) lait
7 mL	(*1 1/2 c. à thé*) sel d'oignon
2 mL	(*1/2 c. à thé*) poivre

Dans un plat allant au four de 33 x 23 cm (*13 x 9 po*), étaler par couches : 750 mL (*3 tasses*) de cubes de pain, le fromage, les épinards, les piments doux rôtis et les 750 mL (*3 tasses*) de cubes de pain qui restent. Dans un bol de grandeur moyenne, mélanger le reste des ingrédients; verser sur le mélange dans le plat. Couvrir; laisser au réfrigérateur au moins 1 h ou toute la nuit. Préchauffer le four à 160 °C (*325 °F*). Enfourner; faire cuire 60 à 75 min ou jusqu'à ce qu'un couteau, inséré au milieu, en ressorte propre. Laisser reposer 5 min avant de servir.

Cuisson au micro-ondes : dans un plat de 33 x 23 cm (*13 x 9 po*) allant au micro-ondes, assembler la strata comme indiqué ci-contre. Couvrir; mettre au réfrigérateur au moins 1 h ou toute la nuit. Couvrir; faire cuire à FORT, en tournant le plat de 1/2 tour deux fois pendant la cuisson, jusqu'à ce qu'un couteau, inséré au milieu, en ressorte propre (27 à 32 min). Laisser reposer 5 min avant de servir.

Œufs aux crevettes et à l'aneth à la diable

1 douzaine
2 h

Rangez ces œufs aux crevettes et à l'aneth à la diable dans une boîte à œufs
pour les apporter facilement en pique-nique ou à un barbecue.

6	œufs
50 mL	(*¼ tasse*) mayonnaise
1 boîte	(113 g / *4 oz*) crevettes moyennes déveinées, rincées, égouttées
30 mL	(*2 c. à soupe*) oignons verts hachés
15 mL	(*1 c. à soupe*) aneth frais haché*

1	pincée de poivre
15 mL	(*1 c. à soupe*) jus de lime
10 mL	(*2 c. à thé*) moutarde en grains forte
1 mL	(*¼ c. à thé*) sauce au piment fort
	Aneth frais

Dans une casserole de 2 L (*8 tasses*) mettre les œufs; ajouter assez d'eau pour recouvrir les œufs de 2,5 cm (*1 po*). Faire cuire à feu vif jusqu'à pleine ébullition. Retirer du feu. Couvrir; laisser reposer 20 à 25 min. Faire immédiatement refroidir les œufs dans l'eau froide pour arrêter la cuisson; les écaler. Trancher les œufs en deux sur la largeur. Retirer les jaunes; réserver les blancs. Mettre les jaunes d'œufs cuits dans un bol de grandeur moyenne; les écraser à la fourchette. Incorporer la mayonnaise, les crevettes,

l'oignon, 15 mL (*1 c. à soupe*) d'aneth, le poivre, le jus de lime, la moutarde et la sauce au piment fort. Déposer environ 15 mL (*1 c. à soupe*) de mélange dans chaque blanc d'œuf; garnir d'un brin d'aneth. Ranger dans un carton à œufs pour les transporter; mettre au réfrigérateur jusqu'au moment de les servir.

*5 mL (*1 c. à thé*) d'aneth séché peut remplacer 15 mL (*1 c. à soupe*) d'aneth frais.

Œufs aux fines herbes cuits au four

6 portions
60 min

Ces œufs mollets déposés dans des vol-au-vent donnent un tout nouveau style aux œufs bouillis.

1 paquet	(283 g / *10 oz*) pâte à vol-au-vent (6) surgelée
30 mL	(*2 c. à soupe*) beurre ou margarine, fondu
15 mL	(*1 c. à soupe*) sherry ou vinaigre
5 mL	(*1 c. à thé*) sauce Worcestershire

6	œufs
1 mL	(*¼ c. à thé*) sel
1 mL	(*¼ c. à thé*) poivre
1 mL	(*¼ c. à thé*) aneth
15 mL	(*1 c. à soupe*) oignon vert tranché fin

Préparer les vol-au-vent selon les indications sur l'emballage, *mais* les faire cuire seulement 20 min. Préchauffer le four à 180 °C (*350 °F*). Disposer 6 vol-au-vent dans un moule de 33 x 23 cm (*13 x 9 po*) allant au four et graissé. Dans chaque vol au vent, déposer 5 mL (*1 c. à thé*) de beurre fondu; arroser chaque vol-au-vent avec 2 mL (*½ c. à thé*) de sherry

et quelques gouttes de sauce Worcestershire. Casser 1 œuf dans chaque vol au vent; assaisonner d'une pincée de sel, de poivre et d'aneth. Parsemer avec 2 mL (*½ c. à thé*) d'oignon vert. Enfourner; faire cuire au four 20 à 25 min ou jusqu'à ce que les blancs soient pris.

Œufs aux crevettes et à l'aneth à la diable

Souper croustillant du Sud-Ouest

4 portions
45 min

*Une tortilla bien croustillante, garnie de saucisse de porc,
de tranches de courgettes et de beaucoup de fromage râpé.*

125 mL	(*½ tasse*) huile végétale
4	tortillas de farine (17,5 cm / *7 po*)
170 g	(*6 oz*) saucisse de porc
750 mL	(*3 tasses*) courgettes (3 moyennes), en tranches de 0,2 cm (*⅛ po*)
1	pincée de sel
1	pincée de piment de Cayenne

250 mL	(*1 tasse*) fromage Monterey Jack râpé (110 g / *4 oz*)
250 mL	(*1 tasse*) cheddar râpé (110 g / *4 oz*)
250 mL	(*1 tasse*) tomate mûre (1 moyenne) hachée
	Salsa
	Crème sure

Préchauffer le four à 200 °C (*400 °F*). Dans un poêlon de 25 cm (*10 po*) de diamètre, faire chauffer l'huile à feu moyen-vif. Faire frire chaque tortilla dans l'huile chaude 1 min; retourner. Poursuivre la cuisson jusqu'à ce qu'elle soit croustillante et légèrement dorée (1 min). Réserver. Dans une casserole de 2 L (*8 tasses*), faire cuire la saucisse à feu moyen, en remuant de temps à autre, jusqu'à ce que ce qu'elle soit dorée (4 à 5 min). Incorporer les courgettes, le sel et le piment de Cayenne. Poursuivre la cuisson, en remuant de temps à autre, jusqu'à ce que les courgettes soient al dente (4 à 5 min). Verser la graisse. Déposer les tortillas sur une plaque à biscuits. Recouvrir chacune d'elles d'environ 175 mL (*¾ tasse*) du mélange aux courgettes et aux saucisses, 50 mL (*¼ tasse*) de fromage Monterey Jack et 50 mL (*¼ tasse*) de cheddar. Parsemer avec 50 mL (*¼ tasse*) de tomate hachée.

Enfourner; faire cuire au four 8 à 12 min ou jusqu'à ce que ce soit bien chaud et le fromage, fondu. Servir avec de la salsa et de la crème sure.

Cuisson au micro-ondes : faire frire les tortillas comme indiqué ci-contre. Dans une casserole de 2 L (*8 tasses*) allant au micro-ondes, défaire la saucisse. Couvrir; faire cuire à FORT, en remuant après la mi-cuisson, jusqu'à ce que la saucisse ne soit plus rose (3 à 5 min). Verser la graisse. Incorporer les courgettes, le sel et le piment de Cayenne. Couvrir; faire cuire à FORT, en remuant après la mi-cuisson, jusqu'à ce que les courgettes soient al dente (3 à 4 min). Assembler comme indiqué ci-contre. Faire cuire une tortilla à FORT jusqu'à ce que le fromage soit fondu (1 à 1½ min). Répéter avec le reste des tortillas.

Pour faire frire les tortillas :

1. Dans un poêlon de 25 cm (*10 po*) de diamètre, faire chauffer l'huile à feu moyen-vif. Faire frire chaque tortilla dans l'huile chaude 1 min; retourner.

2. Poursuivre la cuisson jusqu'à ce qu'elle soit croustillante et légèrement dorée (1 min).

Souper croustillant du Sud-Ouest

4 portions
50 min

Pizza poêlée

Une pizza maison, avec une tendre croûte au beurre, cuite dans un poêlon.

Croûte

30 mL	(*2 c. à soupe*) beurre ou margarine
425 mL	(*1⅔ tasse*) farine tout usage
10 mL	(*2 c. à thé*) sucre
10 mL	(*2 c. à thé*) poudre à pâte
2 mL	(*½ c. à thé*) sel
175 mL	(*⅔ tasse*) lait

Sauce

1 boîte	(213 mL / *7,5 oz*) sauce tomate
1 boîte	(156 mL / *5,5 oz*) purée de tomate
5 mL	(*1 c. à thé*) basilic
2 mL	(*½ c. à thé*) origan

1 mL	(*¼ c. à thé*) poivre
2 mL	(*½ c. à thé*) ail frais haché fin

Garniture

375 mL	(*1½ tasse*) mozzarella râpée (170 g / *6 oz*)
250 mL	(*1 tasse*) champignons frais, en tranches de 0,5 cm (*¼ po*)
60 g	(*2 oz*) pepperoni tranché
1	poivron vert moyen, en tranches de 0,2 cm (*⅛ po*)
1	tomate moyenne mûre, en tranches de 0,2 cm (*⅛ po*)
125 mL	(*½ tasse*) olives mûres dénoyautées, en tranches 0,5 cm (*¼ po*)

Préchauffer le four à 220 °C (*425 °F*). Dans un poêlon de 25 cm (*10 po*) de diamètre allant au four, faire fondre le beurre au four (3 à 4 min). Entre-temps, dans un bol de grandeur moyenne, combiner tous les ingrédients de la croûte, *sauf* le lait. Incorporer le lait juste pour humecter le mélange. Sur une surface légèrement farinée, pétrir la pâte jusqu'à ce qu'elle soit lisse (1 min). Presser la pâte au fond du moule et jusqu'à la moitié des parois du poêlon contenant le beurre fondu. Enfourner; faire cuire au four pendant 10 min. Entre-temps, dans un petit bol, combiner tous les ingrédients de la sauce. Étaler la sauce sur la croûte partiellement cuite. Parsemer avec 250 mL (*1 tasse*) de fromage et les champignons. Disposer le pepperoni, le poivron vert et la tomate sur la pizza; parsemer d'olives et des 125 mL (*½ tasse*) de fromage qui restent. Remettre au four; poursuivre la cuisson pendant 15 à 20 min ou jusqu'à ce que ce soit bien chaud et le fromage, fondu.

Pizza poêlée

Tourte aux œufs pour le brunch

Tourte aux œufs pour le brunch

8 portions
1 jour

Une recette sensationnelle pour un déjeuner spécial ou un brunch.

Croûte

450 g	(*16 oz*) pâte feuilletée (2 feuilles) surgelée, abaissée, dégelée

Pommes de terre

50 mL	(*1/4 tasse*) beurre ou margarine
750 mL	(*3 tasses*) pommes de terre rouges nouvelles (6 moyennes), en tranches de 0,2 cm (*1/8 po*)
250 mL	(*1 tasse*) oignon (1 moyen), en tranches de 0,2 cm (*1/8 po*), séparées en rondelles
1 mL	(*1/4 c. à thé*) sel
1 mL	(*1/4 c. à thé*) poivre

Omelette

30 mL	(*2 c. à soupe*) beurre ou margarine
6	œufs
50 mL	(*1/4 tasse*) persil frais haché
1	pincée de sel
1	pincée de poivre
30 mL	(*2 c. à soupe*) eau

Garniture

225 g	(*1/2 lb*) jambon cuit, tranché fin
500 mL	(*2 tasses*) cheddar râpé (225 g / 8 oz)
1	œuf, légèrement battu
15 mL	(*1 c. à soupe*) eau

Sur une surface légèrement farinée, abaisser chaque feuille de pâte feuilletée en un carré de 30 cm (*12 po*) de côté. Foncer de pâte un moule à tarte de 25 cm (*10 po*) de diamètre; réserver. Dans un poêlon de 25 cm (*10 po*) de diamètre, faire fondre 50 mL (*1/4 tasse*) de beurre jusqu'à ce qu'il grésille. Ajouter les pommes de terre, l'oignon, 1 mL (*1/4 c. à thé*) de sel et 1 mL (*1/4 c. à thé*) de poivre. Couvrir; faire cuire à feu moyen-vif, en remuant de temps à autre, jusqu'à ce que les pommes de terre soient légèrement brunies et al dente (12 à 15 min). Réserver. Dans un poêlon propre, faire fondre 15 mL (*1 c. à soupe*) de beurre jusqu'à ce qu'il grésille. Entre-temps, dans un petit bol, combiner tous les ingrédients de l'omelette, *sauf* les 15 mL (*1 c. à soupe*) de beurre qui restent. Verser la moitié de l'omelette (200 mL / *3/4 tasse*) dans le poêlon avec les 15 mL (*1 c. à soupe*) de beurre qui grésille. Faire cuire à feu moyen. Pendant que le mélange prend, le soulever légèrement avec une spatule pour permettre aux portions qui ne sont pas cuites de couler au fond du poêlon. Poursuivre la cuisson jusqu'à ce que l'omelette soit prise (2 à 3 min). Faire glisser l'omelette sur une plaque à biscuits. Recommencer avec le reste de beurre et d'omelette. Étaler les ingrédients par couches dans le moule à tarte tapissé de pâte dans l'ordre suivant : 1 omelette, 110 g (*1/4 lb*) de jambon, la moitié des pommes de terre dorées, 250 mL (*1 tasse*) de fromage râpé, le reste de pommes de terre, le jambon, le fromage et l'omelette. Recouvrir avec la feuille de pâte feuilletée qui reste. Pincer les pâtes feuilletées ensemble pour former une bordure; découper l'excès de pâte. Flûter les bords de la pâte. Couvrir; mettre au réfrigérateur toute la nuit ou faire chauffer le four à 190 °C (*375 °F*). Dans un petit bol, combiner 1 œuf et 15 mL (*1 c. à soupe*) d'eau; en badigeonner la pâte feuilletée. Enfourner; faire cuire au four 30 à 35 min ou jusqu'à coloration dorée. Laisser reposer 5 min; découper en pointes. Si la tourte est placée au réfrigérateur toute la nuit, la laisser reposer à la température ambiante 30 min avant de la faire cuire. Pour la cuisson, suivre les explications ci-haut.

Conseil : vous pouvez remplacer le jambon par votre charcuterie préférée.

Coquilles farcies au cheddar et aux légumes

4 portions
45 min

Le cheddar et l'aneth rehaussent le goût des légumes nichés dans des coquilles en pâte.

12	grosses coquilles de macaroni
500 mL	(*2 tasses*) mélange de légumes surgelés
375 mL	(*1 1/2 tasse*) fromage cheddar ou colby (170 g / *6 oz*), en cubes de 1 cm (*1/2 po*)

30 mL	(*2 c. à soupe*) beurre ou margarine, fondu
2 mL	(*1/2 c. à thé*) aneth

Préchauffer le four à 180 °C (*350 °F*). Faire cuire les coquilles selon les directives sur l'emballage. Égoutter; rincer sous l'eau froide. Égoutter sur une serviette en papier. Disposer les coquilles dans un moule carré de 23 cm (*9 po*) de côté allant au four. Dans un petit bol, combiner les légumes et le fromage. Farcir chaque coquille avec environ 50 mL (*1/4 tasse*) de mélange. Dans un petit bol, combiner le beurre fondu et l'aneth; en badigeonner les coquilles. Couvrir; enfourner; faire cuire au four 20 à 25 min ou jusqu'à ce que ce soit bien chaud.

Cuisson au micro-ondes : préparer et farcir les coquilles comme indiqué ci-contre. Disposer les coquilles dans un moule carré de 23 cm (*9 po*) de côté allant au micro-ondes. Dans un petit bol, combiner le beurre fondu et l'aneth; en badigeonner les coquilles. Couvrir; faire cuire à FORT jusqu'à ce que ce soit bien chaud (4 1/2 à 5 1/2 min).

Fondue aux légumes

1 L (4 tasses)
30 min

Les légumes offrent du mordant et de la couleur à cette fondue rapide à préparer.

125 mL	(*1/2 tasse*) vin blanc ou lait
450 g	(*16 oz*) fromage pasteurisé fondu à tartiner, en cubes
1 paquet	(250 g / *8 oz*) fromage à la crème, en cubes
50 mL	(*1/4 tasse*) oignons verts hachés
75 mL	(*1/3 tasse*) céleri haché
1 paquet	(300 g / *10 oz*) épinards hachés surgelés, dégelés, égouttés

2 bocaux	(60 g / *2 oz* chacun) piments doux rôtis, hachés, égouttés
1	pincée de moutarde sèche
1	pincée de piment de Cayenne
	Cubes de pain
	Tortillas
	Bâtonnets de légumes

Dans une casserole de 2 L (*8 tasses*) ou dans un caquelon à fondue, combiner le vin, le fromage à tartiner et le fromage à la crème. Faire cuire à feu moyen, en remuant de temps à autre, jusqu'à ce que les fromages soient fondus (8 à 10 min). Incorporer le reste des ingrédients *sauf* les cubes de pain, les tortillas et les bâtonnets de légumes. Poursuivre la cuisson, en remuant de temps à autre, jusqu'à ce que ce soit chaud (8 à 10 min). Servir avec des cubes de pain, des tortillas ou des bâtonnets de légumes.

Cuisson au micro-ondes : dans une casserole de 2 L (*8 tasses*) allant au micro-ondes, combiner le vin, le fromage à tartiner et le fromage à la crème. Faire cuire à FORT, en remuant après la mi-cuisson, jusqu'à ce que les fromages soient fondus (5 à 6 min). Incorporer le reste des ingrédients *sauf* les cubes de pain, les tortillas et les bâtonnets de légumes. Faire cuire à FORT, en remuant après la mi-cuisson, jusqu'à ce que ce soit bien chaud (3 à 4 min). Servir avec des cubes de pain, des tortillas ou des bâtonnets de légumes.

Fondue aux légumes

Rouleaux de lasagne, sauce à la crème

8 portions
1 h 15 min

Rouleaux de lasagne, sauce à la crème

Cette lasagne est garnie de légumes frais du jardin et de fines herbes.

Lasagne

8	lasagnes non cuites
30 mL	(*2 c. à soupe*) beurre ou margarine
5 mL	(*1 c. à thé*) ail frais haché fin
250 mL	(*1 tasse*) courgette (1 moyenne), en tranches de 0,2 cm (*1/8 po*)
250 mL	(*1 tasse*) poivron jaune, rouge ou vert (1 moyen), en morceaux de 2,5 cm (*1 po*)
125 mL	(*1/2 tasse*) oignon rouge grossièrement haché
2 mL	(*1/2 c. à thé*) sel
1 mL	(*1/4 c. à thé*) poivre
30 mL	(*2 c. à soupe*) basilic frais déchiqueté*
5 mL	(*1 c. à thé*) origan frais haché*
1	œuf, légèrement battu
250 mL	(*1 tasse*) mozzarella râpée (110 g / *4 oz*)
125 mL	(*1/2 tasse*) parmesan frais râpé
1 contenant (475 mL / *15 oz*) ricotta**	
500 mL	(*2 tasses*) tomates mûres (2 moyennes), en morceaux de 1 cm (*1/2 po*)

Sauce aux fines herbes

30 mL	(*2 c. à soupe*) beurre ou margarine
30 mL	(*2 c. à soupe*) farine tout usage
1 mL	(*1/4 c. à thé*) sel
1 mL	(*1/4 c. à thé*) poivre
250 mL	(*1 tasse*) lait
250 mL	(*1 tasse*) mozzarella râpée (110 g / *4 oz*)
50 mL	(*1/4 tasse*) persil frais haché
15 mL	(*1 c. à soupe*) basilic frais déchiqueté*
30 mL	(*2 c. à soupe*) parmesan frais râpé

Préchauffer le four à 180 °C (*350 °F*). Faire cuire les lasagnes selon les indications sur l'emballage; rincer. Dans un poêlon de 25 cm (*10 po*) de diamètre, faire fondre 30 mL (*2 c. à soupe*) de beurre jusqu'à ce qu'il grésille; incorporer l'ail. Ajouter le reste des ingrédients des lasagnes *sauf* l'œuf, 250 mL (*1 tasse*) de mozzarella, 125 mL (*1/2 tasse*) de parmesan, le fromage ricotta, les tomates et les lasagnes. Faire cuire à feu moyen, en remuant de temps à autre, jusqu'à ce que les légumes soient al dente (5 à 6 min). Entre-temps, dans un grand bol, combiner l'œuf et les fromages. Incorporer les tomates et les légumes cuits. Déposer environ 125 mL (*1/2 tasse*) de garniture sur une extrémité de chaque lasagne, rouler la lasagne comme pour un gâteau roulé. (Un peu de garniture débordera à chacune des extrémités.) Dresser, le pli vers le bas, dans un moule de 30 x 20 cm (*12 x 8 po*) allant au four. Entourer les rouleaux avec le surplus de garniture. Réserver. Dans une casserole de 2 L (*8 tasses*) faire fondre 30 mL (*2 c. à soupe*) de beurre à feu moyen; incorporer la farine, 1 mL (*1/4 c. à thé*) de sel et 1 mL (*1/4 c. à thé*) de poivre. Faire cuire en remuant de temps à autre, jusqu'à ce que le mélange

soit chaud et qu'il bouillonne (30 s). Ajouter le lait; poursuivre la cuisson jusqu'à ce que le mélange commence à épaissir (1 à 2 min). Incorporer 250 mL (*1 tasse*) de mozzarella, 15 mL (*1 c. à soupe*) de persil et 15 mL (*1 c. à soupe*) de basilic. Poursuivre la cuisson, en remuant de temps à autre, jusqu'à ce que le fromage soit fondu (2 à 4 min). Verser sur les rouleaux de lasagne; parsemer avec 30 mL (*2 c. à soupe*) de parmesan. Enfourner; faire cuire 25 à 30 min ou jusqu'à ce que ce soit chaud.

*Il est possible de remplacer 30 mL (*2 c. à soupe*) de basilic frais déchiqueté par 10 mL (*2 c. à thé*) de basilic séché.

*Il est possible de remplacer 5 mL (*1 c. à thé*) d'origan frais par 1 mL (*1/4 c. à thé*) d'origan séché.

*Il est possible de remplacer 15 mL (*1 c. à soupe*) de basilic frais déchiqueté par 5 mL (*1 c. à thé*) de basilic séché.

**Il est possible de remplacer le fromage ricotta par 340 g (*12 oz*) de fromage cottage.

SALADES ET SANDWICHES

Quelle merveilleuse journée pour profiter du plein air. Une brise fraîche souffle doucement et de légers nuages blancs avancent paresseusement dans le ciel printanier. Le soleil est chaud, les premières fleurs sauvages de la saison commencent à éclore et les oiseaux chantent.

L'heure du dîner n'est pas encore arrivée, mais on dirait que le grand air vous ouvre l'appétit. Peut-être est-ce aussi parce que le panier de pique-nique n'est pas bien loin... Un petit coup d'œil à l'intérieur vous révèle une foule de délices : des petits pains généreusement garnis de viande fumée, une variété intéressante de fromages, une salade au poulet croquante sur des petits pains de blé entier, des légumes frais et des pâtes enrobés d'une alléchante sauce à la moutarde, de délicieux fruits frais bien mûrs et des biscuits maison.

Rien que des choses simples et délicieuses... des aliments qui peuvent aussi bien être servis à la maison, à un souper familial ou à une réunion entre amis dans la cour. Les sandwiches et les salades recréent en tout temps et en tout lieu, les joies d'un agréable pique-nique.

4 portions
25 min

Sandwiches au poulet, au citron et à l'aneth

Du poulet sauté, servi dans des petits pains français et assaisonné de fromage à la crème et d'aneth, tout simplement délicieux.

30 mL	(*2 c. à soupe*) beurre ou margarine		110 g	(*4 oz*) fromage à la crème, ramolli
1 mL	(*¼ c. à thé*) sel		2 mL	(*½ c. à thé*) aneth
1 mL	(*¼ c. à thé*) aneth		1 mL	(*¼ c. à thé*) sel
1	pincée de poivre		15 mL	(*1 c. à soupe*) jus de citron
1 mL	(*¼ c. à thé*) ail frais haché fin		4	petits pains français, ouverts
2	poitrines de poulet entières, désossées, dépiautées, coupées en deux		4	feuilles de laitue
150 mL	(*⅔ tasse*) crème sure		8	tranches de tomate mûre

Dans un poêlon de 25 cm (*10 po*) de diamètre, faire fondre le beurre jusqu'à ce qu'il grésille; incorporer le sel, l'aneth, le poivre et l'ail. Ajouter les poitrines de poulet. Faire cuire à feu moyen-vif, en retournant de temps à autre, jusqu'à ce que le poulet soit doré et tendre sous la fourchette (10 à 15 min). Entre-temps, dans un petit bol, combiner tous les ingrédients qui restent, *sauf* les petits pains, la laitue et les tranches de tomate. Pour assembler chaque sandwich, étaler environ 15 mL (*1 c. à soupe*) de mélange au fromage à la crème sur la moitié inférieure des petits pains. Recouvrir d'une feuille de laitue, de 2 tranches de tomate et de poitrine de poulet sautée. Déposer environ 15 mL (*1 c. à soupe*) de mélange au fromage à la crème sur le poulet; replacer la moitié de pain par-dessus.

Cuisson au micro-ondes : dans un plat de 30 x 20 cm (*12 x 8 po*) allant au micro-ondes, faire fondre le beurre à FORT (20 à 35 s). Incorporer le sel, l'aneth, le poivre et l'ail. Mettre le poulet dans le plat, le tourner pour l'enrober de beurre fondu assaisonné. Couvrir; faire cuire à FORT, en tournant le poulet et en le réarrangeant après la mi-cuisson, jusqu'à ce qu'il ne soit plus rose (5 à 7 min). Assembler les sandwiches comme indiqué ci-contre.

12 sandwiches (6 portions)
1 h 30 min

Sandwiches à la salade de poulet croquante

Les radis frais, le céleri et le concombre ajoutent une touche croquante à ces sandwiches au poulet.

500 mL	(*2 tasses*) poulet cuit, en cubes de 2,5 cm (*1 po*)		125 mL	(*½ tasse*) mayonnaise
125 mL	(*½ tasse*) céleri, en tranches de 0,5 cm (*¼ po*)		5 mL	(*1 c. à thé*) aneth
125 mL	(*½ tasse*) concombre, en tranches de 0,5 cm (*¼ po*), coupées en deux		1 mL	(*¼ c. à thé*) sel
75 mL	(*⅓ tasse*) radis, en tranches de 0,5 cm (*¼ po*), coupées en deux		12	petits pains à sandwich
				Laitue

Dans un grand bol, combiner tous les ingrédients *sauf* les petits pains et la laitue. Couvrir; mettre au réfrigérateur au moins 1 h pour mêler les saveurs. Étaler sur les petits pains; garnir de laitue.

Sandwiches à la salade de poulet croquante (en haut)
Sandwiches au poulet, au citron et à l'aneth (en bas)

4 club-sandwiches
20 min

Club-sandwiches au poulet et à l'avocat

La moutarde en grains ajoute une saveur soutenue à ce sandwich.

12	tranches de pain de blé entier	1	avocat moyen, pelé, tranché
50 mL	(*¼ tasse*) oignons verts hachés	8	tranches de tomate mûre
150 mL	(*⅔ tasse*) mayonnaise	8	tranches de bacon cuit, croustillant,
45 mL	(*3 c. à soupe*) moutarde en grains forte		coupées en deux
8	tranches de poulet ou de dinde cuit		Laitue
	de 30 g (*1 oz*) chacune		

Faire rôtir le pain. Dans un petit bol, combiner les oignons, la mayonnaise et la moutarde. Étaler le mélange de mayonnaise sur un côté de chacune des tranches de pain. Pour assembler les sandwiches, mettre 2 tranches de dinde sur 1 tranche de pain, recouvrir de tranches d'avocat. Disposer 1 tranche de pain par-dessus, côté mayonnaise en dessous; étaler de la mayonnaise sur le pain. Garnir de 2 tranches de tomate, de 4 morceaux de bacon et d'une feuille de laitue. Recouvrir de la tranche de pain rôtie. Recommencer pour les autres sandwiches. Fixer avec des cure-dents.

Pour préparer les avocats :

1. Couper l'avocat en deux sur la longueur; retirer le noyau.

2. Peler et trancher.

Club-sandwiches au poulet et à l'avocat

6 portions
20 min

Sandwiches au fromage bleu

Après une dure journée de travail,
dégustez ces délicieux sandwiches tartinés de fromage bleu.

50 mL	(*¼ tasse*) beurre ou margarine, ramolli	12	fines tranches de dinde cuite, de 15 g (*½ oz*) chacune
50 mL	(*¼ tasse*) fromage bleu émietté	12	fines tranches de salami dur, de 7 g (*¼ oz*) chacune
450 g	(*1 lb*) pain italien ou pain français, tranché en deux sur la longueur	4	tranches de mozzarella de 30 g (*1 oz*) chacune, coupées en deux
8	feuilles de laitue		
1	tomate moyenne mûre, coupée en six tranches		

Dans un petit bol, combiner le beurre et le fromage bleu. Étaler la moitié du mélange sur chaque demi-pain. Déposer les deux demi-pains sur une plaque à biscuits. Placer entre 12 et 15 cm (*5 et 6 po*) de l'élément supérieur pendant 2 à 4 min ou jusqu'à ce que le beurre soit fondu et le pain grillé. Pour assembler le sandwich, déposer les feuilles de laitue sur la moitié d'un pain. Couvrir de tomate, de dinde, de salami et de fromage. Recouvrir de l'autre moitié de pain. Avec un couteau denté, découper en portions individuelles.

4 sandwiches
20 min

Sandwiches à la dinde et à la ciboulette

Des sandwiches parfaits pour un pique-nique.

1 paquet	(250 g / *8 oz*) fromage à la crème, ramolli	1	tomate moyenne mûre, en tranches de 0,5 cm (*¼ po*)
30 mL	(*2 c. à soupe*) ciboulette fraîche hachée	1	poivron vert moyen, en rondelles de 0,5 cm (*¼ po*) d'épaisseur
4	petits pains français, ouverts	4	tranches de fromage suisse de 30 g (*1 oz*) chacune
4	feuilles de laitue		
8	tranches de dinde cuite de 30 g (*1 oz*) chacune		

Dans un petit bol, combiner le fromage à la crème et la ciboulette. En tartiner la moitié des pains. Pour assembler chaque sandwich, déposer sur un demi-pain une feuille de salade, 2 tranches de dinde, de la tomate, du poivron vert et une tranche de fromage. Recouvrir de l'autre moitié de pain. Recommencer avec les autres sandwiches.

Sandwiches à la dinde et à la ciboulette

Sandwiches spéciaux au rôti de bœuf et au raifort

4 sandwiches
20 min

Ce délicieux pain à la levure garni d'une tartinade au raifort et de rôti de bœuf
fera le délice de la journée.

Tartinade au raifort

125 mL	(*½ tasse*) crème sure
1 mL	(*¼ c. à thé*) sel
1	pincée de poivre
15 mL	(*1 c. à soupe*) moutarde en grains forte
5 mL	(*1 c. à thé*) raifort préparé

Sandwiches

50 mL	(*¼ tasse*) beurre ou margarine, ramolli
2 mL	(*½ c. à thé*) ail frais haché fin
8	tranches de pain à la levure
12	tranches de rôti de bœuf
8	tranches de tomate mûre
12	tranches de concombre

Dans un petit bol, combiner tous les ingrédients de la tartinade. Dans un petit bol, combiner le beurre et l'ail. Tartiner chaque tranche de pain de beurre à l'ail. Disposer sur une plaque à biscuits. Placer entre 12 et 15 cm (*5 et 6 po*) de l'élément supérieur, 3 à 4 min, jusqu'à ce que le pain soit grillé. Pour assembler, garnir chaque tranche de pain de 3 tranches de rôti de bœuf, 2 tranches de tomate et 3 tranches de concombre. Recouvrir d'une tranche de pain.

Sandwiches au fromage et à la viande

4 sandwiches
20 min

Les petits pains au beurre grillés et croustillants rehaussent
la saveur de ces sandwiches à la viande et au fromage.

50 mL	(*¼ tasse*) beurre ou margarine, ramolli
4	petits pains français
50 mL	(*¼ tasse*) oignons verts hachés
125 mL	(*½ tasse*) crème sure
50 mL	(*¼ tasse*) moutarde en grains forte
225 g	(*8 oz*) jambon, rôti de bœuf ou dinde fumée, tranché

110 g	(*4 oz*) fromage Monterey Jack tranché
110 g	(*4 oz*) cheddar tranché
110 g	(*4 oz*) fromage suisse tranché
1	tomate moyenne mûre, coupée en 8 tranches
	Laitue en feuilles
4	cure-dents en bois de 15 cm (*6 po*) de long

Tartiner l'intérieur des petits pains. Préchauffer un poêlon de 25 cm (*10 po*) de diamètre ou une grille. Faire griller le pain, le côté beurré vers le bas, jusqu'à ce qu'il soit doré (4 à 5 min). Entre-temps, dans un petit bol, combiner les oignons verts, la crème sure et la moutarde. Étaler sur les pains grillés. Répartir la viande et le fromage entre les petits pains. Recouvrir chacun de 2 tranches de tomate, de laitue, puis de l'autre moitié de pain. Maintenir en place avec des cure-dents en bois.

Sandwiches au fromage et à la viande (en haut)
Sandwiches spéciaux au rôti de bœuf et au raifort (en bas)

Sandwiches ouverts à la salade aux œufs

Sandwiches ouverts à la salade aux œufs

4 sandwiches
40 min

*Du pain de blé entier grillé, garni de concombres croquants, de tomates juteuses,
de salade aux œufs crémeuse et de bacon disposé en croix.*

Salade aux œufs

6	œufs
250 mL	(*1 tasse*) de céleri (2 branches), en tranches de 0,5 cm (*1/4 po*)
175 mL	(*3/4 tasse*) mayonnaise
30 mL	(*2 c. à soupe*) oignon vert haché
1 mL	(*1/4 c. à thé*) sel
1 mL	(*1/4 c. à thé*) poivre
5 mL	(*1 c. à thé*) raifort préparé

Sandwiches

8	tranches de bacon
4	tranches de pain de blé entier
4	feuilles de laitue
8	tranches de tomate mûre
12	tranches de concombre

Dans une casserole de 2 L (*8 tasses*), mettre les œufs; ajouter de l'eau froide jusqu'à 2,5 cm (*1 po*) au-dessus des œufs. Faire cuire à feu vif jusqu'à ce que l'eau soit à pleine ébullition. Retirer du feu. Couvrir; laisser reposer 20 à 25 min. Faire immédiatement refroidir les œufs dans de l'eau froide pour arrêter la cuisson; les écaler. Hacher les œufs durs; les mettre dans un bol de grandeur moyenne. Incorporer le reste des ingrédients de la salade aux œufs. Faire cuire le bacon à la poêle ou au micro-ondes jusqu'à ce qu'il soit croustillant (4 à 5 min). Entre-temps, faire rôtir le pain. Recouvrir chaque tranche de pain rôtie de 1 feuille de laitue, 2 tranches de tomate, 3 tranches de concombre et 125 mL (*1/2 tasse*) de salade aux œufs. Disposer le bacon cuit en croix, sur la garniture.

Sandwiches au thon et aux légumes

8 sandwiches
20 min

Des sandwiches au thon, tant appréciés, rehaussés de légumes frais.

50 mL	(*1/4 tasse*) céleri haché
50 mL	(*1/4 tasse*) mayonnaise
1 boîte	(*184 g / 6,5 oz*) thon, égoutté
4	muffins anglais, ouverts, rôtis
8	rondelles de poivrons verts

8	tranches de tomate mûre
8	tranches de cheddar de 8 x 8 cm (*3 1/4 x 3 1/4 po*)
30 mL	(*2 c. à soupe*) oignon vert tranché

Préchauffer le four à 180 °C (*350 °F*). Dans un bol de grandeur moyenne, combiner le céleri, la mayonnaise et le thon. Disposer les muffins anglais sur une plaque à biscuits. Étaler le mélange au thon sur les muffins. Couvrir chaque demi-muffin d'une rondelle de poivron vert et d'une tranche de tomate. Enfourner; faire cuire au four pendant 10 à 12 min ou jusqu'à ce que ce soit bien chaud. Sortir du four; recouvrir chaque demi-muffin d'un tranche de fromage. Garnir d'oignon vert. Poursuivre la cuisson pendant 1 à 2 min ou jusqu'à ce que le fromage soit fondu.

Cuisson au micro-ondes : préparer les muffins comme indiqué ci-contre. Recouvrir chaque demi-muffin d'une tranche de fromage. Garnir d'oignon vert. Pour chaque portion, mettre 2 muffins dans chaque assiette tapissée d'une serviette en papier. Faire cuire à FORT jusqu'à ce que ce soit bien chaud (1 1/2 à 2 min).

8 sandwiches
30 min

Sandwiches ouverts à la dinde et au brocoli

*Le brocoli, l'oignon rouge et le fromage garnissent ces sandwiches à la dinde
aromatisés d'une pointe d'estragon.*

125 mL	(*1/2 tasse*) beurre ou margarine, ramolli
2 mL	(*1/2 c. à thé*) estragon
1	pain français de 450 g (*1 lb*) coupé en quatre, tranché à l'horizontale
450 g	(*1 lb*) dinde cuite, tranchée
175 mL	(*3/4 tasse*) mayonnaise

3 mL	(*3/4 c. à thé*) estragon
750 mL	(*3 tasses*) bouquets de brocoli
1	oignon rouge moyen, en tranches de 0,5 cm (*1/4 po*), divisées en rondelles
8	tranches de fromage Monterey Jack de 30 g (*1 oz*) chacune

Faire chauffer le grill. Dans un petit bol, combiner le beurre et 2 mL (*1/2 c. à thé*) d'estragon; en tartiner les tranches de pain. Répartir la dinde parmi les tranches de pain. Dans un petit bol, combiner la mayonnaise et 3 mL (*3/4 c. à thé*) d'estragon; étaler sur la dinde, recouvrir de brocoli et de rondelles d'oignon.

Disposer les sandwiches sur une plaque à biscuits. Placer au four entre 7 et 10 cm (*3 et 4 po*) de l'élément supérieur pendant 3 à 5 min ou jusqu'à ce que les sandwiches soient bien chauds. Recouvrir de fromage; faire griller 2 à 3 min ou jusqu'à ce que le fromage soit fondu.

6 sandwiches
20 min

Sandwiches au jambon, à la dinde et au raifort

Des sandwiches chauds avec une touche de raifort et le croquant du poivron vert.

6	tranches de pain de seigle
75 mL	(*1/3 tasse*) beurre ou margarine, ramolli
30 mL	(*2 c. à soupe*) raifort préparé
6	tranches de dinde cuite de 30 g (*1 oz*) chacune

6	tranches de jambon cuit de 30 g (*1 oz*) chacune
6	tranches de tomate mûre
1	poivron vert moyen, en 6 rondelles
6	tranches de cheddar de 30 g (*1 oz*) chacune

Faire chauffer le grill. Faire rôtir le pain. Dans un petit bol, combiner le beurre et le raifort; tartiner les rôties du mélange au beurre. Couvrir chaque tranche de pain de 1 tranche de dinde, 1 tranche de jambon, 1 tranche de tomate et 1 rondelle de poivron vert. Disposer les sandwiches sur une plaque à biscuits. Placer au four entre 7 et 10 cm (*3 et 4 po*) de l'élément supérieur pendant 3 à 4 min ou jusqu'à ce que les sandwiches soient bien chauds. Recouvrir de fromage; faire griller 2 à 3 min ou jusqu'à ce que le fromage soit fondu.

Cuisson au micro-ondes : préparer les sandwiches comme indiqué ci-contre. Mettre 3 sandwiches dans une grande assiette. Faire cuire à MOYEN (50 % de la puissance), en tournant le plat de 1/4 de tour après la mi-cuisson, jusqu'à ce que le fromage soit fondu (3 à 3 1/2 min). Recommencer avec le reste des sandwiches.

Sandwiches ouverts à la dinde et au brocoli

Sandwiches au jambon, à la pomme et au sirop d'érable

4 portions
30 min

Composez ces délicieux sandwiches de jambon fumé et de pommes croquantes mijotées dans du sirop d'érable.

30 mL	(*2 c. à soupe*) beurre ou margarine
500 mL	(*2 tasses*) pommes à tarte (2 moyennes), pelées, sans trognon, en tranches de 0,5 cm (*¼ po*)
50 mL	(*¼ tasse*) sirop d'érable
1 mL	(*¼ c. à thé*) muscade
8	tranches de jambon cuit de 30 g (*1 oz*) chacune
8	gaufres surgelées
	Sirop d'érable

Dans un poêlon de 25 cm (*10 po*) de diamètre, faire fondre le beurre jusqu'à ce qu'il grésille; ajouter les pommes, le sirop d'érable et la muscade. Faire cuire à feu moyen, en remuant de temps à autre, jusqu'à ce que les pommes soient tendres, mais croquantes (3 à 4 min). Mettre le jambon dans le même poêlon, en disposant les tranches de pommes sur le jambon. Poursuivre la cuisson jusqu'à ce que ce soit bien chaud (5 à 6 min). Entre-temps, faire rôtir ou cuire les gaufres comme indiqué sur l'emballage. Répartir le mélange de jambon et de pomme entre 4 gaufres rôties. Recouvrir des gaufres rôties qui restent. Servir avec du sirop d'érable.

Cuisson au micro-ondes : dans un plat de 33 x 23 cm (*13 x 9 po*) allant au micro-ondes, faire fondre le beurre à FORT (20 à 30 s). Incorporer les pommes, le sirop d'érable et la muscade. Mettre le jambon dans le plat de cuisson; disposer les pommes sur le jambon. Couvrir; faire cuire à FORT jusqu'à ce que les pommes soient tendres, mais croquantes, et le jambon, bien cuit (3 à 5 min). Assembler les sandwiches comme indiqué ci-contre.

Sandwiches au porc à la sauce barbecue

6 portions
45 min

Cette riche sauce savoureuse donne l'impression d'avoir mijoté toute la journée.

Sauce

50 mL	(*¼ tasse*) cassonade bien tassée
75 mL	(*⅓ tasse*) moutarde en grains forte
375 mL	(*14 oz*) ketchup
1 mL	(*¼ c. à thé*) origan
1 mL	(*¼ c. à thé*) poudre de chili
30 mL	(*2 c. à soupe*) vinaigre de cidre
30 mL	(*2 c. à soupe*) sauce Worcestershire
2 mL	(*½ c. à thé*) liquide fumé
3	tranches de citron

Porc

30 mL	(*2 c. à soupe*) beurre ou margarine
125 mL	(*½ tasse*) céleri en tranches de 2,5 cm (*1 po*)
450 g	(*1 lb*) filet de porc, en morceaux de 2,5 cm (*1 po*)*
2	oignons moyens, en tranches de 0,2 cm (*⅛ po*)
1 mL	(*¼ c. à thé*) sel
1 mL	(*¼ c. à thé*) poivre
8	petits pains de blé entier

Dans une casserole de 3 L (*12 tasses*), combiner tous les ingrédients. Faire cuire à feu doux, en remuant de temps à autre, jusqu'à ce que ce soit bien chaud (5 à 10 min). Entre-temps, dans un poêlon de 25 cm (*10 po*) de diamètre, faire fondre le beurre jusqu'à ce qu'il grésille. Ajouter le reste des ingrédients du porc, *sauf* les petits pains. Faire cuire à feu moyen-vif jusqu'à ce que la viande soit brunie (13 à 18 min). Ajouter le mélange au porc à la sauce barbecue. Servir le porc dans les petits pains.

*Il est possible de remplacer le filet de porc par 750 mL (*3 tasses*) de rôti de porc cuit et déchiqueté.

Cuisson au micro-ondes : dans une casserole de 3 L (*12 tasses*) allant au micro-ondes, combiner tous les ingrédients de la sauce. Couvrir; faire cuire à FORT, en remuant après la mi-cuisson, jusqu'à ce que ce soit bien chaud (3 à 5 min). Incorporer le reste des ingrédients du porc *sauf* les petits pains. Couvrir; faire cuire à FORT, en remuant après la mi-cuisson, jusqu'à ce que la viande soit tendre sous la fourchette (10 à 13 min). Assembler les sandwiches comme indiqué ci-contre.

Sandwiches au jambon, à la pomme et au sirop d'érable

Pain croûté farci à la saucisse (en haut)
Palets de saucisse grillés sur pain de seigle (en bas)

4 portions
30 min

Palets de saucisse grillés sur pain de seigle

*De la mozzarella qui fond en quantité entre les palets de saucisse,
les oignons et le pain de seigle aux graines de carvi.*

450 g	(*1 lb*) saucisse de porc		8	tranches de pain de seigle aux graines
1	oignon moyen, en tranches			de carvi
	de 0,2 cm (*1/8 po*)		90 mL	(*6 c. à soupe*) beurre ou margarine
8	rondelles de poivron vert			
8	tranches de mozzarella de 30 g (*1 oz*)			
	chacune			

Façonner la chair à saucisse en 8 palets. Disposer dans un poêlon de 25 cm (*10 po*) de diamètre. Faire cuire à feu moyen, en retournant une fois, jusqu'à ce qu'ils soient brunis et bien cuits (6 à 8 min). Ajouter l'oignon et le poivron vert. Poursuivre la cuisson, en remuant de temps à autre, jusqu'à ce que les légumes soient al dente (4 à 5 min). Retirer les palets de saucisse et les légumes du poêlon; jeter la graisse. Pour assembler chaque sandwich, mettre 1 tranche de fromage sur une tranche de pain. Recouvrir de 2 palets de saucisse, du ¼ des tranches d'oignon, de 2 rondelles de poivron vert, de 1 tranche de fromage et de 1 tranche de pain. Dans le même poêlon, faire fondre 45 mL (*3 c. à soupe*) de beurre jusqu'à ce qu'il grésille. Mettre 2 sandwiches dans le poêlon. Couvrir; faire cuire à feu moyen, jusqu'à ce qu'ils soient dorés (3 min). Retourner. Couvrir; poursuivre la cuisson

jusqu'à ce que le fromage soit fondu (2 à 3 min). Dresser les sandwiches sur un plateau; les garder au chaud pendant que les autres sandwiches cuisent dans les 45 mL (*3 c. à soupe*) de beurre qui restent.

Cuisson au micro-ondes : façonner la chair à saucisse en 8 palets. Disposer dans un plat de 33 x 23 cm (*13 x 9 po*) allant au micro-ondes. Couvrir; faire cuire à FORT jusqu'à ce qu'ils soient partiellement cuits (3 à 4 min). Retourner les palets; ajouter l'oignon et le poivron vert. Couvrir; faire cuire à FORT jusqu'à ce que les légumes soient al dente et la saucisse, bien cuite (3 à 4 min). Jeter la graisse. Assembler les sandwiches comme indiqué ci-contre. Mettre dans le même plat de cuisson. Couvrir; faire cuire à FORT jusqu'à ce que le fromage soit fondu (1½ à 2 min).

6 portions
45 min

Pain croûté farci à la saucisse

*Un pain à la levure rempli des délicieuses saveurs de la saucisse, des oignons,
des champignons, des tomates et du poivron vert.*

675 g	(*1½ lb*) saucisse italienne douce,		1	poivron vert moyen, en lanières
	en morceaux de 2,5 cm (*1 po*)			de 1 cm (*1/2 po*)
2	oignons moyens, en tranches		50 mL	(*1/4 tasse*) persil frais haché
	de 0,2 cm (*1/8 po*)		1 boîte	(*156 mL / 5,5 oz*) pâte de tomate
500 mL	(*2 tasses*) champignons frais		5 mL	(*1 c. à thé*) basilic
	(225 g / ½ lb), coupés en deux		1 mL	(*1/4 c. à thé*) sel
500 mL	(*2 tasses*) tomates mûres (2 moyennes),		1 mL	(*1/4 c. à thé*) poivre
	en morceaux de 2,5 cm (*1 po*)		450 g	(*1 lb*) pain rond à la levure

Préchauffer le four à 190 °C (*375 °F*). Dans un poêlon de 25 cm (*10 po*) de diamètre, faire dorer la saucisse et les oignons à feu moyen-vif, en remuant de temps à autre (8 à 10 min). Jeter la graisse. Réduire le feu à moyen. Ajouter les champignons, les tomates et le poivron vert. Faire cuire, en remuant de temps à autre, jusqu'à ce que les légumes soient al dente (5 à 7 min). Incorporer le reste des ingrédients *sauf* le pain. Poursuivre la cuisson, en remuant de temps à autre,

jusqu'à ce que ce soit bien chaud (5 à 7 min). Entre-temps, découper une mince calotte sur le pain; réserver. Vider la mie en laissant 2,5 cm (*1 po*) tout autour. (Garder la mie de pain et l'utiliser comme chapelure de pain fraîche.) Mettre le pain sur une plaque à biscuits; enfourner; faire cuire 12 à 15 min ou jusqu'à ce qu'il soit croustillant. Remplir le pain chaud avec le mélange à la saucisse. Découper en pointes avec un couteau denté.

Sandwiches aux produits de la ferme (en haut)
Sandwiches à la tomate, au bacon et au cheddar (en bas)

4 portions
20 min

Sandwiches à la tomate, au bacon et au cheddar

*La mayonnaise et le cheddar fondu donnent un petit goût bien spécial
à ces sandwiches toujours populaires.*

8	tranches de bacon	12	rondelles d'oignon rouge
4	petits pains à l'oignon, ouverts	12	tranches de concombre
75 mL	(*⅓ tasse*) mayonnaise	8	bandes de cheddar de 11 x 2,5 x 0,2 cm
15 mL	(*1 c. à soupe*) moutarde en grains forte		(*2¼ x 1 x ⅛ po*)
4	tranches de tomate mûre		

Préchauffer le four à 190 °C (*375 °F*). Faire cuire le bacon à la poêle ou au micro-ondes, jusqu'à ce qu'il soit croustillant (4 à 5 min). Mettre les pains aux oignons ouverts sur une plaque à biscuits. Dans un petit bol, combiner la mayonnaise et la moutarde. Pour assembler chaque sandwich, étendre 15 mL (*1 c. à soupe*) de mélange à la mayonnaise sur chaque demi-pain. Recouvrir de 1 tranche de tomate, 3 rondelles d'oignon et 3 tranches de concombre. Disposer, en croix, 2 lanières de bacon sur les tranches de concombre. Disposer, en croix, 2 bandes de fromage sur le bacon. Enfourner; faire cuire 3 à 5 min ou jusqu'à ce que le fromage soit fondu. Recouvrir de l'autre demi-pain.

Cuisson au micro-ondes : disposer le bacon sur une plaque à rôtir allant au micro-ondes. Couvrir; faire cuire à FORT jusqu'à ce qu'il soit croustillant (5 à 8 min). Assembler les sandwiches comme indiqué ci-contre; dresser sur un grand plateau. Faire cuire à FORT jusqu'à ce que le fromage soit fondu (2 à 3 min). Recouvrir de l'autre demi-pain.

4 portions
30 min

Sandwiches aux produits de la ferme

*Profitez des produits du marché pour préparer ces bagels garnis
de légumes frais sautés et de fromage Monterey Jack.*

45 mL	(*3 c. à soupe*) beurre ou margarine	1 mL	(*¼ c. à thé*) sel
500 mL	(*2 tasses*) courgettes (2 moyennes), en tranches de 0,2 cm (*⅛ po*)	1 mL	(*¼ c. à thé*) poivre
375 mL	(*1½ tasse*) champignons frais, en tranches de 0,5 cm (*¼ po*)	2 mL	(*½ c. à thé*) ail frais haché fin
		4	bagels, ouverts
125 mL	(*½ tasse*) oignon rouge, en tranches de 0,2 cm (*⅛ po*), séparées en rondelles	500 mL	(*2 tasses*) fromage Monterey Jack (225 g / *8 oz*), râpé
5 mL	(*1 c. à thé*) basilic	8	tranches de tomate mûre

Préchauffer le four à 190 °C (*375 °F*). Dans un poêlon de 25 cm (*10 po*) de diamètre, faire fondre le beurre jusqu'à ce qu'il grésille. Incorporer le reste des ingrédients, *sauf* les bagels, le fromage et la tomate. Faire cuire à feu moyen, en remuant de temps à autre, jusqu'à ce que les légumes soient al dente (4 à 5 min). Entre-temps, mettre les bagels sur une plaque à biscuits; déposer 30 mL (*2 c. à soupe*) de fromage sur chaque demi-bagel. Enfourner; faire cuire 5 min ou jusqu'à ce que le fromage soit fondu. Sortir du four; recouvrir chaque demi-bagel de 1 tranche de tomate. Répartir le mélange aux courgettes entre les bagels. Garnir avec le reste de fromage. Remettre au four; poursuivre la cuisson 4 à 5 min ou jusqu'à ce que le fromage soit fondu.

Cuisson au micro-ondes : dans une casserole de 2 L (*8 tasses*) allant au micro-ondes, faire fondre le beurre à FORT (30 à 45 s). Incorporer le reste des ingrédients *sauf* les bagels, le fromage et la tomate. Couvrir; faire cuire à FORT, en remuant après la mi-cuisson, jusqu'à ce que les légumes soient al dente (3 à 4 min). Mettre les bagels sur un grand plateau; les garnir de 30 mL (*2 c. à soupe*) de fromage. Faire cuire à FORT jusqu'à ce que le fromage soit fondu (1 à 1½ min). Sortir du micro-ondes; garnir chaque demi-bagel de 1 tranche de tomate. Répartir le mélange aux courgettes entre les bagels. Recouvrir avec le reste de fromage. Faire cuire à FORT jusqu'à ce que le fromage soit fondu (2½ à 3½ min).

4 portions
15 min

Salade chaude de poulet à la poêle

Retrouvez dans cette préparation une combinaison d'ingrédients unique.

45 mL	(*3 c. à soupe*) beurre ou margarine
3	poitrines de poulet entières, désossées, dépiautées, coupées en deux, en lanières de 7,5 x 1 cm (*3 x 1/2 po*)
1 mL	(*1/4 c. à thé*) sel
1 mL	(*1/4 c. à thé*) poivre
50 mL	(*1/4 tasse*) céleri, en tranches de 0,5 cm (*1/4 po*)
50 mL	(*1/4 tasse*) oignons verts hachés

50 mL	(*1/4 tasse*) persil frais haché
75 mL	(*1/3 tasse*) crème sure
75 mL	(*1/3 tasse*) mayonnaise
2 mL	(*1/2 c. à thé*) graines de moutarde
15 mL	(*1 c. à soupe*) moutarde en grains forte
15 mL	(*1 c. à soupe*) jus de citron
8	feuilles de laitue
250 mL	(*1 tasse*) tomates cerise coupées en deux

Dans un poêlon de 25 cm (*10 po*) de diamètre, faire fondre le beurre jusqu'à ce qu'il grésille. Incorporer le poulet, le sel et le poivre. Faire cuire à feu moyen-vif, en remuant de temps à autre, jusqu'à ce que le poulet soit doré et tendre sous la fourchette (10 à 15 min).

Incorporer le reste des ingrédients *sauf* les feuilles de laitue et les tomates cerise. Sur un plateau ou dans des bols à salade individuels, disposer les feuilles de laitue. Garnir de salade au poulet; entourer de tomates cerise.

6 portions
1 h 30 min

Salade de poulet du Sud-Ouest

La salsa piquante augmentera le côté épicé de cette salade au poulet.

Sauce

250 mL	(*1 tasse*) crème sure
2 mL	(*1/2 c. à thé*) poudre de chili
2 mL	(*1/2 c. à thé*) cumin
2 mL	(*1/2 c. à thé*) sel

Salade

625 mL	(*2 1/2 tasses*) poulet cuit, en cubes de 2,5 cm (*1 po*)
75 mL	(*1/3 tasse*) oignon haché
2	tomates mûres moyennes, en morceaux de 1 cm (*1/2 po*); *réserver 30 mL (2 c. à soupe)*
125 mL	(*1/2 tasse*) olives mûres tranchées
1 L	(*4 tasses*) laitue déchiquetée
250 mL	(*1 tasse*) salsa
250 mL	(*1 tasse*) cheddar râpé
	Tortillas

Dans un grand bol, combiner tous les ingrédients de la sauce. Incorporer le poulet, l'oignon et les tomates *sauf* les 30 mL (*2 c. à soupe*) réservés et les olives mûres. Couvrir; mettre au réfrigérateur au moins 1 h. Pour servir, tapisser un grand plateau de service de

laitue déchiquetée. Recouvrir du mélange au poulet. Déposer, à l'aide d'une cuillère, la salsa sur le mélange au poulet; parsemer de fromage et des 30 mL (*2 c. à soupe*) de tomate réservés. Garnir de tortillas.

Salade chaude de poulet à la poêle

Salade de poulet estivale

4 portions
30 min

Salade chaude de poulet et de laitue

La sauce crémeuse et chaude s'harmonise aux quartiers de mandarine et au bacon
pour offrir une salade des plus exquises.

750 mL	(*3 tasses*) feuilles de laitue déchiquetées
250 mL	(*1 tasse*) feuilles d'épinards déchiquetés
1 boîte	(284 mL / *11 oz*) segments de mandarines, égouttés
125 mL	(*½ tasse*) céleri, en tranches de 0,5 cm (*¼ po*)
50 mL	(*¼ tasse*) oignon haché
8	tranches de bacon, en morceaux de 2,5 cm (*1 po*)

625 mL	(*2½ tasses*) poulet cuit, déchiqueté
75 mL	(*⅓ tasse*) vinaigre de cidre
50 mL	(*¼ tasse*) huile végétale
2 mL	(*½ c. à thé*) poivre concassé
15 mL	(*1 c. à soupe*) sauce Worcestershire

Dans un grand bol, combiner la laitue, les épinards et les segments de mandarines; réserver. Dans un poêlon de 25 cm (*10 po*) de diamètre, faire cuire le céleri, l'oignon et le bacon à feu moyen, en remuant de temps à autre, jusqu'à ce que le bacon soit doré et les légumes, al dente (8 à 10 min). Incorporer le reste des ingrédients. Faire cuire à feu moyen-vif, en remuant de temps à autre, jusqu'à ce que le poulet soit bien chaud (5 à 7 min). Mélanger avec la salade. Servir immédiatement.

Cuisson au micro-ondes : dans un grand bol, combiner la laitue, les épinards et les segments de mandarines; réserver. Dans une casserole de 2 L (*8 tasses*) allant au micro-ondes, faire cuire le bacon à FORT pendant 4 min. Incorporer le céleri et l'oignon. Faire cuire jusqu'à ce que le bacon soit cuit et les légumes al dente (6 à 8 min). Avec une écumoire, retirer le mélange de bacon et de légumes. Dégraisser *en gardant* 45 mL (*3 c. à soupe*) de graisse de cuisson. Incorporer le reste des ingrédients et le mélange de bacon et de légumes à la graisse de cuisson. Faire cuire à FORT jusqu'à ce que le poulet soit bien cuit (4 à 5 min). Mélanger avec la laitue. Servir immédiatement.

4 à 6 portions
1 h 30 min

Salade de poulet estivale

Une salade des plus rafraîchissantes
avec sa vinaigrette au jus de citron, à l'huile et à la muscade.

Vinaigrette

75 mL	(*⅓ tasse*) huile végétale
75 mL	(*⅓ tasse*) jus de citron
2 mL	(*½ c. à thé*) sel
1 mL	(*¼ c. à thé*) muscade
2 mL	(*½ c. à thé*) ail frais haché fin

Salade

625 mL	(*2½ tasses*) poulet cuit, en cubes de 2,5 cm (*1 po*)
250 mL	(*1 tasse*) raisins rouges sans pépins, en deux
250 mL	(*1 tasse*) céleri (2 branches) en tranches de 0,5 cm (*¼ po*)
50 mL	(*¼ tasse*) oignons verts tranchés
1 L	(*4 tasses*) feuilles de laitue déchiquetées

Dans un bocal avec un couvercle, combiner tous les ingrédients de la vinaigrette. Fermer le bocal et agiter pour bien mélanger. Dans un grand bol, combiner tous les ingrédients de la salade *sauf* la laitue. Remuer la salade avec la moitié de la vinaigrette. Couvrir; garder au réfrigérateur au moins 1 h. Mettre la laitue sur un plateau de service; la garnir de salade. Arroser avec le reste de vinaigrette.

6 portions
1 h 15 min

Salade de pommes

La crème sure et la cannelle se complètent à merveille en une sauce crémeuse
dans cette salade du temps des pommes.

625 mL	(*2½ tasses*) poulet cuit, en cubes de 2,5 cm (*1 po*)
250 mL	(*1 tasse*) demi-noix de Grenoble
125 mL	(*½ tasse*) céleri, en tranches de 0,5 cm (*¼ po*)
2	pommes à tarte moyennes, en cubes de 1 cm (*½ po*)

30 mL	(*2 c. à soupe*) oignon fin haché
2 mL	(*½ c. à thé*) sel
250 mL	(*1 tasse*) crème sure
2 mL	(*½ c. à thé*) cannelle
6	grosses feuilles de laitue

Dans un grand bol, combiner tous les ingrédients *sauf* la crème sure, la cannelle et la laitue. Dans un petit bol, combiner la crème sure et la cannelle; incorporer au mélange au poulet en repliant. Couvrir; mettre au réfrigérateur au moins 1 h. Pour servir, tapisser 6 bols avec les feuilles de laitue. Remplir chacune d'elles de salade.

6 portions
2 h 30 min

Melon garni à la dinde

Le fromage à la crème et la muscade font une sauce rafraîchissante
à servir avec cette salade à la dinde et au melon.

2	cantaloups, coupés en quatre, épépinés; *réserver 2 quartiers*

Salade

500 mL	(*2 tasses*) dinde cuite. en cubes de 2,5 cm (*1 po*)
125 mL	(*½ tasse*) céleri, en tranches de 0,5 cm (*¼ po*)
125 mL	(*½ tasse*) pacanes hachées
30 mL	(*2 c. à soupe*) oignon vert haché
	Laitue en feuilles

Sauce

90 g	(*3 oz*) fromage à la crème, ramolli
15 mL	(*1 c. à soupe*) lait
1 mL	(*¼ c. à thé*) muscade

Peler les cantaloups et découper les quartiers réservés en cubes. Dans un grand bol, combiner le cantaloup en cubes et les ingrédients de la salade, *sauf* la laitue; réserver. Dans le contenant d'un mélangeur de 1,3 L (*5 tasses*) combiner les ingrédients de la sauce. Mélanger à vitesse élevée jusqu'à l'obtention d'un mélange lisse (1 à 2 min). Incorporer la sauce au mélange à la dinde en repliant. Couvrir; mettre au réfrigérateur au moins 2 h. Pour servir, disposer les quartiers de cantaloup dans des assiettes tapissées de laitue; déposer la salade dans les cantaloups à l'aide d'une cuillère.

E

Melon garni à la dinde

Salade de dinde aux raisins

6 portions
15 min

Une mayonnaise au parmesan et au basilic accompagne très bien cette salade.

Salade

1 L	(*4 tasses*) dinde cuite, en morceaux de 3,5 cm (*1 1/2 po*)
250 mL	(*1 tasse*) raisins verts sans pépins
250 mL	(*1 tasse*) raisins rouges sans pépins

Sauce

2	jaunes d'œufs
5 mL	(*1 c. à thé*) basilic
1 mL	(*1/4 c. à thé*) sel
1 mL	(*1/4 c. à thé*) poivre
15 mL	(*1 c. à soupe*) moutarde en grains forte
250 mL	(*1 tasse*) huile végétale
50 mL	(*1/4 tasse*) jus de citron
75 mL	(*1/3 tasse*) parmesan râpé
8	feuilles de laitue
	Petites grappes de raisins verts et rouges sans pépins

Dans un grand bol, combiner tous les ingrédients de la salade. Au mélangeur ou au robot culinaire, combiner tous les ingrédients de la sauce *sauf* l'huile, le jus de citron et le parmesan. Couvrir; bien mélanger à vitesse élevée. Pendant que le mélangeur fonctionne, ajouter lentement 125 mL (*1/2 tasse*) d'huile, le jus de citron et les 125 mL (*1/2 tasse*) d'huile qui restent.

Mélanger jusqu'à épaississement (1 à 2 min). À la main, ajouter le parmesan. Incorporer 125 mL (*1/2 tasse*) de sauce à la salade. Sur un plateau ou dans des bols à salade individuels, disposer les feuilles de laitue. Y déposer la salade de dinde à l'aide d'une cuillère et l'entourer de petites grappes de raisins. Servir avec le reste de la sauce.

Pour préparer la mayonnaise maison :

1. Pendant que le mélangeur tourne, retirer le couvercle et verser lentement 125 mL (*1/2 tasse*) d'huile, le jus de citron et les 125 mL (*1/2 tasse*) d'huile qui restent.

2. Mélanger jusqu'à épaississement. À la main, ajouter le parmesan. Incorporer 125 mL (*1/2 tasse*) de sauce à la salade.

Salade de dinde aux raisins

6 portions
40 min

Salade printanière de jambon et d'asperges

Dégustez les délices du printemps avec cette sauce crémeuse au citron.

Salade

16	pointes d'asperges
1 L	(*4 tasses*) laitue déchiquetée
500 mL	(*2 tasses*) jambon cuit, en cubes de 1 cm (*1/2 po*)
2	œufs durs, en quartiers

Sauce

125 mL	(*1/2 tasse*) crème sure
30 mL	(*2 c. à soupe*) persil frais haché
15 mL	(*1 c. à soupe*) ciboulette fraîche hachée
1	pincée de sel
1	pincée de poivre
30 mL	(*2 c. à soupe*) jus de citron
15 mL	(*1 c. à soupe*) mayonnaise

Dans un poêlon de 25 cm (*10 po*) de diamètre, disposer les asperges; ajouter suffisamment d'eau pour les recouvrir. Faire cuire à feu moyen-vif jusqu'à ce que l'eau soit à pleine ébullition. Faire bouillir 1 à 2 min; égoutter. Rincer sous l'eau froide. Sur un plateau ou dans des bols à salade individuels, mettre la salade. Disposer le jambon, les œufs et les pointes d'asperges sur la laitue. Dans un petit bol, combiner tous les ingrédients de la sauce. Verser sur la salade.

6 portions
15 min

Salade de thon à l'orange

Une salade de thon avec la fraîcheur de l'orange et une touche de gingembre.

Sauce

150 mL	(*2/3 tasse*) mayonnaise
2 mL	(*1/2 c. à thé*) gingembre
1 mL	(*1/4 c. à thé*) poivre
30 mL	(*2 c. à soupe*) jus d'orange
30 mL	(*2 c. à soupe*) moutarde en grains forte
2 mL	(*1/2 c. à thé*) ail frais haché fin

Salade

250 mL	(*1 tasse*) céleri (2 branches) grossièrement hachées
2 boîtes	thon (184 g / *6,5 oz* chacune), égoutté
30 mL	(*2 c. à soupe*) persil frais haché
1 L	(*4 tasses*) laitue déchiquetée
2	oranges pelées, en tranches de 0,5 cm (*1/4 po*)

Dans un grand bol, combiner tous les ingrédients de la sauce. Incorporer tous les ingrédients de la salade *sauf* la laitue et les oranges. Sur un plateau ou dans des bols à salade individuels, disposer la laitue. Garnir de salade de thon; entourer la salade de thon de tranches d'orange.

Salade de thon à l'orange (en haut)
Salade printanière de jambon et d'asperges (en bas)

Salade de bœuf et de pâtes à l'estragon

4 portions
30 min

Salade pizza au pepperoni

Le goût savoureux de la pizza dans une salade très fraîche.

450 g	(*1 lb*) bœuf haché
375 mL	(*1½ tasse*) sauce à pizza
60 g	(*2 oz*) pepperoni en tranches fines, coupées en deux
1 L	(*4 tasses*) laitue hachée

250 mL	(*1 tasse*) tomate mûre (1 moyenne) hachée
500 mL	(*2 tasses*) mozzarella râpée (225 g / 8 oz)
125 mL	(*½ tasse*) olives mûres tranchées
125 mL	(*½ tasse*) croûtons au fromage

Dans un poêlon de 25 cm (*10 po*) de diamètre, faire brunir le bœuf haché (5 à 8 min); égoutter. Dans le même poêlon, incorporer la sauce à pizza et le pepperoni; poursuivre la cuisson à feu moyen, en remuant de temps à autre, jusqu'à ce que le mélange à la viande soit bien chaud (2 à 3 min). Dans un grand bol, disposer par couches 500 mL (*2 tasses*) de laitue, la tomate, 250 mL (*1 tasse*) de fromage, le mélange à la viande, 500 mL (*2 tasses*) de laitue, 250 mL (*1 tasse*) de fromage, les olives et les croûtons. Servir immédiatement.

6 portions
1 h 30 min

Salade de bœuf et de pâtes à l'estragon

Le yogourt et les fines herbes habillent cette salade de pâtes unique.

Salade

250 mL	(*1 tasse*) coquilles moyennes, non cuites
225 g	(*8 oz*) rôti de bœuf cuit, en lanières de 5 x 1 cm (*2 x ½ po*)
250 mL	(*1 tasse*) céleri (2 branches), en tranches de 1 cm (*½ po*)
250 mL	(*1 tasse*) tomates cerise en moitiés
125 mL	(*½ tasse*) oignon rouge, en tranches de 0,5 cm (*¼ po*) séparées en rondelles

Sauce

250 mL	(*1 tasse*) yogourt nature
125 mL	(*½ tasse*) mayonnaise
50 mL	(*¼ tasse*) persil frais haché
50 mL	(*¼ tasse*) ciboulette fraîche hachée
3 mL	(*¾ c. à thé*) estragon frais haché*
1 mL	(*¼ c. à thé*) sel
1 mL	(*¼ c. à thé*) poivre

Faire cuire les pâtes selon les directives sur l'emballage. Rincer sous l'eau froide. Égoutter; réserver. Dans un grand bol, combiner tous les autres ingrédients de la salade; incorporer les pâtes. Couvrir; mettre au réfrigérateur au moins 1 h. Dans un petit bol, combiner tous les ingrédients de la sauce. Couvrir; mettre au réfrigérateur au moins 1 h. Verser la sauce sur la salade; mélanger doucement pour enrober.

*Il est possible de remplacer l'estragon frais par 1 mL (*¼ c. à thé*) d'estragon séché.

Salade de pâtes et de légumes

6 portions
40 min

*Cette salade est très populaire l'été,
surtout quand elle est préparée avec des légumes frais du jardin.*

Salade

225 g	(*8 oz*) coquilles moyennes, non cuites
500 mL	(*2 tasses*) bouquets de brocoli
125 mL	(*1/2 tasse*) oignon (1 moyen) haché
500 mL	(*2 tasses*) courgettes ou courges jaunes (2 moyennes), en tranches de 0,5 cm (*1/4 po*)
1	poivron rouge moyen, coupé en lanières
250 mL	(*1 tasse*) cheddar (110 g / 4 oz), en cubes de 1 cm (*1/2 po*)

Sauce

125 mL	(*1/2 tasse*) huile végétale
2 mL	(*1/2 c. à thé*) sel
1 mL	(*1/4 c. à thé*) poivre
45 mL	(*3 c. à soupe*) jus de citron
30 mL	(*2 c. à soupe*) moutarde en grains forte
5 mL	(*1 c. à thé*) sauce Worcestershire
2 mL	(*1/2 c. à thé*) ail haché fin
30 mL	(*2 c. à soupe*) parmesan râpé

Faire cuire les pâtes comme indiqué sur l'emballage; égoutter. Dans un grand bol, combiner tous les ingrédients de la salade *sauf* le fromage; incorporer les pâtes chaudes. Mettre au réfrigérateur 10 min.

Incorporer le fromage. Entre-temps, dans un bol de grandeur moyenne, combiner tous les ingrédients de la sauce *sauf* le parmesan. Verser la sauce sur la salade; mélanger pour enrober. Parsemer de parmesan.

Salade de poulet aux fettuccine

6 portions
45 min

*Ce mélange de légumes frais, de poulet et de fettuccine, riche en couleurs,
fait de cette salade un repas complet en soi.*

Sauce

150 mL	(*2/3 tasse*) huile végétale
125 mL	(*1/2 tasse*) vinaigre de vin blanc
5 mL	(*1 c. à thé*) basilic
5 mL	(*1 c. à thé*) origan
5 mL	(*1 c. à thé*) ail frais haché fin
5 mL	(*1 c. à thé*) sel
2 mL	(*1/2 c. à thé*) poivre

Salade

180 g	(*6 oz*) fettuccine non cuits, brisés en trois
625 mL	(*2 1/2 tasses*) poulet ou dinde cuit, en cubes de 2,5 cm (*1 po*)
500 mL	(*2 tasses*) bouquets de brocoli
250 mL	(*1 tasse*) carottes (2 moyennes), en tranches de 0,5 cm (*1/4 po*)
1/2	oignon rouge moyen, en tranches de 0,2 cm (*1/8 po*), séparées en rondelles
250 mL	(*1 tasse*) tomates cerise en moitiés

Dans un bocal avec couvercle, combiner tous les ingrédients de la sauce. Bien agiter; réserver. Faire cuire les fettuccine comme indiqué sur l'emballage;

égoutter. Rincer sous l'eau froide. Dans un grand bol, combiner le reste des ingrédients de la salade et les fettuccine égouttés. Incorporer la sauce avec précaution.

Salade de pâtes et de légumes (en haut)
Salade de poulet aux fettuccine (en bas)

Salade de pâtes ensoleillée

Salade de pâtes ensoleillée

4 portions
30 min

Préparez cette salade de pâtes au citron lorsque les tomates du jardin sont bien mûres.

110 g	(*4 oz*) pâtes au choix, non cuites
250 mL	(*1 tasse*) concombre (1 moyen), en tranches de 0,2 cm (*⅛ po*)
125 mL	(*½ tasse*) persil frais haché
170 mL	(*6 oz*) artichauts marinés, en quartiers, *réserver la marinade*

2 mL	(*½ c. à thé*) sel
2 mL	(*½ c. à thé*) aneth
1 mL	(*¼ c. à thé*) poivre
15 mL	(*1 c. à soupe*) zeste d'orange râpé
30 mL	(*2 c. à soupe*) jus de citron
4	tomates moyennes mûres

Faire cuire les pâtes comme indiqué sur l'emballage; égoutter. Rincer sous l'eau froide. Dans un grand bol, combiner les pâtes et le reste des ingrédients *sauf* les tomates. Remuer pour enrober avec la marinade des artichauts réservée. Retirer les queues des tomates; découper *chaque* tomate en quartiers en laissant 1 cm (*½ po*) à la base pour ne pas que la tomate se sépare. Servir 250 mL (*1 tasse*) de pâtes sur chaque tomate.

Salade de pâtes au saumon et à l'aneth

6 portions
1 h 30 min

Un souper d'été léger et rafraîchissant à servir avec du pain multi-grains et des fruits frais.

200 g	(*7 oz*) macaroni en coudes ou spirales, non cuits
225 g	(*8 oz*) filet de saumon, cuit, en morceaux
500 mL	(*2 tasses*) cheddar (225 g / 8 oz), en cubes de 1 cm (*½ po*)
75 mL	(*⅓ tasse*) poivron rouge, en cubes de 1 cm (*½ po*)

30 mL	(*2 c. à soupe*) oignon vert tranché
75 mL	(*⅓ tasse*) huile végétale
50 mL	(*¼ tasse*) jus de citron
5 mL	(*1 c. à thé*) aneth
2 mL	(*½ c. à thé*) sel d'ail
	Sel et poivre

Faire cuire les pâtes comme indiqué sur l'emballage. Rincer sous l'eau froide. Dans un grand bol, combiner tous les ingrédients; saler et poivrer au goût. Couvrir; mettre au réfrigérateur au moins 1 h.

Conseil : pour faire cuire le saumon, le mettre dans un poêlon de 25 cm (*10 po*) de diamètre; le couvrir d'eau. Faire cuire à feu moyen jusqu'à ce que le poisson se défasse sous la fourchette (12 à 15 min).

Salade du jardin aux fines herbes

8 portions
1 h

Salade de pâtes arc-en-ciel

*Ce plat principal renferme des tomates, des cœurs d'artichauts
et toute une série d'ingrédients colorés.*

110 g	(*4 oz*) macaroni en coudes ou spirales, non cuits
1 L	(*4 tasses*) feuilles de laitue déchiquetée
750 mL	(*3 tasses*) cheddar râpé (340 g / *12 oz*)
1	grosse tomate mûre, en tranches de 0,5 cm (*1/4 po*), coupées en deux

1 boîte	(398 g / *14 oz*) cœurs d'artichauts, égouttés, en morceaux de 2,5 cm (*1 po*)
12	tranches de bacon cuit, croustillant, émietté
2	tranches de bacon cuit, croustillant Vinaigrette italienne*

Faire cuire les pâtes comme indiqué sur l'emballage. Rincer sous l'eau froide; égoutter. Pour assembler la salade, dans un grand bol à salade transparent, disposer par couches 500 mL (*2 tasses*) de laitue déchiquetée, 375 mL (*1 1/2 tasse*) de fromage, la tomate, les pâtes, 500 mL (*2 tasses*) de laitue déchiquetée, les cœurs d'artichauts, le bacon émietté et le reste de fromage. Garnir le dessus avec des tranches de bacon; servir avec une vinaigrette italienne.

*Ou servir avec une vinaigrette au basilic; voir Salades et sandwiches page 320.

6 portions
30 min

Salade du jardin aux fines herbes

Fraîche et croquante, cette salade aux légumes du jardin est rehaussée de fines herbes.

Salade

1 L	(*4 tasses*) laitue déchiquetée
250 mL	(*1 tasse*) champignons frais, en tranches de 0,5 cm (*1/4 po*)
250 mL	(*1 tasse*) oignon rouge, en tranches de 0,2 cm (*1/8 po*), séparées en rondelles
125 mL	(*1/2 tasse*) basilic frais, persil, menthe ou citronnelle déchiqueté
2	tomates moyennes mûres, chacune découpée en 12 quartiers
340 g	(*3/4 lb*) haricots verts frais, blanchis

Vinaigrette

75 mL	(*1/3 tasse*) huile d'olive ou végétale
2 mL	(*1/2 c. à thé*) poivre grossièrement moulu
1 mL	(*1/4 c. à thé*) sel
30 mL	(*2 c. à soupe*) vinaigre de vin rouge
5 mL	(*1 c. à thé*) ail frais haché fin
5 mL	(*1 c. à thé*) moutarde en grains forte

Dans un grand bol, combiner tous les ingrédients de la salade. Dans un petit bol, combiner tous les ingrédients de la vinaigrette. Verser la vinaigrette sur la salade; remuer pour enrober.

Conseil : pour faire blanchir les haricots verts, les mettre dans l'eau bouillante pendant 7 à 9 min. Rincer sous l'eau froide.

Salade BLT au fromage bleu

6 portions
60 min

Salade d'épinards

Une sauce au bacon légèrement sucrée et chaude, mélangée à des épinards,
du riz sauvage et des radis croquants.

125 mL	(*½ tasse*) riz sauvage non cuit
8	tranches de bacon, en morceaux de 1 cm (*½ po*)
50 mL	(*¼ tasse*) vinaigre de cidre
1 mL	(*¼ c. à thé*) sel
1 mL	(*¼ c. à thé*) poivre

30 mL	(*2 c. à soupe*) miel
1 L	(*4 tasses*) feuilles d'épinards déchiquetées
250 mL	(*1 tasse*) champignons frais, en tranches de 0,5 cm (*¼ po*)
250 mL	(*1 tasse*) radis, en tranches de 0,5 cm (*¼ po*)

Faire cuire le riz sauvage comme indiqué sur l'emballage. Entre-temps, dans un poêlon de 25 cm (*10 po*) de diamètre, faire cuire le bacon à feu moyen-vif, en remuant de temps à autre, jusqu'à ce qu'il soit doré (6 à 8 min). Égoutter la graisse de bacon, *en réservant 30 mL* (2 c. à soupe). Dans le même poêlon, combiner le vinaigre, le sel, le poivre, le miel et la graisse de bacon réservée. Faire cuire à feu moyen, en remuant de temps à autre, jusqu'à ce que ce soit bien chaud (3 à 4 min). Dans un grand bol, combiner le reste des ingrédients. Verser la sauce chaude sur la salade; remuer pour enrober.

6 portions
20 min

Salade BLT au fromage bleu

Une salade délicieuse et colorée.

Sauce

50 mL	(*¼ tasse*) vinaigre de cidre
15 mL	(*1 c. à soupe*) sucre
2 mL	(*½ c. à thé*) poivre
1 mL	(*¼ c. à thé*) sel
30 mL	(*2 c. à soupe*) huile végétale
15 mL	(*1 c. à soupe*) jus de citron
2 mL	(*½ c. à thé*) ail frais haché fin

Salade

1 L	(*4 tasses*) laitue déchiquetée
1	avocat moyen mûr, pelé, coupé en quartiers
1	tomate moyenne mûre, coupée en quartiers
125 mL	(*½ tasse*) oignon, en tranches de 0,2 cm (*⅛ po*), séparées en rondelles
1 boîte	(284 mL / *11 oz*) segments de mandarines, égouttés
125 mL	(*½ tasse*) fromage bleu émietté
8	tranches de bacon cuit, croustillant, émietté

Dans un petit bol, combiner tous les ingrédients de la sauce. Sur un plateau ou dans des bols à salade individuels, mettre la laitue. Disposer l'avocat, la tomate, l'oignon et les segments de mandarines sur la laitue. Parsemer de fromage bleu et de bacon. Verser la sauce sur la salade.

8 portions
2 h 30 min

Salade d'épinards à la sauce au yogourt

Une sauce maison au yogourt, servie avec une salade d'épinards frais.

Sauce

250 mL	(*1 tasse*) yogourt nature
125 mL	(*1/2 tasse*) mayonnaise
30 mL	(*2 c. à soupe*) oignons verts tranchés
1 mL	(*1/4 c. à thé*) sel d'ail
	Lait

Salade

1,5 L	(*6 tasses*) épinards frais, déchiquetés en bouchées
500 mL	(*2 tasses*) fromage Monterey Jack râpé
3	œufs durs, en quartiers
75 mL	(*1/3 tasse*) arachides salées

Dans un petit bol, combiner tous les ingrédients de la sauce *sauf* le lait. Incorporer le lait jusqu'à consistance désirée. Couvrir; mettre au réfrigérateur au moins 2 h. Dans un grand bol, combiner tous les ingrédients de la salade; servir avec la sauce.

---

6 portions
30 min

Salade de tomates et de haricots verts

Une salade d'été tellement délicieuse lorsque les légumes viennent juste d'être cueillis!

450 g	(*1 lb*) haricots verts frais, équeutés
125 mL	(*1/2 tasse*) mayonnaise
125 mL	(*1/2 tasse*) crème sure
5 mL	(*1 c. à thé*) basilic
2 mL	(*1/2 c. à thé*) poivre
1 mL	(*1/4 c. à thé*) sel
30 mL	(*2 c. à soupe*) persil frais haché

30 mL	(*2 c. à soupe*) lait
15 mL	(*1 c. à soupe*) moutarde en grains forte
2	tomates moyennes mûres, en tranches de 0,5 cm (*1/4 po*)
125 mL	(*1/2 tasse*) oignon rouge en tranches de 0,2 cm (*1/8 po*), séparées en rondelles

Mettre les haricots verts dans une casserole de 3 L (*12 tasses*); ajouter suffisamment d'eau pour les couvrir. Amener à ébullition. Faire cuire à feu moyen jusqu'à ce que les haricots soient al dente (12 à 15 min). Entre-temps, dans un petit bol, combiner les autres ingrédients *sauf* les tomates et l'oignon. Rincer les haricots verts cuits sous l'eau froide. Disposer les haricots, les tomates et les rondelles d'oignon sur un plateau ou dans des bols à salade individuels. Arroser de vinaigrette.

Salade d'épinards à la sauce au yogourt (en haut)
Salade de tomates et de haricots verts (en bas)

Salade d'artichauts estivale (en haut)
Salade de pommes de terre pique-nique (en bas)

4 portions
40 min

Salade de pommes de terre pique-nique

*Une salade familiale et réconfortante
qui est encore plus savoureuse avec une touche d'aneth.*

1 L	(*4 tasses*) eau		1 mL	(*1/4 c. à thé*) poivre
5 mL	(*1 c. à thé*) sel		30 mL	(*2 c. à soupe*) persil frais haché
1 L	(*4 tasses*) petite pommes de terre nouvelles, en quartiers		15 mL	(*1 c. à soupe*) moutarde en grains forte
75 mL	(*1/3 tasse*) crème sure		2 mL	(*1/2 c. à thé*) ail frais haché fin
75 mL	(*1/3 tasse*) mayonnaise		4	tranches de bacon cuit, croustillant, émietté
2 mL	(*1/2 c. à thé*) aneth		30 mL	(*2 c. à soupe*) oignon vert, en tranches de
1 mL	(*1/4 c. à thé*) sel			0,2 cm (*1/8 po*)

Dans une casserole de 3 L (*12 tasses*) amener l'eau et le sel à pleine ébullition; ajouter les pommes de terre. Faire cuire à feu vif jusqu'à ce que les pommes de terre soient tendres (12 à 15 min). Rincer sous l'eau froide. Dans un grand bol, combiner le reste des ingrédients *sauf* le bacon et les oignons verts. Ajouter les pommes de terre; remuer pour enrober. parsemer de bacon et d'oignons verts.

6 portions
15 min

Salade d'artichauts estivale

*Goûtez au soleil dans cette salade de tomates bien mûres, d'artichauts,
de champignons et de mozzarella.*

750 mL	(*3 tasses*) laitue déchiquetée		2 pots	(*170 mL / 6 oz* chacun) cœurs d'artichauts marinés, *réserver la marinade*
500 mL	(*2 tasses*) champignons frais (225 g / *1/2 lb*), coupés en deux		2	tomates moyennes mûres, coupées en quartiers
250 mL	(*1 tasse*) mozzarella (110 g / *4 oz*), en cubes de 1 cm (*1/2 po*)		30 mL	(*2 c. à soupe*) parmesan râpé
			1 mL	(*1/4 c. à thé*) poivre grossièrement moulu

Dans un grand bol, combiner tous les ingrédients; mélanger pour enrober avec la marinade des artichauts réservée.

6 portions
20 min

Salade de courges d'été

*Une salade de courgettes, de courge jaune et de tomates bien mûres,
arrosée d'une sauce au parmesan.*

500 mL	(*2 tasses*) courgettes (2 moyennes), en tranches de 0,2 cm (*⅛ po*)
500 mL	(*2 tasses*) courge d'été, divisée sur la longueur, en tranches de 0,2 cm (*⅛ po*)
50 mL	(*¼ tasse*) parmesan râpé
50 mL	(*¼ tasse*) vinaigre de cidre
1 mL	(*¼ c. à thé*) sel
1 mL	(*¼ c. à thé*) poivre
1 mL	(*¼ c. à thé*) basilic
30 mL	(*2 c. à soupe*) huile végétale
2 mL	(*½ c. à thé*) ail frais haché fin
125 mL	(*½ tasse*) oignon rouge, en tranches de 0,2 cm (*⅛ po*), séparées en rondelles
2	tomates moyennes mûres, coupées en quartiers

Dans une casserole de 2 L (*8 tasses*) mettre la courgette et la courge; ajouter suffisamment d'eau pour couvrir. Faire cuire à feu moyen-vif jusqu'à ce que l'eau parvienne à pleine ébullition. Faire bouillir 1 à 2 min; égoutter. Rincer sous l'eau froide. Dans un grand bol, combiner le reste des ingrédients *sauf* l'oignon et les tomates. Ajouter les courgettes, la courge, l'oignon et les tomates; remuer pour enrober.

6 portions
15 min

Concombres croquants dans une vinaigrette à l'aneth

Les concombres, les tomates et l'oignon viennent égayer une journée d'été.

50 mL	(*¼ tasse*) vinaigre de cidre
5 mL	(*1 c. à thé*) sucre
2 mL	(*½ c. à thé*) sel
2 mL	(*½ c. à thé*) aneth
1 mL	(*¼ c. à thé*) poivre
30 mL	(*2 c. à soupe*) huile végétale
500 mL	(*2 tasses*) concombres (2 moyens), en tranches de 0,2 cm (*⅛ po*)
250 mL	(*1 tasse*) oignon rouge, en tranches de 0,2 cm (*⅛ po*), séparées en rondelles
2	tomates moyennes mûres, coupées en quartiers

Dans un grand bol, combiner tous les ingrédients *sauf* les concombres, l'oignon et les tomates. Ajouter le reste des ingrédients; mélanger pour enrober. Laisser reposer 15 min avant de servir.

Concombres croquants dans une vinaigrette à l'aneth

Salade de légumes croquants

6 portions
15 min

Salade de légumes croquants

Cette salade bien croquante est accompagnée d'une alléchante sauce aux concombres.

Sauce

75 mL	(*1/3 tasse*) crème sure
75 mL	(*1/3 tasse*) mayonnaise
2 mL	(*1/2 c. à thé*) aneth en grains
1 mL	(*1/4 c. à thé*) sel
1 mL	(*1/4 c. à thé*) moutarde sèche
1	pincée de poivre
15 mL	(*1 c. à soupe*) jus de citron
125 mL	(*1/2 tasse*) concombre haché

Salade

500 mL	(*2 tasses*) bouquets de brocoli
500 mL	(*2 tasses*) bouquets de chou-fleur
250 mL	(*1 tasse*) carottes (2 moyennes), en tranches de 0,5 cm (*1/4 po*)
250 mL	(*1 tasse*) concombre (1 moyen), en tranches de 0,2 cm (*1/8 po*)

Dans un grand bol, combiner tous les ingrédients de la sauce *sauf* les concombres. Incorporer les concombres. Ajouter tous les ingrédients de la salade; mêler pour enrober.

6 portions
20 min

Salade de chou

Une salade parfaite pour servir en pique-nique ou avec un barbecue.

Sauce

125 mL	(*1/2 tasse*) crème sure
90 g	(*3 oz*) fromage à la crème, ramolli
30 mL	(*2 c. à soupe*) persil frais haché
5 mL	(*1 c. à thé*) sel
1 mL	(*1/4 c. à thé*) poivre
45 mL	(*3 c. à soupe*) lait
15 mL	(*1 c. à soupe*) jus de citron

Salade

1 L	(*4 tasses*) chou rouge haché
1 paquet	(350 g / *12 oz*) petits pois surgelés, dégelés, égouttés
250 mL	(*1 tasse*) carottes (2 moyennes) râpées
250 mL	(*1 tasse*) concombre (1 moyen), en tranches de 0,2 cm (*1/8 po*)
30 mL	(*2 c. à soupe*) persil frais haché

Dans un petit bol, combiner tous les ingrédients de la sauce. Dans un grand bol, étendre par couches, 500 mL (*2 tasses*) de chou, 250 mL (*1 tasse*) de petits pois, 125 mL (*1/2 tasse*) de carotte et 125 mL (*1/2 tasse*) de concombre. Verser 125 mL (*1/2 tasse*) de sauce sur la salade. Recommencer avec le reste des ingrédients. Verser le reste de la sauce sur la salade. Parsemer de 30 mL (*2 c. à soupe*) de persil.

Salade de chou au fromage bleu

12 portions
2 h 30 min

L'ajout de fromage bleu émietté à cette salade de chou donne un éclat de saveur.

Sauce

50 mL	(*1/4 tasse*) sucre
50 mL	(*1/4 tasse*) fromage bleu (60 g / 2 oz), émietté
250 mL	(*1 tasse*) mayonnaise
50 mL	(*1/4 tasse*) vinaigre
2 mL	(*1/2 c. à thé*) céleri en grains
2 mL	(*1/2 c. à thé*) sel d'ail
15 mL	(*1 c. à soupe*) moutarde préparée

Dans un bol de grandeur moyenne, combiner les ingrédients de la sauce. Couvrir; mettre au réfrigérateur au moins 2 h. Dans un grand bol, combiner le chou, les carottes et les oignons verts.

Salade

2 L	(*8 tasses*) chou râpé fin
250 mL	(*1 tasse*) carottes (2 moyennes) râpées
50 mL	(*1/4 tasse*) oignons verts tranchés
50 mL	(*1/4 tasse*) fromage bleu (60 g / 2 oz), émietté
250 mL	(*1 tasse*) demi-tomates cerise

Juste avant de servir, combiner la sauce et le mélange au chou. Parsemer de 50 mL (*1/4 tasse*) de fromage bleu. Garnir de tomates cerise. Servir immédiatement.

Salade du jardin à la sauce piquante

10 portions
30 min

Cette salade est parfaite pour une soirée d'été, avec ses légumes du jardin colorés et une légère saveur du sud-ouest.

6	épis de maïs frais, blanchis*
750 mL	(*3 tasses*) courgettes ou courges jaunes (3 moyennes), en tranches de 0,5 cm (*1/4 po*)
250 mL	(*1 tasse*) concombre (1 moyen), en tranches de 0,2 cm (*1/8 po*)
2	tomates moyennes mûres, *chacune* coupée en 12 quartiers

Salsa

2 mL	(*1/2 c. à thé*) sel
2 mL	(*1/2 c. à thé*) cumin
1 mL	(*1/4 c. à thé*) poivre
30 mL	(*2 c. à soupe*) coriandre ou persil frais haché
30 mL	(*2 c. à soupe*) jus de lime
15 mL	(*1 c. à soupe*) huile végétale
7 mL	(*1 1/2 c. à thé*) piments doux rôtis, hachés fin
175 mL	(*3/4 tasse*) poivron vert, haché
125 mL	(*1/2 tasse*) oignons verts, hachés

Avec un couteau bien affilé détacher les grains de maïs des épis. Dans un grand bol, mettre les grains de maïs, les courges, le concombre et les tomates. Dans un bol de grandeur moyenne, combiner tous les ingrédients de la sauce *sauf* le poivron vert et les oignons. Incorporer le poivron vert et les oignons. Incorporer la salsa aux ingrédients de la salade; remuer pour enrober.

*Il est possible de remplacer les 6 épis de maïs frais par 2 paquets de maïs en grains surgelé de 300 g (*10 oz*) chacun, dégelés.

Conseil : pour faire blanchir le maïs, le plonger dans l'eau bouillante pendant 2 min. Retirer du feu; laisser reposer 10 min. Rincer sous l'eau froide.

Salade du jardin à la sauce piquante

303

Carrés glacés aux canneberges

Carrés glacés aux canneberges

12 portions
7 h 30 min

Cette salade aux canneberges est l'accompagnement parfait pour un repas de vacances.

Gélatine

2	sachets de gélatine à saveur de framboise de (90 g / *3 oz* chacun)
500 mL	(*2 tasses*) eau bouillante
1 paquet	(300 g / *10 oz*) canneberges fraîches ou surgelées, dégelées
500 mL	(*2 tasses*) sucre
150 mL	(*⅔ tasse*) jus d'orange
1 boîte	(540 mL / *19 oz*) ananas broyé dans du jus d'ananas
5 mL	(*1 c. à thé*) zeste d'orange râpé

Garniture

90 g	(*3 oz*) fromage à la crème, ramolli
250 mL	(*1 tasse*) crème à fouetter
250 mL	(*1 tasse*) guimauves miniatures

Tranches d'orange ou zeste d'orange
Canneberges sucrées

Dans un grand bol, dissoudre la gélatine dans l'eau bouillante; réserver. Dans le bol d'un mélangeur de 1,3 L (*5 tasses*), mélanger les canneberges, la moitié à la fois, à vitesse élevée, en arrêtant souvent l'appareil pour racler le bol, jusqu'à ce que les canneberges soient bien hachées (1 à 2 min). Incorporer les canneberges et le reste des ingrédients de la gélatine au mélange de gélatine dissout. Verser dans un plat de 33 x 23 cm (*13 x 9 po*). Couvrir; faire prendre au réfrigérateur (6 h ou toute la nuit). Dans le petit bol d'un mélangeur, battre le fromage à la crème à vitesse moyenne, en raclant souvent le bol, pour obtenir un mélange léger et gonflé (1 à 2 min). Racler le fromage des fouets; ajouter la crème à fouetter. Battre à faible vitesse jusqu'à ce que ce soit mélangé. Battre à vitesse élevée, en raclant souvent le bol, jusqu'à la formation de pics fermes (1 à 2 min). À la main, ajouter les guimauves en repliant. Étendre sur la gélatine aux canneberges ferme. Mettre au réfrigérateur au moins 1 h. Découper en carrés. Si désiré, garnir de tranches d'orange ou de zeste d'orange, et de canneberges sucrées.

Salade de pêches glacée à la crème

8 à 10 portions
7 h

Dégustez cette crème glacée mélangée à des morceaux de pêches juteux dans une délicieuse gélatine à saveur de pêche.

2	sachets de gélatine à saveur de pêche de (90 g / *3 oz*) chacun
250 mL	(*1 tasse*) eau bouillante
250 mL	(*1 tasse*) eau froide
500 mL	(*2 tasses*) crème glacée à la vanille, ramollie
1	pincée de muscade

450 g	(*1 lb*) pêches fraîches ou surgelées (3 à 4 moyennes), coupées en morceaux de 1 cm (*½ po*); réserver ½ pêche fraîche ou 6 tranches de pêche

Feuilles de laitue

Dans un grand bol, dissoudre la gélatine dans l'eau bouillante; incorporer l'eau froide, la crème glacée et la cannelle. Fouetter jusqu'à ce que la crème glacée soit fondue. Faire légèrement épaissir au réfrigérateur (environ 30 min). Fouetter le mélange jusqu'à ce qu'il soit lisse (1 à 2 min); ajouter les pêches en repliant. Verser dans un moule graissé de 1,5 L (*6 tasses*). Faire prendre au réfrigérateur (6 h ou toute la nuit). Démouler sur des feuilles de laitue; garnir avec les tranches de pêche réservées.

Salade de fruits moulée

8 à 10 portions
7 h

*Le soda au gingembre ajoute du pétillant à cette salade rafraîchissante
aux raisins rouges, au cantaloup et aux raisins verts.*

2	sachets de gélatine sans saveur de (7 g / *¼ oz* chacun)
125 mL	(*½ tasse*) eau
125 mL	(*½ tasse*) sucre
500 mL	(*2 tasses*) soda au gingembre
10 mL	(*2 c. à thé*) zeste de lime râpé
30 mL	(*2 c. à soupe*) jus de lime

125 mL	(*½ tasse*) raisins rouges sans pépins
250 mL	(*1 tasse*) cantaloup, en cubes de 2,5 cm (*1 po*)
250 mL	(*1 tasse*) raisins verts sans pépins
	Tranches de lime

Dans une casserole de 1 L (*4 tasses*), dissoudre la gélatine dans l'eau. Faire cuire à feu doux, en remuant de temps à autre, jusqu'à ce que la gélatine soit dissoute (3 à 5 min). Dans un grand bol, combiner le sucre et la gélatine dissoute. Incorporer le soda au gingembre, le zeste de lime et le jus de lime. Mettre au réfrigérateur jusqu'à un léger épaississement (environ 45 min). Verser 250 mL (*1 tasse*) de mélange à la gélatine dans un moule de 1,5 L (*6 tasses*) graissé; mettre au réfrigérateur pour faire légèrement épaissir la gélatine. Ajouter les raisins rouges à la gélatine dans le moule; mettre au réfrigérateur 15 min. Disposer le cantaloup sur le dessus du mélange à la gélatine et aux raisins rouges. Déposer, dessus, à l'aide d'une cuillère, juste assez de gélatine épaissie pour couvrir le cantaloup. Disposer les raisins verts sur la gélatine qui recouvre le cantaloup. Recouvrir du reste de gélatine épaissie. Mettre au réfrigérateur 6 h ou toute la nuit jusqu'à ce que le mélange soit ferme. Démouler sur un plateau de service; garnir de tranches de lime.

Salade de bananes et de baies glacée

8 portions
7 h

Une mosaïque de baies d'été et de bananes rendent cette salade glacée merveilleuse.

175 mL	(*¾ tasse*) sucre
250 mL	(*1 tasse*) crème sure
15 mL	(*1 c. à soupe*) zeste de citron râpé
30 mL	(*2 c. à soupe*) jus de citron
250 mL	(*1 tasse*) crème à fouetter
5 mL	(*1 c. à thé*) vanille
250 mL	(*1 tasse*) bananes (2 moyennes), en tranches de 0,5 cm (*¼ po*)

250 mL	(*1 tasse*) bleuets*
250 mL	(*1 tasse*) framboises**
	Feuilles de menthe
	Framboises
	Bleuets

Dans un grand bol, combiner le sucre, la crème sure, le zeste de citron et le jus de citron. Dans le bol du mélangeur refroidi, battre la crème à fouetter refroidie à vitesse élevée, en raclant souvent le bol, jusqu'à la formation de pics fermes (1 à 2 min). À la main, ajouter au mélange de crème sure, en repliant, la crème fouettée, la vanille, les bananes et les baies. Verser à l'aide d'une cuillère, dans des moules de 125 mL (*½ tasse*). Mettre au congélateur 6 h ou toute la nuit. Démouler dans des petits bols à salade. Si désiré, garnir de feuilles de menthe, de framboises et de bleuets.

*Il est possible de remplacer 250 mL (*1 tasse*) de bleuets par 250 mL (*1 tasse*) de bleuets surgelés.

**Il est possible de remplacer 250 mL (*1 tasse*) de framboises par 250 mL (*1 tasse*) de framboises surgelées.

Conseil : il est possible de remplacer les moules individuels par un moule à pain de 20 x 10 cm (*8 x 4 po*) tapissé de papier d'aluminium. Faire congeler 6 h ou toute la nuit. Démouler en se servant du papier d'aluminium comme poignées. Retirer le papier d'aluminium. Pour servir, découper en 8 tranches de 2,5 cm (*1 po*) d'épaisseur.

Salade de bananes et de baies glacée (en haut)
Salade de fruits moulée (en bas)

Panier de fruits garni d'étoiles

Soyez la vedette de votre prochain pique-nique avec ce melon d'eau rempli de fruits délicieux.

1 panier (250 mL / *1 tasse* de sauce)
45 min

Sauce

50 mL	(*1/4 tasse*) miel
50 mL	(*1/4 tasse*) jus d'orange concentré surgelé, dégelé
125 mL	(*1/2 tasse*) crème à fouetter
5 mL	(*1 c. à thé*) graines de pavot
1 mL	(*1/4 c. à thé*) gingembre

Panier

Gros melon d'eau
Morceaux de fruits frais

Dans un petit bol, combiner le miel et le jus d'orange concentré. Incorporer le reste des ingrédients de la sauce. Couvrir; mettre au réfrigérateur au moins 1 h. Pour fabriquer le panier avec le melon d'eau, mesurer et tracer une ligne à l'horizontale, autour du melon. Mesurer et tracer une bande de 5 cm (*2 po*) de large au milieu de la partie supérieure du melon pour faire l'anse. Mettre un emporte-pièce à biscuit en forme d'étoile ou une étoile en carton de 3,5 cm (*1 1/2 po*) sur la ligne horizontale; en tracer le contour au crayon. Poursuivre tout le tour du melon en faisant se toucher les pointes des étoiles. Ensuite, mettre l'étoile au milieu de la bande de 5 cm (*2 po*) qui sert d'anse; en tracer le contour avec

un crayon. Poursuivre sur toute l'anse, en faisant se toucher les pointes des étoiles. Avec un couteau pointu, découper les étoiles de sorte que les pointes restent fixées au melon d'eau. Retirer la pelure et le melon. Découper les étoiles sur l'anse, les laissant se toucher par la base et les pointes. Retirer avec précaution le melon rose de l'anse en laissant la peau blanche sur l'anse. Avec une cuillère à melon ou une cuillère, enlever le reste de melon d'eau du panier. Remplir le panier de morceaux de fruits frais divers. Servir la sauce avec les fruits frais.

Conseil : il est possible de préparer le melon une journée à l'avance, puis de l'envelopper très serré dans une pellicule de plastique et de le mettre au réfrigérateur.

Pour préparer le panier :

1. Mettre l'emporte-pièce ou le carton en forme d'étoile de 3,5 cm (*1 1/2 po*) sur la ligne tracée à l'horizontale; en tracer le contour au crayon. Recommencer de sorte que les pointes des étoiles se touchent et ce, tout autour du melon.

2. Ensuite, tracer l'étoile au milieu de la bande de 5 cm (*2 po*) qui sert d'anse; en tracer le contour au crayon. Recommencer de sorte que les pointes des étoiles se touchent et ce, sur toute l'anse.

3. Avec un couteau bien affilé, découper les étoiles de sortes qu'elles demeurent attachées au melon d'eau par les pointes.

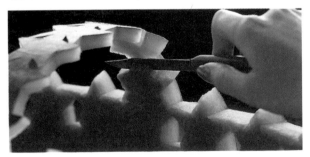

4. Détacher avec soin la chair rose du melon de l'anse en ne gardant que la chair blanche.

Panier de fruits garni d'étoiles

6 portions
10 min

Fruits panachés à la lime

Quelques gouttes de lime rehaussent le goût des fruits et des baies frais.

Sauce

125 mL	(*1/2 tasse*)	crème sure
30 mL	(*2 c. à soupe*)	sucre
5 mL	(*1 c. à thé*)	zeste de lime râpé
15 mL	(*1 c. à soupe*)	jus de lime

Fruits

4		prunes, tranchées
2		pêches, tranchées
500 mL	(*2 tasses*)	fraises, équeutées, coupées en deux
250 mL	(*1 tasse*)	framboises

Dans un petit bol, combiner tous les ingrédients de la sauce; réserver. dans un grand bol, ou dans des coupes à fruits individuelles, mélanger tous les fruits. Verser la sauce sur les fruits.

6 portions
20 min

Salade crémeuse de melon à la muscade

Si simple à préparer et si rafraîchissante!

90 g	(*3 oz*)	fromage à la crème, ramolli
15 mL	(*1 c. à soupe*)	sucre en poudre
1 mL	(*1/4 c. à thé*)	muscade
1		pincée de sel
15 mL	(*1 c. à soupe*)	lait
500 mL	(*2 tasses*)	raisins rouges ou verts sans pépins
500 mL	(*2 tasses*)	cantaloup, en cubes de 2,5 cm (*1 po*)
500 mL	(*2 tasses*)	melon miel, en cubes de 2,5 cm (*1 po*)

Dans un grand bol, combiner tous les ingrédients *sauf* les raisins, le cantaloup et le melon miel. Ajouter le reste des ingrédients; remuer pour enrober.

Salade crémeuse de melon à la muscade (en haut)
Fruits panachés à la lime (en bas)

4 à 6 portions
1 h 30 min

Salade de fruits au poulet et à la cannelle

*Pour un dîner spécial, servez cette salade de fruits au poulet élégante
dans des demi-ananas.*

Salade

625 mL	(*2¹/₂ tasses*) poulet cuit, en cubes de 2,5 cm (*1 po*)
500 mL	(*2 tasses*) raisins verts sans pépins, coupés en deux
500 mL	(*2 tasses*) cerises sucrées dénoyautées
250 mL	(*1 tasse*) céleri (2 branches), en tranches de 0,5 cm (*¹/₄ po*)
30 mL	(*2 c. à soupe*) oignon haché fin

500 mL	(*2 tasses*) ananas frais (1 gros), en cubes de 2,5 cm (*1 po*); *réserver la coquille pour servir.*

Sauce

125 mL	(*¹/₂ tasse*) mayonnaise
125 mL	(*¹/₂ tasse*) yogourt à la vanille
1 mL	(*¹/₄ c. à thé*) gingembre
1 mL	(*¹/₄ c. à thé*) cannelle
50 mL	(*¹/₄ tasse*) noix de coco grillée

Dans un grand bol, combiner tous les ingrédients de la salade *sauf* l'ananas; réserver. Dans un petit bol, mélanger tous les ingrédients de la sauce *sauf* la noix de coco. Verser sur la salade; mélanger doucement pour enrober. Couvrir; mettre au réfrigérateur au moins 1 h. Juste avant de servir, disposer dans les coquilles d'ananas sur un plateau tapissé de laitue. Incorporer les cubes d'ananas à la salade. Déposer la salade dans les ananas; parsemer de noix de coco.

Conseil : les cerises peuvent être remplacées par des raisins rouges sans pépins.

Pour préparer les coquilles d'ananas :

1. Laisser le panache; découper l'ananas en quartiers ou en six sur la longueur.

2. En tenant bien l'ananas, détacher la chair de la peau.

Salade de fruits au poulet et à la cannelle

Salade du verger à la crème à l'amande

6 portions
20 min

Salade du verger à la crème à l'amande

Les poires mûres, juteuses et croquantes, et les pommes à tarte
sont mélangées aux abricots sucrés dans une légère crème fouettée à l'amande.

2	poires moyennes mûres, en morceaux de 2,5 cm (*1 po*)
2	pommes à tarte moyennes, sans trognon, en tranches de 0,5 cm (*¼ po*)
1 boîte	(398 mL / *14 oz*) demi-abricots, égouttés; *réserver le jus*

250 mL	(*1 tasse*)	crème à fouetter
30 mL	(*2 c. à soupe*)	sucre
50 mL	(*¼ tasse*)	jus d'abricot réservé
15 mL	(*1 c. à soupe*)	zeste d'orange râpé
2 mL	(*½ c. à thé*)	extrait d'amande

Dans un grand bol, mettre les poires, les pommes et les abricots. Dans le petit bol du mélangeur refroidi battre la crème à fouetter refroidie à vitesse élevée, en raclant souvent le bol, jusqu'à la formation de pics mous. Ajouter graduellement le sucre; continuer à battre jusqu'à la formation de pics fermes (1 à 2 min). À la main, ajouter en repliant le reste des ingrédients. Incorporer en repliant la crème fouettée dans le mélange de fruits.

Pour préparer la crème fouettée :

1. Dans le petit bol du mélangeur refroidi, battre la crème à fouetter refroidie à vitesse élevée, en raclant souvent le bol, jusqu'à la formation de pics mous. Incorporer graduellement le sucre; continuer à battre jusqu'à la formation de pics fermes (1 à 2 min).

2. À la main, ajouter en repliant le reste des ingrédients.

Salade d'agrumes au miel glacée

Une combinaison de saveurs rafraîchissantes.

30 mL	(*2 c. à soupe*) huile végétale
30 mL	(*2 c. à soupe*) vinaigre de cidre
30 mL	(*2 c. à soupe*) miel
1 L	(*4 tasses*) laitue déchiquetée
125 mL	(*1/2 tasse*) oignon rouge haché
50 mL	(*1/4 tasse*) persil frais haché
2	oranges épluchées, en segments, égouttées
2	pamplemousses épluchés, en segments, égouttés

Dans un grand bol, combiner l'huile, le vinaigre et le miel. Ajouter le reste des ingrédients; mélanger pour enrober.

Pour couper les pamplemousses et les oranges en segments :

1. Avec un couteau à éplucher bien affilé, découper en spirale la pelure et la membrane blanche.

2. Pour chaque segment, découper vers le centre du fruit entre le segment et la membrane.

3. Retourner le couteau en le glissant vers l'autre côté du segment près de la membrane. Retirer les pépins.

Salade d'agrumes au miel glacée

Compote d'agrumes glacée aux canneberges

6 portions
40 min

Salade de fruits hivernale

Une délicieuse salade de fruits servie avec une épaisse sauce au jus de fruits.

Fruits

500 mL	(*2 tasses*) raisins verts sans pépins
500 mL	(*2 tasses*) raisins rouges sans pépins
1 boîte	(568 mL / *20 oz*) ananas en morceaux, égouttés; *réserver le jus*
1 boîte	(284 mL / *11 oz*) mandarines en segments, égouttées; *réserver le jus*
2	bananes moyennes, en tranches de 1 cm (*1/2 po*)

Sauce

125 mL	(*1/2 tasse*) sucre
175 mL	(*3/4 tasse*) jus de fruits *réservé*
1	œuf
15 mL	(*1 c. à soupe*) farine tout usage
5 mL	(*1 c. à thé*) jus de citron

Mettre les fruits dans un grand bol. Dans une casserole de 1 L (*4 tasses*), combiner tous les ingrédients de la sauce. Faire cuire à feu moyen, en remuant de temps à autre, jusqu'à ce que la sauce épaississe (3 à 5 min). Laisser reposer 5 min. Verser la sauce sur les fruits; mélanger pour enrober. Laisser refroidir 15 min.

6 portions
2 h

Compote d'agrumes glacée aux canneberges

Un mélange rafraîchissant et unique d'agrumes refroidis et de canneberges sucrées.

250 mL	(*1 tasse*) canneberges entières fraîches ou surgelées, dégelées
50 mL	(*1/4 tasse*) sucre
15 mL	(*1 c. à soupe*) gingembre frais râpé
3	oranges, épluchées, en segments; *réserver le jus*
2	pamplemousses, épluchés, en segments; *réserver le jus*
15 mL	(*1 c. à soupe*) zeste d'orange râpé
1	kiwi, pelé, en tranches de 0,2 cm (*1/8 po*)

Dans une casserole de 2 L (*8 tasses*), mettre les canneberges; parsemer de sucre et de gingembre. Couvrir; faire cuire à feu moyen pendant 2 min. Remuer les canneberges. Poursuivre la cuisson 1 à 2 min ou jusqu'à ce que les canneberges commencent à ramollir mais gardent encore leur forme. Entre-temps, dans un grand bol, combiner les oranges, les pamplemousses et les jus réservés; parsemer de zeste d'orange. Incorporer les canneberges enrobées de sucre. Déposer à la cuillère dans des coupes individuelles; recouvrir d'une tranche de kiwi. Mettre au réfrigérateur 1 h ou jusqu'au moment de servir.

Cuisson au micro-ondes : dans un bol de grandeur moyenne allant au micro-ondes, combiner les canneberges, le sucre et le gingembre. Couvrir d'une pellicule de plastique; faire cuire à FORT jusqu'à ce que les canneberges commencent à ramollir mais qu'elles gardent encore leur forme (1 1/2 à 2 min). Entre-temps, dans un grand bol, combiner les oranges, les pamplemousses et les jus réservés; parsemer de zeste d'orange. Incorporer les canneberges enrobées de sucre. Déposer à la cuillère dans des coupes individuelles; recouvrir d'une tranche de kiwi. Mettre au réfrigérateur 1 h ou jusqu'au moment de servir.

250 mL (*1 tasse*)
15 min

Vinaigrette au basilic

*Cette vinaigrette au basilic légère mettra en valeur
la laitue et les légumes de votre jardin.*

125 mL	(*¹/₂ tasse*) huile végétale ou d'olive	5 mL	(*1 c. à thé*) ail frais haché fin
75 mL	(*¹/₃ tasse*) vinaigre blanc	1 mL	(*¹/₄ c. à thé*) sel
15 mL	(*1 c. à soupe*) basilic frais déchiqueté	1 mL	(*¹/₄ c. à thé*) poivre

Dans un bocal ayant un couvercle, combiner tous les ingrédients. Fermer le bocal; bien secouer. Garder au réfrigérateur.

500 mL (*2 tasses*)
1 h 15 min

Sauce crémeuse aux fines herbes

Les fines herbes fraîches du jardin sont le secret de cette délicieuse sauce.

75 mL	(*¹/₃ tasse*) persil frais haché	125 mL	(*¹/₂ tasse*) babeurre*
50 mL	(*¹/₄ tasse*) oignons verts hachés	5 mL	(*1 c. à thé*) thym frais haché**
250 mL	(*1 tasse*) crème sure	1 mL	(*¹/₄ c. à thé*) sel
50 mL	(*¹/₄ tasse*) mayonnaise	1 mL	(*¹/₄ c. à thé*) poivre

Dans un petit bol, combiner tous les ingrédients. Couvrir; mettre au réfrigérateur au moins 1 h.

*Il est possible de remplacer 125 mL (*¹/₂ tasse*) de babeurre par 7 mL (*1¹/₂ c. à thé*) de vinaigre plus suffisamment de lait pour obtenir 125 mL (*¹/₂ tasse*) de liquide.

**Il est possible de remplacer le thym frais par 2 mL (*¹/₂ c. à thé*) de thym séché.

Vinaigrette au basilic

PÂTES, RIZ ET LÉGUMINEUSES

Vous souvenez-vous de votre repas préféré lorsque vous étiez enfant? Pour plusieurs, c'était le macaroni au fromage. Ce plat avait un petit quelque chose de réconfortant, surtout après une rude journée d'école ou une joute de ballon épuisante avec les copains. Dès que vous entrouvriez la porte, vous pouviez sentir cette odeur si délicieuse et savoir à l'instant que votre mère avait préparé votre mets préféré.

Pensez aux meilleures fèves au lard que vous ayez jamais mangées. Elles devaient être légèrement sucrées avec de la cassonade, garnies d'épaisses tranches de bacon et avoir longuement mijotées dans un pot de terre cuite brun. Lorsqu'elles sortaient tout juste du four, elles dégageaient un tel arôme que vous n'aviez qu'une hâte : en prendre une bouchée.

Et il y avait aussi le spaghetti de maman. Elle faisait la sauce elle-même : une sauce épaisse et épicée, contenant des morceaux de pepperoni et des tomates à l'étuvée. Bien des gens lui demandaient sa recette, mais le spaghetti de maman était toujours meilleur.

Les mets constitués de pâtes, de riz ou de légumineuses sont délectables et remplis de saveurs. Ils satisfont entièrement l'appétit et rappellent bien des bons souvenirs.

6 portions
45 min

Pâtes à la mozzarella

Des pâtes maison garnies de bacon, de brocoli et de mozzarella.

225 g	(*8 oz*) rigatoni non cuits
8	tranches de bacon, en morceaux de 2,5 cm (*1 po*)
500 mL	(*2 tasses*) bouquets de brocoli
2 mL	(*½ c. à thé*) ail frais haché fin
500 mL	(*2 tasses*) mozzarella râpée (225 g / 8 oz)

50 mL	(*¼ tasse*) parmesan râpé
1	pincée de piment de Cayenne
50 mL	(*¼ tasse*) persil frais haché

Faire cuire les rigatoni selon les directives sur l'emballage; égoutter. Entre-temps, dans un poêlon de 25 cm (*10 po*) de diamètre, faire cuire le bacon à feu moyen-vif, en remuant de temps à autre, jusqu'à ce que le bacon soit doré (6 à 8 min). Réduire le feu à moyen. Ajouter le brocoli et l'ail. Faire cuire, en remuant de temps à autre, jusqu'à ce que le brocoli soit al dente (4 à 5 min). Ajouter le rigatoni et le reste des ingrédients *sauf* le persil. Poursuivre la cuisson, en remuant de temps à autre, jusqu'à ce que le fromage soit fondu (3 à 5 min). Parsemer de persil.

Cuisson au micro-ondes : faire cuire le rigatoni selon les directives sur l'emballage; égoutter. Dans une casserole de 3 L (*12 tasses*) allant au micro-ondes, faire cuire le bacon à FORT jusqu'à ce qu'il soit tendre (4 à 5 min). Ajouter le brocoli et l'ail. Faire cuire à FORT jusqu'à ce que le brocoli soit al dente (3 à 4 min). Ajouter les rigatoni et le reste des ingrédients *sauf* le persil. Couvrir; faire cuire à FORT en remuant après la mi-cuisson, jusqu'à ce que ce soit bien chaud (2 à 3 min). Laisser reposer 2 min. Parsemer de persil.

6 portions
35 min

Sauce à spaghetti épicée, au pepperoni

Une sauce pour spaghetti croquante, riche en arôme et en saveur.

225 g	(*8 oz*) spaghetti non cuits
250 mL	(*1 tasse*) champignons frais, en tranches de 1 cm (*½ po*)
250 mL	(*1 tasse*) oignons (2 moyens) hachés
250 mL	(*1 tasse*) olives mûres dénoyautées, en tranches de 1 cm (*½ po*)
125 mL	(*½ tasse*) persil frais haché
250 mL	(*1 tasse*) eau

2 boîtes	(398 mL / *14 oz*) tomates à l'étuvée
1 boîte	(156 mL / *5,5 oz*) pâte de tomate
10 mL	(*2 c. à thé*) basilic
2 mL	(*½ c. à thé*) origan
1 mL	(*¼ c. à thé*) poivre
15 mL	(*1 c. à soupe*) moutarde en grains forte
5 mL	(*1 c. à thé*) ail frais haché fin
90 g	(*3 oz*) pepperoni tranché

Faire cuire le spaghetti selon les directives sur l'emballage; égoutter. Entre-temps, dans une casserole de 3 L (*12 tasses*), combiner tous les ingrédients *sauf* le pepperoni. Faire cuire à feu moyen, en remuant de temps à autre, jusqu'à ce que la sauce épaississe (15 à 20 min). Incorporer le pepperoni; poursuivre la cuisson jusqu'à ce que ce soit bien chaud (4 à 5 min). Servir sur le spaghetti.

Cuisson au micro-ondes : faire cuire le spaghetti selon les directives sur l'emballage; égoutter. Dans une casserole de 3 L (*12 tasses*) allant au micro-ondes, combiner 175 mL (*¾ tasse*) d'eau et le reste des ingrédients *sauf* le pepperoni. Couvrir; faire cuire à FORT, en remuant après la mi cuisson, jusqu'à ce que ce soit bien chaud (8 à 10 min). Incorporer le pepperoni. Faire cuire à FORT jusqu'à ce que le pepperoni soit bien chaud (2 à 3 min). Servir sur le spaghetti.

Pâtes à la mozzarella

Mâcaroni au fromage maison

6 portions
40 min

Macaroni au fromage maison

Un plat de macaroni, parsemé de morceaux de cheddar et cuit au four
jusqu'à ce qu'il bouillonne, pour un souper des plus satisfaisants.

200 g	(*7 oz*) macaroni en coudes, non cuits
50 mL	(*¼ tasse*) beurre ou margarine
45 mL	(*3 c. à soupe*) farine tout usage
500 mL	(*2 tasses*) lait
250 g	(*8 oz*) fromage à la crème, ramolli
2 mL	(*½ c. à thé*) sel
2 mL	(*½ c. à thé*) poivre
10 mL	(*2 c. à thé*) moutarde en grains forte
500 mL	(*2 tasses*) cheddar en cubes de 1 cm
	(*½ po*) (225 g / *8 oz*)
250 mL	(*1 tasse*) chapelure fraîche
30 mL	(*2 c. à soupe*) beurre ou margarine, fondu
30 mL	(*2 c. à soupe*) persil frais haché

Préchauffer le four à 200 °C (*400 °F*). Faire cuire les macaroni selon les directives sur l'emballage; égoutter. Entre-temps, dans une casserole de 3 L (*12 tasses*), faire fondre 50 mL (*¼ tasse*) de beurre; ajouter la farine. Faire cuire à feu moyen, en remuant de temps à autre, jusqu'à ce que le mélange soit lisse et qu'il bouillonne (1 min). Incorporer le lait, le fromage à la crème, le sel, le poivre et la moutarde. Poursuivre la cuisson, en remuant de temps à autre, jusqu'à ce que la sauce soit épaisse (3 à 4 min). Incorporer le macaroni et le fromage. Verser dans une casserole de 2 L (*8 tasses*). Dans un petit bol, combiner le reste des ingrédients; en saupoudrer le macaroni et le fromage. Enfourner; faire cuire pendant 15 à 20 min ou jusqu'à ce que ce soit doré et bien chaud.

Cuisson au micro-ondes : faire cuire le macaroni selon les directives sur l'emballage; égoutter. Entre-temps, dans une casserole de 3 L (*12 tasses*) allant au micro-ondes, faire fondre 50 mL (*¼ tasse*) de beurre à FORT (50 à 60 s). Incorporer la farine. Faire cuire à FORT jusqu'à ce que ça bouillonne (1 à 1½ min). Incorporer le lait, le fromage à la crème, le sel, le poivre et la moutarde. Faire cuire à FORT, en remuant après la mi-cuisson, jusqu'à ce que la sauce soit épaisse (4 à 5 min). Incorporer le macaroni et le fromage. Dans un petit bol, combiner le reste des ingrédients; en parsemer le macaroni et le fromage. Faire cuire à FORT jusqu'à ce que ce soit bien chaud (8 à 10 min).

6 portions
30 min

Pâtes citronnées aux fines herbes

Des ingrédients frais du jardin servis avec des pâtes pour un agréable repas léger.

225 g	(*8 oz*) spirales non cuites		50 mL	(*¼ tasse*) ciboulette fraîche hachée
75 mL	(*⅓ tasse*) huile végétale		50 mL	(*¼ tasse*) persil frais haché
750 mL	(*3 tasses*) courgettes (3 moyennes),		2	tomates moyennes mûres, en quartiers
	en tranches de 0,5 cm (*¼ po*)		2 mL	(*½ c. à thé*) sel
250 mL	(*1 tasse*) oignon rouge haché		2 mL	(*½ c. à thé*) poivre
50 mL	(*¼ tasse*) parmesan fraîchement râpé		30 mL	(*2 c. à soupe*) jus de citron
50 mL	(*¼ tasse*) basilic frais haché			

Faire cuire les pâtes selon les directives sur l'emballage; égoutter. Entre-temps, dans un poêlon de 25 cm (*10 po*) de diamètre, faire chauffer l'huile; ajouter les courgettes et l'oignon. Faire cuire à feu moyen, en remuant de temps à autre, jusqu'à ce que les courgettes soient al dente (5 à 7 min). Ajouter le reste des ingrédients et les pâtes. Couvrir; laisser reposer 2 min ou jusqu'à ce que les tomates soient bien chaudes.

Cuisson au micro-ondes : faire cuire les pâtes selon les directives sur l'emballage; égoutter. Dans une casserole de 3 L (*12 tasses*) allant au micro-ondes, combiner l'huile, la courgette et l'oignon. Couvrir; faire cuire à FORT, en remuant après la mi-cuisson, jusqu'à ce que les courgettes soient al dente (3 à 4 min). Ajouter le reste des ingrédients et les pâtes. Couvrir; faire cuire à FORT, en remuant après la mi-cuisson, jusqu'à ce que les tomates soient bien chaudes (1 à 2 min).

4 portions
25 min

Fettuccine, sauce crémeuse aux épinards

Le beurre et la crème rendent cette délicate sauce aux épinards riche en saveurs.

225 g	(*8 oz*) fettuccine non cuits		1 paquet	(*300 g / 10 oz*) épinards hachés surgelés,
45 mL	(*3 c. à soupe*) beurre ou margarine			dégelés, égouttés
250 mL	(*1 tasse*) champignons frais, en tranches		15	tomates cerise, en moitiés
	de 0,5 cm (*¼ po*)		5 mL	(*1 c. à thé*) basilic
15 mL	(*1 c. à soupe*) farine tout usage		2 mL	(*½ c. à thé*) sel
50 mL	(*¼ tasse*) parmesan râpé		1 mL	(*¼ c. à thé*) poivre
375 mL	(*1½ tasse*) lait moitié-moitié			

Faire cuire les fettuccine selon les directives sur l'emballage; égoutter. Entre-temps, dans un poêlon de 25 cm (*10 po*) de diamètre, faire fondre le beurre; ajouter les champignons. Faire cuire à feu moyen, en remuant de temps à autre, jusqu'à ce que les champignons soient tendres (2 à 3 min). Incorporer la farine jusqu'à l'obtention d'un mélange lisse et bouillonnant (1 min). Ajouter le reste des ingrédients. Poursuivre la cuisson, en remuant de temps à autre, jusqu'à ce que ce soit bien chaud (6 à 8 min). Servir sur les fettuccine.

Cuisson au micro-ondes : faire cuire les fettuccine selon les directives sur l'emballage; égoutter. Entre-temps, dans une casserole de 2 L (*8 tasses*) allant au micro-ondes, faire fondre le beurre à FORT (30 à 40 s). Incorporer les champignons. Faire cuire à FORT jusqu'à ce que les champignons soient tendres (1 à 2 min). Ajouter la farine. Faire cuire à FORT jusqu'à ce que le mélange soit lisse et bouillonnant (1 à 1½ min). Ajouter le reste des ingrédients *sauf* les épinards et les tomates. Faire cuire à FORT jusqu'à épaississement (2 à 3 min). Incorporer les épinards et les tomates. Faire cuire à FORT jusqu'à ce que ce soit bien chaud (1 à 2 min). Servir sur les fettuccine.

Pâtes citronnées aux fines herbes

6 portions
45 min

Légumes et fettuccine en crème

Servez ce plat d'accompagnement coloré avec un rôti de bœuf et une salade verte.

500 mL	(*2 tasses*) carottes (4 moyennes), coupées en biais en tranches de 1 cm (*1/2 po*)
170 g	(*6 oz*) fettuccine non cuits
500 mL	(*2 tasses*) brocoli en bouquets
90 mL	(*6 c. à soupe*) beurre ou margarine

30 mL	(*2 c. à soupe*) farine tout usage
2 mL	(*1/2 c. à thé*) sel
2 mL	(*1/2 c. à thé*) muscade
250 mL	(*1 tasse*) lait
50 mL	(*1/4 tasse*) parmesan râpé

Dans une casserole de 3 L (*12 tasses*), amener 2 L (*8 tasses*) d'eau à pleine ébullition. Ajouter les carottes et les fettuccine. Faire cuire à feu moyen 6 min. Ajouter le brocoli; poursuivre la cuisson jusqu'à ce que les carottes et le brocoli soient al dente (4 à 5 min); égoutter. Rincer sous l'eau chaude; réserver. Dans la même casserole, faire fondre le beurre. Incorporer la farine, le sel et la muscade pour obtenir un mélange lisse et bouillonnant (1 min). Ajouter le lait; faire cuire à feu moyen, en remuant de temps à autre, jusqu'à ce que le mélange parvienne à pleine ébullition (4 à 6 min). Laisser bouillir 1 min. Incorporer le mélange de fettuccine. Réduire le feu à doux; poursuivre la cuisson jusqu'à ce que ce soit bien chaud (3 à 4 min). Pour servir, parsemer de parmesan.

6 portions
30 min

Nouilles aux graines de pavot à la crème sure

Les graines de pavot et la crème sure donnent une saveur
du Vieux Monde à ce plat d'accompagnement si rapide à préparer.

225 g	(*8 oz*) nouilles aux œufs très larges non cuites
250 mL	(*1 tasse*) crème sure

50 mL	(*1/4 tasse*) beurre ou margarine
10 mL	(*2 c. à thé*) graines de pavot
2 mL	(*1/2 c. à thé*) sel

Dans une casserole de 3 L (*12 tasses*), faire cuire les nouilles selon les directives sur l'emballage; bien égoutter. Remettre dans la casserole; ajouter le reste des ingrédients. Faire cuire à feu moyen, en remuant continuellement, jusqu'à ce que ce soit lisse et bien chaud (1 à 2 min).

Légumes et fettuccine en crème

Pâtes et légumes au poêlon (en haut)
Linguine aux fines herbes fraîches (en bas)

4 portions
15 min

Linguine aux fines herbes fraîches

Ces pâtes, dans une délicieuse sauce au beurre aux fines herbes,
peuvent compléter presque tous les plats de viande.

225 g	(*8 oz*) linguine non cuits
75 mL	(*⅓ tasse*) beurre ou margarine
2 mL	(*½ c. à thé*) ail frais haché fin
75 mL	(*⅓ tasse*) persil frais haché

7 mL	(*1½ c. à thé*) origan frais haché*
15 mL	(*1 c. à soupe*) jus de citron
250 mL	(*1 tasse*) parmesan fraîchement râpé

Dans une casserole de 3 L (*12 tasses*), faire cuire les linguine selon les directives sur l'emballage; égoutter. Dans la même casserole, mettre le beurre et l'ail. Faire cuire à feu moyen jusqu'à ce que le beurre soit fondu (3 à 4 min). Incorporer les linguine et le reste des ingrédients *sauf* le parmesan. Faire cuire à feu moyen, en remuant continuellement, jusqu'à ce que ce soit bien chaud (2 à 3 min). Parsemer de parmesan.

*Il est possible de remplacer l'origan frais par 2 mL (*½ c. à thé*) d'origan séché.

Cuisson au micro-ondes : faire cuire les linguine selon les directives sur l'emballage; égoutter. Dans une casserole de 2 L (*8 tasses*) allant au micro-ondes, mettre le beurre et l'ail. Faire cuire à FORT jusqu'à ce que le beurre soit fondu (60 à 70 s). Incorporer les linguine et le reste des ingrédients *sauf* le parmesan. Faire cuire à FORT jusqu'à ce que ce soit bien chaud (*1½ à 2 min*). Parsemer de parmesan.

4 portions
30 min

Pâtes et légumes au poêlon

Une nouvelle façon d'apprêter les délicieuses courgettes de votre jardin.

110 g	(*4 oz*) boucles non cuites*
50 mL	(*¼ tasse*) beurre ou margarine
5 mL	(*1 c. à thé*) ail frais haché fin
1	courgette moyenne, en morceaux de 1 cm (*½ po*)
1	petite aubergine, en morceaux de 1 cm (*½ po*)

1	oignon rouge moyen, coupé en huit
5 mL	(*1 c. à thé*) basilic
2 mL	(*½ c. à thé*) sel
2 mL	(*½ c. à thé*) poivre
375 mL	(*1½ tasse*) mozzarella râpée (170 g / *6 oz*)

Faire cuire les pâtes selon les directives sur l'emballage; égoutter. Dans un poêlon de 25 cm (*10 po*) de diamètre, faire fondre le beurre jusqu'à ce qu'il grésille; incorporer l'ail, Ajouter le reste des ingrédients *sauf* les pâtes et le fromage. Faire cuire à feu moyen, en remuant de temps à autre, jusqu'à ce que les légumes soient al dente, (4 à 6 min). Incorporer les pâtes. Poursuivre la cuisson, en remuant de temps à autre, jusqu'à ce que ce soit bien chaud (2 à 3 min). Ajouter le fromage; mélanger. Servir immédiatement.

*Il est possible de remplacer les boucles par des pâtes non cuites de votre choix.

Cuisson au micro-ondes : faire cuire les pâtes selon les directives sur l'emballage; égoutter. Dans une casserole de 3 L (*12 tasses*) allant au micro-ondes, faire fondre le beurre à FORT (40 à 50 s); ajouter l'ail. Faire cuire à FORT 1 min. Incorporer le reste des ingrédients *sauf* les pâtes et le fromage. Couvrir; faire cuire à FORT, en remuant après la mi-cuisson, jusqu'à ce que les légumes soient al dente (5 à 6 min). Ajouter les pâtes. Faire cuire, en mélangeant après la mi-cuisson, jusqu'à ce que ce soit bien chaud (2 à 3 min). Incorporer le fromage. Servir immédiatement.

Rîz confetti au fromage (en haut)
Riz et légumes savoureux (en bas)

8 portions
40 min

Riz et légumes savoureux

Une salade qui n'a nullement besoin de vinaigrette.

Riz

250 mL	(*1 tasse*) riz à grains longs non cuit
50 mL	(*¼ tasse*) huile végétale
175 mL	(*¾ tasse*) eau
1 boîte	(284 mL / *10 oz*) bouillon de poulet
5 mL	(*1 c. à thé*) paprika
1 mL	(*¼ c. à thé*) sel
1 mL	(*¼ c. à thé*) poivre
1	pincée de piment de Cayenne

Légumes

500 mL	(*2 tasses*) bouquets de brocoli
250 mL	(*1 tasse*) olives mûres dénoyautées
50 mL	(*¼ tasse*) oignons verts, en tranches de 0,5 cm (*¼ po*)
50 mL	(*¼ tasse*) persil frais haché
1	tomate moyenne mûre, coupée en quartiers
1	poivron vert moyen, coupé en lanières
225 g	(*8 oz*) saucisse d'été, en tranches de 0,2 cm (*⅛ po*), coupées en deux

Dans un poêlon de 25 cm (*10 po*) de diamètre, combiner le riz et l'huile. Faire cuire à feu moyen-doux, en remuant de temps à autre, jusqu'à ce que le riz soit doré (5 min). Incorporer le reste des ingrédients du riz. Couvrir; poursuivre la cuisson jusqu'à ce que le liquide soit absorbé (15 à 20 min). Entre-temps, dans un grand bol, combiner tous les légumes. Verser le riz chaud sur les légumes; mélanger.

6 portions de 150 mL (*⅔ tasse*)
50 min

Riz confetti au fromage

*Le fromage se combine au riz et aux légumes
en un délicieux plat d'accompagnement des plus colorés.*

50 mL	(*¼ tasse*) beurre ou margarine
250 mL	(*1 tasse*) riz à grains longs non cuit
50 mL	(*¼ tasse*) oignon haché
625 mL	(*2½ tasses*) eau
1 boîte	(110 g / *4 oz*) piments verts doux, en dés, égouttés
15 mL	(*1 c. à soupe*) bouillon de poulet instantané

250 mL	(*1 tasse*) fromage Monterey Jack râpé (110 g / *4 oz*)
50 mL	(*¼ tasse*) olives mûres tranchées
60 g	(*2 oz*) piments doux rôtis en conserve, en dés, égouttés
30 mL	(*2 c. à soupe*) persil frais haché

Dans une casserole de 2 L (*8 tasses*), faire fondre le beurre. Ajouter le riz et l'oignon. Faire cuire à feu moyen, en remuant continuellement, jusqu'à ce que le riz soit doré (8 à 10 min). Ajouter lentement l'eau, les piments verts et le bouillon de poulet. Poursuivre la cuisson jusqu'à ce que le mélange parvienne à pleine ébullition (8 à 10 min); réduire le feu à doux. Couvrir; laisser mijoter jusqu'à ce que le riz soit tendre (25 à 30 min). Incorporer le reste des ingrédients. Servir immédiatement.

Cuisson au micro-ondes : dans une casserole de 3 L (*12 tasses*) allant au micro-ondes, faire fondre le beurre à FORT (50 à 60 s). Ajouter le riz et l'oignon. Couvrir; faire cuire à FORT jusqu'à ce que le riz soit brun doré (5 à 6 min). Ajouter lentement l'eau, les piments verts et le bouillon de poulet. Couvrir; faire cuire à FORT jusqu'à ce que le mélange parvienne à pleine ébullition (5 à 6 min). Réduire la puissance à MOYEN (50 %); faire cuire jusqu'à ce que le riz soit tendre (10 à 12 min). Incorporer le reste des ingrédients. Servir immédiatement.

8 portions de 150 mL (*2/3 tasse*)
35 min

Pilaf printanier du jardin

Des amandes croquantes et des légumes aux couleurs vives qui rehaussent le riz.

675 mL	(*2¾ tasses*) eau
50 mL	(*¼ tasse*) beurre ou margarine
30 mL	(*2 c. à soupe*) bouillon de poulet instantané
1 mL	(*¼ c. à thé*) sel
1	pincée de poivre
1 mL	(*¼ c. à thé*) ail frais haché fin

300 mL	(*1¼ tasse*) riz à grains longs non cuit
125 mL	(*½ tasse*) carottes hachées fin
125 mL	(*½ tasse*) amandes émincées, grillées
50 mL	(*¼ tasse*) persil frais haché
30 mL	(*2 c. à soupe*) oignon vert tranché

Dans une casserole de 2 L (*8 tasses*), amener l'eau, le beurre, le bouillon de poulet, le sel, le poivre et l'ail à pleine ébullition (5 à 7 min). Ajouter le riz et les carottes; ramener à pleine ébullition. Réduire le feu à doux; laisser mijoter jusqu'à ce que le riz soit tendre (25 à 30 min). Incorporer le reste des ingrédients.

Cuisson au micro-ondes : dans une casserole de 3 L (*12 tasses*) allant au micro-ondes, combiner l'eau, le beurre, le bouillon de poulet, le sel, le poivre et l'ail. Couvrir; faire cuire à FORT jusqu'à ce que le mélange arrive à pleine ébullition (4 à 5 min). Ajouter le riz et les carottes. Couvrir; faire cuire à FORT 5 min. Réduire la puissance à MOYEN (50 %); faire cuire jusqu'à ce que le riz soit tendre (10 à 15 min). Incorporer le reste des ingrédients. Couvrir; laisser reposer 5 min.

6 portions de 125 mL (*½ tasse*)
25 min

Pot-pourri de riz croquant

Les châtaignes d'eau ajoutent du croquant à ce délicieux plat d'accompagnement.

170 g	(*6 oz*) mélange de riz à grains longs et de riz sauvage
50 mL	(*¼ tasse*) beurre ou margarine
1 boîte	(*199 mL / 8 oz*) châtaignes d'eau tranchées, égouttées

1 boîte	(*110 g / 4 oz*) champignons tranchés, égouttés
60 g	(*2 oz*) piment doux rôtis en conserve hachés, égouttés

Faire cuire le riz selon les directives sur l'emballage. Incorporer le reste des ingrédients. Poursuivre la cuisson jusqu'à ce que le beurre soit fondu et les légumes bien chauds (3 à 4 min).

Pilaf printanier du jardin

Riz sauvage du trappeur

6 portions
60 min

Un riz sauvage sucré, plein de saveur, parfait pour accompagner le gibier ou la viande rôtie.

250 mL	(*1 tasse*) riz sauvage non cuit
1 L	(*4 tasses*) eau
2	carottes moyennes, en tranches de 0,2 cm (*1/8 po*)
1	oignon moyen, en tranches de 0,2 cm (*1/8 po*)
5 mL	(*1 c. à thé*) sel

5 mL	(*1 c. à thé*) sauge, froissée
2 mL	(*1/2 c. à thé*) poivre
10 mL	(*2 c. à thé*) ail frais haché fin
5 mL	(*1 c. à thé*) gingembre frais râpé
125 mL	(*1/2 tasse*) jus de pomme
45 mL	(*3 c. à soupe*) miel
30 mL	(*2 c. à soupe*) persil frais haché

Rincer le riz sauvage. Dans une casserole de 2 L (*8 tasses*), combiner le riz sauvage et le reste des ingrédients *sauf* le jus de pomme, le miel et le persil. Amener à pleine ébullition (6 à 8 min). Couvrir; faire cuire à feu moyen jusqu'à ce que le riz sauvage soit tendre (45 à 50 min). Verser l'excès de liquide; incorporer le jus de pomme et le miel. Poursuivre la cuisson jusqu'à ce que ce soit bien chaud (4 à 5 min). Incorporer le persil.

Cuisson au micro-ondes : rincer le riz sauvage. Dans une casserole de 2 L (*8 tasses*) allant au micro-ondes, combiner le riz sauvage et le reste des ingrédients *sauf* le jus de pomme, le miel et le persil. Couvrir; faire cuire à FORT jusqu'à ce que le mélange parvienne à pleine ébullition (9 à 12 min). Réduire la puissance à MOYEN (50 %); faire cuire, en remuant de temps à autre, jusqu'à ce que le riz sauvage soit tendre (40 à 50 min). Verser l'excès de liquide; incorporer le jus de pomme et le miel. Faire cuire à FORT jusqu'à ce que ce soit bien chaud (2 à 3 min). Incorporer le persil.

Fèves surprise

8 portions
3 h 30 min

Servez ces fèves légèrement épicées avec du riz, de la crème sure et des oignons verts.

450 g	(*1 lb*) fèves rouges séchées*
6	tranches de bacon, en morceaux de 1 cm (*1/2 po*)
250 mL	(*1 tasse*) oignons (2 moyens), hachés
50 mL	(*1/4 tasse*) coriandre ou persil frais haché
50 mL	(*1/4 tasse*) beurre ou margarine
2	carottes moyennes, grossièrement hachées
15 mL	(*1 c. à soupe*) poudre de chili

7 mL	(*1 1/2 c. à thé*) sel
2 mL	(*1/2 c. à thé*) cumin
2 mL	(*1/2 c. à thé*) thym
2	feuilles de laurier
2	clous de girofle entiers
10 mL	(*2 c. à thé*) ail frais haché fin
1 L	(*4 tasses*) eau

Dans un grand bol, mettre les haricots; les couvrir d'eau. Laisser tremper pendant 1 h. Entre-temps, dans une casserole de 3 L (*12 tasses*), faire cuire le bacon à feu moyen-vif, en remuant de temps à autre, jusqu'à ce que le bacon soit doré (6 à 8 min). Réduire le feu à moyen. Ajouter les ingrédients qui restent *sauf* 1 L (*4 tasses*) d'eau et les haricots. Faire cuire, en remuant de temps à autre, jusqu'à ce que les oignons soient al dente (2 à 3 min). Égoutter les haricots; combiner au mélange de légumes. Ajouter 1 L (*4 tasses*) d'eau.

Faire cuire à feu vif jusqu'à ce que le mélange parvienne à pleine ébullition. Réduire le feu à moyen. Couvrir; faire cuire, en remuant de temps à autre, jusqu'à ce que les haricots soient tendres sous la fourchette (1 1/2 à 2 h). Retirer les feuilles de laurier et les clous de girofle.

*Il est possible de remplacer les fèves rouges séchées par 450 g (*1 lb*) de haricots rouges séchés. Faire cuire 60 à 70 min.

Riz sauvage du trappeur (en haut)
Fèves surprise (en bas)

2 L (*8 tasses*)
1 jour

Fèves au four

Une longue cuisson à feu doux fait ressortir toute la saveur d'antan
de ces délicieuses fèves cuites au four.

500 mL	(*2 tasses*) grands haricots blancs séchés
250 mL	(*1 tasse*) haricots rouges séchés
150 mL	(*2/3 tasse*) cassonade bien tassée
375 mL	(*1 1/2 tasse*) eau bouillante
50 mL	(*1/4 tasse*) moutarde en grains forte

50 mL	(*1/4 tasse*) mélasse noire
225 g	(*1/2 lb*) bacon en tranches épaisses, en morceaux de 2,5 cm (*1 po*)
225 g	(*1/2 lb*) lard salé, en cubes de 2,5 cm (*1 po*)
2	oignons moyens, hachés

Dans une cocotte, combiner les grands haricots blancs, les haricots rouges et suffisamment d'eau froide pour les recouvrir; laisser tremper toute la nuit. Au besoin, ajouter de l'eau pour couvrir les haricots. Faire cuire à feu vif jusqu'à ce que l'eau parvienne à pleine ébullition. Réduire le feu à moyen; poursuivre la cuisson 30 à 45 min ou jusqu'à ce que les haricots soient tendres. Préchauffer le four à 160 °C (*325 °F*). Égoutter les haricots. Dans une grande cocotte, combiner les haricots et le reste des ingrédients. Enfourner, faire cuire, en remuant de temps à autre, pendant 6 à 9 h ou jusqu'à ce que les haricots soient

d'une riche couleur brune et la sauce, épaisse. Si les haricots sèchent pendant la cuisson, ajouter 250 à 500 mL (*1 à 2 tasses*) d'eau.

Le même jour : si vous voulez préparer ce plat le jour même, au lieu de faire tremper les haricots toute la nuit, faites-les cuire à feu vif jusqu'à ce que l'eau parvienne à pleine ébullition. Réduire le feu à moyen; laisser bouillir 2 min. Retirer du feu. Couvrir; laisser reposer 1 h. Poursuivre comme indiqué ci-contre en commençant à «Au besoin, ajouter plus d'eau pour couvrir les haricots...»

---

4 portions
30 min

Riz et doliques à œil noir du Sud

Une variante du Hopping John, une spécialité du sud des États-Unis.

500 mL	(*2 tasses*) doliques à œil noir
250 mL	(*1 tasse*) riz à grains longs cuit
50 mL	(*1/4 tasse*) beurre ou margarine
1 L	(*4 tasses*) épinards frais déchiquetés*
4	tranches de bacon, en morceaux de 2,5 cm (*1 po*)

30 mL	(*2 c. à soupe*) parmesan râpé
2 mL	(*1/2 c. à thé*) sel
1 mL	(*1/4 c. à thé*) sauce au piment fort
250 mL	(*1 tasse*) cheddar râpé (110 g / *4 oz*)

Faire cuire les doliques à œil noir et le riz. Dans une casserole de 2 L (*8 tasses*), faire fondre le beurre. Incorporer les épinards et le bacon. Faire cuire à feu moyen, en remuant de temps à autre, jusqu'à ce que les épinards soient tendres (4 à 6 min). Incorporer les doliques à œil noir, le riz et le reste des ingrédients *sauf* le cheddar. Poursuivre la cuisson, en remuant de temps à autre, jusqu'à ce que ce soit bien chaud (7 à 10 min). Juste avant de servir, ajouter le cheddar et mélanger.

*Il est possible de remplacer les épinards frais déchiquetés par un paquet de 300 g (*10 oz*) d'épinards hachés surgelés.

Cuisson au micro-ondes : faire cuire les doliques à œil noir et le riz. Dans une casserole de 2 L (*8 tasses*) allant au micro-ondes, faire fondre le beurre à FORT (50 à 60 s). Incorporer les épinards et le bacon. Faire cuire à FORT, en remuant après la mi-cuisson, jusqu'à ce que les épinards soient tendres (3 à 4 min). Incorporer les doliques à œil noir, le riz et le reste des ingrédients *sauf* le cheddar. Faire cuire à FORT, en remuant après la mi-cuisson, jusqu'à ce que ce soit bien chaud (4 à 5 min). Juste avant de servir, ajouter le cheddar et mélanger.

Fèves au four (en haut)
Riz et doliques à œil noir du Sud (en bas)

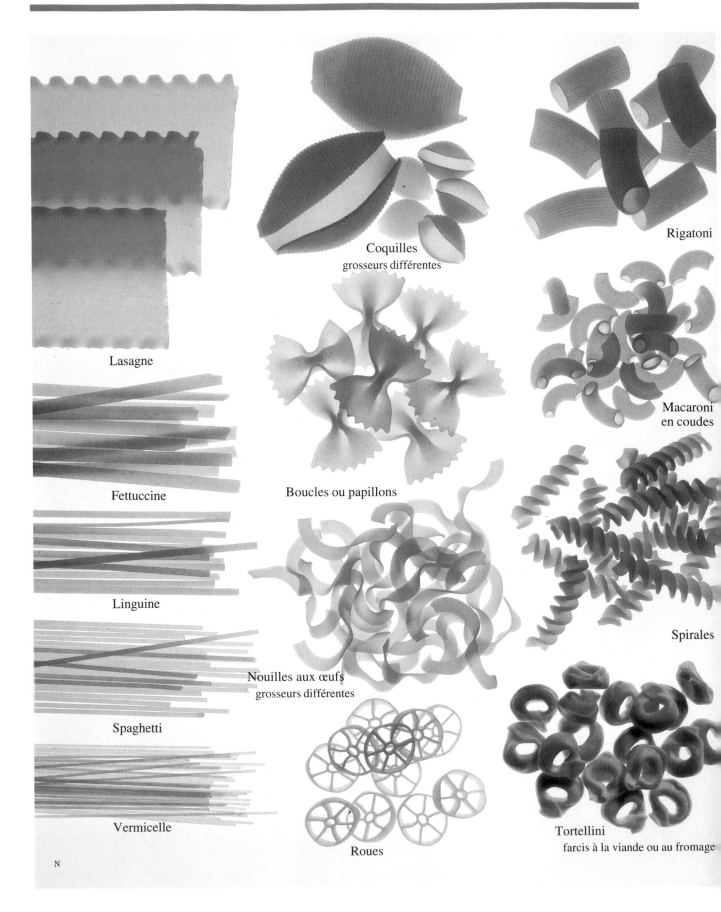

Lasagne

Fettuccine

Linguine

Spaghetti

Vermicelle

Coquilles
grosseurs différentes

Boucles ou papillons

Nouilles aux œufs
grosseurs différentes

Roues

Rigatoni

Macaroni
en coudes

Spirales

Tortellini
farcis à la viande ou au fromage

N

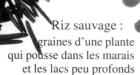

Riz sauvage :
graines d'une plante
qui pousse dans les marais
et les lacs peu profonds

Pois cassés

Doliques à œil noir

Riz brun :
à grains entiers,
non polis, décortiqués,
une partie du son retirée

**Riz régulier à grains
courts ou longs :**
foulé pour enlever
l'écorce, le germe
et une partie du son.

Petits haricots blancs

Grands haricots blancs

Riz étuvé :
traité avant
d'être foulé
pour forcer les
substances nutritives
dans la partie du grain
qui contient de l'amidon.

Fèves Pinto

Fèves rouges

**Riz pré-cuit ou
à cuisson rapide :**
à grains longs
qui a été cuit,
rincé et séché.

Haricots rouges

Fèves de Lima

LÉGUMES

Les légumes se présentent en un vrai kaléidoscope de formes, de tailles, de couleurs et de goûts; ils semblent tous plus appétissants les uns que les autres.

Pensez à des haricots verts frais, tellement croquants qu'ils craquent avec un bruit sec entre vos doigts, cuits avec du bacon et des rondelles d'oignon rouge. Vous pouvez presque les goûter! Et que dire des carottes avec leurs fanes délicates, tellement délicieuses qu'elles soient apprêtées avec une sauce crémeuse ou glacées, ou qu'elles accompagnent un rôti cuit en cocotte; des tomates rondes, bien mûres et très sucrées, aussi rouges à l'intérieur qu'à l'extérieur; des épis de maïs tendres encore dans leur enveloppe, entourés de douces soies dorées... Rien ne peut égaler le plaisir de déguster du maïs en épi sucré, bien chaud, enrobé de beurre fondant.

Aussi beaux qu'ils sont délicieux, les légumes sont les fruits de la terre. Et chaque plat à base de légumes que vous préparez apporte à votre table une touche de fraîcheur et de santé.

Pointes d'asperges à la moutarde et à l'ail

4 portions
25 min

Que ce soit du jardin ou du marché, quel plaisir de déguster de tendres asperges.

450 g	(*1 lb*) pointes d'asperges (24), taillées	30 mL	(*2 c. à soupe*) moutarde en grains forte
50 mL	(*¼ tasse*) beurre ou margarine	1 mL	(*¼ c. à thé*) poivre
500 mL	(*2 tasses*) champignons frais (*225 g /*	1	pincée de sel
	½ lb), en tranches de 0,5 cm (*¼ po*)	2 mL	(*½ c. à thé*) ail frais haché fin

Dans un poêlon de 25 cm (*10 po*) de diamètre, mettre les pointes d'asperges; ajouter suffisamment d'eau pour les recouvrir. Amener à pleine ébullition. Faire cuire à feu moyen jusqu'à ce que les asperges soient al dente (5 à 7 min). Égoutter; remettre dans le poêlon. Ajouter le reste des ingrédients, en regroupant les asperges d'un côté jusqu'à ce que le beurre soit fondu. Faire cuire à feu moyen, en remuant de temps à autre, jusqu'à ce que ce soit bien chaud (5 à 7 min).

Cuisson au micro-ondes : dans un plat de 30 x 20 cm (*12 x 8 po*) allant au micro-ondes, faire fondre le beurre à FORT (50 à 60 s). Incorporer tous les ingrédients *sauf* les asperges et les champignons; bien mélanger. Disposer les asperges, la tête vers le milieu du plat, et les champignons, dans le plat; retourner pour enrober du mélange de beurre. Couvrir; faire cuire à FORT, en remuant après la mi-cuisson, jusqu'à ce que les légumes soient al dente (6 à 9 min). Laisser reposer 2 min.

Haricots verts du jardin au bacon

6 portions
60 min

*Des haricots verts frais et tendres, cuits avec du bacon et des oignons,
à la saveur incomparable.*

450 g	(*1 lb*) haricots verts frais, équeutés	45 mL	(*3 c. à soupe*) beurre ou margarine
4	tranches de bacon, en morceaux	2 mL	(*½ c. à thé*) poivre
	de 1 cm (*½ po*)	1 mL	(*¼ c. à thé*) sel
250 mL	(*1 tasse*) oignons rouges en tranches		
	de 0,2 cm (*⅛ po*), séparées en rondelles		

Dans une casserole de 3 L (*12 tasses*), mettre les haricots et le bacon; ajouter suffisamment d'eau pour les recouvrir. Amener à pleine ébullition. Faire cuire à feu moyen, en remuant de temps à autre, jusqu'à ce que les haricots soient al dente (20 à 25 min); égoutter. Remettre dans la casserole; ajouter le reste des ingrédients. Faire cuire à feu moyen, en remuant de temps à autre, jusqu'à ce que les oignons soient al dente (5 à 7 min).

Cuisson au micro-ondes : dans une casserole de 3 L (*12 tasses*) allant au micro-ondes, mettre les haricots et 125 mL (*½ tasse*) d'eau. Couvrir; faire cuire à FORT, en remuant après la mi-cuisson, jusqu'à ce que les haricots soient al dente (8 à 10 min). Égoutter; remettre dans la casserole. Ajouter le reste des ingrédients. Couvrir; faire cuire à FORT jusqu'à ce que ce soit bien chaud (3 à 5 min).

Haricots verts du jardin au bacon (en haut)
Pointes d'asperges à la moutarde et à l'ail (en bas)

Légumes à l'étuvée

Légumes à l'étuvée

*Des haricots verts, des pommes de terre nouvelles sucrées et
des tomates juteuses cuits à l'étuvée avec juste un soupçon de basilic.*

225 g	(*1/2 lb*) haricots verts frais, équeutés		5 mL	(*1 c. à thé*) basilic
4	petites pommes de terre rouges nouvelles, en quartier		1 mL	(*1/4 c. à thé*) sel
2	petits oignons, en quartiers		1 mL	(*1/4 c. à thé*) poivre
45 mL	(*3 c. à soupe*) beurre ou margarine		1 mL	(*1/4 c. à thé*) thym
8	champignons frais, coupés en deux		30 mL	(*2 c. à soupe*) pâte de tomate
1	tomate moyenne, mûre, en morceaux de 1 cm (*1/2 po*)		2 mL	(*1/2 c. à thé*) ail frais haché fin
			50 mL	(*1/4 tasse*) persil frais haché

Dans une casserole de 3 L (*12 tasses*), combiner les haricots, les pommes de terre et les oignons. Ajouter suffisamment d'eau pour recouvrir; amener à pleine ébullition. Faire cuire à feu moyen, en remuant de temps à autre, jusqu'à ce que les légumes soient al dente (15 à 20 min); égoutter. Remettre dans la casserole; ajouter le reste des ingrédients *sauf* le persil. Faire cuire à feu moyen, en remuant de temps à autre, jusqu'à ce que ce soit bien chaud (10 à 12 min). Incorporer le persil.

Cuisson au micro-ondes : dans une casserole de 3 L (*12 tasses*) allant au micro-ondes, combiner les haricots, les pommes de terre, les oignons et 125 mL (*1/2 tasse*) d'eau. Couvrir; faire cuire à FORT, en remuant après la mi-cuisson, jusqu'à ce que les légumes soient al dente (10 à 13 min). Égoutter; remettre dans la casserole. Ajouter le reste des ingrédients *sauf* le persil. Couvrir; faire cuire à FORT jusqu'à ce que ce soit bien chaud (2 à 3 min). Incorporer le persil.

Haricots verts au fromage

Apprêtés de cette façon, ces haricots verts sont parfaits pour un repas familial.

45 mL	(*3 c. à soupe*) beurre ou margarine		1	pincée de poivre
1	oignon moyen, coupé en huit		1 paquet	(*227 g / 8 oz*) champignons frais, coupés en trois
1 paquet	(*300 g / 10 oz*) haricots verts à la française, surgelés		125 mL	(*1/2 tasse*) fromage Monterey Jack (*60 g / 2 oz*) râpé
2 mL	(*1/2 c. à thé*) romarin			
1 mL	(*1/4 c. à thé*) sel			

Dans une casserole de 2 L (*8 tasses*), faire fondre le beurre. Incorporer l'oignon; faire cuire à feu moyen jusqu'à ce qu'il soit tendre (2 à 3 min). Ajouter le reste des ingrédients *sauf* les champignons et le fromage. Couvrir; poursuivre la cuisson, en remuant de temps à autre, jusqu'à ce que les haricots soient dégelés et séparés (3 à 5 min). Découvrir. Incorporer les champignons; poursuivre la cuisson, en remuant de temps à autre, jusqu'à ce que les haricots soient al dente (5 à 7 min). Parsemer de fromage. Couvrir; laisser reposer 1 min.

Cuisson au micro-ondes : dans une casserole de 1,5 L (*6 tasses*) allant au micro-ondes, faire fondre le beurre à FORT (40 à 50 s). Incorporer l'oignon. Couvrir; faire cuire à FORT 1 min. Incorporer le reste des ingrédients *sauf* le fromage. Couvrir; faire cuire à FORT, en remuant après la mi-cuisson, jusqu'à ce que les haricots soient al dente (4 à 5 min). Parsemer de fromage. Couvrir; laisser reposer 1 min.

Fèves de Lima et bacon du Sud

4 à 6 portions
30 min

Une façon délicieuse de préparer les fèves de Lima.

30 mL	(*2 c. à soupe*) beurre ou margarine
4	tranches de bacon épaisses, en morceaux de 2,5 cm (*1 po*)
1	oignon moyen, coupé en huit
250 mL	(*1 tasse*) maïs en grains entiers, surgelé
1 boîte	(398 mL / *14 oz*) tomates à l'étuvée
1 paquet	(300 g / *10 oz*) fèves de Lima surgelées
1 mL	(*1/4 c. à thé*) poivre
1 mL	(*1/4 c. à thé*) céleri en grains

Dans un poêlon de 25 cm (*10 po*) de diamètre, faire fondre le beurre jusqu'à ce qu'il grésille; incorporer le bacon et l'oignon. Faire cuire à feu moyen-vif, en remuant de temps à autre, 5 min; égoutter. Réduire le feu à moyen; incorporer le reste des ingrédients. Poursuivre la cuisson, en remuant de temps à autre, jusqu'à ce que les fèves de Lima soient tendres (8 à 10 min).

Cuisson au micro-ondes : dans une casserole de 3 L (*12 tasses*) allant au micro-ondes, faire fondre le beurre à FORT (30 à 40 s). Incorporer le bacon et l'oignon. Faire cuire à FORT, en remuant après la mi-cuisson, 3 min; égoutter. Incorporer le reste des ingrédients. Couvrir; faire cuire à FORT, en remuant après la mi-cuisson, jusqu'à ce que les fèves de Lima soient tendres (5 à 8 min).

Betteraves à la crème sure

4 portions
60 min

Ce duo de betteraves et de carottes fraîches, accentué de ciboulette, est un délice à l'automne.

5	betteraves moyennes fraîches
250 mL	(*1 tasse*) carottes (2 moyennes), en tranches de 0,5 cm (*1/4 po*)
45 mL	(*3 c. à soupe*) beurre ou margarine
15 mL	(*1 c. à soupe*) ciboulette fraîche hachée
2 mL	(*1/2 c. à thé*) sel
2 mL	(*1/2 c. à thé*) aneth en grains
1	pincée de poivre
	Crème sure

Dans une casserole de 2 L (*8 tasses*), amener 750 mL (*3 tasses*) d'eau à pleine ébullition. Ajouter les betteraves. Couvrir; faire cuire à feu moyen jusqu'à ce que les betteraves soient tendres sous la fourchette (35 à 45 min). Égoutter; passer sous l'eau froide; éplucher et couper les extrémités. Découper les betteraves en cubes de 1 cm (*1/2 po*); réserver. Dans une casserole de 1 L (*4 tasses*) amener 175 mL (*3/4 tasse*) d'eau à pleine ébullition. Ajouter les carottes. Couvrir; faire cuire à feu moyen jusqu'à ce que les carottes soient al dente (8 à 10 min). Égoutter; réserver. Dans la même casserole, faire fondre le beurre. Ajouter les betteraves, les carottes et le reste des ingrédients *sauf* la crème sure. Couvrir; faire cuire à feu moyen, en remuant de temps à autre, jusqu'à ce que ce soit bien chaud (5 à 7 min). Servir avec une bonne cuillerée de crème sure.

Cuisson au micro-ondes : dans une casserole de 2 L (*8 tasses*) allant au micro-ondes, combiner 50 mL (*1/4 tasse*) d'eau et les betteraves. Couvrir; faire cuire à FORT, en remuant après la mi-cuisson, jusqu'à ce que les betteraves soient tendres sous la fourchette (15 à 17 min). Laisser reposer 2 min. Égoutter; passer sous l'eau froide, éplucher et couper les extrémités. Découper les betteraves en cubes de 1 cm (*1/2 po*); réserver. Dans une casserole de 1 L (*4 tasses*) allant au micro-ondes, combiner 125 mL (*1/2 tasse*) d'eau et les carottes. Couvrir; faire cuire à FORT, en remuant après la mi-cuisson, jusqu'à ce que les carottes soient al dente (4 à 5 min). Laisser reposer 1 min. Égoutter; réserver. Dans la même casserole, faire fondre le beurre à FORT (40 à 50 s). Ajouter les betteraves, les carottes et le reste des ingrédients *sauf* la crème sure. Couvrir; faire cuire à FORT, en remuant après la mi-cuisson, jusqu'à ce que ce soit bien chaud (3 à 4 min). Laisser reposer 1 min. Servir avec une bonne cuillerée de crème sure.

Betteraves à la crème sure

Brocoli au citron et au piment de Cayenne

4 portions
20 min

Des tiges de brocoli simplement assaisonnées de piment de Cayenne et de zeste de citron.

1	brocoli moyen (625 g / *1 1/2 lb*), coupé en 12 tiges
45 mL	(*3 c. à soupe*) beurre ou margarine
60 g	(*2 oz*) piments doux rôtis en bocal, en dés et égoutté
1	pincée de sel
1	pincée de piment de Cayenne
10 mL	(*2 c. à thé*) zeste de citron râpé

Dans un poêlon de 25 cm (*10 po*) de diamètre, mettre les tiges de brocoli; ajouter suffisamment d'eau pour les recouvrir. Amener à pleine ébullition. Faire cuire à feu moyen jusqu'à ce que le brocoli soit al dente (5 à 7 min). Égoutter; remettre dans le poêlon. Ajouter le reste des ingrédients, en regroupant le brocoli d'un côté du poêlon jusqu'à ce que le beurre soit fondu. Faire cuire à feu moyen, en remuant de temps à autre, jusqu'à ce que le brocoli soit bien chaud (5 à 7 min).

Cuisson au micro-ondes : dans un plat de 30 x 20 cm (*12 x 8 po*) allant au micro-ondes, disposer les tiges de brocoli, la tête vers le milieu. Parsemer de noisettes de beurre, puis du reste des ingrédients. Couvrir; faire cuire à FORT, en tournant le plat de 1/2 tour après la mi-cuisson, jusqu'à ce que le mélange soit al dente (6 à 8 min).

Brocoli et oignon au gratin

6 portions
60 min

Le romarin ajoute une touche exotique au brocoli cuit dans une sauce au fromage suisse crémeuse.

Sauce au fromage

30 mL	(*2 c. à soupe*) beurre ou margarine
30 mL	(*2 c. à soupe*) farine tout usage
2 mL	(*1/2 c. à thé*) sel
1 mL	(*1/4 c. à thé*) romarin, écrasé
1 mL	(*1/4 c. à thé*) poivre
375 mL	(*1 1/2 tasse*) lait
250 mL	(*1 tasse*) fromage suisse râpé

500 mL	(*2 tasses*) bouquets de brocoli
1	oignon moyen, coupé en huit

Garniture

500 mL	(*2 tasses*) chapelure fraîche
75 mL	(*1/3 tasse*) beurre ou margarine, fondu
50 mL	(*1/4 tasse*) persil frais haché

Préchauffer le four à 180 °C (*350 °F*). Dans une casserole de 1 L (*4 tasses*), faire fondre 30 mL (*2 c. à soupe*) de beurre; incorporer la farine, le sel, le romarin et le poivre. Faire cuire à feu moyen, en remuant continuellement, jusqu'à ce que le mélange soit lisse et bouillonnant (30 s). Incorporer le lait. Poursuivre la cuisson, en remuant de temps à autre, jusqu'à ce que le mélange épaississe et parvienne à pleine ébullition (4 à 5 min). Laisser bouillir 1 min. Retirer du feu; incorporer le fromage pour obtenir un mélange lisse. Réserver. Dans une casserole peu profonde de 1 L (*4 tasses*) ou dans un moule carré de 23 cm (*9 po*) de côté allant au four, disposer le brocoli et l'oignon. Incorporer la sauce au fromage. Dans un petit bol, combiner tous les ingrédients de la garniture. Parsemer sur le mélange au brocoli. Enfourner; faire cuire 25 à 35 min ou jusqu'à ce que le mélange soit doré et le brocoli, al dente.

Cuisson au micro-ondes : dans un petit bol allant au micro-ondes, faire fondre 30 mL (*2 c. à soupe*) de beurre à FORT (40 à 50 s). Incorporer la farine, le sel, le romarin et le poivre. Faire cuire à FORT jusqu'à ce que le mélange soit lisse et bouillonnant (20 à 30 s). Incorporer le lait. Faire cuire à FORT, en remuant toutes les min, jusqu'à ce que le mélange épaississe (5 à 6 min). Incorporer le fromage pour obtenir un mélange lisse; réserver. Dans un plat de 1 L (*4 tasses*) ou dans un moule à quiche de 25 cm (*10 po*) de diamètre, allant au micro-ondes et graissé, disposer le brocoli et l'oignon. Incorporer la sauce au fromage. Dans un petit bol combiner tous les ingrédients de la garniture. Parsemer sur le mélange au brocoli. Faire cuire à FORT, en tournant de 1/2 tour après la mi-cuisson, jusqu'à ce que le brocoli soit al dente (6 à 7 min).

Brocoli au citron et au piment de Cayenne (en haut)
Brocoli et oignon au gratin (en bas)

Brocoli aux trois fromages

6 portions
20 min

Brocoli aux trois fromages

Le fromage à la crème, le cheddar et le fromage bleu
se fondent en une délicieuse sauce bien crémeuse.

1	pied de brocoli moyen (675 g / 1 1/2 lb), en tiges	250 mL	(*1 tasse*) lait
250 mL	(*1 tasse*) eau	90 g	(*3 oz*) fromage à la crème, ramolli
30 mL	(*2 c. à soupe*) beurre ou margarine	250 mL	(*1 tasse*) cheddar râpé (125 g / 4 oz)
30 mL	(*2 c. à soupe*) farine tout usage	75 mL	(*1/3 tasse*) fromage bleu émietté
1 mL	(*1/4 c. à thé*) poivre	50 mL	(*1/4 tasse*) pacanes hachées

Dans une cocotte, disposer les tiges de brocoli; ajouter l'eau. Couvrir; amener à pleine ébullition. Faire cuire à feu moyen jusqu'à ce que le brocoli soit al dente (5 à 7 min); égoutter. Entre-temps, dans une casserole de 1 L (*4 tasses*), faire fondre le beurre; incorporer la farine et le poivre. Faire cuire à feu moyen, en remuant continuellement, jusqu'à ce que le mélange soit lisse et qu'il bouillonne (30 s). Incorporer le lait et le fromage à la crème. Poursuivre la cuisson, en remuant de temps à autre, jusqu'à ce que le mélange épaississe et parvienne à pleine ébullition (4 à 5 min). Incorporer le cheddar et le fromage bleu. Poursuivre la cuisson, en remuant de temps à autre, jusqu'à ce que le fromage soit fondu (1 à 2 min). Servir la sauce au fromage sur le brocoli; parsemer de pacanes.

Cuisson au micro-ondes : *diminuer l'eau à 125 mL (1/2* tasse*).* Dans un moule de 20 cm (*8 po*) de diamètre allant au micro-ondes, disposer les tiges de brocoli, les têtes vers le centre. Ajouter 125 mL (*1/2 tasse*) d'eau. Couvrir d'une pellicule de plastique; faire cuire à FORT, en tournant le plat de 1/2 tour après la mi-cuisson, jusqu'à ce que le brocoli soit al dente (6 à 8 min). Laisser reposer couvert pendant la préparation de la sauce; égoutter. Dans un petit bol, faire fondre le beurre à FORT (30 à 60 s). Incorporer la farine et le poivre. Faire cuire à FORT jusqu'à bouillonnement (30 à 60 s). Incorporer le lait et le fromage à la crème. Faire cuire à FORT, en remuant après la mi-cuisson, jusqu'à ce que le mélange épaississe et parvienne à pleine ébullition (2 à 3 min). Remuer pour obtenir un mélange lisse. Incorporer le cheddar et le fromage bleu. Faire cuire à FORT jusqu'à ce que le fromage soit fondu (1 à 1 1/2 min). Servir la sauce au fromage sur le brocoli; parsemer de pacanes.

4 portions
15 min

Brocoli au beurre à l'ail et aux cajous

De tendres bouquets de brocoli servis avec du beurre fondu
aromatisé à l'ail et à la sauce soja.

1	pied de brocoli moyen (675 g / 1 1/2 lb), coupé en tiges	1 mL	(*1/4 c. à thé*) poivre
250 mL	(*1 tasse*) eau	45 mL	(*3 c. à soupe*) sauce soja
75 mL	(*1/3 tasse*) beurre ou margarine	10 mL	(*2 c. à thé*) vinaigre
15 mL	(*1 c. à soupe*) cassonade bien tassée	1 mL	(*1/4 c. à thé*) ail frais haché fin
		75 mL	(*1/3 tasse*) cajous entiers salés

Dans une cocotte, disposer les tiges de brocoli; ajouter l'eau. Couvrir; amener à pleine ébullition. Faire cuire à feu moyen jusqu'à ce que le brocoli soit al dente (5 à 7 min); égoutter. Dresser sur un plateau de service; garder au chaud. Dans la même cocotte,

faire fondre le beurre. Ajouter le reste des ingrédients *sauf* les cajous. Faire cuire à feu moyen, en remuant de temps à autre, jusqu'à ce que le mélange parvienne à pleine ébullition (3 à 4 min). Incorporer les cajous. Servir le brocoli avec la sauce.

6 portions
30 min

Choux de Bruxelles au citron et à la ciboulette

Le goût des choux de Bruxelles est rehaussé par le citron et par la ciboulette qui a une délicate saveur d'oignon.

450 g	(*1 lb*) choux de Bruxelles (40), apprêtés		7 mL	(*1½ c. à thé*) aneth frais*
50 mL	(*¼ tasse*) beurre ou margarine		1 mL	(*¼ c. à thé*) sel
30 mL	(*2 c. à soupe*) ciboulette fraîche hachée		1 mL	(*¼ c. à thé*) poivre
10 mL	(*2 c. à thé*) zeste de citron râpé			

Dans une casserole de 2 L (*8 tasses*), mettre les choux de Bruxelles; ajouter suffisamment d'eau pour les recouvrir. Amener à pleine ébullition. Faire cuire à feu moyen jusqu'à ce que les choux de Bruxelles soient al dente (12 à 15 min); égoutter. Remettre dans la casserole; ajouter le reste des ingrédients. Faire cuire à feu moyen, en remuant de temps à autre, jusqu'à ce que ce soit bien chaud (4 à 6 min).

*L'aneth frais peut être remplacé par 2 mL (*½ c. à thé*) d'aneth séché.

Cuisson au micro-ondes : dans une casserole de 2 L (*8 tasses*) allant au micro-ondes, mettre les choux de Bruxelles et 50 mL (*¼ tasse*) d'eau. Couvrir; faire cuire à FORT jusqu'à ce que les choux de Bruxelles soient al dente (3 à 4 min). Ajouter le reste des ingrédients. Couvrir; faire cuire à FORT, en remuant après la mi-cuisson, jusqu'à ce que ce soit bien chaud (2½ à 4 min).

Pour apprêter les choux de Bruxelles :

1. Pour apprêter les choux de Bruxelles, retirer toutes les feuilles décolorées et lâches.

2. Laisser suffisamment de tige en les coupant pour ne pas que les feuilles se séparent pendant la cuisson.

356

Choux de Bruxelles au citron et à la ciboulette

Chou aux pommes et au beurre

Chou aux pommes et au beurre

6 portions
20 min

Les pommes d'automne croquantes complètent à merveille le chou au beurre.

250 mL   (*1 tasse*) d'eau
1 L   (*4 tasses*) chou (½ petit chou), en cubes de 2,5 cm (*1 po*)
50 mL   (*¼ tasse*) beurre ou margarine
2 mL   (*½ c. à thé*) sel

1 mL   (*¼ c. à thé*) muscade
500 mL   (*2 tasses*) pommes rouges à tartes (2 moyennes) non pelées, en cubes de 1 cm (*½ po*)
30 mL   (*2 c. à soupe*) persil frais haché

Dans une casserole de 2 L (*8 tasses*), amener l'eau à pleine ébullition; ajouter le chou. Couvrir; faire cuire à feu moyen, en remuant de temps à autre, jusqu'à ce que le chou soit al dente (5 à 6 min). Égoutter; incorporer le reste des ingrédients *sauf* les pommes et le persil. Couvrir; faire cuire à feu moyen, en remuant de temps à autre, jusqu'à ce que le beurre soit fondu (1 à 2 min). Incorporer les pommes. Couvrir; poursuivre la cuisson, en remuant de temps à autre, jusqu'à ce que les pommes soient al dente (3 à 4 min). Parsemer de persil.

Cuisson au micro-ondes : *diminuer l'eau à 50 mL (¼ tasse).* Dans une casserole de 2 L (*8 tasses*) allant au micro-ondes, combiner l'eau et le chou. Couvrir; faire cuire à FORT, en remuant après la mi-cuisson, jusqu'à ce que le chou soit al dente (6 à 7 min). Laisser reposer 1 min; égoutter. Découper le beurre en morceaux. Dans la même casserole, combiner le chou, le beurre et le reste des ingrédients *sauf* le persil. Couvrir; faire cuire à FORT, en remuant après la mi-cuisson, jusqu'à ce que le beurre soit fondu et les pommes al dente (2 à 3 min). Laisser reposer 1 min. Parsemer de persil.

Carottes et légumes du jardin

6 portions
30 min

Servez ce plat des plus colorés quand les légumes du jardin sont prêts à être cueillis.

175 mL   (*¾ tasse*) eau
500 mL   (*2 tasses*) carottes (4 moyennes), en bâtonnets de 5 x 0,5 cm (*2 x ¼ po*)
45 mL   (*3 c. à soupe*) beurre ou margarine
500 mL   (*2 tasses*) courge d'été ou courgette (1 moyenne), les bouts coupés, détaillée en deux sur la longueur, puis en tranches de 0,5 cm (*¼ po*)

50 mL   (*¼ tasse*) poivron vert haché
2 mL   (*½ c. à thé*) sel
2 mL   (*½ c. à thé*) basilic

Dans une casserole de 2 L (*8 tasses*), amener l'eau à pleine ébullition. Ajouter les carottes. Couvrir; faire cuire à feu moyen jusqu'à ce que les carottes soient al dente (8 à 10 min). Égoutter; ajouter le beurre; remuer jusqu'à ce qu'il soit fondu. Incorporer le reste des ingrédients. Couvrir; faire cuire à feu moyen, en remuant de temps à autre, jusqu'à ce que la courge soit al dente (6 à 8 min).

Cuisson au micro-ondes : *diminuer l'eau à 125 mL (½ tasse).* Dans une casserole de 2 L (*8 tasses*) allant au micro-ondes, combiner l'eau et les carottes. Couvrir; faire cuire à FORT, en remuant après la mi-cuisson, jusqu'à ce que les carottes soient al dente (5 à 6 min). Laisser reposer 1 min. Égoutter; ajouter le beurre en remuant jusqu'à ce qu'il soit fondu. Incorporer le reste des ingrédients. Couvrir; faire cuire à FORT, en remuant après la mi-cuisson, jusqu'à ce que la courge soit al dente (4 à 5 min). Laisser reposer 1 min.

4 portions
30 min

Carottes au bacon

Le bacon croustillant donne un léger goût de fumée aux bouchées de carottes.

750 mL	(*3 tasses*) carottes (6 moyennes), en tranches de 1 cm (*1/2 po*)
50 mL	(*1/4 tasse*) bacon cuit, émietté
45 mL	(*3 c. à soupe*) beurre ou margarine
15 mL	(*1 c. à soupe*) cassonade bien tassée

30 mL	(*2 c. à soupe*) oignons verts, en tranches de 0,2 cm (*1/8 po*)
1 mL	(*1/4 c. à thé*) sel
1	pincée de poivre

Dans une casserole de 2 L (*8 tasses*), mettre les carottes; ajouter suffisamment d'eau pour les recouvrir. Amener à pleine ébullition. Faire cuire à feu moyen jusqu'à ce que les carottes soient al dente (8 à 12 min). Égoutter; remettre dans la casserole. Ajouter le reste des ingrédients. Couvrir; faire cuire à feu moyen, en remuant de temps à autre, jusqu'à ce que ce soit bien chaud (5 à 7 min).

Cuisson au micro-ondes : dans une casserole de 2 L (*8 tasses*) allant au micro-ondes, combiner 125 mL (*1/2 tasse*) d'eau et les carottes. Couvrir; faire cuire à FORT, en remuant après la mi-cuisson, jusqu'à ce que les carottes soient al dente (6 à 8 min). Laisser reposer 1 min. Égoutter; réserver. Dans la même casserole, faire fondre le beurre à FORT (40 à 50 s). Incorporer les carottes et le reste des ingrédients. Couvrir; faire cuire à FORT, en remuant après la mi-cuisson, jusqu'à ce que ce soit bien chaud (3 à 4 min). Laisser reposer 1 min.

6 portions
30 min

Carottes au gingembre glacées à l'orange

Le goût sucré de la carotte se marie mystérieusement au gingembre et aux graines de carvi.

10	carottes moyennes, en morceaux de 2,5 cm (*1 po*)
45 mL	(*3 c. à soupe*) beurre ou margarine
15 mL	(*1 c. à soupe*) cassonade bien tassée

2 mL	(*1/2 c. à thé*) gingembre
2 mL	(*1/2 c. à thé*) carvi en grains
15 mL	(*1 c. à soupe*) zeste d'orange râpé
30 mL	(*2 c. à soupe*) jus d'orange

Dans une casserole de 2 L (*8 tasses*), mettre les carottes; ajouter suffisamment d'eau pour les recouvrir. Amener à pleine ébullition. Faire cuire à feu moyen jusqu'à ce que les carottes soient al dente (10 à 12 min); égoutter. Remettre dans le plat; ajouter le reste des ingrédients. Faire cuire à feu moyen, en remuant de temps à autre, jusqu'à ce que ce soit bien chaud (4 à 7 min).

Cuisson au micro-ondes : dans une casserole de 2 L (*8 tasses*) allant au micro-ondes, combiner les carottes et 30 mL (*2 c. à soupe*) d'eau. Couvrir; faire cuire à FORT, en remuant après la mi-cuisson, jusqu'à ce que les carottes soient al dente. Égoutter; remettre dans la casserole. Ajouter le reste des ingrédients. Couvrir; faire cuire à FORT (1 à 1 1/2 min). Laisser reposer 2 min.

Carottes au bacon

Légumes rôtis

6 portions
30 min

Carottes à la menthe

Une touche de menthe fait ressortir le goût sucré des carottes fraîchement ramassées.

10	carottes moyennes avec les fanes, pelées*		15 mL	(*1 c. à soupe*) zeste d'orange râpé
30 mL	(*2 c. à soupe*) beurre ou margarine		30 mL	(*2 c. à soupe*) jus d'orange
1	pincée de sel		30 mL	(*2 c. à soupe*) menthe fraîche hachée
1	pincée de poivre			

Couper les carottes en morceaux de 5 cm (*2 po*), en gardant 5 cm (*2 po*) de fanes. Dans une casserole de 2 L (*8 tasses*), mettre les carottes; ajouter suffisamment d'eau pour les recouvrir. Amener à pleine ébullition. Faire cuire à feu moyen jusqu'à ce que les carottes soient al dente (10 à 15 min); égoutter. Remettre dans la casserole; ajouter le reste des ingrédients *sauf* la menthe. Faire cuire à feu moyen, en remuant de temps à autre, jusqu'à ce que le beurre soit fondu (3 à 4 min). Parsemer de menthe.

*Il est possible de remplacer les carottes avec fanes par des carottes sans fanes.

Cuisson au micro-ondes : couper les carottes en morceaux de 5 cm (*2 po*), en gardant 5 cm (*2 po*) de fanes. Dans une casserole de 2 L (*8 tasses*) allant au micro-ondes, combiner les carottes et 50 mL (*1/4 tasse*) d'eau. Couvrir; faire cuire à FORT, en remuant après la mi-cuisson, jusqu'à ce que les carottes soient al dente (8 à 11 min). Égoutter; remettre dans la casserole. Ajouter le reste des ingrédients *sauf* la menthe. Couvrir; faire cuire à FORT jusqu'à ce que le beurre soit fondu (1 1/2 à 2 min). Laisser reposer 2 min. Parsemer de menthe.

---

6 portions
40 min

Légumes rôtis

Les fines herbes dévoilent toute la saveur naturelle des légumes rôtis.

75 mL	(*1/3 tasse*) beurre ou margarine		500 mL	(*2 tasses*) bouquets de brocoli
2 mL	(*1/2 c. à thé*) thym		500 mL	(*2 tasses*) carottes (4 moyennes),
1 mL	(*1/4 c. à thé*) sel			coupées en julienne
1 mL	(*1/4 c. à thé*) poivre		2	petits oignons, en quartiers
750 mL	(*3 tasses*) bouquets de chou-fleur			

Préchauffer le four à 200 °C (*400 °F*). Dans un moule de 33 x 23 cm (*13 x 9 po*) allant au four, faire fondre le beurre au four (5 à 6 min). Incorporer le thym, le sel et le poivre. Ajouter le reste des ingrédients; remuer pour enrober. Couvrir de papier d'aluminium; faire cuire au four 22 à 27 min ou jusqu'à ce que les légumes soient al dente.

Cuisson au micro-ondes : dans un plat de 33 x 23 cm (*13 x 9 po*) allant au micro-ondes, faire fondre le beurre à FORT (60 à 70 s). Incorporer le thym, le sel et le poivre. Ajouter le reste des ingrédients; mêler pour enrober. Couvrir d'une pellicule de plastique; faire cuire à FORT, en remuant après la mi-cuisson, jusqu'à ce que les légumes soient al dente (7 à 9 min).

Pot-pourri au chou-fleur

La saveur du bacon fumé rehausse le goût du chou-fleur et du persil.

50 mL	(*1/4 tasse*) beurre ou margarine
1	chou-fleur moyen, en bouquets
125 g	(*1/4 lb*) bacon, cuit, en morceaux de 2,5 cm (*1 po*)
60 g	(*2 oz*) piments doux rôtis, en bocal, tranchés, égouttés

5 mL	(*1 c. à thé*) moutarde sèche
2 mL	(*1/2 c. à thé*) sel
30 mL	(*2 c. à soupe*) eau
15 mL	(*1 c. à soupe*) persil frais haché

Dans une casserole de 3 L (*12 tasses*), faire fondre le beurre. Incorporer le reste des ingrédients *sauf* le persil. Couvrir; faire cuire à feu moyen, en remuant de temps à autre, jusqu'à ce que le chou-fleur soit al dente (10 à 12 min). Parsemer de persil.

Cuisson au micro-ondes : dans une casserole de 2 L (*8 tasses*) allant au micro-ondes, faire fondre le beurre à FORT (50 à 60 s). Incorporer le reste des ingrédients *sauf* le persil. Couvrir; faire cuire à FORT, en remuant après la mi-cuisson, jusqu'à ce que le chou-fleur soit al dente (5 à 6 min). Parsemer de persil; laisser reposer 1 min.

Maïs du jardin

Le basilic et le persil agrémentent ce trio de légumes.

75 mL	(*1/3 tasse*) beurre ou margarine
1 paquet	(300 g / *10 oz*) maïs en grains entiers, surgelé
125 mL	(*1/2 tasse*) poivron vert haché
5 mL	(*1 c. à thé*) basilic

2 mL	(*1/2 c. à thé*) sel
250 mL	(*1 tasse*) tomate mûre (1 moyenne), en cubes de 1 cm (*1/2 po*)
15 mL	(*1 c. à soupe*) persil frais haché

Dans une casserole de 2 L (*8 tasses*), faire fondre le beurre. Incorporer le reste des ingrédients *sauf* la tomate et le persil. Couvrir; faire cuire à feu moyen, en remuant de temps à autre, jusqu'à ce que les légumes soient al dente (10 à 12 min). Retirer du feu. Incorporer la tomate et le persil. Couvrir; laisser reposer 1 min ou jusqu'à ce que la tomate soit bien chaude.

Cuisson au micro-ondes : dans une casserole de 1,5 L (*6 tasses*) allant au micro-ondes, faire fondre le beurre à FORT (60 à 70 s). Incorporer le reste des ingrédients *sauf* la tomate et le persil. Couvrir; faire cuire à FORT, en remuant après la mi-cuisson, jusqu'à ce que les légumes soient al dente (5 à 8 min). Incorporer la tomate et le persil. Couvrir; laisser reposer 1 min ou jusqu'à ce que la tomate soit bien chaude.

Maïs du jardin (en haut)
Pot-pourri au chou-fleur (en bas)

365

Maïs en épi au raifort

4 portions
60 min

Le goût des tendres épis de maïs sucrés est rehaussé d'un beurre à la moutarde au raifort.

125 mL	(*1/2 tasse*) beurre ou margarine, fondu	
2 mL	(*1/2 c. à thé*) sel	
1 mL	(*1/4 c. à thé*) poivre	
15 mL	(*1 c. à soupe*) persil frais haché	

30 mL	(*2 c. à soupe*) moutarde en grains forte
10 mL	(*2 c. à thé*) raifort préparé
8	épis de maïs frais, épluchés

Préparer le gril ou préchauffer le four à 190 °C (*375 °F*). Dans un petit bol, combiner tous les ingrédients *sauf* le maïs. Étaler environ 15 mL (*1 c. à soupe*) du mélange au beurre uniformément sur chaque épis de maïs. Envelopper serré dans deux épaisseur de papier d'aluminium épais; bien sceller. Déposer sur une grille directement sur les charbons ou au-dessus d'une faible flamme, en les retournant toutes les 5 min, pendant 20 à 25 min ou jusqu'à ce qu'ils soient tendres. Au four, déposer les épis de maïs enveloppés dans du papier d'aluminium sur une plaque à gâteau roulé. Enfourner; faire cuire pendant 40 à 45 min ou jusqu'à ce que ce soit bien chaud.

Conseil : le beurre au raifort peut être utilisé dans des sandwiches ou avec des légumes.

Cuisson au micro-ondes : dans un plat de 33 x 23 cm (*13 x 9 po*) allant au micro-ondes, combiner tous les ingrédients *sauf* le maïs. Mettre le maïs dans le plat; le retourner pour l'enrober de beurre assaisonné. Couvrir; faire cuire à FORT, en tournant le plat de 1/2 tour après la mi-cuisson, jusqu'à ce que le maïs soit bien chaud (14 à 18 min). Laisser reposer 3 min.

Maïs en épi au raifort

Épis de maïs au four

L'ail, les fines herbes et la tomate ajoutent une touche spéciale au maïs en épi.

6	épis de maïs frais, épluchés	2 mL	(*1/2 c. à thé*) thym
125 mL	(*1/2 tasse*) huile d'olive ou végétale	2 mL	(*1/2 c. à thé*) poivre
7 mL	(*1 1/2 c. à thé*) sel	10 mL	(*2 c. à thé*) ail frais haché fin
5 mL	(*1 c. à thé*) basilic	1	tomate mûre moyenne, coupée en 12 quartiers

Préchauffer le four à 180 °C (*350 °F*). Détailler chaque épi de maïs en trois; réserver. Dans un petit bol, combiner tous les ingrédients *sauf* le maïs et la tomate. Mettre le maïs dans un plat de 33 x 23 cm (*13 x 9 po*) allant au four; verser l'huile aromatisée dessus. Couvrir de papier d'aluminium. Enfourner; faire cuire au four, en retournant le maïs après 30 min, pendant 60 à 70 min ou jusqu'à ce que le maïs soit tendre. Ajouter les quartiers de tomate; remettre au four pendant 5 min ou jusqu'à ce que la tomate soit bien chaude.

Cuisson au micro-ondes : *ajouter 30 mL (2 c. à soupe) d'eau et omettre le sel.* Détailler chaque épi de maïs en trois; réserver. Dans un petit bol, combiner l'huile, le basilic, le thym, le poivre et l'ail. Tremper le maïs dans l'huile aromatisée; disposer dans un plat de 33 x 23 cm (*13 x 9 po*) allant au micro-ondes. Ajouter 30 mL (*2 c. à soupe*) d'eau. Couvrir d'une pellicule de plastique. Faire cuire à FORT, en redisposant le maïs après la mi-cuisson, jusqu'à ce que le maïs soit tendre (12 à 15 min). Ajouter les quartiers de tomate. Couvrir d'une pellicule de plastique; laisser reposer 3 min ou jusqu'à ce que la tomate soit bien chaude. Saler, si désiré

Coquilles de tomate au maïs du Sud-Ouest

Retrouvez un goût du Sud-Ouest avec ce plat si facile à préparer.

4	tomates moyennes mûres	5 mL	(*1 c. à thé*) cumin
15 mL	(*1 c. à soupe*) beurre ou margarine	15 mL	(*1 c. à soupe*) jus de lime
250 mL	(*1 tasse*) oignon rouge, en morceaux de 1 cm (*1/2 po*)	125 mL	(*1/2 tasse*) olives mûres, en tranches de 0,5 cm (*1/4 po*)
250 mL	(*1 tasse*) salsa avec morceaux	125 mL	(*1/2 tasse*) persil frais haché
1 paquet	(*500 g / 16 oz*) grains de maïs entiers, surgelé, dégelé, égoutté		Crème sure

Préchauffer le four à 180 °C (*350 °F*). Couper les tomates en deux. Les évider pour former des coquilles en gardant 1 cm (*1/2 po*) de chair; *garder la pulpe*. Réserver. Dans une casserole de 2 L (*8 tasses*), faire fondre le beurre à feu moyen. Incorporer le reste des ingrédients *sauf* les olives, le persil, la crème sure et les tomates. Incorporer la pulpe de tomate réservée. Poursuivre la cuisson, en remuant de temps à autre, jusqu'à ce que ce soit bien chaud (10 à 12 min). Incorporer les olives et le persil. Placer les demi-tomates sur un plat de service de 33 x 23 cm (*13 x 9 po*) allant au four. Remplir chaque demi-tomate de 125 mL (*1/2 tasse*) de mélange au maïs; déposer le reste du maïs autour des tomates à l'aide d'une cuillère. Enfourner; faire cuire pendant 10 à 12 min ou jusqu'à ce que les demi-tomates soient bien chaudes. Servir avec de la crème sure.

Conseil : il est possible de servir le maïs directement dans un plat de service, sans les coquilles de tomates.

Cuisson au micro-ondes : préparer les tomates comme indiqué ci-contre; *garder la pulpe*. Réserver. Dans un bol de 3 L (*12 tasses*) allant au moicro-ondes, faire fondre le beurre à FORT (15 à 30 s). Incorporer le reste des ingrédients *sauf* les olives, le persil, la crème sure et les tomates. Ajouter la pulpe de tomate réservée. Couvrir; faire cuire à FORT, en remuant après la mi-cuisson, jusqu'à ce que ce soit bien chaud (6 à 8 min). Incorporer les olives et le persil. Mettre les demi-tomates sur un plateau de service allant au micro-ondes. Remplir chaque demi-tomate d'environ 125 mL (*1/2 tasse*) de mélange au maïs; déposer le reste du maïs autour des tomates à l'aide d'une cuillère. Couvrir; faire cuire à FORT jusqu'à ce que les demi-tomates soient bien chaudes (5 à 7 min). Servir avec de la crème sure.

Coquilles de tomate au maïs du Sud-Ouest

Maïs au bacon au four

*Ce mets au maïs crémeux, parsemé de bacon croustillant,
de persil et de ciboulette fraîchement coupés, rappelle les délices de la campagne.*

6	tranches de bacon, en morceaux de 1 cm (*1/2 po*)
125 mL	(*1/2 c. tasse*) oignon (1 moyen) haché
30 mL	(*2 c. à soupe*) farine tout usage
2 mL	(*1/2 c. à thé*) sel
2 mL	(*1/2 c. à thé*) poivre

2 mL	(*1/2 c. à thé*) ail frais haché fin
250 mL	(*1 tasse*) crème sure
1 paquet	(*500 g / 16 oz*) maïs en grains entiers, surgelé, dégelé, égoutté
15 mL	(*1 c. à soupe*) persil frais haché
15 mL	(*1 c. à soupe*) ciboulette fraîche hachée

Préchauffer le four à 180 °C (*350 °F*). Dans un poêlon de 25 cm (*10 po*) de diamètre, faire cuire le bacon à feu moyen-vif, en remuant de temps à autre, jusqu'à ce qu'il soit partiellement cuit (4 min). Ajouter l'oignon; poursuivre la cuisson jusqu'à ce que le bacon soit doré (4 à 5 min). Verser la graisse *sauf* 15 mL (*1 c. à soupe*); mettre le bacon et l'oignon de côté. Incorporer la farine, le sel, le poivre et l'ail dans la graisse réservée. Faire cuire à feu moyen, en remuant continuellement, pour obtenir un mélange lisse et bouillonnant (30 s). Incorporer la crème sure, le maïs et le 1/3 du mélange de bacon et d'oignon. Verser dans une casserole de 1,5 L (*6 tasses*); parsemer du reste de mélange de bacon et d'oignon. Enfourner; faire cuire au four 25 à 30 min ou jusqu'à ce que ce soit bien chaud. Parsemer de persil et de ciboulette.

Cuisson au micro-ondes : *ne pas faire dégeler le maïs.* Mettre le bacon dans une casserole de 2 L (*8 tasses*) allant au micro-ondes. Couvrir de papier ciré. Faire cuire à FORT, en remuant après la mi-cuisson, jusqu'à ce qu'il soit partiellement cuit (4 à 5 1/2 min). Ajouter l'oignon; faire cuire à FORT jusqu'à ce que le bacon soit cuit (2 à 3 min). Verser la graisse *sauf* 15 mL (*1 c. à soupe*); réserver le bacon et l'oignon. Incorporer la farine, le sel, le poivre et l'ail dans la graisse réservée. Faire cuire à FORT jusqu'à ce que le mélange bouillonne (30 à 60 s). Incorporer la crème sure, le maïs *surgelé* et le 1/3 du mélange de bacon et d'oignon; parsemer avec le reste du mélange de bacon et d'oignon. Couvrir d'une pellicule de plastique; faire cuire à FORT, en remuant toutes les 3 min, jusqu'à ce que ce soit bien chaud (10 à 13 min). Parsemer de persil et de ciboulette.

Tranches d'aubergine au parmesan et à l'ail

*Ces tranches d'aubergine croquantes sont saisies rapidement
à la poêle et garnies de tomates fraîches du jardin.*

1	aubergine moyenne (450 g / *1 lb*), en tranches de 0,5 cm (*1/4 po*)
5 mL	(*1 c. à thé*) sel
125 mL	(*1/2 tasse*) farine tout usage
125 mL	(*1/2 tasse*) chapelure assaisonnée
50 mL	(*1/4 tasse*) parmesan fraîchement râpé

15 mL	(*1 c. à soupe*) basilic
75 mL	(*1/3 tasse*) huile d'olive ou végétale
2 mL	(*1/2 c. à thé*) poivre
5 mL	(*1 c. à thé*) ail frais haché fin
2	œufs, légèrement battus
250 mL	(*1 tasse*) tomate mûre (1 moyenne) hachée

Mettre les tranches d'aubergine dans un plat à gâteau roulé de 37,5 x 25 x 2,5 cm (*15 x 10 x 1 po*); saler. Dans un moule à tarte de 23 cm (*9 po*), combiner la farine, la chapelure, le parmesan et le basilic. Dans un poêlon de 25 cm (*10 po*) de diamètre, faire chauffer l'huile d'olive, le poivre et l'ail à feu moyen jusqu'à ce que le mélange grésille. Entre-temps, tremper les tranches d'aubergine dans les œufs; enrober du mélange de farine. Faire frire la moitié des tranches d'aubergine dans l'huile d'olive jusqu'à ce qu'elles soient dorées (2 à 3 min de chaque côté). Dresser sur un plat de service; garder au chaud. Recommencer avec le reste des tranches d'aubergine. Dresser sur un plat de service; parsemer de tomate. Couvrir de papier d'aluminium; laisser reposer 2 min ou jusqu'à ce que la tomate soit bien chaude.

Maïs au bacon au four (en haut)
Tranches d'aubergine au parmesan et à l'ail (en bas)

6 à 8 portions
30 min

Champignons au vin

Un accompagnement délicieux pour la viande grillée ou rôtie.

50 mL	(*¼ tasse*) beurre ou margarine
15 mL	(*1 c. à soupe*) farine tout usage
2 mL	(*½ c. à thé*) sel
2 mL	(*½ c. à thé*) poivre grossièrement moulu
1 mL	(*¼ c. à thé*) moutarde sèche
5 mL	(*1 c. à thé*) ail frais haché fin
75 mL	(*⅓ tasse*) vin rouge sec ou bouillon de bœuf

250 mL	(*1 tasse*) poivron vert, en morceaux de 1 cm (*½ po*)
250 mL	(*1 tasse*) oignon rouge en tranches fines, séparées en rondelles
2 paquets	(*227 g / 8 oz chacun*) champignons frais, coupés en deux

Dans un poêlon de 25 cm (*10 po*) de diamètre, faire fondre le beurre à feu moyen. Incorporer la farine, le sel, le poivre, la moutarde et l'ail; poursuivre la cuisson pour obtenir un mélange lisse et bouillonnant (30 s). Incorporer le vin; ajouter le reste des ingrédients. Poursuivre la cuisson, en remuant de temps à autre, jusqu'à ce que les champignons soient tendres (10 à 12 min).

Cuisson au micro-ondes : *augmenter la farine à 30 mL (*2 c. à soupe*). Dans une casserole de 2 L (*8 tasses*) allant au micro-ondes, faire fondre le beurre à FORT (50 à 60 s). Incorporer 30 mL (*2 c. à soupe*) de farine, le sel, le poivre, la moutarde et l'ail. Faire cuire à FORT jusqu'à ce que le mélange soit lisse et bouillonnant (15 à 30 s). Incorporer le vin; ajouter le reste des ingrédients. Faire cuire à FORT, en remuant après la mi-cuisson, jusqu'à ce que les champignons soient tendres (5 à 7 min). Laisser reposer 2 min.

4 portions
15 min

Champignons sautés aux fines herbes

Des champignons frais aux fines herbes parfaits pour accompagner un plat de viande, de poulet ou de poisson grillé.

75 mL	(*⅓ tasse*) beurre ou margarine
3 paquets	(*227 g / 8 oz chacun*) champignons frais, coupés en deux
30 mL	(*2 c. à soupe*) oignon haché
2 mL	(*½ c. à thé*) estragon

2 mL	(*½ c. à thé*) muscade
1 mL	(*¼ c. à thé*) sel
1 mL	(*¼ c. à thé*) poivre
50 mL	(*¼ tasse*) persil frais haché

Dans un poêlon de 25 cm (*10 po*) de diamètre, faire fondre le beurre. Incorporer le reste des ingrédients *sauf* le persil. Faire cuire à feu moyen, en remuant de temps à autre, jusqu'à ce que les champignons soient tendres (3 à 4 min). Incorporer le persil.

Champignons sautés aux fines herbes

Tranches d'oignons au fromage bleu cuites au four

Tranches d'oignons au fromage bleu cuites au four

6 portions
40 min

Les oignons, mélangés avec du fromage bleu et des champignons, prennent un goût riche et savoureux surtout lorsqu'ils sont servis avec des viandes grillées.

4	oignons moyens, en tranches de 0,5 cm (*1/4 po*)
125 mL	(*1/2 tasse*) fromage bleu émietté
500 mL	(*2 tasses*) champignons frais, en tranches de 0,5 cm (*1/4 po*)

50 mL	(*1/4 tasse*) beurre ou margarine, ramolli
5 mL	(*1 c. à thé*) aneth en grains
1 mL	(*1/4 c. à thé*) poivre
15 mL	(*1 c. à soupe*) sauce Worcestershire
50 mL	(*1/4 tasse*) persil frais haché

Préchauffer le four à 200 °C (*400 °F*). Dans un plat de 23 cm (*9 po*) de diamètre allant au four, étaler la moitié des oignons. Dans un petit bol, combiner 50 mL (*1/4 tasse*) de fromage bleu et le reste des ingrédients *sauf* le persil et les oignons qui restent; mélanger pour enrober. Parsemer le mélange au fromage bleu sur les oignons; recouvrir avec les oignons qui restent. Enfourner; faire cuire 10 min; mélanger. Émietter les 50 mL (*1/4 tasse*) de fromage bleu qui restent sur les oignons; parsemer de persil. Poursuivre la cuisson pendant 10 à 15 min ou jusqu'à ce que les oignons soient al dente.

Cuisson au micro-ondes : *ajouter 30 mL (2 c. à soupe) de farine tout usage.* Dans un bol de grandeur moyenne, mélanger les oignons avec 30 mL (*2 c. à soupe*) de farine. Dans une casserole de 2 L (*8 tasses*) allant au micro-ondes, étaler la moitié des oignons. Dans un petit bol, combiner 50 mL (*1/4 tasse*) de fromage bleu et le reste des ingrédients *sauf* le persil et les oignons qui restent. Parsemer le mélange au fromage bleu sur les oignons; recouvrir des oignons qui restent. Couvrir; faire cuire à FORT jusqu'à ce que les oignons soient al dente (2 1/2 à 3 1/2 min). Mélanger; recouvrir avec les 50 mL (*1/4 tasse*) de fromage bleu qui restent et le persil. Couvrir; faire cuire à FORT jusqu'à ce que le fromage commence à fondre (1 à 1 1/2 min). Laisser reposer 2 min.

Demi-oignons garnis aux petits pois

6 portions
30 min

Choisissez des oignons au goût sucré.

3	oignons sucrés de 7,5 cm (*3 po*) de diamètre
50 mL	(*1/4 tasse*) beurre ou margarine
3 mL	(*3/4 c. à thé*) sel assaisonné
1 mL	(*1/4 c. à thé*) poivre

125 mL	(*1/2 tasse*) crème à fouetter
350 g	(*12 oz*) petits pois surgelés, dégelés, égouttés
50 mL	(*1/4 tasse*) persil frais haché

Peler les oignons, les couper en demies. Les évider pour former une coquille; hacher la chair retirée. Dans un poêlon de 25 cm (*10 po*) de diamètre, faire fondre le beurre jusqu'à ce qu'il grésille; incorporer l'oignon haché, le sel assaisonné et le poivre. Mettre les oignons dans le poêlon, le côté coupé vers le bas. Faire cuire à feu moyen pendant 10 min. Retourner les oignons avec précaution; incorporer la crème à fouetter. Poursuivre la cuisson 3 à 5 min ou jusqu'à ce que le mélange à la crème bouillonne. Déposer quelques petits pois dans chaque coquille d'oignon; ajouter les petits pois qui restent et le persil au mélange à la crème. Poursuivre la cuisson, en remuant de temps à autre, jusqu'à ce que les petits pois soient al dente (8 à 10 min).

Cuisson au micro-ondes : *ne pas faire dégeler les petits pois.* Peler les oignons; les couper en demies. Les évider pour former une coquille; hacher la chair retirée. Dans un plat carré de 20 cm (*8 po*) de côté allant au micro-ondes, faire fondre le beurre à FORT (50 à 60 s). Incorporer l'oignon haché, le sel assaisonné et le poivre. Mettre les oignons dans le plat, le côté coupé vers le bas. Couvrir d'une pellicule de plastique. Faire cuire à FORT jusqu'à ce que les oignons commencent à ramollir (3 à 4 min). Retourner les oignons avec précaution; incorporer la crème à fouetter. Couvrir; faire cuire à FORT, en remuant après la mi-cuisson, jusqu'à ce que le mélange à la crème bouillonne (2 à 3 min). Déposer quelques petits pois surgelés dans chaque coquille d'oignon; ajouter les petits pois qui restent et le persil au mélange à la crème. Couvrir; faire cuire à FORT jusqu'à ce que les petits pois soient al dente (5 à 7 min).

Panais frits au beurre

*Les panais auront une saveur bien différente lorsqu'ils seront assaisonnés,
puis revenus dans du beurre.*

5 à 6	panais moyens, pelés, coupés en quartiers sur la longueur
1 L	(*4 tasses*) eau

125 mL	(*1/2 tasse*) beurre ou margarine, fondu
50 mL	(*1/4 tasse*) farine tout usage
2 mL	(*1/2 c. à thé*) sel assaisonné

Dans une casserole couverte de 3 L (*12 tasses*), faire bouillir les panais dans l'eau jusqu'à ce qu'ils soient tendres (8 à 10 min); égoutter. Tremper les panais dans 50 mL (*1/4 tasse*) de beurre fondu. Dans un sac de plastique, combiner la farine et le sel assaisonné. Ajouter les panais; bien secouer pour les enrober de farine assaisonnée. Dans un poêlon de 25 cm (*10 po*) de diamètre, faire fondre 50 mL (*1/4 tasse*) de beurre jusqu'à ce qu'il grésille. Ajouter les panais. Faire cuire à feu moyen-vif, en tournant de temps à autre, jusqu'à ce qu'ils soient dorés sur toutes les faces (8 à 10 min).

Légumes de l'été des Indiens

*Préparé et assaisonné de façon toute simple,
un délicieux mélange de petits pois, maïs et tomates.*

45 mL	(*3 c. à soupe*) beurre ou margarine
50 mL	(*1/4 tasse*) persil frais haché
350 g	(*12 oz*) petits pois surgelés, dégelés, égouttés
1 boîte	(199 mL / *8 oz*) maïs en grains entiers, égoutté

2 mL	(*1/2 c. à thé*) sel
1	pincée de poivre
1	tomate moyenne mûre, coupée en quartiers

Dans une casserole de 2 L (*8 tasses*), faire fondre le beurre à feu moyen. Ajouter le reste des ingrédients *sauf* la tomate. Poursuivre la cuisson jusqu'à ce que les légumes soient al dente (5 à 7 min). Ajouter les quartiers de tomate. Couvrir; laisser reposer 2 min ou jusqu'à ce que les tomates soient bien chaudes.

Cuisson au micro-ondes : dans une casserole de 1 L (*4 tasses*) allant au micro-ondes, combiner tous les ingrédients *sauf* les tomates. Couvrir; faire cuire à FORT, en remuant après la mi-cuisson, jusqu'à ce que les légumes soient al dente (3 1/2 à 5 1/2 min). Ajouter les quartiers de tomate. Couvrir; faire cuire à FORT jusqu'à ce que les tomates soient bien chaudes (1 min). Laisser reposer 3 min.

Panais frits au beurre

Pommes de terre et petits pois à la crème (en haut)
Cosses de petits pois et carottes glacées au miel (en bas)

Pommes de terre et petits pois à la crème

6 portions
30 min

*Des pommes de terre et des petits pois
servis dans une délicieuse sauce à la crème à saveur de bacon.*

12	petites pommes de terre rouges nouvelles, coupées en morceaux de 3,5 cm (*1½ po*)
8	tranches de bacon, coupées en morceaux de 1 cm (*½ po*)
250 mL	(*1 tasse*) oignon rouge, coupé en morceaux de 1 cm (*½ po*)
30 mL	(*2 c. à soupe*) farine tout usage

3 mL	(*¾ c. à thé*) thym
2 mL	(*½ c. à thé*) sel
2 mL	(*½ c. à thé*) poivre
250 mL	(*1 tasse*) crème à fouetter
350 g	(*12 oz*) petits pois surgelés, dégelés, égouttés

Dans une casserole de 2 L (*8 tasses*), mettre les pommes de terre. Ajouter suffisamment d'eau pour les couvrir; amener à pleine ébullition. Faire cuire à feu moyen, en remuant de temps à autre, jusqu'à ce que les pommes de terre soient tendres (10 à 15 min). Entre-temps, dans un poêlon de 25 cm (*10 po*) de diamètre, faire cuire le bacon à feu moyen-vif, en remuant de temps à autre, jusqu'à ce qu'il soit partiellement cuit (4 min). Ajouter l'oignon; poursuivre la cuisson jusqu'à ce qu'il soit doré (4 à 5 min). Dégraisser, *mais garder* 30 mL (*2 c. à soupe*) de graisse; réserver le bacon et l'oignon. Combiner la farine, le thym, le sel et le poivre aux 30 mL (*2 c. à soupe*) de graisse réservée. Faire cuire à feu moyen, en remuant continuellement, jusqu'à ce que le mélange soit lisse et bouillonnant (30 s). Incorporer la crème à fouetter, les petits pois, le bacon, l'oignon et les pommes de terre. Poursuivre la cuisson, en remuant de temps à autre, jusqu'à ce que le mélange épaississe et soit bien chaud (3 à 4 min).

Cuisson au micro-ondes : dans une casserole de 2 L (*8 tasses*) allant au micro-ondes, mettre les pommes de terre. Ajouter 50 mL (*¼ tasse*) d'eau. Couvrir; faire cuire à FORT, en remuant après la mi-cuisson, jusqu'à ce que les pommes de terre soient tendres (8 à 10 min). Couvrir; laisser reposer 3 min; égoutter. Réserver. Dans la même casserole de 2 L (*8 tasses*), mettre le bacon. Couvrir de papier ciré. Faire partiellement cuire à FORT (3 à 4 min). Incorporer l'oignon. Couvrir; faire cuire à FORT jusqu'à ce que l'oignon soit tendre et le bacon cuit (2 à 3 min). Dégraisser, *mais garder* 30 mL (*2 c. à soupe*) de graisse. Incorporer la farine, le thym, le sel et le poivre. Faire cuire à FORT jusqu'à bouillonnement (30 à 60 s). Incorporer la crème à fouetter; faire cuire à FORT jusqu'à ce que le mélange bouillonne (1 à 2 min). Ajouter les petits pois et les pommes de terre. Couvrir; faire cuire à FORT, en remuant après la mi-cuisson, jusqu'à ce que le mélange épaississe et soit bien chaud (4 à 6 min).

Cosses de petits pois et carottes glacées au miel

6 portions
30 min

*Une touche de miel doré vient rehausser la saveur
de ces tendres cosses de pois mélangées aux carottes sucrées.*

175 mL	(*¾ tasse*) eau
500 mL	(*2 tasses*) carottes (4 moyennes), coupées en biseau en tranches de 0,5 cm (*¼ po*)
225 g	(*8 oz*) cosses de pois fraîches, lavées, les bouts et les fils retirés*

45 mL	(*3 c. à soupe*) beurre ou margarine
2 mL	(*½ c. à thé*) fécule de maïs
30 mL	(*2 c. à soupe*) miel

Dans une casserole de 2 L (*8 tasses*), amener l'eau à pleine ébullition. Ajouter les carottes. Couvrir; faire cuire à feu moyen, jusqu'à ce que les carottes soient al dente (10 à 12 min). Ajouter les cosses de pois. Poursuivre la cuisson jusqu'à ce que les cosses de pois soient al dente (1 à 2 min). Égoutter; réserver. Dans la même casserole, faire fondre le beurre; incorporer la fécule de maïs. Ajouter les carottes, les cosses de pois et le miel. Faire cuire à feu moyen, en remuant de temps à autre, jusqu'à ce que ce soit bien chaud (2 à 3 min).

*Il est possible de remplacer les cosses de pois fraîches par 350 g (*12 oz*) de cosses de pois surgelées.

Cuisson au micro-ondes : *diminuer la quantité d'eau à 125 mL (*½ tasse*).* Dans une casserole de 2 L (*8 tasses*) allant au micro-ondes, combiner l'eau et les carottes. Couvrir; faire cuire à FORT en remuant après la mi-cuisson, jusqu'à ce que les carottes soient al dente (8 à 10 min). Ajouter les cosses de pois. Couvrir; faire cuire à FORT jusqu'à ce que les cosses de pois soient al dente (1 à 2 min). Égoutter; réserver. Dans la même casserole, faire fondre le beurre à FORT (50 à 60 s). Incorporer la fécule de maïs. Faire cuire à FORT 1 min. Incorporer les carottes, les cosses de pois et le miel. Couvrir; faire cuire à FORT jusqu'à ce que ce soit bien chaud (1 à 2 min).

Poivrons verts à la poêle

Une façon unique et facile de préparer les poivrons verts du jardin.

**5 portions
15 min**

50 mL	(*¼ tasse*) beurre ou margarine
750 mL	(*3 tasses*) poivrons verts (2 moyens), coupés en lanières de 0,5 cm (*¼ po*)
5 mL	(*1 c. à thé*) mélange de fines herbes à l'italienne*

2 mL	(*½ c. à thé*) ail frais haché fin
125 mL	(*½ tasse*) tomates cerise en moitiés
125 mL	(*½ tasse*) croûtons

Dans un poêlon de 25 cm (*10 po*) de diamètre, faire fondre le beurre. Incorporer le reste des ingrédients *sauf* les tomates et les croûtons. Faire cuire à feu moyen, en remuant de temps à autre, jusqu'à ce que les poivrons soient al dente (6 à 8 min). Ajouter les tomates. Poursuivre la cuisson 1 min. Parsemer de croûtons; servir immédiatement.

*Il est possible de remplacer 5 mL (*1 c. à thé*) de mélanges de fines herbes à l'italienne par 1 mL (*¼ c. à thé*) de *chacune* des épices suivantes : origan, marjolaine et basilic, plus une pincée de sauge froissée.

Cuisson au micro-ondes : dans une casserole de 1½ L (*6 tasses*) allant au micro-ondes, faire fondre le beurre à FORT (50 à 60 s). Incorporer le reste des ingrédients *sauf* les tomates et les croûtons. Couvrir; faire cuire à FORT en remuant après la mi-cuisson, jusqu'à ce que les poivrons soient al dente (4 à 5 min). Ajouter les tomates. Couvrir; faire cuire à FORT 1 min. Laisser reposer 1 min. Parsemer de croûtons; servir immédiatement.

Pommes de terre allemandes, chaudes et relevées

Servez ces pommes de terre relevées avec de la saucisse et de la compote de pommes.

**4 à 6 portions
30 min**

4	pommes de terre rouges moyennes, cuites, pelées, en tranches de 0,5 cm (*¼ po*)
8	tranches de bacon épaisses, en morceaux de 2,5 cm (*1 po*)
250 mL	(*1 tasse*) de céleri (2 branches), en tranches de 1 cm (*½ po*)
2	oignons moyens, coupés en huit

50 mL	(*¼ tasse*) sucre
175 mL	(*¾ tasse*) vinaigre de cidre
50 mL	(*¼ tasse*) eau
2 mL	(*½ c. à thé*) sel
1 mL	(*¼ c. à thé*) poivre
50 mL	(*¼ tasse*) persil frais haché

Préparer les pommes de terre. Dans une casserole de 3 L (*12 tasses*), à feu vif, faire cuire le bacon, en remuant continuellement, pendant 3 min. Incorporer le céleri et les oignons. Réduire le feu à moyen; poursuivre la cuisson, en remuant de temps à autre, jusqu'à ce que les légumes soient al dente (5 à 8 min). Incorporer le reste des ingrédients *sauf* les pommes de terre et le persil. Poursuivre la cuisson, en remuant de temps à autre, jusqu'à ce que le mélange parvienne à pleine ébullition (3 à 5 min). Incorporer les pommes de terre; poursuivre la cuisson jusqu'à ce que les pommes de terre soient bien chaudes (5 à 10 min). Parsemer de persil.

Cuisson au micro-ondes : préparer les pommes de terre. Dans une casserole de 3 L (*12 tasses*) allant au micro-ondes, faire cuire le bacon à FORT 3 min. Incorporer le céleri et les oignons. Couvrir; faire cuire à FORT, en remuant après la mi-cuisson, jusqu'à ce que les légumes soient al dente (3 à 4 min). Incorporer le reste des ingrédients *sauf* les pommes de terre et le persil. Faire cuire à FORT, en remuant après la mi-cuisson, jusqu'à ce que le mélange parvienne à pleine ébullition (3 à 4 min). Incorporer les pommes de terre. Faire cuire à FORT, en remuant après la mi-cuisson, jusqu'à ce que les pommes de terre soient bien chaudes (6 à 7 min). Parsemer de persil.

Pommes de terre allemandes, chaudes et relevées (en haut)
Poivrons verts à la poêle (en bas)

Pommes de terre à l'ail rôties au four (en haut)
Pommes de terre nouvelles au raifort citronnées (en bas)

Pommes de terre à l'ail rôties au four

6 portions
40 min

Un délice pour ceux qui aiment l'ail et les pommes de terre.

4	grosses pommes de terre rouges
50 mL	(*¼ tasse*) beurre ou margarine
50 mL	(*¼ tasse*) parmesan râpé

5 mL	(*1 c. à thé*) ail frais haché fin
2 mL	(*½ c. à thé*) sel
1 mL	(*¼ c. à thé*) poivre

Préchauffer le four à 220 °C (*425 °F*). Couper les pommes de terre en deux sur la longueur; couper chaque moitié en 4 quartiers. Dans une casserole de 3 L (*12 tasses*), mettre les quartiers de pommes de terre; ajouter suffisamment d'eau pour les couvrir. Amener à pleine ébullition. Faire cuire à feu moyen jusqu'à ce que les pommes de terre soient tendres (8 à 12 min); égoutter. Dans un plat de 33 x 23 cm (*13 x 9 po*) allant au four, faire fondre le beurre au four (5 à 6 min). Incorporer le reste des ingrédients. Ajouter les quartiers de pommes de terre; enrober les deux côtés du mélange au beurre. Enfourner; faire cuire 10 min; retourner les pommes de terre. Poursuivre la cuisson 10 à 15 min ou jusqu'à ce que les pommes de terre soient légèrement dorées.

Cuisson au micro-ondes : préparer les pommes de terre comme indiqué ci-contre. Dans un moule à tarte de 23 cm (*10 po*) allant au micro-ondes, faire fondre le beurre à FORT (50 à 60 s). Incorporer le reste des ingrédients. Ajouter les quartiers de pomme de terre; enrober les deux côtés du mélange au beurre. Couvrir; faire cuire à FORT, en remuant après la mi-cuisson, jusqu'à ce que les pommes de terre soient tendres (11 à 15 min).

Pommes de terre nouvelles au raifort citronnées

4 à 6 portions
1 h 20 min

Des pommes de terre nouvelles servies avec du zeste.

50 mL	(*¼ tasse*) beurre ou margarine
2 mL	(*½ c. à thé*) sel
1	pincée de poivre
15 mL	(*1 c. à soupe*) raifort préparé
10 mL	(*2 c. à thé*) jus de citron

575 g	(*1½ lb*) petites pommes de terre nouvelles (12), lavées, non pelées, *sauf* une bande de 1 cm (*½ po*) au milieu et tout autour de la pomme de terre
6	tranches de citron de 0,5 cm (*¼ po*) d'épaisseur
30 mL	(*2 c. à soupe*) persil frais haché

Préchauffer le four à 180 °C (*350 °F*). Dans une casserole de 2 L (*8 tasses*) allant au four, faire fondre le beurre au four (6 à 8 min). Incorporer le sel, le poivre, le raifort et le jus de citron. Ajouter les pommes de terre; mélanger jusqu'à ce qu'elles soient bien enrobées de beurre. Couvrir; enfourner; faire cuire au four pendant 55 à 65 min ou jusqu'à ce que les pommes de terre soient tendres sous la fourchette. Garnir de tranches de citron et parsemer de persil. Pour servir, déposer la sauce au beurre sur les pommes de terre à l'aide d'une cuillère.

Cuisson au micro-ondes : dans une casserole de 2 L (*8 tasses*) allant au micro-ondes, faire fondre le beurre à FORT (50 à 60 s). Incorporer le sel, le poivre, le raifort et le jus de citron. Ajouter les pommes de terre; mélanger jusqu'à ce qu'elles soient bien enrobées de beurre. Couvrir; faire cuire à FORT, en remuant après la mi-cuisson, jusqu'à ce que les pommes de terre soient tendres sous la fourchette (10 à 12 min). Laisser reposer 5 min. Garnir de tranches de citron et parsemer de persil. Servir comme indiqué ci-contre.

Pommes de terre sucrées garnies aux pommes

6 portions
1 h 30 min

*Ces pommes de terres sucrées, cuites deux fois,
sont subtilement agrémentées de zeste d'orange et de muscade.*

6	pommes de terre sucrées ou ignames
50 mL	(*¼ tasse*) cassonade bien tassée
125 mL	(*½ tasse*) beurre ou margarine
1	pincée de muscade
2 mL	(*½ c. à thé*) zeste d'orange râpé

250 mL	(*1 tasse*) pomme (1 moyenne), pelée, sans trognon, hachée grossièrement
50 mL	(*¼ tasse*) pacanes hachées, grillées
	Demi-pacanes

Préchauffer le four à 190 °C (*375 °F*). Piquer les pommes de terre sucrées avec une fourchette pour permettre à la vapeur de s'échapper. Enfourner; faire cuire pendant 35 à 45 min ou jusqu'à ce que les pommes de terre soient tendres sous la fourchette. Couper une fine tranche sur la longueur, sur le dessus de chaque pomme de terre; évider en gardant une mince couche de chair, pour obtenir une coquille. Réserver les coquilles. Dans le grand bol du mélangeur, mettre les pommes de terre sucrées chaudes et le reste des ingrédients *sauf* la pomme, les pacanes hachées et les demi-pacanes. Battre à vitesse moyenne, en raclant souvent le bol, pour obtenir un mélange lisse et sans grumeaux (2 à 3 min).

À la main, incorporer la pomme et les pacanes hachées. Disposer les coquilles sur un plat de 40 x 25 x 2,5 cm (*15 x 10 x 1 po*) allant au four; garnir les coquilles du mélange de pommes de terre sucrées. Si désiré, garnir chaque pomme de terre sucrée de demi-pacanes. Enfourner; faire cuire pendant 15 à 20 min ou jusqu'à ce que ce soit bien chaud.

Conseil : si désiré, ne pas farcir les coquilles. Déposer à l'aide d'une cuillère le mélange de pommes de terre sucrées chaud dans des bols de service. Faire griller les demi-pacanes et les utiliser pour garnir le mélange de pommes de terre sucrées.

Timbales aux épinards

5 portions
45 min

Une sauce au fromage couronne ces savoureuses portions individuelles aux épinards.

Timbales

2 paquets	(300 g / *10 oz chacun*) épinards hachés surgelés
4	œufs
50 mL	(*¼ tasse*) beurre ou margarine, ramolli
2 mL	(*½ c. à thé*) sel
15 mL	(*1 c. à soupe*) jus de citron

Sauce au fromage

30 mL	(*2 c. à soupe*) beurre ou margarine
30 mL	(*2 c. à soupe*) farine tout usage
2 mL	(*½ c. à thé*) moutarde sèche
1 mL	(*¼ c. à thé*) sel
1 mL	(*¼ c. à thé*) poivre
250 mL	(*1 tasse*) lait
375 mL	(*1½ tasse*) cheddar râpé (170 g / *6 oz*)

Faire cuire les épinards selon les directives sur l'emballage; égoutter. Dans le petit bol du mélangeur, battre les œufs à vitesse moyenne jusqu'à ce qu'ils soient mousseux (1 à 2 min). À la main, incorporer les épinards cuits et le reste des ingrédients des timbales. Répartir le mélange entre 5 ramequins de 170 mL (*6 oz*) chacun, graissés. Mettre les ramequins sur une grille, dans un poêlon de 25 cm (*10 po*) de diamètre. Ajouter de l'eau chaude (non bouillante) jusqu'à sous la grille. Couvrir; faire cuire à feu moyen pendant 18 à 22 min ou jusqu'à ce qu'un couteau inséré au milieu en ressorte propre. Si l'eau commence à bouillir,

réduire le feu à doux. Entre-temps, dans une casserole de 1 L (*4 tasses*), faire fondre 30 mL (*2 c. à soupe*) de beurre. Ajouter la farine, la moutarde, 1 mL (*¼ c. à thé*) de sel et le poivre. Faire cuire à feu moyen pour obtenir un mélange lisse et bouillonnant (30 s). Incorporer le lait. Poursuivre la cuisson, en remuant de temps à autre, jusqu'à ce que la sauce arrive à pleine ébullition (4 à 5 min); laisser bouillir 1 min. Incorporer le fromage jusqu'à ce qu'il soit fondu. Glisser un couteau entre le moule et la timbale pour en détacher les côtés; démouler. Servir avec de la sauce au fromage sur les timbales.

Pommes de terre sucrées garnies aux pommes

Courgettes et oignons à la mozzarella

*Au milieu de l'été, les légumes frais sont un délice
lorsqu'ils sont simplement revenus avec des fines herbes et beaucoup de mozzarella.*

45 mL	(*3 c. à soupe*) beurre ou margarine
750 mL	(*3 tasses*) courgettes (3 moyennes), en tranches de 0,2 cm (*1/8 po*)
250 mL	(*1 tasse*) oignon (1 moyen), en tranches de 0,2 cm (*1/8 po*)
2 mL	(*1/2 c. à thé*) basilic

1 mL	(*1/4 c. à thé*) origan
1	pincée de sel
2 mL	(*1/2 c. à thé*) ail frais haché fin
1	tomate moyenne mûre, coupée en quartiers
250 mL	(*1 tasse*) mozzarella râpée (125 g / 4 oz)

Dans un poêlon de 25 cm (*10 po*) de diamètre, faire fondre le beurre à feu moyen. Ajouter le reste des ingrédients *sauf* la tomate et le fromage. Poursuivre la cuisson, en remuant de temps à autre, jusqu'à ce que les courgettes soient al dente (7 à 10 min). Ajouter les quartiers de tomate; parsemer de fromage. Couvrir; laisser reposer 2 min ou jusqu'à ce que le fromage soit fondu.

Cuisson au micro-ondes : dans une casserole de 2 L (*8 tasses*) allant au micro-ondes, faire fondre le beurre à FORT (30 à 45 s). Ajouter le reste des ingrédients *sauf* la tomate et le fromage. Couvrir; faire cuire à FORT, en remuant après la mi-cuisson, jusqu'à ce que les courgettes soient al dente (3 à 4 1/2 min). Ajouter les quartiers de tomate; parsemer de fromage. Couvrir; laisser reposer 2 min ou jusqu'à ce que le fromage soit fondu.

Pot-pourri de courges poêlées

Toute la famille appréciera ce plat légèrement sucré.

50 mL	(*1/4 tasse*) beurre ou margarine
375 mL	(*1 1/2 tasse*) courge-potiron pelée, en cubes de 2,5 cm (*1 po*)
375 mL	(*1 1/2 tasse*) courge jaune, non pelée, en quartiers, en tranches de 1 cm (*1/2 po*)

15 mL	(*1 c. à soupe*) cassonade bien tassée
1	pincée de muscade
375 mL	(*1 1/2 tasse*) courgettes, non pelées, en tranches de 0,2 cm (*1/8 po*)

Dans un poêlon de 25 cm (*10 po*) de diamètre, faire fondre le beurre; incorporer le reste des ingrédients *sauf* les courgettes. Faire cuire à feu moyen, en remuant de temps à autre, 5 min. Incorporer les courgettes; poursuivre la cuisson jusqu'à ce que la courge soit al dente (4 à 5 min).

Cuisson au micro-ondes : dans une casserole de 2 L (*8 tasses*) allant au micro-ondes, faire fondre le beurre à FORT (50 à 60 s). Incorporer la courge-potiron. Couvrir; faire cuire à FORT 1 1/2 min. Incorporer le reste des ingrédients. Couvrir; faire cuire à FORT en remuant après la mi-cuisson, jusqu'à ce que la courge soit al dente (6 à 7 min).

Courgettes et oignons à la mozzarella

Démi-tomates aux fines herbes (en haut)
Courgerons des moines aux pommes et au miel (en bas)

Courgerons des moines aux pommes et au miel

4 portions
60 min

*Le goût légèrement acide des pommes et le courgeron des moines,
sucrés au miel, donnent un délice qui met l'eau à la bouche.*

2	courgerons des moines, coupés en deux, sans pépins
125 mL	(*1/2 tasse*) jus de pomme ou eau
50 mL	(*1/4 tasse*) beurre ou margarine, fondu
1 mL	(*1/4 c. à thé*) muscade

30 mL	(*2 c. à soupe*) miel
5 mL	(*1 c. à thé*) zeste d'orange râpé
2	pommes à tarte moyennes, sans trognon, en tranches de 0,2 cm (*1/8 po*)

Préchauffer le four à 190 °C (*375 °F*). Dans un moule de 33 x 23 cm (*13 x 9 po*) allant au four, disposer les courgerons, le côté coupé vers le haut. Verser le jus de pomme dans le moule; réserver. Dans un petit bol, combiner le reste des ingrédients *sauf* les pommes. Répartir uniformément les tranches de pommes entre les demi-courgerons. Verser environ 30 mL (*2 c. à soupe*) du mélange au beurre sur les tranches de pommes. Couvrir de papier d'aluminium; enfourner; faire cuire pendant 45 à 50 min ou jusqu'à ce que le courgeron soit tendre sous la fourchette.

Cuisson au micro-ondes : dans un plat de 30 x 20 cm (*12 x 8 po*) allant au micro-ondes, disposer les courgerons, le côté coupé vers le haut. Verser le jus de pomme dans le plat; réserver. Dans un petit bol, combiner le reste des ingrédients *sauf* les pommes. Répartir uniformément les tranches de pommes entre les demi-courgerons. Verser environ 30 mL (*2 c. à soupe*) de mélange au beurre sur les tranches de pommes. Couvrir d'une pellicule de plastique; faire cuire à FORT, en tournant le plat de 1/4 de tour après la mi-cuisson, jusqu'à ce que le courgeron soit tendre sous la fourchette (12 à 15 min). Laisser reposer 5 min.

Demi-tomates aux fines herbes

8 portions
40 min

*Des tomates assaisonnées de chapelure et de fines herbes
pour un plat d'accompagnement exquis.*

300 mL	(*1 1/4 tasse*) chapelure fraîche
75 mL	(*1/3 tasse*) beurre ou margarine, fondu
15 mL	(*1 c. à soupe*) persil frais haché
5 mL	(*1 c. à thé*) basilic
1 mL	(*1/4 c. à thé*) ail en poudre
1 mL	(*1/4 c. à thé*) sel

1 mL	(*1/4 c. à thé*) origan
1 mL	(*1/4 c. à thé*) poivre concassé
4	tomates moyennes mûres, équeutées, divisées sur la largeur

Préchauffer le four à 180 °C (*350 °F*). Dans un petit bol, combiner tous les ingrédients *sauf* les tomates. Dresser les tomates, le côté coupé vers le haut, sur une plaque à gâteau roulé de 37,5 x 25 x 2,5 cm (*15 x 10 x 1 po*). Déposer une grosse cuillerée à soupe de mélange de chapelure sur chaque demi-tomate. Enfourner; faire cuire pendant 15 à 18 min ou jusqu'à ce que les tomates soient bien chaudes, mais encore fermes.

Cuisson au micro-ondes : dans un petit bol, combiner tous les ingrédients *sauf* les tomates. Dresser quatre demi-tomates dans un moule a tarte, le côté coupé vers le haut. Déposer une grosse cuillerée à soupe de mélange de chapelure sur chaque demi-tomate. Couvrir d'une pellicule de plastique. Faire cuire à FORT, en tournant le plat de 1/2 tour après la mi-cuisson, jusqu'à ce que les tomates soient bien chaudes, mais encore fermes (2 1/2 à 3 1/2 min). Recommencer avec le reste des demi-tomates.

Tomates croquantes au beurre

4 portions
15 min

Des tomates farcies, cuites à la poêle, tout simplement délicieuses.

30 mL	(*2 c. à soupe*) beurre ou margarine, fondu
75 mL	(*1/3 tasse*) craquelins au beurre, grossièrement écrasés
125 mL	(*1/2 tasse*) cheddar râpé (60 g / *2 oz*)
15 mL	(*1 c. à soupe*) persil frais haché
30 mL	(*2 c. à soupe*) beurre ou margarine

2 mL	(*1/2 c. à thé*) carvi en grains
1 mL	(*1/4 c. à thé*) sel
1	pincée de poivre
15 mL	(*1 c. à soupe*) oignon haché
2	grosses tomates mûres, chacune coupée en 10 quartiers

Dans un petit bol, combiner 30 mL (*2 c. à soupe*) de beurre fondu, les craquelins écrasés, le fromage et le persil; réserver. Dans un poêlon de 25 cm (*10 po*) de diamètre, faire fondre 30 mL (*2 c. à soupe*) de beurre. Incorporer le carvi, le sel, le poivre et l'oignon. Ajouter les tomates. Couvrir; faire cuire à feu moyen, en remuant de temps à autre, jusqu'à ce que les tomates soient bien chaudes (2 à 3 min). Parsemer du mélange au fromage. Couvrir; laisser reposer 1 min. Servir immédiatement.

Cuisson au micro-ondes : dans un petit bol, combiner 30 mL (*2 c. à soupe*) de beurre fondu, les craquelins écrasés, le fromage et le persil; réserver. Dans une casserole de 2 L (*8 tasses*) allant au micro-ondes, faire fondre 30 mL (*2 c. à soupe*) de beurre à FORT (25 à 35 s). Incorporer le carvi, le sel, le poivre et l'oignon. Ajouter les tomates. Couvrir; faire cuire à FORT, en remuant aux 2 min, jusqu'à ce que les tomates soient bien chaudes (4 1/2 à 5 1/2 min). Parsemer du mélange au fromage. Couvrir; laisser reposer 1 min. Servir immédiatement.

Relish aux courgettes et à la tomate

6 portions
25 min

Servez cette délicieuse relish maison comme plat d'accompagnement lors de votre prochain barbecue ou pique-nique.

30 mL	(*2 c. à soupe*) sucre
45 mL	(*3 c. à soupe*) vinaigre de cidre
15 mL	(*1 c. à soupe*) moutarde en grains forte
1 mL	(*1/4 c. à thé*) sel
1	pincée de poivre
1	pincée de céleri en grains
1	pincée de moutarde en grains

250 mL	(*1 tasse*) oignon rouge, en tranches de 0,2 cm (*1/8 po*), séparées en rondelles
750 mL	(*3 tasses*) courgettes (3 moyennes), en morceaux de 1 cm (*1/2 po*)
250 mL	(*1 tasse*) tomate mûre (1 moyenne), en morceaux de 1 cm (*1/2 po*)

Dans une casserole de 2 L (*8 tasses*), combiner tous les ingrédients *sauf* l'oignon, les courgettes et la tomate. Faire cuire à feu moyen, en remuant de temps à autre, jusqu'à ce que le mélange arrive à pleine ébullition. Ajouter les légumes; poursuivre la cuisson, en remuant de temps à autre, jusqu'à ce que les légumes soient al dente (6 à 8 min). Servir chaud ou à la température de la pièce. Conserver au réfrigérateur.

Cuisson au micro-ondes : dans une casserole de 2 L (*8 tasses*) allant au micro-ondes, combiner tous les ingrédients *sauf* l'oignon, les courgettes et la tomate. Couvrir; faire cuire à FORT, en remuant après la mi-cuisson, jusqu'à ce que le mélange arrive à pleine ébullition (2 à 3 min). Ajouter les légumes. Couvrir; faire cuire à FORT, en remuant après la mi-cuisson, jusqu'à ce que les légumes soient al dente (2 à 4 min). Servir chaud ou à la température de la pièce. Conserver au réfrigérateur.

Tomates croquantes au beurre

Comment acheter des légumes frais

Légumes:	Récolte:	À rechercher:
Asperges	Printemps	Tiges vertes tendres avec les pointes fermées.
Aubergines	Toute l'année	Fermes, bien formées, d'une peau d'un pourpre brillant.
Betteraves	Été et automne	Rondes, fermes et lisses avec une couleur rouge sombre et des pointes serrées.
Brocoli	Toute l'année	Bouquets fermes, serrés, vert foncé.
Carottes	Toute l'année	Fermes et bien formées, d'une belle couleur.
Champignons	Toute l'année	Chapeaux blancs crémeux ou légèrement beige, fermes et dodus.
Chou	Toute l'année	Têtes fermes et lourdes d'un vert brillant.
Chou-fleur	Automne et tôt en hiver	Bouquets sans taches et compacts avec des feuilles vertes.
Choux de Bruxelles	Automne et hiver	Choux d'un vert brillant, fermes, sans taches.
Courge d'été jaune ou torticolis	Été	Peau ferme, d'un jaune brillant, sans taches.
Courge-potiron	Automne et hiver	Belle couleur jaune ou orange avec la peau dure.
Courgerons des moines	Automne et hiver	Peau vert foncé et dure.
Courgette	Été	Courge ferme avec une peau lisse et brillante.
Épinards	Toute l'année	Feuilles d'un vert brillant, sans taches, tendres et fraîches.
Fèves de Lima	Été et automne	Gousses vert pâle fermes et croquantes.
Haricots verts	Été	Gousses fermes et croquantes, d'un vert brillant
Maïs	Été	Épis vert brillant, soies d'aspect frais, grains dodu mais pas trop gros.
Panais	Hiver	Taille petite à moyenne, lisses, fermes et bien formés.
Petits pois	Printemps et été	Gousses de pois d'un vert brillant, charnues et tendres.
Poivrons verts	Été et automne	Bien formés, d'un vert moyen à foncé, brillant, avec les côtés fermes.

DESSERTS, GÂTEAUX ET TARTES

Que vous vous réunissiez pour partager un repas à la salle paroissiale, chez un de vos voisins ou dans un parc, au bord d'un lac, vous pouvez être certain que chacun s'efforcera d'apporter leur spécialité. Il y aura, bien entendu, ce que vous préférez... des desserts!

Vous n'avez que l'embarras du choix : une tarte aux pommes couverte d'une croûte si légère et flocon-neuse que vous avez peur qu'elle ne s'envole; une tarte aux cerises recouverte d'un superbe treillis en pâte saupoudrée de sucre; une tarte tellement garnie que la garniture déborde sur les côtés...

Il y aura aussi du pouding au pain encore tout chaud; des desserts chauds aux fruits recouverts d'une génoise et des biscuits croquants accompagnés d'une épaisse sauce crémeuse et, pour une touche plus légère, des baies fraîches avec une sauce anglaise.

Il ne faut pas oublier les gâteaux! Il y en aura plusieurs! Des pointes de gâteau aux carottes avec un glaçage lisse et crémeux, du gâteau au chocolat tout reluisant, du pain d'épice et des beignes aux bleuets.

Tout est si tentant! Qui pourrait vous blâmer de faire lentement glisser votre doigt autour d'un gâteau à étages recouvert d'un glaçage crémeux? Ou encore de goûter tous les gâteaux, les tartes et les desserts qui ornent la table?

6 pommes enrobées de pâte
1 h 30 min

Pommes enrobées de pâte dans une sauce au brandy

Une tendre croûte au beurre dorée enrobe ces pommes garnies de pacanes, servies avec une sauce délicieuse.

Pommes enrobées de pâte

500 mL	(*2 tasses*) farine tout usage
1 mL	(*1/4 c. à thé*) sel
125 mL	(*1/2 tasse*) beurre ou margarine, en morceaux
150 mL	(*2/3 tasse*) crème sure
6	pommes à tarte moyennes, sans trognon, pelées
75 mL	(*1/3 tasse*) sucre
75 mL	(*1/3 tasse*) pacanes hachées
30 mL	(*2 c. à soupe*) beurre ou margarine, ramolli Lait

Sauce

125 mL	(*1/2 tasse*) cassonade bien tassée
30 mL	(*2 c. à soupe*) beurre ou margarine
125 mL	(*1/2 tasse*) crème à fouetter
15 mL	(*1 c. à soupe*) brandy*

Préchauffer le four à 200 °C (*400 °F*). Dans un bol de grandeur moyenne, combiner la farine et le sel. Couper 125 mL (*1/2 tasse*) de beurre dans le mélange jusqu'à ce que ce dernier soit grumeleux. Avec une fourchette, incorporer la crème sure jusqu'à ce que le mélange se détache des parois du bol et forme une boule. Sur une surface légèrement farinée, abaisser la pâte en un rectangle de 47,5 x 30 cm (*19 x 12 po*). Sur un côté de 47,5 cm (*19 po*), découper une bande de 2,5 cm (*1 po*); réserver. Découper le reste de la pâte en six carrés de 15 cm (*6 po*) de côté. Déposer une pomme au centre de chaque carré. Dans un petit bol, combiner le sucre, les pacanes et 30 mL (*2 c. à soupe*) de beurre. Farcir le cœur de chaque pomme de 20 mL (*1 1/2 c. à soupe*) de mélange. Replier la pâte autour des pommes; bien sceller les bords. Déposer sur une plaque à gâteau roulé de

37,5 x 25 x 2,5 cm (*15 x 10 x 1 po*) graissée, le pli vers le bas. Badigeonner la pâte avec du lait; la piquer avec une fourchette. Découper des dessins de feuilles dans la bande de pâte réservée. Badigeonner de lait; placer les feuilles sur les pommes enveloppées. Enfourner; faire cuire pendant 35 à 50 min ou jusqu'à ce que les pommes soient tendres sous la fourchette. Si la croûte brunit trop rapidement, couvrir de papier d'aluminium. Dans une casserole de 1 L (*4 tasses*) combiner tous les ingrédients de la sauce. Faire cuire à feu moyen, en remuant de temps à autre, jusqu'à ce que le mélange arrive à pleine ébullition (3 à 4 min). Servir la sauce sur les pommes enrobées de pâte chaudes.

*Il est possible de remplacer 15 mL (*1 c. à soupe*) de brandy par 5 mL (*1 c. à thé*) d'extrait de brandy.

6 portions
30 min

Pommes à l'érable poêlées

Des pommes cuites au poêlon, à la mode d'autrefois.

50 mL	(*1/4 tasse*) beurre ou margarine
75 mL	(*1/3 tasse*) sucre
30 mL	(*2 c. à soupe*) fécule de maïs
500 mL	(*2 tasses*) lait moitié-moitié

50 mL	(*1/4 tasse*) sirop d'érable pur
5 mL	(*1 c. à thé*) vanille
3	pommes à tarte moyennes, sans trognon, coupées en deux, en travers

Dans un poêlon de 25 cm (*10 po*) de diamètre, combiner le sucre et la fécule de maïs. Incorporer le reste des ingrédients *sauf* les pommes. Faire cuire à feu moyen doux, en remuant continuellement, jusqu'à épaississement (6 à 8 min). Mettre les pommes, le côté entaillé vers le bas, dans le mélange crémeux. Couvrir;

poursuivre la cuisson en arrosant les pommes avec la sauce de temps à autre, jusqu'à ce que les pommes soient tendres sous la fourchette (12 à 15 min). Dresser les pommes dans des bols à dessert individuels. Avec un fouet métallique, fouetter la sauce jusqu'à ce qu'elle soit lisse. Servir sur les demi-pommes.

Pommes enrobées de pâte dans une sauce au brandy

6 portions
60 min

Pouding au pain à la banane, à l'ancienne

Un dessert fameux qui réconforte.

Pouding au pain

50 mL	(*1/4 tasse*) beurre ou margarine
1 L	(*4 tasses*) pain français rassis ou pain au levain, en cubes de 2,5 cm (*1 po*)
3	œufs
125 mL	(*1/2 tasse*) sucre
500 mL	(*2 tasses*) lait
2 mL	(*1/2 c. à thé*) cannelle
2 mL	(*1/2 c. à thé*) muscade
1 mL	(*1/4 c. à thé*) sel
10 mL	(*2 c. à thé*) vanille
250 mL	(*1 tasse*) bananes (2 moyennes), en tranches de 0,5 cm (*1/4 po*)

Sauce

45 mL	(*3 c. à soupe*) beurre ou margarine
30 mL	(*2 c. à soupe*) sucre
15 mL	(*1 c. à soupe*) fécule de maïs
175 mL	(*3/4 tasse*) lait
50 mL	(*1/4 tasse*) sirop de maïs léger
5 mL	(*1 c. à thé*) vanille

Préchauffer le four à 190 °C (*375 °F*). Dans une casserole de 2 L (*8 tasses*) allant au four, faire fondre 50 mL (*1/4 tasse*) de beurre au four (4 à 6 min). Incorporer les cubes de pain. Dans un bol de grandeur moyenne, battre légèrement les œufs; incorporer le reste des ingrédients du pouding *sauf* les bananes. Ajouter les bananes; mélanger. Verser sur les cubes de pain; mélanger pour enrober. Enfourner; faire cuire pendant 40 à 50 min ou jusqu'à ce qu'un couteau

inséré au centre en ressorte propre. Entre-temps, dans une casserole de 1 L (*4 tasses*), faire fondre 45 mL (*3 c. à soupe*) de beurre à feu moyen. Incorporer le sucre et la fécule de maïs; ajouter le reste des ingrédients *sauf* la vanille. Poursuivre la cuisson, en remuant de temps à autre, jusqu'à ce que la sauce parvienne à pleine ébullition (3 à 4 min). Faire bouillir 1 min. Incorporer la vanille. Servir la sauce sur le pouding chaud.

9 portions
45 min

Streusel aux bleuets

Ce dessert est si bon que vous prendrez plaisir à le servir au petit déjeuner, ou lors d'un brunch ou d'un pique-nique.

Pâte aux bleuets

500 mL	(*2 tasses*) farine tout usage
175 mL	(*3/4 tasse*) sucre
125 mL	(*1/2 tasse*) lait
50 mL	(*1/4 tasse*) beurre ou margarine, ramolli
1	œuf
10 mL	(*2 c. à thé*) poudre à pâte
2 mL	(*1/2 c. à thé*) sel
2 mL	(*1/2 c. à thé*) muscade
250 mL	(*1 tasse*) bleuets frais ou surgelés

Garniture Streusel

125 mL	(*1/2 tasse*) sucre
75 mL	(*1/3 tasse*) farine tout usage
2 mL	(*1/2 c. à thé*) cannelle
2 mL	(*1/2 c. à thé*) muscade
50 mL	(*1/4 tasse*) beurre ou margarine, ramolli

Préchauffer le four à 190 °C (*375 °F*). Dans le grand bol d'un mélangeur, combiner tous les ingrédients de la pâte aux bleuets *sauf* les bleuets. Bien mélanger à faible vitesse, en raclant souvent le bol (1 à 2 min). À la main, en repliant, ajouter les bleuets à la pâte. Étaler dans un moule carré de 23 cm (*9 po*) de côté allant au four, graissé et fariné.

Dans un petit bol, combiner tous les ingrédients de la garniture Streusel *sauf* le beurre. Couper le beurre jusqu'à ce qu'il soit grumeleux et le parsemer sur la pâte. Enfourner; faire cuire pendant 30 à 35 min ou jusqu'à ce qu'un cure-dents en bois inséré au milieu en ressorte propre.

Streusel aux bleuets

Tarte aux fruits délicieuse

6 portions
45 min

Dessert aux cerises recouvert de pâte sablée

Ce dessert de grand-maman est un véritable régal.

Pâte sablée

125 mL	(*1/2 tasse*) farine tout usage
125 mL	(*1/2 tasse*) flocons d'avoine à l'ancienne
75 mL	(*1/3 tasse*) cassonade bien tassée
2 mL	(*1/2 c. à thé*) muscade
75 mL	(*1/3 tasse*) beurre ou margarine
125 mL	(*1/2 tasse*) amandes effilées

Garniture

2 boîtes	cerises pour tartes dénoyautées, égouttées (396 mL / *16 oz chacune*)
125 mL	(*1/2 tasse*) sucre
15 mL	(*1 c. à soupe*) farine tout usage
5 mL	(*1 c. à thé*) vanille
	Crème glacée à la vanille

Préchauffer le four à 180 °C (*350 °F*). Dans un grand bol, combiner tous les ingrédients de la pâte *sauf* le beurre et les amandes. Découper le beurre jusqu'à ce qu'il soit grumeleux; incorporer les amandes. Réserver. Dans un bol de grandeur moyenne, combiner tous les ingrédients de la garniture *sauf* la crème glacée. Mettre environ 125 mL (*1/2 tasse*) de garniture dans chacun des 6 ramequins de 170 mL (*6 oz*). Recouvrir d'environ 50 mL (*1/4 tasse*) de mélange de pâte; mettre les ramequins sur une plaque pour gâteau roulé de 37,5 x 25 x 2,5 cm (*15 x 10 x 1 po*). Enfourner; faire cuire pendant 25 à 30 min ou jusqu'à ce que le mélange bouillonne et soit légèrement doré. Servir chaud avec de la crème glacée à la vanille.

Cuisson au micro-ondes : préparer la pâte et la garniture comme indiqué ci-contre. Mettre environ 125 mL (*1/2 tasse*) de garniture dans chacun de 6 ramequins de 170 mL (*6 oz*) allant au micro-ondes. Recouvrir d'environ 50 mL (*1/4 tasse*) de mélange de pâte. Disposer les ramequins en cercle dans le micro-ondes. Faire cuire à FORT, en réarrangeant les ramequins après la mi-cuisson; jusqu'à ce que la garniture soit prise (10 à 13 min). Servir chaud avec de la crème glacée à la vanille.

Conseil : il est possible de faire cuire ce dessert dans une cocotte de 1,5 L (*6 tasses*) au four pendant 30 à 35 min.

12 portions
2 h

Tarte aux fruits délicieuse

Une tarte aux fruits qui régalera tout le monde.

Croûte

250 mL	(*1 tasse*) beurre ou margarine, ramolli
125 mL	(*1/2 tasse*) sucre
625 mL	(*2 1/2 tasses*) farine tout usage
75 mL	(*1/3 tasse*) lait

Garniture

250 g	(*8 oz*) fromage à la crème, ramolli
175 mL	(*3/4 tasse*) sucre en poudre
5 mL	(*1 c. à thé*) zeste d'orange râpé
15 mL	(*1 c. à soupe*) jus d'orange

Glaçage

500 mL	(*2 tasses*) fraises, équeutées et tranchées, ou framboises*
250 mL	(*1 tasse*) bleuets*
50 mL	(*1/4 tasse*) gelée de pommes, fondue

Préchauffer le four à 200 °C (*400 °F*). Dans le grand bol du mélangeur, combiner le beurre et le sucre. Battre à vitesse moyenne, en raclant souvent le bol pour obtenir un mélange léger et gonflé (1 à 2 min). Ajouter la farine et le lait; bien mélanger à faible vitesse. Presser la pâte au fond d'un moule de 33 x 23 cm (*13 x 9 po*) allant au four, en la faisant remonter de 1 cm (*1/2 po*) contre les parois. Piquer le fond avec une fourchette. Enfourner; faire cuire pendant 14 à 18 min ou jusqu'à ce que la pâte soit légèrement dorée. Laisser refroidir. Dans le petit bol du mélangeur, combiner tous les ingrédients de

la garniture; battre à vitesse moyenne, en raclant souvent le bol, pour obtenir un mélange léger et gonflé (1 à 2 min). Étaler sur la croûte refroidie. Mettre au réfrigérateur 1 h ou jusqu'à ce que ce soit pris. Juste avant de servir, disposer les fruits sur la garniture. Badigeonner la garniture et les fruits de gelée de pommes fondue.

*Il est possible de remplacer les fraises et les bleuets par 1 L (*4 tasses*) de votre fruit préféré (kiwi, segments de mandarine, ananas, etc.).

375 mL (1½ tasse)
20 min

Trempette au caramel et au rhum

Cette trempette, aussi délicieuse que crémeuse,
est une façon bien agréable de déguster des fruits.

125 mL	(½ tasse) beurre ou margarine
400 g	(14 oz) caramels, non développés
50 mL	(¼ tasse) pacanes hachées

15 mL	(1 c. à soupe) lait
15 mL	(1 c. à soupe) rhum*

Dans une casserole de 2 L (8 tasses), faire fondre le beurre et les caramels à feu doux, en remuant de temps à autre, jusqu'à ce que les caramels soient fondus (12 à 15 min). Incorporer les pacanes, le lait et le rhum. Mélanger vigoureusement pour incorporer le beurre. Garder au chaud; utiliser comme trempette pour des tranches de pommes, de poires et de bananes ou servir sur de la crème glacée.

*Il est possible de remplacer 15 mL (1 c. à soupe) de rhum par 5 mL (1 c. à thé) d'extrait de rhum.

Cuisson au micro-ondes : dans un bol de grandeur moyenne, faire fondre le beurre et les caramels à FORT, en remuant deux fois pendant la cuisson, jusqu'à ce que les caramels soient fondus (3 à 4 min). Incorporer les pacanes, le lait et le rhum. Mélanger vigoureusement pour incorporer le beurre. Servir comme indiqué ci-contre.

6 à 8 portions
15 min

Melon Melba estival

Un dessert tout simplement délicieux, idéal pour les jours de canicule.

1	melon miel ou cantaloup
	Crème glacée à la vanille
125 mL	(½ tasse) confiture de framboises, fondue

Couper le melon en deux, sur la largeur et retirer les pépins. Trancher le melon en rondelles de 2,5 cm (1 po) d'épaisseur. Retirer la pelure. Remplir chaque rondelle de cuillerées de crème glacée. Recouvrir de confiture fondue. Servir immédiatement.

F

Melon Melba estival

8 portions
60 min

Génoise aux pêches et à la crème

Une génoise irrésistible qui rappelle des souvenirs d'enfance.

Garniture

250 mL	(*1 tasse*) sucre
2	œufs, légèrement battus
30 mL	(*2 c. à soupe*) farine tout usage
2 mL	(*1/2 c. à thé*) muscade
1 L	(*4 tasses*) pêches fraîches* (4 à 6 moyennes), pelées, tranchées

Génoise

375 mL	(*1 1/2 tasse*) farine tout usage
30 mL	(*2 c. à soupe*) sucre
5 mL	(*1 c. à thé*) poudre à pâte
2 mL	(*1/2 c. à thé*) sel
75 mL	(*1/3 tasse*) beurre ou margarine, ramolli
1	œuf, légèrement battu
45 mL	(*3 c. à soupe*) lait
45 mL	(*3 c. à soupe*) sucre

Crème à fouetter

Préchauffer le four à 200 °C (*400 °F*). Dans un grand bol, combiner tous les ingrédients de la garniture, *sauf* les pêches. Incorporer les pêches. Verser dans un moule de 33 x 23 cm (*13 x 9 po*) allant au four. Dans un bol de grandeur moyenne, combiner tous les ingrédients de la génoise *sauf* le beurre, l'œuf et le lait. Découper le beurre jusqu'à ce qu'il soit grumeleux. Incorporer l'œuf et le lait juste pour humecter. Émietter le mélange sur les pêches;

parsemer de 45 mL (*3 c. à soupe*) de sucre. Enfourner; faire cuire 40 à 45 min ou jusqu'à ce que ce soit doré et bouillonnant tout autour. Servir avec de la crème à fouetter.

*Il est possible de remplacer 1 L (*4 tasses*) de pêches fraîches tranchées par 2 paquets de pêches surgelées de 500 g (*15 oz*) chacun.

9 portions
1 h 15 min

Tourte aux poires

Des fruits frais cuits avec du sucre, de la cannelle et du beurre et recouverts de biscuits.

250 mL	(*1 tasse*) cassonade bien tassée
125 mL	(*1/2 tasse*) beurre ou margarine, ramolli
30 mL	(*2 c. à soupe*) farine tout usage
1 mL	(*1/4 c. à thé*) cannelle
30 mL	(*2 c. à soupe*) jus de citron
1,3 L	(*5 tasses*) poires* (5 moyennes), pelées, sans trognon, en tranches de 0,2 cm (*1/8 po*)

Biscuits

375 mL	(*1 1/2 tasse*) mélange à gâteau au babeurre
125 mL	(*1/2 tasse*) lait
15 mL	(*1 c. à soupe*) sucre
1 mL	(*1/4 c. à thé*) cannelle

Crème glacée à la vanille ou crème à fouetter

Préchauffer le four à 200 °C (*400 °F*). Dans le grand bol du mélangeur, combiner la cassonade, le beurre, la farine, 1 mL (*1/4 c. à thé*) de cannelle et le jus de citron. Bien mélanger à vitesse moyenne, en raclant souvent le bol (1 à 2 min). Ajouter les poires; mélanger pour enrober. Déposer à l'aide d'une cuillère dans une cocotte de 2 L (*8 tasses*) allant au four. Couvrir; enfourner; faire cuire pendant 25 à 35 min ou jusqu'à ce que les poires soient tendres, mais croquantes. Entre-temps, dans un petit bol, combiner le mélange à gâteau et le lait juste pour humecter. Laisser tomber la pâte par cuillerées sur le mélange de

poires chaudes pour faire 9 biscuits. Dans un petit bol, combiner le sucre et la cannelle. Parsemer du mélange de sucre. Remettre au four, sans couvrir; poursuivre la cuisson pendant 15 à 20 min ou jusqu'à ce que les biscuits soient légèrement dorés. Servir chaud avec de la crème glacée ou de la crème à fouetter.

*Il est possible de remplacer 1,3 L (*5 tasses*) de poires tranchées par 1,3 L (*5 tasses*) de pommes ou 5 moyennes, pelées, sans trognon, en tranches de 0,2 cm (*1/8 po*).

Génoise aux pêches et à la crème

9 portions
60 min

Sablé aux fraises

Un régal aux fraises des plus faciles à préparer.

Gâteau

300 mL	(*1¼ tasse*) farine tout usage
175 mL	(*¾ tasse*) sucre
75 mL	(*⅓ tasse*) beurre ou margarine, ramolli
150 mL	(*⅔ tasse*) lait
2	œufs

10 mL	(*2½ c. à thé*) poudre à pâte
2 mL	(*½ c. à thé*) sel
5 mL	(*1 c. à thé*) vanille

Fraises
Crème fouettée sucrée

Préchauffer le four à 200 °C (*400 °F*). Dans le petit bol du mélangeur, combiner tous les ingrédients du gâteau *sauf* les fraises et la crème fouettée sucrée. Bien mélanger à vitesse moyenne, en raclant souvent le bol (1 à 2 min). Étaler dans un moule carré de 23 cm (*9 po*) de côté allant au four, graissé et fariné.

Enfourner; faire cuire pendant 20 à 25 min ou jusqu'à légèrement doré. Laisser refroidir complètement. Découper en carrés. Si désiré, fendre chaque carré en deux horizontalement. Servir avec des fraises et de la crème fouettée sucrée.

12 portions
1 h 30 min

Gâteau au citron et aux baies

Ce gâteau, servi avec des baies fraîchement cueillies, fera le bonheur de tous.

Gâteau

4	œufs, séparés
500 mL	(*2 tasses*) sucre
250 mL	(*1 tasse*) beurre ou margarine, ramolli
750 mL	(*3 tasses*) farine tout usage
10 mL	(*2 c. à thé*) poudre à pâte
250 mL	(*1 tasse*) lait
10 mL	(*2 c. à thé*) zeste de citron râpé
15 mL	(*1 c. à soupe*) jus de citron
5 mL	(*1 c. à thé*) vanille

Glaçage

75 mL	(*⅓ tasse*) sucre
75 mL	(*⅓ tasse*) jus de citron
15 mL	(*1 c. à soupe*) zeste de citron râpé

Baies fraîches

Préchauffer le four à 180 °C (*350 °F*). Dans le petit bol du mélangeur, battre les blancs d'œufs à vitesse élevée, en raclant souvent le bol, jusqu'à la formation de pics fermes (2 à 3 min). Réserver. Dans le grand bol du mélangeur, combiner 500 mL (*2 tasses*) de sucre et le beurre. Battre à faible vitesse, en raclant souvent le bol, jusqu'à ce que le mélange soit léger et gonflé (1 à 2 min). Ajouter les jaunes d'œufs; continuer à battre pour obtenir un mélange crémeux (1 à 2 min). Dans un petit bol, combiner la farine et la poudre à pâte. Ajouter graduellement le mélange de farine en alternant avec le lait au mélange de beurre tout en battant à faible vitesse. Ajouter le zeste de citron, le jus de citron et la vanille. À la main, en

repliant, incorporer les blancs d'œufs à la pâte. Verser dans un moule en couronne de 25 cm (*10 po*) de diamètre, graissé et fariné. Enfourner; faire cuire pendant 50 à 65 min ou jusqu'à ce qu'un cure-dents en bois inséré au milieu en ressorte propre. Dans une casserole de 1 L (*4 tasses*), combiner tous les ingrédients du glaçage *sauf* les baies. Faire cuire à feu moyen, en remuant de temps à autre, jusqu'à ce que le sucre soit dissout (3 à 4 min). Avec un cure-dents en bois, piquer la surface du gâteau, puis verser le glaçage sur le gâteau. Laisser refroidir 15 min; démouler. Si désiré, laisser le gâteau dans le moule pour l'apporter en pique-nique. Servir avec des baies fraîches.

Gâteau au citron et aux baies

8 portions
1 h 30 min

Délice à l'orange et aux pacanes

Un dessert tendre et moelleux qui cuit pendant que vous dînez.

50 mL	(*¼ tasse*) beurre ou margarine
75 mL	(*⅓ tasse*) gaufrettes à la vanille, écrasées
50 mL	(*¼ tasse*) farine tout usage
125 mL	(*½ tasse*) lait
125 mL	(*½ tasse*) jus d'orange
4	œufs, séparés
30 mL	(*2 c. à soupe*) sucre

75 mL	(*⅓ tasse*) sucre
2 mL	(*½ c. à thé*) vanille
125 mL	(*½ tasse*) pacanes hachées fin
250 mL	(*1 tasse*) crème à fouetter
30 mL	(*2 c. à soupe*) sucre
10 mL	(*2 c. à thé*) zeste d'orange râpé

Graisser le fond de 8 ramequins ou moules à soufflé individuels. Dans une casserole de 2 L (*8 tasses*), faire fondre le beurre à feu doux. Incorporer les gaufrettes à la vanille écrasées et la farine; ajouter progressivement le lait et le jus tout en mélangeant. Faire cuire à feu moyen, en remuant continuellement, jusqu'à ce que le mélange épaississe et parvienne à pleine ébullition (6 à 8 min). Retirer du feu; laisser refroidir 20 min. Préchauffer le four à 160 °C (*325 °F*). Dans le petit bol du mélangeur, battre les blancs d'œufs à vitesse élevée, en raclant souvent le bol, jusqu'à la formation de pics mous (1 à 2 min). Continuer à battre, en ajoutant graduellement 30 mL (*2 c. à soupe*) de sucre, jusqu'à la formation de pics fermes (1 à 2 min); réserver. Dans le grand bol du mélangeur, combiner les jaunes d'œufs, 75 mL (*⅓ tasse*) de sucre et la vanille. Battre à vitesse moyenne, en raclant souvent le bol, jusqu'à épaississement et légère coloration jaune (2 à 3 min). Incorporer les pacanes et le mélange

de gaufrettes aux jaunes d'œufs. En repliant, bien incorporer les blancs d'œufs. Déposer à l'aide d'une cuillère dans les moules préparés. Mettre les moules dans deux plats carrés de 23 cm (*9 po*) de côté allant au four; enfourner. Verser 2,5 cm (*1 po*) d'eau chaude dans les plats. Enfourner; faire cuire pendant 40 à 50 min ou jusqu'à ce qu'un couteau inséré au milieu en ressorte propre. Entre-temps, dans le petit bol refroidi du mélangeur, battre à vitesse élevée la crème à fouetter refroidie, en raclant souvent le bol, jusqu'à la formation de pics mous. Ajouter graduellement 30 mL (*2 c. à soupe*) de sucre et le zeste d'orange; continuer à battre jusqu'à la formation de pics fermes. Servir chaud avec la crème fouettée à l'orange.

Conseil : il est possible de remplacer les moules individuels par un moule à soufflé de 1,5 L (*6 tasses*). Enfourner; faire cuire au four pendant 75 à 90 min ou jusqu'à ce qu'un couteau inséré au milieu en ressorte propre.

Pour préparer le délice à l'orange et aux pacanes :

1. Faire cuire à feu moyen, en remuant continuellement, jusqu'à ce que le mélange épaississe et parvienne à pleine ébullition (6 à 8 min). Retirer du feu; laisser refroidir 20 min.

2. Dans le petit bol du mélangeur, battre les blancs d'œufs à vitesse élevée, en raclant souvent le bol, jusqu'à la formation de pics mous (1 à 2 min). Continuer à battre, en ajoutant graduellement 30 mL (*2 c. à soupe*) de sucre jusqu'à la formation de pics fermes (1 à 2 min); réserver.

Délice à l'orange et aux pacanes

Gâteau au fromâge

10 portions

Gâteau au fromage

Un gâteau au fromage décoré de jolis cœurs.

Croûte

325 mL	(*1⅓ tasse*) gaufrettes au chocolat, écrasées
50 mL	(*¼ tasse*) beurre ou margarine, fondu
30 mL	(*2 c. à soupe*) sucre

Garniture

4	œufs, séparés
125 mL	(*½ tasse*) beurre ou margarine, ramolli
2 paquets	fromage à la crème, ramolli (250 g / *8 oz* chacun)
250 mL	(*1 tasse*) sucre
15 mL	(*1 c. à soupe*) fécule de maïs
5 mL	(*1 c. à thé*) poudre à pâte
15 mL	(*1 c. à soupe*) jus de citron

Glaçage

250 mL	(*1 tasse*) crème sure
30 mL	(*2 c. à soupe*) sucre
5 mL	(*1 c. à thé*) vanille
540 mL	(*21 oz*) garniture à la cerise pour tarte, en conserve
45 mL	(*3 c. à soupe*) liqueur à la cerise

Préchauffer le four à 160 °C (*325 °F*). Dans un petit bol, combiner tous les ingrédients de la croûte. Presser le mélange uniformément dans un moule à fond démontable de 23 cm (*9 po*) de diamètre. Enfourner; faire cuire 10 min; laisser refroidir. Dans le petit bol du mélangeur, battre les blancs d'œufs à vitesse élevée, en raclant souvent le bol, jusqu'à la formation de pics mous (1 à 2 min); réserver. Dans le grand bol du mélangeur, combiner 125 mL (*½ tasse*) de beurre, le fromage à la crème et les jaunes d'œufs. Battre à vitesse moyenne, en raclant souvent le bol, pour obtenir un mélange lisse et crémeux (2 à 3 min). Ajouter le reste des ingrédients de la garniture *sauf* les blancs d'œufs. Continuer à battre pour bien mélanger, en raclant souvent le bol (1 à 2 min). À la main, en repliant, ajouter les blancs d'œufs battus. Déposer le mélange dans le moule à l'aide d'une

cuillère. Enfourner; faire cuire au four pendant 60 à 80 min ou jusqu'à ce que le centre soit pris et ferme au toucher. (La surface du gâteau sera fendillée.) Laisser refroidir 15 min; passer la lame d'un couteau entre le moule et le gâteau; laisser refroidir complètement. (Le milieu du gâteau se creusera légèrement en refroidissant.) Dans un petit bol, combiner la crème sure, 30 mL (*2 c. à soupe*) de sucre et la vanille. Étaler uniformément sur le gâteau au fromage. Prélever 30 à 45 mL (*2 à 3 c. à soupe*) de sauce à la cerise de la garniture pour tarte; laisser tomber par cuillerées à thé sur la garniture à la crème sure. À l'aide d'un couteau ou d'une spatule, étaler avec soin la sauce à la cerise en forme de cœur. Couvrir; mettre au réfrigérateur 4 h ou toute la nuit. Dans un bol de grandeur moyenne, combiner tous les ingrédients de la garniture qui restent et, si désiré, la liqueur. Servir sur les portions de gâteau au fromage.

Pour décorer le gâteau au fromage :

1. Prélever 30 à 45 mL (*2 à 3 c. à soupe*) de sauce à la cerise de la garniture pour tarte; la déposer par cuillerées à thé sur la garniture à la crème sure.

2. À l'aide d'un couteau ou d'une spatule, étaler avec soin la sauce à la cerise en forme de cœur.

Gâteau au fromage et aux amandes, marbré au chocolat

12 portions
12 h

Gâteau au fromage et aux amandes, marbré au chocolat

Ce riche gâteau au fromage marbré au chocolat, dans une croûte aux amandes, convient à merveille aux passionnés du chocolat.

500 mL	(*2 tasses*) sucre
4 paquets	fromage à la crème, ramolli (250 g / *8 oz* chacun)
4	œufs
250 mL	(*1 tasse*) crème sure
15 mL	(*1 c. à soupe*) cacao non sucré

10 mL	(*2 c. à thé*) vanille
5 mL	(*1 c. à thé*) extrait d'amande
300 g	(*10 oz*) grains de chocolat non-sucré, fondus
60 g	(*2 oz*) amandes blanchies, hachées fins (125 mL / *1/2 tasse*)

Préchauffer le four à 160 °C (*325 °F*). Dans le grand bol du mélangeur, combiner le sucre et le fromage à la crème. Battre à vitesse moyenne, en raclant souvent le bol, pour obtenir un mélange léger et gonflé (3 à 4 min). Continuer à battre, en ajoutant les œufs un à un, pour obtenir un mélange crémeux (1 à 2 min). Ajouter le reste des ingrédients *sauf* les grains de chocolat et les amandes. Continuer à battre, en raclant souvent le bol jusqu'à ce que ce soit bien mélangé (1 à 2 min). À la main, ajouter en repliant les grains de chocolat fondus en faisant tournoyer le chocolat dans la pâte pour donner un effet de marbrures. Beurrer légèrement un moule à fond amovible de 23 cm (*9 po*) de diamètre; presser fermement les amandes au fond du moule. Verser la pâte dans le moule préparé. Enfourner; faire cuire au four pendant 65 à 75 min ou jusqu'à ce qu'il soit pris. Éteindre le four; laisser le gâteau dans le four pendant 2 h. Détacher les bords du gâteau des parois du moule en glissant la lame d'un couteau entre le gâteau et le moule. Laisser refroidir complètement. Couvrir; mettre au réfrigérateur 8 h ou toute la nuit. Conserver au réfrigérateur.

8 portions
2 h

Choux à la crème aux abricots

Une garniture à la crème aux abricots qui transforme les choux à la crème traditionnels.

Choux à la crème

250 mL	(*1 tasse*) eau
125 mL	(*1/2 tasse*) beurre ou margarine
250 mL	(*1 tasse*) farine tout usage
4	œufs

Crème aux abricots

125 mL	(*1/2 tasse*) crème à fouetter
50 mL	(*1/4 tasse*) sucre
1 paquet	fromage à la crème, ramolli (250 g / *8 oz*)
2 mL	(*1/2 c. à thé*) gingembre
30 mL	(*2 c. à soupe*) confiture d'abricots
125 mL	(*1/2 tasse*) confiture d'abricots, fondue Sucre glace

Préchauffer le four à 200 °C (*400 °F*). Dans une casserole de 2 L (*8 tasses*), amener l'eau et le beurre à pleine ébullition. Incorporer la farine. Faire cuire à feu doux, en mélangeant vigoureusement, jusqu'à ce que le mélange forme une boule. Ajouter les œufs, un à un, en battant pour obtenir un mélange lisse. Laisser tomber environ 75 mL (*1/3 tasse*) de pâte sur une plaque à biscuits en les espaçant de 7,5 cm (*3 po*). Enfourner; faire cuire pendant 35 à 40 min ou jusqu'à ce que la pâte soit gonflée et dorée. Laisser refroidir complètement. Dans le petit bol du mélangeur refroidi, battre la crème à fouetter refroidie à vitesse élevée, en raclant souvent le bol pour obtenir des pics mous. Incorporer graduellement 50 mL (*1/4 tasse*) de sucre; continuer à battre pour obtenir des pics fermes (1 à 2 min). Ajouter le reste des ingrédients de la crème aux abricots, *sauf* 125 mL (*1/2 tasse*) de confiture d'abricots et le sucre glace. Continuer à battre, en raclant souvent le bol pour obtenir un mélange lisse (2 à 3 min). Découper le dessus des choux; les évider. Remplir de crème aux abricots; remettre le dessus. Arroser de confiture d'abricots fondue; saupoudrer de sucre glace.

6 portions
45 min

Crêpes arrosées de sauce aux bananes

Un délice de crêpes au beurre servies avec une sauce aux bananes et au rhum.

Crêpes

175 mL	(*¾ tasse*)	farine tout usage
7 mL	(*1½ c. à thé*)	sucre
1 mL	(*¼ c. à thé*)	poudre à pâte
1 mL	(*¼ c. à thé*)	sel
250 mL	(*1 tasse*)	lait
1		œuf
15 mL	(*1 c. à soupe*)	beurre ou margarine, fondu
1 mL	(*¼ c. à thé*)	vanille
5 mL	(*1 c. à thé*)	beurre ou margarine

Sauce

125 mL	(*½ tasse*)	beurre ou margarine
425 mL	(*1¾ tasse*)	sucre
50 mL	(*¼ tasse*)	lait
2 mL	(*½ c. à thé*)	cannelle
30 mL	(*2 c. à soupe*)	rhum*
3		bananes moyennes, en tranches de 0,5 cm (*¼ po*)
30 mL	(*2 c. à soupe*)	jus de citron

Dans le petit bol du mélangeur, combiner la farine, le sucre, la poudre à pâte et le sel. Ajouter le reste des ingrédients de la pâte à crêpes *sauf* 5 mL (*1 c. à thé*) de beurre. Battre à vitesse moyenne, en raclant souvent le bol, pour obtenir une pâte lisse (1 à 2 min). Faire fondre 5 mL (*1 c. à thé*) de beurre dans un poêlon de 15 ou 20 cm (6 ou 8 po) de diamètre, jusqu'à ce qu'il grésille. Pour chacune des 6 crêpes, verser environ 50 mL (*¼ tasse*) de pâte dans le poêlon; incliner immédiatement le poêlon et lui imprimer un mouvement circulaire pour que la pâte recouvre entièrement le fond. Faire cuire à feu moyen jusqu'à ce que la crêpe soit légèrement dorée (2 à 3 min). Faire courir la spatule autour du bord pour la détacher du poêlon; retourner. Poursuivre la cuisson jusqu'à ce que l'autre côté soit légèrement doré

(2 à 3 min). Mettre les crêpes dans une assiette en les séparant à l'aide d'une feuille de papier ciré. Couvrir les crêpes; réserver. Dans un poêlon de 25 cm (*10 po*) de diamètre, faire fondre 125 mL (*½ tasse*) de beurre à feu moyen. Incorporer le sucre, 50 mL (*¼ tasse*) de lait, la cannelle et le rhum. Dans un petit bol, combiner les bananes et le jus de citron; mélanger pour enrober les bananes. Incorporer doucement les bananes à la sauce dans le poêlon. Replier chaque crêpe sur elle-même, puis replier de nouveau en deux pour obtenir un triangle. Disposer les crêpes dans le poêlon; les arroser de sauce à l'aide d'une cuillère. Faire cuire à feu moyen, en arrosant les crêpes avec la sauce, de temps à autre, jusqu'à ce que ce soit bien chaud (4 à 6 min). Servir immédiatement.

*Il est possible de remplacer les 30 mL (*2 c. à soupe*) de rhum par 5 mL (*1 c. à thé*) d'extrait de rhum.

Pour préparer les crêpes :

1. Incliner immédiatement le poêlon en lui imprimant un mouvement circulaire jusqu'à ce que le fond soit recouvert d'une fine pellicule de pâte.

2. Faire courir une large spatule autour du bord pour détacher la crêpe du poêlon; retourner. Poursuivre la cuisson jusqu'à ce que ce soit légèrement doré (2 à 3 min.)

Crêpes arrosées de sauce aux bananes

500 mL (*2 tasses*)
15 min

Baies à la crème anglaise

Une savoureuse crème anglaise versée sur des baies mûries au soleil.

375 mL	(*1½ tasse*) crème à fouetter
125 mL	(*½ tasse*) sucre
15 mL	(*1 c. à soupe*) fécule de maïs
4	jaunes d'œufs
10 mL	(*2 c. à thé*) vanille

Framboises, fraises et bleuets frais

Dans une casserole de 2 L (*8 tasses*), faire cuire la crème sur feu moyen jusqu'à ébullition (6 à 8 min). Retirer du feu. Entre-temps, dans un bol de grandeur moyenne, incorporer graduellement, en fouettant, le sucre et la fécule de maïs aux jaunes d'œufs. Fouetter jusqu'à ce que le mélange soit léger et crémeux (3 à 4 min). Fouetter graduellement la crème chaude dans les jaunes d'œufs battus. Remettre le mélange dans la même casserole; incorporer la vanille. Faire cuire à feu moyen, en remuant continuellement, jusqu'à ce que la crème soit suffisamment épaisse pour recouvrir le dos d'une cuillère en métal (3 à 4 min). (Ne pas faire bouillir, sinon les jaunes d'œufs se coaguleront.) Servir chaud ou froid sur des baies fraîches.

Cuisson au micro-ondes : dans une casserole de 1 L (*4 tasses*) allant au micro-ondes, amener la crème à ébullition à FORT (2 à 4 min). Entre-temps, dans un bol de grandeur moyenne, ajouter graduellement, en fouettant, le sucre et la fécule de maïs aux jaunes d'œufs pour obtenir un mélange léger et crémeux (3 à 4 min). Fouetter graduellement la crème chaude dans les jaunes d'œufs battus. Remettre le mélange dans la même casserole; incorporer la vanille. Faire cuire à FORT, en remuant après la mi-cuisson, jusqu'à ce que la crème soit suffisamment épaisse pour recouvrir le dos d'une cuillère en métal (1½ à 2½ min). (Ne pas faire bouillir, sinon les jaunes d'œufs se coaguleront.) Servir chaud ou froid sur des baies fraîches.

Pour préparer la crème anglaise :

1. Fouetter graduellement la crème chaude dans les jaunes d'œufs battus.

2. Faire cuire à feu moyen, en remuant continuellement, jusqu'à ce que la crème soit suffisamment épaisse pour recouvrir le dos d'une cuillère en métal.

Baies à la crème anglaise

Crème anglaise au four

6 portions
1 h 15 min

Crème anglaise au four

Chaque cuillerée de cette crème anglaise est douce, crémeuse et réconfortante.

125 mL	(*1/2 tasse*) sucre	
6	jaunes d'œufs	
375 mL	(*1 1/2 tasse*) lait	

125 mL	(*1/2 tasse*) crème à fouetter	
10 mL	(*2 c. à thé*) vanille	
1	pincée de muscade	

Préchauffer le four à 160 °C (*325 °F*). Dans un bol de grandeur moyenne, fouetter graduellement le sucre dans les jaunes d'œufs. Fouetter graduellement le reste des ingrédients *sauf* la muscade dans le mélange aux œufs. Verser dans 6 ramequins ou moules à crème anglaise de 170 mL (*6 oz*) chacun. Mettre les ramequins dans un plat de 33 x 23 cm (*13 x 9 po*) allant au four; verser 2,5 cm (*1 po*) d'eau chaude autour des ramequins. Parsemer la crème de muscade. Enfourner; faire cuire au four 50 à 60 min ou jusqu'à ce qu'un couteau inséré au milieu en ressorte propre. Servir chaud.

Pour préparer la crème anglaise :

1. Mettre les ramequins dans un moule de 33 x 23 cm (*13 x 9 po*) allant au four; verser 2,5 cm (*1 po*) d'eau chaude autour des ramequins.

2. Enfourner; faire cuire pendant 50 ou 60 min ou jusqu'à ce qu'un couteau inséré au milieu en ressorte propre.

6 à 8 portions
3 h

Pouding au chocolat

Gâtez-vous un peu avec ce délicieux pouding rappelant les truffes au chocolat.

250 mL	(*1 tasse*) lait	2	jaunes d'œufs, légèrement battus
250 mL	(*1 tasse*) crème à fouetter	30 mL	(*2 c. à soupe*) beurre ou margarine
125 mL	(*1/2 tasse*) sucre	5 mL	(*1 c. à thé*) vanille
45 mL	(*3 c. à soupe*) cacao non sucré		
30 mL	(*2 c. à soupe*) fécule de maïs		Crème fouettée sucrée
175 mL	(*3/4 tasse*) grains de chocolat mi-sucré		Zeste d'orange
1	œuf, légèrement battu		Cacao non sucré

Dans une casserole de 2 L (*8 tasses*), combiner le lait et la crème à fouetter. Faire chauffer à feu moyen (3 à 5 min). Dans un petit bol, combiner le sucre, 45 mL (*3 c. à soupe*) de cacao et la fécule de maïs. Ajouter graduellement au mélange au lait. Ajouter le reste des ingrédients *sauf* la crème fouettée, le zeste d'orange et le cacao. Poursuivre la cuisson, en remuant continuellement, jusqu'à ce que le pouding commence à épaissir (5 à 10 min). Verser le pouding dans 6 ou 8 bols à dessert individuels de 125 mL (*1/2 tasse*) chacun. Laisser refroidir 30 min. Couvrir; laisser au réfrigérateur au moins 2 h. Garnir de crème fouettée et de zeste d'orange, et saupoudrer de cacao.

6 portions
2 h

Pouding au riz

Un délicieux pouding à l'ancienne, recouvert d'une meringue sucrée.

Pouding

125 mL	(*1/2 tasse*) sucre
15 mL	(*1 c. à soupe*) fécule de maïs
2 mL	(*1/2 c. à thé*) sel
1 mL	(*1/4 c. à thé*) muscade
625 mL	(*2 1/2 tasses*) lait
2	jaunes d'œufs, *réserver les blancs*
2 mL	(*1/2 c. à thé*) vanille
375 mL	(*1 1/2 tasse*) riz cuit

Meringue

2	blancs d'œufs réservés
30 mL	(*2 c. à soupe*) sucre

Préchauffer le four à 180 °C (*350 °F*). Dans un grand bol, combiner 125 mL (*1/2 tasse*) de sucre, la fécule de maïs, le sel et la muscade. Ajouter le lait, les jaunes d'œufs et la vanille; avec le fouet métallique, battre pour obtenir un mélange lisse. Incorporer le riz. Verser dans une cocotte de 1,5 L (*6 tasses*). Mettre la cocotte dans un moule carré de 23 cm (*9 po*) de côté allant au four. Enfourner; verser 2,5 cm (*1 po*) d'eau chaude dans le plat carré. Faire cuire, en remuant de temps à autre, jusqu'à ce que le pouding soit crémeux et que le lait soit absorbé (environ 1 1/2 h). Sortir du four; retirer la cocotte du plat carré. Augmenter la température du four à 200 °C (*400 °F*). Dans le petit bol du mélangeur, battre les blancs d'œufs à vitesse élevée, en raclant souvent le bol, pour obtenir des pics mous (1 à 2 min). Continuer à battre, en ajoutant graduellement le sucre, jusqu'à la formation de pics fermes (1 à 2 min). Étaler sur le pouding, en scellant les extrémités. Enfourner; faire cuire 5 à 8 min ou jusqu'à ce que la meringue soit légèrement dorée. Servir chaud ou froid.

Pouding au chocolat

12 portions
2 h 20 min

Pouding aux canneberges cuit à l'étuvée

Un savoureux pouding légèrement épicé, cuit à la vapeur, qui fera vite partie de la tradition familiale.

Pouding

500 mL	(*2 tasses*) farine tout usage
250 mL	(*1 tasse*) sucre
250 mL	(*1 tasse*) lait
1	œuf
30 mL	(*2 c. à soupe*) beurre ou margarine, ramolli
5 mL	(*1 c. à thé*) bicarbonate de soude
5 mL	(*1 c. à thé*) cannelle
5 mL	(*1 c. à thé*) muscade
50 mL	(*¼ tasse*) farine tout usage
500 mL	(*2 tasses*) canneberges entières fraîches ou surgelées

Sauce

125 mL	(*½ tasse*) sucre
125 mL	(*½ tasse*) cassonade bien tassée
125 mL	(*½ tasse*) beurre ou margarine
125 mL	(*½ tasse*) crème à fouetter
5 mL	(*1 c. à thé*) vanille

Dans le grand bol du mélangeur, combiner tous les ingrédients du pouding *sauf* 50 mL (*¼ tasse*) de farine et les canneberges. Bien mélanger à vitesse moyenne, en raclant souvent le bol (1 à 2 min). Dans un petit bol, mélanger 50 mL (*¼ tasse*) de farine et les canneberges. À la main, combiner le mélange aux canneberges à la pâte. Verser dans un moule métallique ou une cocotte de 1,5 L (*6 tasses*), graissé. Couvrir hermétiquement avec du papier d'aluminium. Placer une grille dans une cocotte ou une rôtissoire; ajouter de l'eau bouillante jusqu'à sous la grille. Déposer le moule sur la grille. Couvrir; faire cuire à feu moyen, à légère ébullition, environ 2 h ou jusqu'à ce qu'un cure-dents inséré au milieu en ressorte propre. Ajouter de l'eau bouillante de temps à autre pour maintenir le niveau d'eau dans la cocotte. Retirer du feu; laisser reposer 2 à 3 min. Retirer le papier d'aluminium et démouler. Servir chaud ou froid avec de la sauce chaude. Dans une casserole de 1 L (*4 tasses*), combiner tous les ingrédients de la sauce, *sauf* la vanille. Faire cuire à feu moyen, en remuant de temps à autre, jusqu'à ce que le mélange épaississe et soit à pleine ébullition (4 à 5 min). Faire bouillir 1 min. Incorporer la vanille. Conserver la sauce au réfrigérateur.

Pour préparer le pouding aux canneberges à l'étuvée :

1. Verser dans un moule métallique ou une cocotte de 1,5 L (*6 tasses*). Couvrir hermétiquement avec du papier d'aluminium.

2. Mettre une grille dans la cocotte ou la rôtissoire; ajouter de l'eau bouillante jusqu'à sous la grille.

422

Pouding aux canneberges cuit à l'étuvée

6 portions
3 h

Meringues individuelles garnies aux fruits

Des meringues en forme de cœur, garnies de crème fouettée et de fruits frais colorés.

Meringues

4	blancs d'œufs
10 mL	(*2 c. à thé*) fécule de maïs
1 mL	(*1/4 c. à thé*) crème de tartre
5 mL	(*1 c. à thé*) jus de citron
250 mL	(*1 tasse*) sucre
75 mL	(*1/3 tasse*) sucre glace

Crème fouettée

250 mL	(*1 tasse*) crème à fouetter
50 mL	(*1/4 tasse*) sucre
5 mL	(*1 c. à thé*) vanille
250 mL	(*1 tasse*) fraises fraîches, tranchées
250 mL	(*1 tasse*) ananas frais, en morceaux de 2,5 cm (*1 po*)
1	kiwi, coupé en 6 tranches

Préchauffer le four à 140 °C (*275 °F*). Dans le grand bol du mélangeur, battre les blancs d'œufs, la fécule de maïs, la crème de tartre et le jus de citron à vitesse élevée, en raclant souvent le bol, jusqu'à l'obtention de pics mous (1 à 2 min). Continuer à battre, en ajoutant graduellement 250 mL (*1 tasse*) de sucre et le sucre glace, jusqu'à l'obtention d'un mélange brillant et de pics fermes (6 à 8 min). Sur une plaque à biscuits tapissée de papier brun ou de papier parcheminé, façonner six meringues d'environ 10 cm (*4 po*) chacune, en forme de cœur ou de cercle, ayant les côtés surélevés. Enfourner; faire cuire pendant 1 h.

Éteindre le four; laisser les meringues au four, la porte fermée, pendant encore 1 h. Laisser refroidir les meringues à la température de la pièce. Dans le petit bol du mélangeur refroidi, battre à vitesse élevée la crème à fouetter refroidie, en raclant souvent le bol, jusqu'à la formation de pics mous. Incorporer graduellement 50 mL (*1/4 tasse*) de sucre. Continuer à battre jusqu'à la formation de pics fermes (1 à 2 min). À la main, en repliant, ajouter la vanille. Remplir les meringues de crème fouettée; recouvrir de fraises, d'ananas et de kiwi.

Pour préparer les meringues :

1. Continuer à battre, en ajoutant graduellement 250 mL (*1 tasse*) de sucre et le sucre glace, jusqu'à l'obtention d'un mélange brillant et de pics fermes (6 à 8 min).

2. Sur une plaque à biscuits tapissée de papier brun ou de papier parcheminé, façonner 6 meringues d'environ 10 cm (*4 po*), en forme de cœur ou de cercle, ayant les côtés surélevés.

424

Meringues individuelles garnies aux fruits

**15 portions
6 h 30 min**

Carrés à la mousse au chocolat

Ce dessert pour plusieurs personnes, semblable à une mousse, se prépare facilement.

500 mL	(*2 tasses*) biscuits à la crème au chocolat écrasés fin (environ 25)
75 mL	(*1/3 tasse*) beurre ou margarine, ramolli
500 mL	(*2 tasses*) sucre
250 mL	(*1 tasse*) beurre ou margarine, ramolli
250 g	(*8 oz*) fromage à la crème, ramolli
4	carrés de chocolat non sucré (30 g / *1 oz* chacun), fondus, refroidis

4	œufs
10 mL	(*2 c. à thé*) vanille
250 mL	(*1 tasse*) noix de coco en flocons
250 mL	(*1 tasse*) noix de Grenoble hachées
375 mL	(*1 1/2 tasse*) crème à fouetter

Dans un bol de grandeur moyenne, combiner les biscuits écrasés et 75 mL (*1/3 tasse*) de beurre fondu. *Réserver 50 mL (1/4 tasse) du mélange aux biscuits;* réserver. Presser les reste du mélange aux biscuits au fond d'un moule de 33 x 23 cm (*13 x 9 po*). Dans le grand bol du mélangeur, combiner le sucre, 250 mL (*1 tasse*) de beurre, le fromage à la crème, le chocolat, les œufs et la vanille. Battre à vitesse moyenne, en raclant souvent le bol, pour obtenir un mélange lisse et gonflé (2 à 3 min). À la main, incorporer la noix de coco et les noix de Grenoble. Dans un bol refroidi, battre la crème à fouetter refroidie à vitesse élevée, en raclant souvent le bol, jusqu'à la formation de pics mous. Incorporer, en repliant, au mélange au chocolat; verser dans la croûte aux biscuits. Parsemer les 50 mL (*1/4 tasse*) de mélange aux biscuits réservé. Couvrir; laisser au réfrigérateur au moins 6 h. Découper en carrés. Conserver au réfrigérateur.

**8 portions
3 h 30 min**

Coupes chocolatées à la guimauve et à la menthe

Des délices à la menthe dont on peut être fier.

250 mL	(*1 tasse*) grains de chocolat mi-sucré
125 mL	(*1/2 tasse*) lait
24	grosses guimauves
1	pincée de sel
5 mL	(*1 c. à thé*) vanille

0,5 mL	(*1/8 c. à thé*) extrait de menthe
6	gouttes de colorant alimentaire rouge
250 mL	(*1 tasse*) crème à fouetter
75 mL	(*1/3 tasse*) bonbons à la menthe écrasés, *réserver 15 mL* (1 c. à soupe)

Dans une casserole de 1 L (*4 tasses*), faire fondre les grains de chocolat à feu *doux*, en remuant de temps à autre, jusqu'à ce que les pépites soient fondues (4 à 5 min). Tapisser 8 cavités d'un moule à muffins de moules en papier. Avec un pinceau à pâtisserie, badigeonner l'intérieur de chaque moule de chocolat fondu, sur une épaisseur de 0,2 cm (*1/8 po*), presque jusqu'en haut du moule. Faire prendre au réfrigérateur (30 min). Entre-temps, dans une casserole de 2 L (*8 tasses*), combiner le lait et les guimauves; faire cuire à feu *doux*, en remuant de temps à autre, jusqu'à ce que les guimauves soient fondues (9 à 12 min). Retirer du feu; incorporer le sel, la vanille, l'extrait de menthe et le colorant alimentaire rouge. Mettre au réfrigérateur jusqu'à ce que le mélange forme un léger monticule lorsqu'on le laisse tomber d'une cuillère (environ 1 h). Entre-temps, dans le bol du mélangeur refroidi, battre la crème à fouetter refroidie à vitesse élevée, en raclant souvent le bol, jusqu'à la formation de pics fermes. Incorporer le mélange aux guimauves jusqu'à l'obtention d'une préparation lisse. En repliant, incorporer le mélange aux guimauves et les menthes écrasées *sauf* les 15 mL (*1 c. à soupe*) réservés, à la crème fouettée. Déposer environ 75 mL (*1/3 tasse*) de garniture dans chaque moule au chocolat. Mettre au réfrigérateur au moins 2 h. Enlever avec soin les moules en papier des coupes en chocolat. Pour servir, parsemer des 15 mL (*1 c. à soupe*) de bonbons à la menthe écrasés, réservés.

Cuisson au micro-ondes : dans un petit bol allant au micro-ondes, faire fondre les grains de chocolat à FORT (1 1/2 à 2 1/2 min), en remuant aux 30 s. Préparer les coupes au chocolat comme indiqué ci-contre. Dans un bol de grandeur moyenne allant au micro-ondes, faire cuire le lait et les guimauves à FORT, en remuant toutes les min, jusqu'à ce que les guimauves soient fondues (1 1/2 à 2 1/2 min). Poursuivre comme indiqué ci-contre.

Coupes chocolatées à la guimauve et à la menthe

Soufflé aux fraises

Soufflé aux fraises

La texture de ce soufflé froid, au délicieux goût de fraise, ressemble à celle d'une mousse.

12 portions
6 h 30 min

250 mL	(*1 tasse*) sucre
2	sachets de gélatine sans saveur de (7 g / *¼ oz* chacun)
1 L	(*4 tasses*) crème à fouetter
4	blancs d'œufs

1 L	(*4 tasses*) fraises, en tranches de 0,5 cm (*¼ po*)
250 mL	(*1 tasse*) crème sure
7 mL	(*1½ c. à thé*) extrait d'amande
5 mL	(*1 c. à thé*) vanille
	Fraises

Faire une bande de 10 cm (*4 po*) de largeur avec du papier d'aluminium double, qui dépasse de 5 cm (*2 po*) la circonférence d'un moule à soufflé de 2 L (*8 tasses*). Faire un col autour du moule à soufflé avec cette bande et le fixer à l'extérieur du moule avec une ficelle ou du ruban adhésif. Dans une casserole de 2 L (*8 tasses*), combiner le sucre et la gélatine. Incorporer 500 mL (*2 tasses*) de crème à fouetter; laisser reposer 1 min. Faire cuire à feu moyen, en remuant de temps à autre, jusqu'à ce que la gélatine soit dissoute (4 à 6 min). Mettre au réfrigérateur, en remuant de temps à autre, jusqu'à ce que le mélange commence à épaissir (environ 1 h). Dans le petit bol du mélangeur, battre les blancs d'œufs à

vitesse élevée jusqu'à la formation de pics fermes (2 à 3 min); réserver. Dans un autre petit bol du mélangeur refroidi, battre à vitesse élevée 500 mL (*2 tasses*) de crème à fouetter refroidie, en raclant souvent le bol, jusqu'à la formation de pics fermes (3 à 4 min). Réserver. Dans le grand bol du mélangeur, combiner 1 L (*4 tasses*) de fraises, la crème sure, l'extrait d'amande, la vanille et le mélange de gélatine épaissi. Battre à faible vitesse, en raclant souvent le bol, jusqu'à ce que les fraises soient réduites en morceaux (2 à 3 min). Incorporer, en repliant, les blancs d'œufs battus et la crème fouettée. Verser dans le moule à soufflé huilé. Couvrir; mettre au réfrigérateur jusqu'à ce que le mélange soit pris (5 à 6 h). Pour servir, retirer le col et garnir de fraises.

Pour préparer le soufflé :

1. Faire une bande de 10 cm (*4 po*) de largeur avec du papier d'aluminium double, qui dépasse de 5 cm (*2 po*) la circonférence d'un moule à soufflé de 2 L (*8 tasses*). Faire un col autour du moule à soufflé avec cette bande, et le fixer à l'extérieur du moule avec une ficelle ou du ruban adhésif.

2. Mettre au réfrigérateur, en remuant de temps à autre, jusqu'à ce que le mélange commence à épaissir (environ 1 h).

Diplomate aux fraises

8 portions
2 h 30 min

Diplomate aux fraises

*Des couches superposées de fraises fraîches, de pouding et de crème fouettée
rendent ce dessert aussi beau que bon à déguster.*

135 g	(*3¹/₂ oz*) pouding instantané ou garniture pour tarte à la vanille
250 mL	(*1 tasse*) crème sure
250 mL	(*1 tasse*) lait
5 mL	(*1 c. à thé*) zeste d'orange râpé

500 mL	(*2 tasses*) crème à fouetter, fouettée
1	gâteau des anges de 25 cm (*10 po*) de diamètre, coupé en bouchées
1 L	(*4 tasses*) fraises fraîches, équeutées, tranchées

Dans le grand bol du mélangeur, mettre le pouding instantané, la crème sure, le lait et le zeste d'orange. Bien mélanger à faible vitesse, en raclant souvent le bol, jusqu'à ce que la préparation épaississe (1 à 2 min). À la main, incorporer en repliant la crème fouettée. Dans un grand bol de service, étaler, par couches, ¹/₂ des morceaux de gâteau, ¹/₃ des fraises et ¹/₂ du mélange au pouding. Répéter ces couches. Disposer le reste des fraises dessus. Couvrir; mettre au réfrigérateur au moins 2 h.

15 portions
8 h

Carrés à la banana split

Un dessert qui plaît à tous.

Croûte

125 mL	(*¹/₂ tasse*) beurre ou margarine
500 mL	(*2 tasses*) chapelure de biscuits Graham
50 mL	(*¹/₄ tasse*) sucre

Garniture

3	bananes, en tranches de 0,5 cm (*¹/₄ po*)
2 L	(*8 tasses*) crème glacée à la vanille, légèrement ramollie
250 mL	(*1 tasse*) noix de Grenoble hachées

Sauce

500 mL	(*2 tasses*) sucre en poudre
125 mL	(*¹/₂ tasse*) beurre ou margarine
385 mL	(*12 oz*) lait évaporé en conserve
175 g	(*6 oz*) grains de chocolat mi-sucré
5 mL	(*1 c. à thé*) vanille

Glaçage

250 mL	(*1 tasse*) crème à fouetter
	Cerises au marasquin

Dans une casserole de 2 L (*8 tasses*), faire fondre 125 mL (*¹/₂ tasse*) de beurre. Incorporer la chapelure et le sucre. Presser le mélange à la chapelure au fond d'un moule de 33 x 23 cm (*13 x 9 po*). Couvrir d'une couche de tranches de banane, puis de la crème glacée. Parsemer des noix hachées. Couvrir; faire prendre au congélateur (environ 4 h). Entre-temps, dans une casserole de 2 L (*8 tasses*), combiner tous les ingrédients de la sauce. Faire cuire à feu doux, en remuant de temps à autre, jusqu'à ce que le mélange épaississe et parvienne à pleine ébullition (20 à 25 min). Faire bouillir 1 min. Laisser complètement refroidir; verser uniformément sur la crème glacée. Couvrir; faire prendre au congélateur (environ 3 h). Dans un bol refroidi, battre la crème à fouetter refroidie à vitesse élevée, en raclant souvent le bol, jusqu'à la formation de pics mous. Étaler sur la sauce. Si désiré, garnir de cerises au marasquin. Servir immédiatement ou faire congeler jusqu'au moment de servir.

Coupes au fromage à la crème, à l'érable et aux noix

6 portions
5 h 30 min

Un dessert crémeux à la saveur du gâteau au fromage.

50 mL	(*¼ tasse*) lait		50 mL	(*¼ tasse*) sirop d'érable pur ou à saveur d'érable
75 mL	(*⅓ tasse*) sucre		30 mL	(*2 c. à soupe*) chapelure de biscuits Graham
250 g	(*8 oz*) fromage à la crème, ramolli		50 mL	(*¼ tasse*) pacanes hachées
1	œuf			
2 mL	(*½ c. à thé*) vanille			

Tapisser 6 cavités d'un moule à muffins de moules en papier; réserver. Dans le grand bol du mélangeur, combiner tous les ingrédients *sauf* le sirop d'érable, la chapelure de biscuits Graham et les pacanes. Battre à vitesse moyenne, en raclant souvent le bol, jusqu'à l'obtention d'un mélange lisse (2 à 3 min). Verser le mélange au fromage à la crème uniformément dans les moules à muffins préparés. Faire prendre au congélateur (4 à 5 h). Dans un petit bol, combiner le sirop d'érable et la chapelure de biscuits Graham. Couvrir; mettre au réfrigérateur au moins 2 h. Pour servir, renverser chaque dessert dans un moule à tarte. Laisser reposer à la température de la pièce 10 à 15 min; retirer le papier. Déposer à l'aide d'une cuillère 15 mL (*1 c. à soupe*) de mélange au sirop d'érable sur chaque dessert; parsemer de noix.

Carrés glacés au citron et aux framboises

9 portions
4 h 30 min

Un dessert léger et rafraîchissant pour les chaudes journées d'été.

250 mL	(*1 tasse*) biscuits au citron écrasés (environ 18)		250 mL	(*1 tasse*) babeurre*
50 mL	(*¼ tasse*) sucre		75 mL	(*⅓ tasse*) sucre
45 mL	(*3 c. à soupe*) beurre ou margarine, fondu		500 mL	(*2 tasses*) framboises surgelées
250 mL	(*1 tasse*) yogourt aux framboises			Crème fouettée sucrée

Dans un petit bol, combiner les biscuits écrasés, 50 mL (*¼ tasse*) de sucre et le beurre. Presser le mélange au fond d'un moule carré de 23 cm (*9 po*) de côté allant au four; réserver. Dans un bol de grandeur moyenne, combiner le reste des ingrédients *sauf* les framboises et la crème fouettée. Ajouter en repliant les framboises. Verser le mélange au yogourt sur la croûte aux biscuits. Couvrir; faire prendre au congélateur (3 à 4 h). Pour servir, laisser reposer à la température de la pièce 10 à 15 min. Découper en carrés; garnir de crème fouettée sucrée.

*Il est possible de remplacer 250 mL (*1 tasse*) de babeurre par 15 mL (*1 c. à soupe*) de vinaigre ajoutés à suffisamment de lait pour obtenir 250 mL (*1 tasse*) de liquide.

Conseil : il est possible de remplacer le yogourt aux framboises et les framboises surgelées par du yogourt aux bleuets et des bleuets surgelés ou du yogourt aux fraises et des fraises surgelées coupées en deux.

Coupes au fromage à la crème, à l'érable et aux noix (en haut)
Carrés glacés au citron et aux framboises (en bas)

Sandwiches glâcés aux bananes et aux grains de chocolat

12 biscuits glacés
6 h

Sandwiches glacés aux bananes et aux grains de chocolat

De la crème glacée, des bananes et de la noix de coco entre des biscuits aux grains de chocolat pour un vrai régal.

24	biscuits aux grains de chocolat de 7 cm (*3 po*) de diamètre	125 mL	(*1/2 tasse*) noix de coco en flocons
1 L	(*4 tasses*) crème glacée aux grains de chocolat, légèrement ramollie	1	banane moyenne, hachée

Préparer ou acheter des biscuits aux grains de chocolat. Dans un grand bol, bien combiner la crème glacée, la noix de coco et la banane. Faire congeler le mélange pendant 2 h. Étaler environ 50 mL (*1/4 tasse*) de crème glacée sur chacun des 12 biscuits. Recouvrir d'un autre biscuit; appuyer pour former un sandwich. Avec une spatule en métal, enlever l'excès de crème

glacée autour des biscuits. Envelopper chaque biscuit à la crème glacée dans une pellicule de plastique. Faire congeler pendant au moins 4h.

Conseil : Si des biscuits plus petits sont utilisés, rectifier la quantité de crème glacée. Le reste de crème glacée peut être servi en lait battu.

9 portions
9 h

Carrés glacés au beurre d'arachide et au miel

Ce dessert glacé au beurre d'arachide fera vite partie de la tradition familiale.

Croûte		**Crème glacée**	
125 mL	(*1/2 tasse*) farine tout usage	125 mL	(*1/2 tasse*) beurre d'arachide croquant
75 mL	(*1/3 tasse*) flocons d'avoine à cuisson rapide	75 mL	(*1/3 tasse*) sirop de maïs léger
50 mL	(*1/4 tasse*) sucre	30 mL	(*2 c. à soupe*) miel
50 mL	(*1/4 tasse*) beurre ou margarine	2 L	(*8 tasses*) crème glacée à la vanille, légèrement ramollie
1 mL	(*1/4 c. à thé*) bicarbonate de soude	250 mL	(*1 tasse*) arachides salées hachées

Préchauffer le four à 180 °C (*350 °F*). Chemiser un moule carré, de 23 cm (*9 po*) de côté allant au four, de papier d'aluminium en faisant déborder le papier par-dessus les bords du moule. Dans le grand bol du mélangeur, combiner tous les ingrédients de la croûte. Battre à vitesse moyenne, en raclant souvent le bol, jusqu'à l'obtention d'un mélange grumeleux (1 à 2 min). Presser au fond du moule préparé. Enfourner; faire cuire pendant 12 à 20 min ou jusqu'à légère coloration dorée. Laisser complètement refroidir. Dans un petit bol, combiner le beurre d'arachide, le sirop de maïs et le miel. Étaler la moitié du mélange au beurre

d'arachide sur la croûte. Étaler la moitié de la crème glacée sur le mélange au beurre d'arachide. Laisser tomber par cuillerées le reste du mélange au beurre d'arachide sur la crème glacée, puis l'étaler; parsemer de 125 mL (*1/2 tasse*) d'arachides. Étaler le reste de la crème glacée sur les arachides. Parsemer du reste d'arachides. Mettre au congélateur 8 h ou toute la nuit ou jusqu'à ce que le mélange soit ferme. Pour servir, soulever le carré de crème glacée du moule, en utilisant le papier d'aluminium comme poignée. Retirer le papier d'aluminium. Découper en carrés; servir immédiatement.

3 L (*12 tasses*)
1 h 30 min

Crème glacée maison

Personne ne pourra y résister!

1 L	(*4 tasses*) lait	
1 L	(*4 tasses*) crème à fouetter	
375 mL	(*1½ tasse*) sucre	

5	œufs	
7 mL	(*1½ c. à thé*) vanille	
1	pincée de sel	

Dans une casserole de 3 L (*12 tasses*), combiner le lait et la crème à fouetter. Faire cuire à feu doux jusqu'à ce que ce soit chaud (6 à 8 min). Dans le grand bol du mélangeur, combiner le reste des ingrédients. Battre à vitesse moyenne, en raclant souvent le bol, jusqu'à l'obtention d'un mélange lisse (2 à 3 min). Incorporer graduellement au mélange de lait. Laisser refroidir à la température de la pièce. Verser dans une sorbetière. Faire congeler en suivant le mode d'emploi du manufacturier.

3 L (*12 tasses*)
8 h 30 min

Sorbet au citron

Chacun y retrouvera la délicieuse saveur d'une limonade rafraîchissante.

500 mL	(*2 tasses*) sucre	
1 L	(*4 tasses*) lait	
500 mL	(*2 tasses*) crème à fouetter	
150 mL	(*⅔ tasse*) jus de citron	

3	œufs	
2 mL	(*½ c. à thé*) sel	
15 mL	(*1 c. à soupe*) zeste de citron	

Dans le grand bol du mélangeur, combiner tous les ingrédients. Bien mélanger à faible vitesse, en raclant souvent le bol (1 à 2 min). Verser dans un moule de 33 x 23 cm (*13 x 9 po*). Couvrir; faire prendre au congélateur (environ 4 h). Déposer à la cuillère dans le grand bol du mélangeur. Battre à vitesse moyenne, en raclant souvent le bol, pour obtenir un mélange léger et gonflé, mais pas dégelé (2 à 3 min). Remettre dans le plat; faire congeler au moins 4 h ou jusqu'à ce que le mélange soit pris.

Crème glacée maison

Poires épicées dans une sauce au cidre

750 mL (*3 tasses*)
20 min

Une sauce délicieuse avec un pain au gingembre, un gâteau aux épices ou de la crème glacée.

500 mL	(*2 tasses*) cidre
30 mL	(*2 c. à soupe*) fécule de maïs
30 mL	(*2 c. à soupe*) cassonade bien tassée
1	pincée de piment de la Jamaïque
1	pincée de clous de girofle moulus

500 mL	(*2 tasses*) poires mûres (2 moyennes) : Bartlett rouge, Bartlett, Anjou ou Bosc, en morceaux de 1 cm (*1/2 po*)
30 mL	(*2 c. à soupe*) jus de citron

Dans une casserole de 2 L (*8 tasses*), combiner tous les ingrédients *sauf* les poires et le jus de citron. Faire cuire à feu moyen, en remuant de temps à autre, jusqu'à ce que le mélange épaississe légèrement (5 à 7 min). Incorporer les poires et le jus de citron. Poursuivre la cuisson, en remuant de temps à autre, jusqu'à ce que les poires soient tendres (3 à 5 min). Servir la sauce chaude sur un pain au gingembre, un gâteau aux épices ou de la crème glacée.

Cuisson au micro-ondes : dans une casserole de 2 L (*8 tasses*) allant au micro-ondes, combiner tous les ingrédients *sauf* les poires et le jus de citron. Faire cuire à FORT, en remuant après la mi-cuisson, jusqu'à ce que le mélange épaississe légèrement (5 1/2 à 7 min). Incorporer les poires et le jus de citron. Faire cuire à FORT jusqu'à ce que les poires soient tendres (1 à 1 1/2 min). Servir la sauce chaude sur le pain au gingembre, le gâteau aux épices ou la crème glacée.

Sauce crémeuse aux abricots

500 mL (*2 tasses*)
15 min

Une sauce crémeuse aux abricots qui apporte une touche savoureuse à bien des desserts.

398 mL	(*14 oz*) demi-abricots en conserve, dans leur jus, égouttés, *réserver le jus*
15 mL	(*1 c. à soupe*) fécule de maïs
125 mL	(*1/2 tasse*) confiture d'abricots

125 mL	(*1/2 tasse*) crème à fouetter
1 mL	(*1/4 c. à thé*) muscade
15 mL	(*1 c. à soupe*) jus de citron

Détailler les abricots en tranches de 0,5 cm (*1/4 po*) d'épaisseur; réserver. Dans une casserole de 1 L (*4 tasses*), combiner, à l'aide d'un fouet, les 150 ml (*2/3 tasse*) de jus d'abricot réservés et la fécule de maïs. Faire cuire à feu moyen, en remuant de temps à autre, jusqu'à épaississement (4 à 6 min). Incorporer le reste des ingrédients et les abricots. Poursuivre la cuisson, en remuant de temps à autre, jusqu'à ce que les abricots soient chauds (4 à 5 min). Servir la sauce sur un quatre-quarts, des meringues, des choux à la crème ou de la crème glacée.

Cuisson au micro-ondes : détailler les abricots en tranches de 0,5 cm (*1/4 po*) d'épaisseur; réserver. Dans une casserole de 1 L (*4 tasses*) allant au micro-ondes, combiner, à l'aide d'un fouet, les 150 mL (*2/3 tasse*) de jus d'abricot réservés et la fécule de maïs. Incorporer le reste des ingrédients *sauf* les abricots. Faire cuire à FORT, en remuant à chaque minute, jusqu'à épaississement (3 à 4 min). Incorporer les abricots; faire cuire à FORT jusqu'à ce que les abricots soient chauds (1 à 2 min). Servir la sauce sur du quatre-quarts, des meringues, des choux à la crème ou de la crème glacée.

Poires épicées dans une sauce au cidre

Sauce au chocolat et à la menthe

1 L (*4 tasses*)
15 min

Sauce au chocolat et à la menthe

Une sauce exquise, au goût riche, qui termine un repas à merveille.

250 mL	(*1 tasse*) sucre		50 mL	(*¼ tasse*) sirop de maïs léger
125 mL	(*½ tasse*) beurre ou margarine, en morceaux		350 g	(*12 oz*) grains de chocolat mi-sucré
175 mL	(*¾ tasse*) eau		50 mL	(*¼ tasse*) crème de menthe*

Dans une casserole de 2 L (*8 tasses*), combiner le sucre, le beurre, l'eau et le sirop de maïs. Faire cuire à feu moyen, en remuant continuellement, jusqu'à ce que le mélange parvienne à pleine ébullition (5 à 8 min). Laisser bouillir 3 min; retirer du feu. Ajouter immédiatement les grains de chocolat; battre à l'aide d'un fouet métallique ou d'un batteur rotatif jusqu'à ce que le mélange soit lisse. Incorporer la crème de menthe. Servir chaud ou tiède sur de la crème glacée ou sur le gâteau.

*Il est possible de remplacer la crème de menthe par 5 mL (*1 c. à thé*) d'extrait de menthe.

Cuisson au micro-ondes : dans une casserole de 2 L (*8 tasses*) allant au micro-ondes, combiner le sucre, le beurre, l'eau et le sirop de maïs. Faire cuire à FORT, en remuant après la mi-cuisson, jusqu'à ce que le mélange parvienne à pleine ébullition (4 à 7 min). Laisser bouillir 3 min. Ajouter immédiatement les grains de chocolat; battre à l'aide d'un fouet métallique ou d'un batteur rotatif jusqu'à ce que le mélange soit lisse. Incorporer la crème de menthe. Servir chaud ou tiède sur de la crème glacée ou du gâteau.

550 mL (*2¼ tasses*)
15 min

Sauce au caramel maison

Cette sauce se sert sur de la crème glacée, du pain d'épice ou un quatre-quarts.

175 mL	(*¾ tasse*) cassonade bien tassée		125 mL	(*½ tasse*) sirop de maïs léger
175 mL	(*¾ tasse*) sucre		150 mL	(*⅔ tasse*) crème à fouetter
75 mL	(*⅓ tasse*) beurre ou margarine			

Dans une casserole de 2 L (*8 tasses*), combiner tous les ingrédients *sauf* la crème à fouetter. Faire cuire à feu moyen, en remuant de temps à autre, jusqu'à ce que le mélange parvienne à pleine ébullition (5 à 8 min). Laisser refroidir 5 min. Incorporer la crème à fouetter. Servir chaud ou diviser la sauce en 3 portions de 175 mL (*¾ tasse*) et préparer des variantes comme indiqué ci-bas. Conserver au réfrigérateur.

Cuisson au micro-ondes : dans une casserole de 2 L (*8 tasses*) allant au micro-ondes, combiner tous les ingrédients *sauf* la crème à fouetter. Faire cuire à FORT, en remuant à chaque minute, jusqu'à ce que le mélange parvienne à pleine ébullition (4 à 5 min). Laisser refroidir 5 min. Incorporer la crème à fouetter. Servir chaud ou diviser la sauce en 3 portions de 175 mL (*¾ tasse*) et préparer des variantes comme indiqué ci-bas. Conserver au réfrigérateur.

Variantes :

Sauce au rhum et aux raisins secs : incorporer à 175 mL (*¾ tasse*) de sauce encore chaude, 50 mL (*¼ tasse*) de raisins secs et 1 mL (*¼ c. à thé*) d'extrait de rhum.

Sauce à la banane : laisser refroidir complètement 175 mL (*¾ tasse*) de sauce. Découper 1 banane en cubes; l'incorporer à la sauce refroidie.

Sauce pralinée : incorporer à 175 mL (*¾ tasse*) de sauce encore chaude, 125 ml (*½ tasse*) de demi-pacanes grillées.

Gâteau aux bananes à la crème au chocolat

12 portions
4 h

Gâteau aux bananes à la crème au chocolat

Ce gâteau peut se conserver au réfrigérateur ou au congélateur pour faire un dessert glacé.

Gâteau

250 mL	(*1 tasse*) sucre
150 mL	(*⅔ tasse*) beurre ou margarine, ramolli
10 mL	(*2 c. à thé*) vanille
2	œufs
250 mL	(*1 tasse*) bananes (2 moyennes), mûres et écrasées
50 mL	(*¼ tasse*) crème sure
375 mL	(*1½ tasse*) farine tout usage
5 mL	(*1 c. à thé*) bicarbonate de soude

Crème au chocolat

375 mL	(*1½ tasse*) crème à fouetter
45 mL	(*3 c. à soupe*) sucre en poudre
5 mL	(*1 c. à thé*) vanille
125 mL	(*½ tasse*) grains de chocolat mi-sucré, fondus
2	bananes
30 mL	(*2 c. à soupe*) pacanes hachées

Préchauffer le four à 180 °C (*350 °F*). Dans le grand bol du mélangeur, combiner le sucre, le beurre et 10 mL (*2 c. à thé*) de vanille. Battre à faible vitesse, en raclant souvent le bol, jusqu'à l'obtention d'un mélange léger et gonflé (1 à 2 min). Continuer à battre, en ajoutant les œufs un à un, jusqu'à ce que le mélange soit crémeux (1 à 2 min). À la main, incorporer 250 mL (*1 tasse*) de bananes et la crème sure. Ajouter, en repliant, la farine et le bicarbonate de soude. Verser dans 2 moules ronds de 20 cm (*8 po*) de diamètre, graissés et farinés. Enfourner; faire cuire pendant 25 à 30 min ou jusqu'à ce qu'un cure-dents inséré au milieu en ressorte propre. Laisser refroidir 5 min; démouler. Laisser complètement refroidir. Dans le petit bol du mélangeur refroidi, battre la crème à fouetter refroidie à vitesse élevée, en raclant souvent le bol, jusqu'à la formation de pics mous. Incorporer graduellement le sucre et 5 mL (*1 c. à thé*) de vanille; continuer à battre jusqu'à l'obtention de pics fermes

(1 à 2 min). Ajouter le chocolat fondu; battre pour bien mélanger (1 min). (Ne pas battre trop longtemps.) Sur un plateau de service, déposer 1 couche de gâteau. Étaler la moitié de la crème au chocolat dessus. Trancher 1 banane; disposer les tranches sur la crème au chocolat. Couvrir avec l'autre couche de gâteau. Glacer la surface et le tour du gâteau avec la crème au chocolat qui reste. Mettre le gâteau au réfrigérateur ou au congélateur 2 h ou toute la nuit. Pour servir, trancher la banane qui reste ; disposer les tranches de bananes autour du gâteau. Parsemer des pacanes au centre du gâteau. Servir immédiatement ou faire congeler pour éviter que les bananes ne noircissent.

Conseil : il est possible de remplacer les 2 moules ronds de 20 cm (*8 po*) de diamètre par 2 moules ronds de 23 cm (*9 po*) de diamètre. Faire cuire au four pendant 20 à 25 min.

10 portions
60 min

Gâteau aux carottes glacé

*Personne ne peut résister à un morceau de ce délicieux gâteau aux carottes
recouvert d'un glaçage crémeux au fromage à la crème et à l'orange.*

Gâteau

375 mL	(*1½ tasse*) farine tout usage
250 mL	(*1 tasse*) sucre
7 mL	(*1½ c. à thé*) bicarbonate de soude
5 mL	(*1 c. à thé*) cannelle
2 mL	(*½ c. à thé*) sel
175 mL	(*¾ tasse*) huile végétale
2	œufs, légèrement battus
5 mL	(*1 c. à thé*) vanille

375 mL	(*1½ tasse*) carottes (3 moyennes), râpées fin
250 mL	(*1 tasse*) noix de coco en flocons

Glaçage

250 mL	(*1 tasse*) sucre glace
90 g	(*3 oz*) fromage à la crème, ramolli
15 mL	(*1 c. à soupe*) zeste d'orange râpé
15 mL	(*1 c. à soupe*) jus d'orange

Préchauffer le four à 180 °C (*350 °F*). Dans un grand bol, combiner la farine, le sucre, le bicarbonate de soude, la cannelle et le sel. Bien incorporer l'huile, les œufs et la vanille. Ajouter les carottes et la noix de coco; mélanger. (La pâte doit être épaisse.) Étaler dans un moule à gâteau rond de 23 cm (*9 po*) de diamètre, graissé et fariné. Enfourner: faire cuire pendant

40 à 45 min ou jusqu'à ce qu'un cure-dents, inséré au milieu, en ressorte propre. Entre-temps, dans le petit bol du mélangeur, combiner tous les ingrédients du glaçage. Battre à faible vitesse, en raclant souvent le bol, pour obtenir un mélange lisse (1 min). Verser sur le gâteau chaud. Découper en pointes.

---

9 portions
45 min

Pain d'épice à l'orange

*Ce pain d'épice, délicatement glacé à l'orange,
sera des plus réconfortants.*

400 mL	(*1⅔ tasse*) farine tout usage
75 mL	(*⅓ tasse*) sucre
125 mL	(*½ tasse*) beurre ou margarine, fondu
125 mL	(*½ tasse*) mélasse légère
50 mL	(*¼ tasse*) eau
50 mL	(*¼ tasse*) jus d'orange
1	œuf
5 mL	(*1 c. à thé*) bicarbonate de soude

5 mL	(*1 c. à thé*) gingembre
5 mL	(*1 c. à thé*) cannelle
2 mL	(*½ c. à thé*) sel
2 mL	(*½ c. à thé*) clous de girofle
125 mL	(*½ tasse*) marmelade

Crème fouettée sucrée

Préchauffer le four à 180 °C (*350 °F*). Dans le grand bol du mélangeur, combiner tous les ingrédients *sauf* la marmelade et la crème fouettée. Bien mélanger à faible vitesse, en raclant souvent le bol (1 à 2 min). Verser dans un moule carré de 23 cm (*9 po*) de côté, allant au four, graissé et fariné. Enfourner; faire cuire

pendant 30 à 35 min ou jusqu'à ce que le milieu reprenne sa forme après avoir été pressé légèrement. Dans une casserole de 1 L (*4 tasses*), mettre la marmelade. Bien faire chauffer, à feu doux, en remuant de temps à autre (5 min). Étaler sur le pain d'épice chaud. Servir avec de la crème fouettée.

Pain d'épice à l'orange (en haut)
Gâteau aux carottes glacé (en bas)

Carrés de quatre-quarts aux grains de chocolat

9 portions
40 min

*Un dessert qui rappelle les délicieux gâteaux d'autrefois,
servi avec une sauce au chocolat qui est un véritable rêve.*

Gâteau

250 mL	(*1 tasse*) sucre
175 mL	(*2/3 tasse*) beurre ou margarine, ramolli
3	œufs
300 mL	(*1 1/4 tasse*) farine tout usage
125 mL	(*1/2 tasse*) mini-grains de chocolat mi-sucré
15 mL	(*1 c. à soupe*) vanille

Sauce

250 mL	(*1 tasse*) mini-grains de chocolat mi-sucré
125 mL	(*1/2 tasse*) crème à fouetter

Préchauffer le four à 180 °C (*350 °F*). Dans le grand bol du mélangeur, combiner le sucre et le beurre. Battre à faible vitesse, en raclant souvent le bol, jusqu'à l'obtention d'un mélange lisse et gonflé (1 à 2 min). Continuer à battre, en ajoutant les œufs un à un, pour obtenir un mélange crémeux (1 à 2 min). À la main, ajouter en repliant le reste des ingrédients du gâteau. Verser dans un moule carré de 23 cm (*9 po*) de côté allant au four. Enfourner; faire cuire pendant 30 à 35 min ou jusqu'à ce qu'un cure-dents inséré au milieu en ressorte propre. Dans une casserole de 1 L (*4 tasses*), mettre 250 mL (*1 tasse*) de grains de chocolat et la crème à fouetter. Faire cuire à feu doux, en remuant continuellement, jusqu'à ce que le chocolat soit fondu (4 à 6 min). Servir la sauce sur les carrés.

Gâteau au chocolat

15 portions
1 h 30 min

*Ce gâteau au chocolat des plus moelleux est recouvert de chocolat,
de guimauves et d'arachides.*

Gâteau

500 mL	(*2 tasses*) farine tout usage
375 mL	(*1 1/2 tasse*) sucre
125 mL	(*1/2 tasse*) cacao non sucré
125 mL	(*1/2 tasse*) beurre ou margarine, ramolli
250 mL	(*1 tasse*) eau
3	œufs
7 mL	(*1 1/4 c. à thé*) poudre à pâte
5 mL	(*1 c. à thé*) bicarbonate de soude
5 mL	(*1 c. à thé*) vanille

Glaçage

500 mL	(*2 tasses*) guimauves miniatures
50 mL	(*1/4 tasse*) beurre ou margarine
90 g	(*3 oz*) fromage à la crème
1 carré	chocolat non sucré (30 g / *1 oz*)
30 mL	(*2 c. à soupe*) lait
750 mL	(*3 tasses*) sucre
5 mL	(*1 c. à thé*) vanille
125 mL	(*1/2 tasse*) arachides salées grossièrement hachées

Préchauffer le four à 180 °C (*350 °F*). Dans le grand bol du mélangeur, combiner tous les ingrédients du gâteau. Battre à faible vitesse, en raclant souvent le bol, pour humecter les ingrédients. Battre à vitesse élevée, en raclant souvent le bol, pour obtenir un mélange lisse (1 à 2 min). Verser dans un moule de 33 x 23 cm (*13 x 9 po*) allant au four, graissé et fariné. Enfourner; faire cuire pendant 30 à 40 min ou jusqu'à ce qu'un cure-dents, inséré au milieu, en ressorte propre. Parsemer de guimauves. Poursuivre la cuisson 2 min ou jusqu'à ce que les guimauves soient ramollies. Entre-temps, dans une casserole de 2 L (*8 tasses*) combiner 50 mL (*1/4 tasse*) de beurre, le fromage à la crème, le chocolat et le lait. Faire fondre à feu moyen, en remuant de temps à autre (8 à 10 min). Retirer du feu; incorporer le sucre en poudre et la vanille pour obtenir un mélange lisse. Verser sur les guimauves et mêler en tournant. Parsemer d'arachides.

Carrés de quatre-quarts aux grains de chocolat (en haut)
Gâteau au chocolat (en bas)

Gâteau à la citrouille et aux pacanes

Un gâteau mémorable aux parfums d'automne, composé de trois couches.

Gâteau

500 mL	(*2 tasses*) gaufrettes à la vanille, écrasées
250 mL	(*1 tasse*) pacanes hachées
175 mL	(*¾ tasse*) beurre ou margarine, ramolli
500 g	(*18 oz*) mélange de gâteau aux épices
398 mL	(*14 oz*) citrouille en conserve
50 mL	(*¼ tasse*) beurre ou margarine, ramolli
4	œufs

Garniture

750 mL	(*3 tasses*) sucre en poudre
150 mL	(*⅔ tasse*) beurre ou margarine, ramolli
125 g	(*4 oz*) fromage à la crème, ramolli
10 mL	(*2 c. à thé*) vanille
50 mL	(*¼ tasse*) glaçage au caramel
250 mL	(*1 tasse*) demi-pacanes

Préchauffer le four à 180 °C (*350 °F*). Dans le grand bol du mélangeur, combiner les gaufrettes émiettées, les pacanes hachées et 175 mL (*¾ tasse*) de beurre. Battre à vitesse moyenne, en raclant souvent le bol, jusqu'à l'obtention d'un mélange grumeleux (1 à 2 min). Presser le mélange uniformément au fond de 3 moules ronds de 23 cm (*9 po*) de diamètre allant au four, graissés et farinés. Dans le même bol, combiner le mélange à gâteau, la citrouille, 50 mL (*¼ tasse*) de beurre et les œufs. Bien mélanger à vitesse moyenne, en raclant souvent le bol (2 à 3 min). Étaler 425 mL (*1¾ tasse*) de pâte sur la chapelure dans chaque moule. Enfourner; faire cuire pendant 20 à 25 min ou jusqu'à ce qu'un cure-dents en bois inséré au milieu en ressorte propre. Laisser refroidir 5 min; démouler. Laisser refroidir

complètement. Dans le petit bol du mélangeur, combiner le fromage à la crème, 150 mL (*⅔ tasse*) de beurre, le sucre en poudre et la vanille. Battre à vitesse moyenne, en raclant souvent le bol, pour obtenir un mélange léger et gonflé (2 à 3 min). Sur un plateau de service, superposer les gâteaux, le côté noix vers le bas, en étalant 125 mL (*½ tasse*) de garniture entre chaque couche. Avec le reste de la garniture, glacer juste les côtés du gâteau. Étaler le glaçage au caramel sur le dessus en le laissant couler sur les côtés glacés. Disposer des demi-pacanes en ronds sur le gâteau. Conserver au réfrigérateur.

Conseil : pour démouler facilement le gâteau, déposer une grille sur le dessus du gâteau et inverser; répéter avec chacun des gâteaux.

Pour préparer le gâteau :

1. Presser le mélange uniformément au fond de 3 moules ronds de 23 cm (*9 po*) de diamètre allant au four, graissés et farinés.

2. Sur un plateau de service, superposer les 3 gâteaux, le côté des noix vers le bas, en étalant 125 mL (*½ tasse*) de garniture entre chaque couche. Avec le reste de la garniture, glacer juste les côtés du gâteau.

Gâteau à la citrouille et aux pacanes

Gâteau surprise au chocolat et aux cerises

16 portions
1 h 30 min

Gâteau surprise au chocolat et aux cerises

La saveur du chocolat combinée à celle des cerises rendent ce gâteau tout simplement succulent.

Gâteau

2 pots	cerises au marasquin (284 mL / *10 oz* chacun), égouttées, *réserver le jus*
2	œufs, séparés
500 mL	(*2 tasses*) sucre
150 mL	(*2/3 tasse*) beurre ou margarine, ramolli
2 carrés	chocolat non sucré (30 g / *1 oz* chacun), fondus
750 mL	(*3 tasses*) farine tout usage
10 L	(*2 c. à thé*) bicarbonate de soude
2 mL	(*1/2 c. à thé*) sel
	Jus de cerise réservé plus suffisamment de *babeurre* pour obtenir 500 mL (*2 tasses*) de liquide

Glaçage

175 mL	(*3/4 tasse*) sucre
75 mL	(*1/3 tasse*) sirop de maïs clair
45 mL	(*3 c. à soupe*) eau
3	blancs d'œufs
7 mL	(*1 1/2 c. à thé*) vanille
250 mL	(*1 tasse*) noix de coco en flocons

Préchauffer le four à 180 °C (*350 °F*). Découper les cerises au marasquin en deux; réserver. Dans le petit bol du mélangeur, battre 2 blancs d'œufs à vitesse élevée, en raclant souvent le bol, jusqu'à la formation de pics mous (1 à 2 min); réserver. Dans le grand bol du mélangeur, combiner 2 jaunes d'œufs, 500 mL (*2 tasses*) de sucre, le beurre et le chocolat. Bien mélanger à vitesse moyenne, en raclant souvent le bol (1 à 2 min). Ajouter la farine, le bicarbonate de soude et le sel en alternant avec le jus de cerises et le mélange au babeurre. Continuer à battre pour obtenir un mélange lisse (1 à 2 min). À la main, ajouter en repliant les cerises, puis les blancs d'œufs. Verser dans 3 moules ronds de 23 cm (*9 po*) de diamètre allant au four, graissés et farinés. Enfourner; faire cuire pendant 30 à 35 min ou jusqu'à ce qu'un cure-dents inséré au milieu en ressorte propre. Laisser refroidir 5 min; démouler. Laisser refroidir complètement. Dans une casserole de 1 L (*4 tasses*), combiner 175 mL (*3/4 tasse*) de sucre, le sirop de maïs et l'eau. Couvrir; faire cuire à feu moyen jusqu'à ce que le mélange parvienne à pleine ébullition (3 à 5 min). Découvrir; poursuivre l'ébullition jusqu'à ce qu'une petite quantité de mélange déposée dans de l'eau glacée

forme une boule ferme ou que le thermomètre à bonbons atteigne 117 °C (*242 °F*), 8 à 12 min. Entre-temps, dans le grand bol du mélangeur, battre 3 blancs d'œufs à vitesse élevée jusqu'à l'obtention de pics fermes (1 à 2 min). Continuer à battre, en incorporant lentement le mélange au sirop chaud dans les blancs d'œufs, jusqu'à la formation de pics fermes (6 à 8 min). Ajouter la vanille; continuer à battre pour bien mélanger. Dans une assiette de service, super-poser les 3 gâteaux en étalant 125 mL (*1/2 tasse*) de glaçage entre chacun d'eux. Glacer tout le gâteau. Parsemer le dessus et les côtés de noix de coco. Couvrir lâchement pour conserver.

Conseil : il est possible de remplacer les 3 gâteaux de 23 cm (*9 po*) de diamètre par 3 gâteaux ronds de 20 cm (*8 po*) de diamètre. Faire cuire au four pendant 35 à 40 min ou jusqu'à ce qu'un cure-dents inséré au milieu en ressorte propre.

Conseil : pour découper facilement le gâteau, plonger la lame du couteau dans l'eau avant de découper chacune des tranches; laver la lame si le gâteau ou le glaçage y adhèrent.

Gâteau des anges à la noix de coco et aux grains de chocolat

Un gâteau des anges aussi léger qu'un nuage.

16 portions
3 h

Gâteau

375 mL	(*1½ tasse*) sucre
250 mL	(*1 tasse*) farine à pâtisserie*
375 mL	(*1½ tasse*) blancs d'œufs (environ 12)
7 mL	(*1½ c. à thé*) crème de tartre
250 mL	(*1 tasse*) sucre
1 mL	(*¼ à thé*) sel
5 mL	(*1 c. à thé*) extrait d'amande
5 mL	(*1 c. à thé*) vanille
250 mL	(*1 tasse*) mini-grains de chocolat mi-sucré
125 mL	(*½ tasse*) noix de coco en flocons
500 mL	(*2 tasses*) crème fouettée sucrée
250 mL	(*1 tasse*) noix de coco en flocons, grillée

Préchauffer le four à 190 °C (*375 °F*). Dans un petit bol, combiner le sucre et la farine; réserver. Dans le grand bol du mélangeur, battre les blancs d'œufs et la crème de tartre à vitesse moyenne pour obtenir un mélange mousseux (1 à 2 min). Battre à vitesse élevée, en ajoutant graduellement 250 mL (*1 tasse*) de sucre, 30 mL (*2 c. à soupe*) à la fois. Continuer à battre, en raclant souvent le bol, en ajoutant le sel, l'extrait d'amande et la vanille, jusqu'à ce que le mélange soit ferme et luisant (6 à 8 min). À la main, ajouter graduellement, en repliant, le mélange de farine, 50 mL (*¼ tasse*) à la fois, jusqu'à ce que le mélange de farine disparaisse. Incorporer, en repliant, les grains de chocolat et 125 mL (*½ tasse*) de noix de coco. Étaler la pâte dans un moule tubulaire de 25 cm (*10 po*) de diamètre. Passer doucement une spatule en métal dans la pâte. Enfourner; faire cuire pendant 30 à 35 min ou jusqu'à ce que les fentes soient sèches et que le dessus reprenne sa forme après l'avoir légèrement touché. Renverser le moule au-dessus d'un entonnoir à l'épreuve de la chaleur ou du goulot d'une bouteille; laisser refroidir 1½ h. Démouler. Du bout des doigts, enlever les miettes collées au gâteau. Dresser le gâteau dans une assiette de service. Garnir le dessus et les côtés du gâteau de crème fouettée sucrée; parsemer de noix de coco grillée.

*Il est possible de remplacer 250 mL (*1 tasse*) de farine à pâtisserie par 250 mL (*1 tasse*) moins 30 mL (*2 c. à soupe*) de farine tout usage.

Conseil : il est possible de remplacer le gâteau maison par un mélange de gâteau des anges.

Pour préparer le gâteau :

1. À la main, incorporer, en repliant, la farine, 50 mL (*¼ tasse*) à la fois.

2. Passer doucement une spatule en métal dans la pâte.

3. Renverser le moule au-dessus d'un entonnoir à l'épreuve de la chaleur ou du goulot d'une bouteille; laisser refroidir 1½ h.

4. Du bout des doigts, enlever les miettes collées au gâteau.

Gâteau des anges à la noix de coco et aux grains de chocolat

Tarte aux pommes

8 portions
2 h

Tarte aux pommes

*La crème à fouetter versée dans cette succulente tarte aux pommes
épaissit autour des pommes juteuses.*

Croûte

500 mL	(*2 tasses*) farine tout usage
5 mL	(*1 c. à thé*) sucre
1 mL	(*¼ c. à thé*) sel
1 mL	(*¼ c. à thé*) cannelle
1 mL	(*¼ c. à thé*) muscade
75 mL	(*⅓ tasse*) beurre ou margarine
75 mL	(*⅓ tasse*) graisse végétale
60 à 75 mL	(*4 à 5 c. à soupe*) eau froide

Garniture

125 mL	(*½ tasse*) sucre
50 mL	(*¼ tasse*) cassonade bien tassée
50 mL	(*¼ tasse*) farine tout usage
2 mL	(*½ c. à thé*) cannelle
2 mL	(*½ c. à thé*) muscade
1,5 L	(*6 tasses*) pommes à tartes pelées, sans trognon, en tranches de 0,5 cm (*¼ po*)
15 mL	(*1 c. à soupe*) beurre ou margarine
5 mL	(*1 c. à thé*) sucre
125 mL	(*½ tasse*) crème à fouetter

Préchauffer le four à 200 °C (*400 °F*). Dans un grand bol, combiner 500 mL (*2 tasses*) de farine, 5 mL (*1 c. à thé*) de sucre, le sel, 1 mL (*¼ c. à thé*) de cannelle et 1 mL (*¼ c. à thé*) de muscade. Incorporer, à l'aide d'un couteau, 75 mL (*⅓ tasse*) de beurre et la graisse végétale pour obtenir un mélange grumeleux. Avec une fourchette, incorporer l'eau juste pour humecter la farine. Diviser la pâte en deux; façonner en deux boules et aplatir. Envelopper 1 boule dans une pellicule de plastique; conserver au réfrigérateur. Sur une surface légèrement farinée, abaisser l'autre boule en un cercle de 30 cm (*12 po*) de diamètre. Mettre dans un moule à tarte de 23 cm (*9 po*) de diamètre. Découper la pâte à 1 cm (*½ po*) du bord du moule; réserver. Dans un grand bol, combiner tous les ingrédients de la garniture *sauf* les pommes, 15 mL (*1 c. à soupe*) de beurre, 5 mL (*1 c. à thé*) de sucre et la crème à fouetter. Ajouter les pommes; mélanger légèrement pour enrober. Déposer à la cuillère dans la croûte préparée. Abaisser la boule de pâte qui reste en un cercle de 30 cm (*12 po*) de diamètre; pratiquer 8 longues fentes dans la pâte. Déposer sur la tarte; flûter les bords. Badigeonner avec 15 mL (*1 c. à soupe*) de beurre fondu; parsemer de 5 mL (*1 c. à thé*) de sucre. Couvrir les bords de la croûte avec une bande de papier d'aluminium de 5 cm (*2 po*) de large. Enfourner; faire cuire au four pendant 10 à 20 min ou jusqu'à ce que la croûte soit légèrement dorée et que le jus commence à bouillonner par les fentes de la croûte. Sortir du four; élargir les fentes avec un couteau. Verser la crème par les fentes en la répartissant également. Remettre au four pendant 5 min pour réchauffer la crème à fouetter. Laisser refroidir la tarte 30 min; servir tiède.

Conseil : si désiré, omettre la crème à fouetter pour obtenir une tarte aux pommes traditionnelle.

Tarte aux cerises

8 portions
1 h 45 min

Du zeste d'orange râpé garnit le treillis de pâte qui recouvre cette tarte aux cerises.

Croûte

500 mL	(*2 tasses*)	farine tout usage
1 mL	(*1/4 c. à thé*)	sel
150 mL	(*2/3 tasse*)	beurre ou margarine
60 à 75 mL	(*4 à 5 c. à soupe*)	eau froide

Garniture

250 mL	(*1 tasse*)	sucre
75 mL	(*1/3 tasse*)	farine tout usage
1		pincée de sel
2 boîtes		cerises rouges pour tartes, dénoyautées, égouttées (398 mL / *14 oz* chacune)
5 mL	(*1 c. à thé*)	zeste d'orange râpé
		Lait
		Sucre

Préchauffer le four à 200 °C (*400 °F*). Dans un grand bol, combiner 500 mL (*2 tasses*) de farine et 1 mL (*1/4 c. à thé*) de sel. Découper le beurre jusqu'à ce qu'il soit grumeleux. À l'aide d'une fourchette, incorporer l'eau pour humecter la farine. Diviser la pâte en deux; façonner en 2 boules et aplatir. Envelopper 1 boule dans une pellicule de plastique; conserver au réfrigérateur. Sur une surface légèrement farinée, abaisser la boule non emballée en un cercle de 30 cm (*12 po*) de diamètre. Déposer dans un moule à tarte de 23 cm (*9 po*) de diamètre. Découper la pâte à 1 cm (*1/2 po*) du bord du moule; réserver. Dans un grand bol, combiner 75 mL (*1/3 tasse*) de farine et une

pincée de sel. Ajouter les cerises et le zeste d'orange; mélanger légèrement pour enrober. Déposer à l'aide d'une cuillère dans la croûte préparée. Avec le reste de pâte, préparer le treillis de surface. (Voir Desserts, gâteaux et tartes, page 471.) Badigeonner les bandes de lait; les saupoudrer de sucre. Couvrir le bord de la croûte d'une bande de papier d'aluminium de 5 cm (*2 po*) de large. Enfourner; faire cuire pendant 50 à 60 min ou jusqu'à ce que la croûte soit dorée et que le mélange bouillonne au milieu. Si désiré, retirer le papier d'aluminium pendant les 5 dernières min. Si la pâte brunit trop rapidement, couvrir les lanières du treillis de papier d'aluminium.

Tarte à la rhubarbe

8 portions
1 h 30 min

Des pacanes et une garniture à la chapelure couronnent cette délicieuse tarte.

Croûte

250 mL	(*1 tasse*)	farine tout usage
1		pincée de sel
75 mL	(*1/3 tasse*)	graisse végétale
45 à 60 mL	(*3 à 4 c. à soupe*)	eau froide

Garniture

300 mL	(*1 1/4 tasse*)	sucre
45 mL	(*3 c. à soupe*)	fécule de maïs
2 mL	(*1/2 c. à thé*)	cannelle
1 mL	(*1/4 c. à thé*)	muscade
1 L	(*4 tasses*)	rhubarbe, en tranches de 0,5 cm (*1/4 po*)
170 mL	(*2/3 tasse*)	pacanes hachées

Glaçage

250 mL	(*1 tasse*)	farine tout usage
150 mL	(*2/3 tasse*)	sucre
125 mL	(*1/2 tasse*)	beurre ou margarine

Préchauffer le four à 200 °C (*400 °F*). Dans un grand bol, combiner 250 mL (*1 tasse*) de farine et le sel. Incorporer, à l'aide d'un couteau, la graisse végétale pour obtenir un mélange grumeleux. Avec la fourchette, incorporer l'eau juste pour humecter la farine. Façonner en boule. Sur une surface légèrement farinée, abaisser la pâte en un cercle de 30 cm (*12 po*) de diamètre. Déposer dans un moule à tarte profond de 23 cm (*9 po*) de diamètre. Flûter le bord; réserver. Dans un grand bol, combiner tous les ingrédients de la garniture, *sauf* la rhubarbe et les pacanes. Incorporer la rhubarbe jusqu'à ce qu'elle soit bien enrobée du

mélange au sucre. Déposer à la cuillère dans la croûte à tarte. Parsemer de pacanes; réserver. Dans un bol de grandeur moyenne, combiner 250 mL (*1 tasse*) de farine et 150 mL (*2/3 tasse*) de sucre. Incorporer le beurre avec un couteau jusqu'à l'obtention d'un mélange grumeleux. Parsemer le mélange sur la rhubarbe. Couvrir les bords de la pâte d'une bande de papier d'aluminium de 5 cm (*2 po*) de large. Enfourner; faire cuire 50 à 60 min ou jusqu'à ce que le glaçage soit doré et que la garniture bouillonne sur les bords. Si désiré, enlever le papier d'aluminium pendant les 10 dernières min.

Tarte aux cerises (à droite)
Tarte à la rhubarbe (à gauche)

8 portions
4 h

Tarte aux amandes et aux fraises fraîches

Une croûte délicieuse de biscuits sablés et d'amandes pour cette rafraîchissante tarte d'été.

Croûte

375 mL	(*1½ tasse*) biscuits sablés
50 mL	(*¼ tasse*) amandes entières ou effilées, blanchies, hachées fin
75 mL	(*⅓ tasse*) beurre ou margarine, fondu

Garniture

1,5 L	(*6 tasses*) fraises, équeutées
250 mL	(*1 tasse*) sucre
45 mL	(*3 c. à soupe*) fécule de maïs
75 mL	(*⅓ tasse*) eau
1 mL	(*¼ c. à thé*) sel
2 mL	(*½ c. à thé*) extrait d'amande

Crème fouettée sucrée

Préchauffer le four à 180 °C (*350 °F*). Dans un petit bol, combiner tous les ingrédients de la croûte. Presser au fond et sur les côtés d'un moule à tarte de 23 cm (*9 po*) de diamètre. Enfourner; faire cuire pendant 8 min. Laisser complètement refroidir. Écraser suffisamment de fraises pour obtenir 250 mL (*1 tasse*). Dans une casserole de 2 L (*8 tasses*), combiner le sucre et la fécule de maïs. Incorporer les fraises écrasées et l'eau. Faire cuire à feu moyen, en remuant continuellement, jusqu'à ce que le mélange épaississe et parvienne à pleine ébullition (8 à 15 min). Laisser bouillir 1 min; retirer du feu. Incorporer le sel et l'extrait d'amande; laisser refroidir 10 min. Remplir la croûte cuite avec le reste de fraises; napper du mélange aux fraises cuit. Mettre au réfrigérateur au moins 3 h; garnir de crème fouettée sucrée. Servir immédiatement.

8 portions
8 h

Tarte aux bananes
à la crème et au zeste de citron

Cette tarte aux bananes à la crème est à la fois légère et succulente.

1	croûte de tarte de 23 cm (*9 po*), cuite
175 mL	(*¾ tasse*) sucre
50 mL	(*¼ tasse*) fécule de maïs
1	sachet de gélatine sans saveur de (7 mL / *¼ oz*)
625 mL	(*2½ tasses*) lait
4	jaunes d'œufs, légèrement battus
30 mL	(*2 c. à soupe*) beurre ou margarine
15 mL	(*1 c. à soupe*) vanille

10 mL	(*2 c. à thé*) zeste de citron râpé
30 mL	(*2 c. à soupe*) jus de citron
3	bananes moyennes, en tranches de 0,5 cm (*¼ po*)
175 mL	(*¾ tasse*) crème à fouetter
50 mL	(*¼ tasse*) gelée de pommes
15 mL	(*1 c. à soupe*) jus de citron
1	banane moyenne, en tranches de 0,5 cm (*¼ po*)

Dans une casserole de 2 L (*8 tasses*), combiner le sucre, la fécule de maïs et la gélatine. Incorporer graduellement le lait et les jaunes d'œufs. Faire cuire à feu moyen, en remuant continuellement, jusqu'à ce que le mélange parvienne à pleine ébullition (10 à 12 min). Incorporer le beurre, la vanille et le zeste de citron jusqu'à ce que le beurre soit fondu; verser la garniture dans un grand bol. Couvrir; mettre au réfrigérateur jusqu'à ce que le mélange épaississe (environ 2 h). Mettre 30 mL (*2 c. à soupe*) de jus de citron dans un petit bol; y tremper 3 bananes tranchées. Dans le petit bol du mélangeur refroidi, battre la crème à fouetter refroidie, en raclant souvent le bol, jusqu'à la formation de pics fermes (1 à 2 min). À la main, incorporer au mélange à pouding, en repliant, la crème fouettée et les bananes. Verser dans la croûte de tarte cuite. Mettre au réfrigérateur au moins 5 h ou jusqu'à ce que la garniture soit prise. Juste avant de servir, dans une casserole de 1 L (*4 tasses*) combiner la gelée de pommes et 15 mL (*1 c. à soupe*) de jus de citron. Faire cuire à feu doux, en remuant de temps à autre, jusqu'à ce que la gelée de pommes soit fondue (3 à 4 min). Disposer le reste des tranches de bananes sur la tarte, à 2,5 cm (*1 po*) du bord, pour former un cercle. Déposer à la cuillère le mélange à la gelée de pommes sur les bananes.

Tarte aux bananes à la crème et au zeste de citron (en haut)
Tarte aux amandes et aux fraises fraîches (en bas)

459

Tarte crémeuse au citron

8 portions
3 h

Une tarte crémeuse au citron des plus rafraîchissantes.

1	croûte de tarte de 23 cm (*9 po*), cuite

Garniture

250 mL	(*1 tasse*) sucre
50 mL	(*¼ tasse*) fécule de maïs
375 mL	(*1½ tasse*) lait
1	pincée de sel

3	jaunes d'œufs, légèrement battus
50 mL	(*¼ tasse*) beurre ou margarine
50 mL	(*¼ tasse*) jus de citron
10 mL	(*2 c. à thé*) zeste de citron râpé
125 mL	(*½ tasse*) crème sure

Crème fouettée sucrée

Dans une casserole de 2 L (*8 tasses*), combiner le sucre, la fécule de maïs, le lait et le sel. Faire cuire à feu moyen, en remuant continuellement, jusqu'à ce que le mélange parvienne à pleine ébullition (10 à 12 min). Réduire le feu à doux. Poursuivre la cuisson, en remuant continuellement, 2 min. Retirer du feu. Dans un petit bol, incorporer graduellement 250 mL (*1 tasse*) de mélange chaud aux jaunes d'œufs.

Remettre le mélange dans la casserole. Faire cuire à feu moyen, en remuant continuellement, 2 min. Retirer du feu; incorporer le beurre, le jus de citron et le zeste de citron jusqu'à ce que le beurre soit fondu. Incorporer la crème sure; verser dans la croûte cuite. Mettre au réfrigérateur au moins 2 h ou jusqu'à ce que le mélange soit ferme. Juste avant de servir, garnir de crème fouettée sucrée.

Tarte au chocolat et à la menthe

8 portions
3 h

La menthe ajoute un brin de fraîcheur à cette tarte délectable.

Croûte

375 mL	(*1½ tasse*) biscuits fourrés au chocolat, écrasés
50 mL	(*¼ tasse*) beurre ou margarine, fondu

Garniture

250 mL	(*1 tasse*) sucre
175 mL	(*¾ tasse*) beurre ou margarine, ramolli
3 carrés	chocolat mi-sucré (30 g / *1 oz* chacun), fondus, refroidis
2 mL	(*½ c. à thé*) extrait de menthe
3	œufs

Crème fouettée sucrée

Dans un bol de grandeur moyenne, combiner les ingrédients de la croûte. Presser au fond et contre les parois d'un moule de 23 cm (*9 po*) de diamètre. Mettre au réfrigérateur 10 min. Dans le petit bol du mélangeur, combiner le sucre et 175 mL (*¾ tasse*) de beurre. Bien mélanger à vitesse moyenne, en raclant souvent le bol (2 à 3 min). Ajouter le chocolat et

l'extrait de menthe; continuer à battre pour bien mélanger (1 à 2 min). Ajouter les œufs; continuer à battre en raclant souvent le bol, jusqu'à ce que le mélange soit léger et gonflé (5 min). Déposer à la cuillère dans la croûte préparée. Mettre au réfrigérateur au moins 3 h ou jusqu'à ce que le mélange soit pris. Si désiré, garnir de crème fouettée sucrée.

Tarte au chocolat et à la menthe

Tarte aux pacanes au chocolat

8 portions
5 h
Tarte aux pacanes au chocolat

Deux saveurs préférées, le chocolat et les pacanes, se retrouvent dans cette tarte exquise.

Pâte pour une seule tarte*

150 mL	(*2/3 tasse*) sucre
75 mL	(*1/3 tasse*) beurre ou margarine, fondu
250 mL	(*1 tasse*) sirop de maïs léger
3	œufs
2 mL	(*1/2 c. à thé*) sel

250 mL	(*1 tasse*) demi-pacanes
125 mL	(*1/2 tasse*) grains de chocolat mi-sucré

Demi-pacanes
Grains de chocolat mi-sucré, fondus
Crème fouettée sucrée

Préchauffer le four à 190 °C (*375 °F*). Tapisser de pâte un moule à tarte de 23 cm (*9 po*) de diamètre; flûter la croûte. Réserver. Dans le petit bol du mélangeur, combiner le sucre, le beurre, le sirop de maïs, les œufs et le sel. Bien mélanger, à vitesse moyenne, en raclant souvent le bol (1 à 2 min). À la main, incorporer 250 mL (*1 tasse*) de pacanes et 125 mL (*1/2 tasse*) de grains de chocolat. Verser dans la croûte à tarte préparée; si désiré, retourner les pacanes. Couvrir la tarte de papier d'aluminium sans serrer. Enfourner; faire cuire pendant 30 min. Enlever

*Voir Desserts, gâteaux et tartes, p. 456 pour la recette de la pâte à tarte.

le papier d'aluminium; poursuivre la cuisson 10 à 15 min ou jusqu'à ce que la garniture soit prise. Si la tarte brunit trop rapidement, la recouvrir de nouveau de papier d'aluminium. Laisser refroidir; mettre au réfrigérateur au moins 4 h ou jusqu'au moment de servir. Si désiré, enfoncer d'autres demi-pacanes dans les grains de chocolat fondus; faire prendre au réfrigérateur. Servir la tarte avec de la crème fouettée sucrée; garnir de demi-pacanes trempées.

Conseil : si désiré, omettre les grains de chocolat mi-sucré pour obtenir une tarte aux pacanes traditionnelle.

8 portions
2 h
Tarte à la citrouille et aux pacanes à l'érable

Un soupçon d'érable dans la garniture, sur les pacanes et dans la crème fouettée transforme cette tarte à la citrouille.

Pâte à tarte pour une seule croûte*

450 mL	(*16 oz*) citrouille en conserve
50 mL	(*1/4 tasse*) sucre
2	œufs, légèrement battus
250 mL	(*1 tasse*) crème à fouetter
125 mL	(*1/2 tasse*) sirop d'érable pur ou à saveur d'érable
5 mL	(*1 c. à thé*) cannelle
2 mL	(*1/2 c. à thé*) muscade

1 mL	(*1/4 c. à thé*) gingembre moulu
1 mL	(*1/4 c. à thé*) clous de girofle moulus
125 mL	(*1/2 tasse*) demi-pacanes
30 mL	(*2 c. à soupe*) sirop d'érable pur ou à saveur d'érable
125 mL	(*1/2 tasse*) crème à fouetter
15 mL	(*1 c. à soupe*) sirop d'érable pur ou à saveur d'érable

Préchauffer le four à 190 °C (*375 °F*). Foncer un moule à tarte de 23 cm (*9 po*) avec la pâte; flûter la croûte. Réserver. Dans un grand bol, combiner la citrouille, le sucre et les œufs. Ajouter le reste des ingrédients *sauf* les pacanes, 30 mL (*2 c. à soupe*) de sirop d'érable, 125 mL (*1/2 tasse*) de crème à fouetter et 15 mL (*1 c. à soupe*) de sirop d'érable. Verser dans la croûte à tarte préparée. Couvrir les bords de la pâte avec une bande de papier d'aluminium de 5 cm (*2 po*) de large. Enfourner; faire cuire pendant 40 min. Enlever le papier d'aluminium. Poursuivre la cuisson pendant 15 à 25 min ou jusqu'à ce qu'un

couteau inséré au milieu en ressorte propre. Disposer les pacanes sur le dessus de la tarte; arroser ou badigeonner de 30 mL (*2 c. à soupe*) de sirop d'érable. Dans le petit bol du mélangeur refroidi, battre la crème à fouetter refroidie à vitesse élevée, en raclant souvent le bol, jusqu'à la formation de pics mous. Ajouter graduellement 15 mL (*1 c. à soupe*) de sirop d'érable; continuer à battre jusqu'à la formation de pics fermes (1 à 2 min). Servir la tarte avec de la crème fouettée.

*Voir Desserts, gâteaux et tartes, p. 456 pour la recette de pâte à tarte.

8 portions
2 h

Tarte au chocolat, aux pacanes et au caramel

Cette tarte est irrésistible lorsqu'elle est servie avec de la crème glacée.

Tarte au chocolat

125 mL	(*1/2 tasse*) beurre ou margarine
2 carrés	chocolat non sucré (30 g / *10 oz* chacun)
250 mL	(*1 tasse*) sucre
175 mL	(*3/4 tasse*) farine tout usage
2	œufs légèrement battus
2 mL	(*1/2 c. à thé*) sel
2 mL	(*1/2 c. à thé*) poudre à pâte
5 mL	(*1 c. à thé*) vanille

Caramel

250 g	(*8 oz*) caramels (30), développés
45 mL	(*3 c. à soupe*) crème à fouetter
125 mL	(*1/2 tasse*) pacanes hachées
50 mL	(*1/4 tasse*) grains de chocolat mi-sucré

Crème glacée à la vanille

Préchauffer le four à 180 °C (*350 °F*). Dans une casserole de 2 L (*8 tasses*), combiner le beurre et le chocolat non sucré. Faire fondre à feu moyen, en remuant de temps à autre (4 à 6 min). Incorporer le reste des ingrédients de la tarte au chocolat. Étaler la pâte dans un moule à tarte de 23 cm (*9 po*) de diamètre, graissé. Enfourner; faire cuire 20 à 25 min ou jusqu'à ce que la pâte soit ferme au toucher. Entre-temps, dans une casserole de 1 L (*4 tasses*), faire cuire les caramels et la crème à fouetter à feu moyen-doux, en remuant de temps à autre, jusqu'à ce que les caramels soient fondus (5 à 6 min). Retirer la tarte au chocolat du four; la recouvrir du mélange de caramel fondu. Parsemer de pacanes et de grains de chocolat. Remettre au four; faire cuire 3 à 5 min ou jusqu'à ce que le mélange au caramel bouillonne. Laisser reposer 30 à 45 min; découper en pointes. Servir chaud avec de la crème glacée.

8 portions
9 h

Fantaisie à la crème glacée

Cette délicieuse tarte est garnie d'une meringue crémeuse à la guimauve.

1	pâte à tarte de 23 cm (*9 po*) de diamètre, cuite
1 L	(*4 tasses*) crème glacée pralinée aux pacanes, légèrement ramollie*
1 L	(*4 tasses*) crème glacée au chocolat et aux amandes, légèrement ramollie*

6	blancs d'œufs
500 mL	(*2 tasses*) crème à la guimauve

Sauce au chocolat
Sauce au caramel
Purée de framboises

Au fond d'une croûte de tarte cuite, étaler la crème glacée pralinée aux pacanes. Faire congeler pendant 1 h. Étaler la crème glacée au chocolat et aux amandes par-dessus. Faire congeler pendant 1 h. Préchauffer le four à 220 °C (*425 °F*). Entre-temps, dans le grand bol du mélangeur, battre les blancs d'œufs à vitesse élevée, en raclant souvent le bol, jusqu'à la formation de pics fermes (2 à 3 min). Réduire la vitesse à faible. Incorporer graduellement, en battant, la crème de guimauve, pour obtenir un mélange lisse. Étaler avec précaution sur la tarte congelée, en scellant les bords. Faire cuire 3 à 5 min ou jusqu'à légère coloration. Faire congeler pendant 6 h, toute la nuit ou jusqu'à ce que ce soit pris. Servir avec une sauce au chocolat ou au caramel, ou avec une purée de framboises.

*Autres mélanges de saveur de crème glacée :

Grains de chocolat et chocolat
Fraise et chocolat
Bonbon à la menthe et grains de chocolat
Vanille et chocolat

Conseil : pour préparer la purée de framboises, mettre 500 mL (*2 tasses*) de framboises fraîches ou un paquet de 300 g (*10 oz*) de framboises surgelées, dégelées dans le contenant de 1,3 L (*5 tasses*) du mélangeur. Réduire en purée à vitesse élevée. Si désiré, filtrer la sauce pour en retirer les grains. Sucrer au goût.

Fantaisie à la crème glacée

Tarte à la crème glacée au chocolat

8 portions
6 h 30 min

Ce dessert est spécialement dédié à tous ceux qui adorent le chocolat.

500 mL	(*2 tasses*) biscuits aux grains de chocolat, écrasés
75 mL	(*⅓ tasse*) beurre ou margarine, fondu
1 L	(*4 tasses*) crème glacée au chocolat, légèrement ramollie

Sirop à saveur de chocolat
Crème fouettée sucrée
Biscuits aux grains de chocolat, en morceaux

Dans un bol de grandeur moyenne, combiner les biscuits écrasés et le beurre. Presser au fond et sur les côtés d'un moule à tarte de 23 cm (*9 po*) de diamètre. Faire prendre au congélateur (10 min). Étaler la crème glacée sur la croûte. Couvrir; faire congeler jusqu'à ce que ce soit ferme (6 h ou toute la nuit). Juste avant de servir, napper la tarte de sirop au chocolat. Si désiré, garnir de crème glacée fouettée sucrée et de morceaux de biscuits aux grains de chocolat.

Tourte aux bleuets, aux pêches et à la crème glacée

12 portions
13 h

Les pêches fraîches, mêlées à la crème glacée et garnies de sauce aux bleuets, donnent une superbe présentation à cette tarte.

500 mL	(*2 tasses*) pêches fraîches (3 moyennes), pelées, tranchées*
30 mL	(*2 c. à soupe*) sucre
1 paquet	doigts de dame (12), divisés
2 L	(*8 tasses*) crème glacée à la vanille, légèrement ramollie

Sauce

75 mL	(*⅓ tasse*) sucre
30 mL	(*2 c. à soupe*) fécule de maïs
250 mL	(*1 tasse*) eau
30 mL	(*2 c. à soupe*) beurre ou margarine
30 mL	(*2 c. à soupe*) jus de citron
5 mL	(*1 c. à thé*) zeste de citron râpé
500 mL	(*2 tasses*) bleuets frais ou surgelés (ne pas faire dégeler)

Dans le contenant de 1,3 L (*5 tasses*) du mélangeur, combiner les pêches tranchées et 30 mL (*2 c. à soupe*) de sucre. Couvrir; bien mélanger à vitesse élevée (30 à 40 s). Réserver. Dresser les doigts de dame divisés contre la paroi d'un moule démontable de 25 cm (*10 po*) de diamètre, la surface arrondie vers l'extérieur, de sorte qu'ils en recouvrent toute la surface. Mettre la crème glacée dans un grand bol. Y incorporer le mélange aux pêches en tournoyant. Déposer, à l'aide d'une cuillère, uniformément dans le moule préparé, en pressant légèrement pour égaliser la crème glacée. Couvrir avec du papier d'aluminium; faire congeler au moins 12 h ou toute la nuit. Dans une casserole de 2 L (*8 tasses*), combiner 75 mL (*⅓ tasse*) de sucre et la fécule de maïs; incorporer l'eau. Faire cuire à feu moyen, en remuant de temps à autre, jusqu'à ce que le mélange épaississe et parvienne à pleine ébullition (3 à 5 min). Laisser bouillir 1 min.

Incorporer le beurre, le jus et le zeste de citron. Laisser refroidir 10 min. Incorporer les bleuets. Juste avant de servir, verser la sauce sur le dessus de la tourte.

*Il est possible de remplacer 500 mL (*2 tasses*) de pêches fraîches par 500 mL (*2 tasses*) de pêches tranchées, surgelées, dégelées.

Conseil : il est possible de remplacer le moule démontable de 25 cm (*10 po*) de diamètre par un moule à gâteau rond de 23 cm (*9 po*) de diamètre. Tapisser de papier d'aluminium en faisant déborder le surplus de papier par-dessus les bords. Lorsque la tourte est congelée, la démouler en utilisant le papier d'aluminium comme poignée. Enlever le papier d'aluminium.

Conseil : les bleuets frais font une sauce claire; les bleuets surgelés donnent une sauce de la couleur des bleuets.

Tourte aux bleuets, aux pêches et à la crème glacée (en haut)
Tarte à la crème glacée au chocolat (en bas)

467

Comment acheter les fruits frais

Fruit :	Saison :	À vérifier :
Ananas	Toute l'année	Fruits charnus, légèrement fermes avec des feuilles vertes et un arôme flagrant.
Avocats	Toute l'année	Fruits qui cèdent sous une légère pression, sans meurtrissures et sans taches noires.
Bananes	Toute l'année	Fruits jaunes ou jaunes à bouts verts, pelure sans meurtrissures.
Bleuets	Été	Fruits ronds, fermes, couleur foncée uniforme, queue argentée.
Canneberges	Automne	Fruits brillants, fermes, rouges, charnus.
Cerises	Été	Fruits rouge foncé, charnus, tiges vertes.
Citrons, limes et oranges	Toute l'année	Fruits lisses, sans meurtrissures, pelure mince, couleur uniforme.
Fraises	Printemps, été, automne	Fruits charnus, d'un rouge brillant, queues vertes.
Framboises	Été	Baies charnues, couleur rouge moyen, sans queue.
Kiwi	Printemps, été, automne	Fruits charnus, sans meurtrissures.
Melons	Printemps, été, automne	Fruits fermes, lourds, bien colorés, extrémités lisses, odorants. Les cantaloups doivent avoir un motif très marqué; les melons miel, une pelure blanche cireuse, à peine colorée de vert; les melons d'eau, une forme symétrique, une surface lisse et une couleur jaunâtre ou crème sous la pelure.
Pêches	Été	Fruits fermes pour les pêches légèrement douces avec une teinte légèrement jaunâtre.
Poires	Toute l'année	Fruits légèrement fermes. De légères traces sur la peau ou une teinte pâle n'affectent pas la chair des fruits.
Pommes	Toute l'année	Fruits fermes, sans meurtrissures. Choisir la sorte selon l'utilisation.
Raisins	Toute l'année	Fruits charnus, légèrement doux, bien fixés à la tige. Les raisins verts doivent être vert-jaune; les rouges, presque uniformément rouge.
Rhubarbe	Printemps	Tiges fermes, croquantes, feuilles fraîches.

M

Comment abaisser la pâte à tarte :

1. Avec un rouleau à pâtisserie fariné, abaisser la pâte sur un linge à pâtisserie légèrement fariné. Pour obtenir un cercle uniforme, abaisser la pâte du milieu vers l'extérieur en quatre directions. Pour une épaisseur régulière, soulever le rouleau à pâtisserie en approchant de l'extrémité.

2. Pour garder un beau rond, de temps à autre, pousser doucement les extrémités avec le côté des mains. Éviter que la pâte ne colle en la soulevant doucement de temps à autre et en farinant de nouveau le linge à pâtisserie, si nécessaire.

3. Pour transférer la pâte à tarte dans le moule à tarte, plier la pâte en quatre. La déposer, la pointe au centre. Déplier délicatement et l'ajuster au moule en appuyant doucement sur la pâte du bout des doigts pour qu'elle épouse bien le moule afin d'éviter qu'elle ne s'étire ou ne rapetisse.

Comment décorer la pâte à tarte :

À la fourchette : aplatir régulièrement la pâte sur le bord du moule. Avec des ciseaux de cuisine, découper l'excédent de pâte au bord du moule. Tremper les dents d'une fourchette dans de la farine. Presser fermement sur la bordure. Continuer tout autour de la bordure.

Froncer : replier et rouler la pâte sous le bord, à égalité avec le moule à tarte. Pincer l'extérieur du bord de la pâte en V avec le pouce et l'index vers l'extérieur et pousser de l'intérieur vers l'extérieur avec l'index de l'autre main.

Flûter en diagonale ou en cordelette : replier et rouler la pâte sous le bord, à égalité avec le moule. Presser le bord de la pâte avec le pouce, en donnant un angle. Pincer la pâte entre le pouce et la jointure de l'index. Placer le pouce dans le sillon soulevé par la jointure et répéter.

Bordure de feuilles : avec un couteau à parer, découper des formes de feuilles dans les restes de pâte. Avec la pointe d'un couteau, tracer une ligne de la tige à la pointe de la feuille pour créer une veinure. Aplatir régulièrement la pâte sur le bord du moule à tarte. Avec des ciseaux de cuisine, découper la pâte au niveau du moule à tarte. Humecter la bordure de pâte et disposer les feuilles en les faisant se superposer.

Dentelle : replier et rouler la pâte sous le bord, à égalité avec le moule. Placer le pouce et l'index d'une main, espacés de 2,5 cm (*1 po*), sur le bord extérieur de la pâte et l'index de l'autre main à l'intérieur de la pâte, entre le pouce et l'index, puis tirer la pâte vers l'extérieur.

Treillis : avec les couteaux de cuisine, découper la pâte du fond à 1 cm (*1/2 po*) du moule. Garnir la pâte. Abaisser le dessus de la tarte en un cercle de 28 cm (*11 po*) de diamètre. Avec un couteau affilé ou une roue à pâtisserie, découper le cercle en 10 bandes de 1 cm (*1/2 po*) de large. Déposer 5 bandes à 2,5 cm (*1 po*) de distance les unes des autres, en travers sur la garniture. Déposer les 5 bandes qui restent, distancées de 2,5 cm (*1 po*) chacune, à angle droit avec les bandes déjà en place. Avec les ciseaux de cuisine, couper les bandes. Replier l'extrémité coupée de la pâte par-dessus les bandes. Sceller; flûter les extrémités si désiré.

BISCUITS ET FRIANDISES

Autrefois, on profitait du samedi pour cuisiner. Si la chaleur du four ne vous incommodait pas et si vous offriez votre aide, vous aviez souvent la chance d'être l'un des premiers à goûter aux plats.

Pendant le temps des fêtes, cuisiner des petits plats devenait un véritable marathon. Il y avait toujours des sucreries pour tous : une boîte de petits biscuits pour le facteur, des biscuits en sucre que vous aidiez à décorer, des biscuits aux épices et aux raisins secs; des tablettes au caramel et aux noix...

Mais les délices de ces jours de cuisine étaient les surprises que vous retrouviez dans votre boîte à lunch, comme un bonhomme en pain d'épice recouvert d'un glaçage blanc crémeux, un morceau de bonbon aux arachides croquant ou de gâteau au chocolat et aux noix, un feuilleté avec une garniture à la crème des plus savoureuses.

Et après chaque jour de cuisson, un assortiment de sucreries était enveloppé dans des boîtes en carton ou en fer, afin que les amis et les voisins qui passaient vous voir puissent goûter aux merveilles de votre cuisine.

3 douzaines
45 min

Carrés au chocolat
garnis de fromage à la crème

Deux sortes de chocolat et du fromage à la crème
rendent ces biscuits absolument délicieux.

Gâteau

250 mL	(*1 tasse*) beurre ou margarine
4 carrés	chocolat non sucré (30 g / *1 oz* chacun)
500 mL	(*2 tasses*) sucre
375 mL	(*1½ tasse*) farine tout usage
4	œufs, légèrement battus
5 mL	(*1 c. à thé*) sel
5 mL	(*1 c. à thé*) poudre à pâte
10 mL	(*2 c. à thé*) vanille
250 mL	(*1 tasse*) grains de chocolat mi-sucré

Garniture

50 mL	(*¼ tasse*) sucre
30 mL	(*2 c. à soupe*) beurre ou margarine, ramolli
90 g	(*3 oz*) fromage à la crème, ramolli
1	œuf
15 mL	(*1 c. à soupe*) farine tout usage
2 mL	(*½ c. à thé*) vanille

Préchauffer le four à 180 °C (*350 °F*). Dans une casserole de 2 L (*8 tasses*), combiner 250 mL (*1 tasse*) de beurre et le chocolat non sucré. Faire fondre à feu moyen, en remuant de temps à autre (4 à 6 min). Incorporer le reste des ingrédients du gâteau, *sauf* les grains de chocolat. En repliant, ajouter les grains de chocolat. Étaler la moitié de la pâte dans un moule de 33 x 23 cm (*13 x 9 po*) allant au four, graissé.

Dans un petit bol, combiner tous les ingrédients de la garniture. Étendre sur le mélange à gâteau. Recouvrir le mélange au fromage à la crème du reste de pâte. (La pâte ne recouvrira pas complètement le mélange au fromage à la crème.) Enfourner; faire cuire pendant 30 à 35 min ou jusqu'à ce que le gâteau commence à se détacher des parois du moule. Laisser refroidir complètement; découper en carrés.

3 douzaines
45 min

Petits gâteaux au chocolat,
aux pacanes et au caramel

Une façon simple de retrouver la délicieuse saveur du caramel.

Croûte

500 mL	(*2 tasses*) farine tout usage
250 mL	(*1 tasse*) cassonade bien tassée
125 mL	(*½ tasse*) beurre ou margarine, ramolli
250 mL	(*1 tasse*) demi-pacanes

Garniture au caramel

150 mL	(*⅔ tasse*) beurre ou margarine
125 mL	(*½ tasse*) cassonade bien tassée
250 mL	(*1 tasse*) grains de chocolat mi-sucré

Préchauffer le four à 180 °C (*350 °F*). Dans le grand bol du mélangeur, combiner tous les ingrédients de la croûte *sauf* les pacanes. Battre à vitesse moyenne, en raclant souvent le bol, jusqu'à ce que ce soit bien mélangé et réduit en particules fines (2 à 3 min). Presser au fond d'un moule de 33 x 23 cm (*13 x 9 po*) allant au four. Parsemer les pacanes uniformément sur la croûte non cuite. Dans une casserole de 1 L (*4 tasses*), combiner 150 mL (*⅔ tasse*) de beurre et 125 mL (*½ tasse*) de cassonade. Faire cuire à feu moyen, en remuant continuellement, jusqu'à ce que le mélange parvienne à pleine ébullition. Laisser bouillir, en remuant continuellement, jusqu'à ce

qu'une petite quantité de mélange déposée dans de l'eau glacée forme une boule ferme ou que le thermomètre à bonbons atteigne 117 °C (*242 °F*), environ 1 min. Verser uniformément sur les pacanes et la croûte. Enfourner; faire cuire 18 à 22 min ou jusqu'à ce que toute la couche de caramel soit couverte de bulles. Sortir du four. Parsemer immédiatement de grains de chocolat; laisser fondre légèrement (2 à 3 min). Faire tournoyer le chocolat en le mélangeant, en laissant des espaces libres pour donner un effet marbré. Laisser refroidir complètement; découper en petits gâteaux.

Carrés au chocolat garnis de fromage à la crème (à droite)
Petits gâteaux au chocolat, aux pacanes et au caramel (à gauche)

Carrés de gâteau au fromage (en haut)
Petits gâteaux au beurre au citron (en bas)

16 carrés
50 min

Carrés de gâteau au fromage

On retrouve toute la saveur du gâteau au fromage dans ces carrés faciles à préparer.

Croûte

250 mL	(*1 tasse*) farine tout usage
125 mL	(*½ tasse*) cassonade bien tassée
75 mL	(*⅓ tasse*) beurre ou margarine, ramolli
125 mL	(*½ tasse*) noix de Grenoble ou pacanes hachées

Garniture

250 g	(*8 oz*) fromage à la crème, ramolli
50 mL	(*¼ tasse*) sucre
1	œuf
30 mL	(*2 c. à soupe*) lait
30 mL	(*2 c. à soupe*) jus de citron
2 mL	(*½ c. à thé*) vanille

Préchauffer le four à 180 °C (*350 °F*). Dans le grand bol du mélangeur, combiner la farine, la cassonade et le beurre. Battre à faible vitesse, en raclant souvent le bol, jusqu'à ce que le mélange soit grumeleux (2 à 3 min). À la main, incorporer les noix. *Réserver 250 mL (1 tasse) de mélange pour la garniture;* presser le reste du mélange au fond d'un moule carré de 20 cm (*8 po*) de côté allant au four. Enfourner; faire cuire pendant 8 à 10 min ou jusqu'à légère coloration dorée. Entre-temps, dans le petit bol du mélangeur, combiner tous les ingrédients de la garni-

ture. Battre à vitesse moyenne, en raclant souvent le bol, pour obtenir un mélange lisse (4 à 5 min). Étaler sur la croûte chaude. Parsemer du reste de mélange pour la garniture. Poursuivre la cuisson 23 à 30 min ou jusqu'à légère coloration dorée. Laisser refroidir; découper en carrés. Conserver au réfrigérateur.

Tablettes des fêtes : combiner à la garniture 50 mL (*¼ tasse*) de cerises candi rouges hachées et 50 mL (*¼ tasse*) de cerises candi vertes hachées.

16 petits gâteaux
50 min

Petits gâteaux au beurre au citron

L'amertume du citron se combine au beurre crémeux dans la préparation de ces petits gâteaux classiques.

Croûte

325 mL	(*1⅓ tasse*) farine tout usage
50 mL	(*¼ tasse*) sucre
125 mL	(*½ tasse*) beurre ou margarine, ramolli

Garniture

175 mL	(*¾ tasse*) sucre
2	œufs
30 mL	(*2 c. à soupe*) farine tout usage
1 mL	(*¼ c. à thé*) poudre à pâte
45 mL	(*3 c. à soupe*) jus de citron
	Sucre glace

Préchauffer le four à 180 °C (*350 °F*). Dans le petit bol du mélangeur, combiner tous les ingrédients de la croûte. Battre à faible vitesse, en raclant souvent le bol, jusqu'à ce que le mélange soit grumeleux (2 à 3 min). Presser au fond d'un moule carré de 20 cm (*8 po*) de côté allant au four. Enfourner; faire cuire 15 à 20 min ou jusqu'à ce que les bords soient légèrement brunis. Entre-temps, dans le petit bol du mélangeur, combiner tous les ingrédients de la garniture. Bien mélanger à faible vitesse, en raclant souvent le bol. Verser la garniture sur la croûte. Poursuivre la cuisson pendant 18 à 20 min ou jusqu'à ce que la garniture soit prise. Parsemer de sucre glace; laisser refroidir.

Cuisson au micro-ondes : préparer la croûte comme indiqué ci-contre. Presser au fond d'un moule carré de 20 cm (*8 po*) de côté allant au micro-ondes. Faire cuire à FORT jusqu'à ce que la surface semble sèche (4 à 5 min). Entre-temps, dans un petit bol du mélangeur allant au micro-ondes, combiner tous les ingrédients de la garniture. Bien mélanger à faible vitesse, en raclant souvent le bol. Faire cuire la garniture à FORT, en remuant aux minutes, jusqu'à ce que le mélange soit chaud et légèrement épais (2 à 4 min). Verser sur la croûte chaude. Faire cuire à FORT, en tournant le plat de ¼ de tour après la mi-cuisson, jusqu'à ce que la garniture soit prise au centre (2 à 5 min). Parsemer de sucre glace; laisser refroidir.

Carrés aux pommes glacés

3 douzaines
2 h

Carrés aux pommes glacés

Ces carrés rappellent la tarte aux pommes, un délice de tout temps.

Croûte

625 mL	(2½ *tasses*) farine tout usage
5 mL	(*1 c. à thé*) sel
250 mL	(*1 tasse*) beurre ou margarine, ramolli
1	œuf, séparé, le jaune battu avec suffisamment de lait pour donner 150 mL (*⅔ tasse*) de liquide, *réserver le blanc*

Garniture

250 mL	(*1 tasse*) flocons de maïs écrasés
2 L	(*8 tasses*) pommes à cuire (8 à 10 moyennes), sans trognon, pelées, tranchées

250 mL	(*1 tasse*) sucre
7 mL	(*1½ c. à thé*) cannelle
2 mL	(*½ c. à thé*) muscade
1	blanc d'œuf *réservé*
30 mL	(*2 c. à soupe*) sucre
2 mL	(*½ c. à thé*) cannelle

Glaçage

250 mL	(*1 tasse*) sucre glace
15 à 30 mL	(*1 à 2 c. à soupe*) lait
2 mL	(*½ c. à thé*) vanille

Préchauffer le four à 180 °C (*350 °F*). Dans un bol de grandeur moyenne, combiner la farine et le sel; ajouter le beurre à l'aide d'un couteau pour obtenir un mélange grumeleux. Avec la fourchette, incorporer le jaune d'œuf et le lait jusqu'à ce que la pâte forme une boule; diviser en deux. Sur une surface légèrement farinée, abaisser la moitié de la pâte en un rectangle de 38 x 25 cm (*15 x 10 po*); disposer au fond d'un moule à gâteau roulé de 38 x 25 x 2,5 cm (*15 x 10 x 1 po*) non graissé. Parsemer de céréales; disposer une couche de pommes sur les céréales. Dans un petit bol, combiner 250 mL (*1 tasse*) de sucre, 7 mL (*1½ c. à thé*) de

cannelle et la muscade. Parsemer sur les pommes. Abaisser le reste de pâte en un rectangle de 39 x 26 cm (*15½ x 10½ po*); en couvrir les pommes. Dans un petit bol, battre le blanc d'œuf à la fourchette jusqu'à ce qu'il soit mousseux; en badigeonner la surface de la croûte. Dans un petit bol, combiner 30 mL (*2 c. à soupe*) de sucre et 2 mL (*½ c. à thé*) de cannelle; parsemer sur la croûte. Enfourner; faire cuire 45 à 60 min ou jusqu'à légère coloration dorée. Dans un petit bol, combiner tous les ingrédients du glaçage; verser sur la croûte chaude. Découper en tablettes.

4 douzaines
45 min

Croquants au caramel et aux biscuits Graham

Des biscuits Graham recouverts de guimauves, de sirop au beurre et de beaucoup d'amandes et de noix de coco.

12	biscuits Graham doubles
500 mL	(*2 tasses*) guimauves miniatures
175 mL	(*¾ tasse*) beurre ou margarine
175 mL	(*¾ tasse*) cassonade bien tassée

5 mL	(*1 c. à thé*) cannelle
5 mL	(*1 c. à thé*) vanille
250 mL	(*1 tasse*) amandes effilées
250 mL	(*1 tasse*) noix de coco en flocons

Préchauffer le four à 180 °C (*350 °F*). Tapisser un moule à gâteau roulé de 38 x 25 x 2,5 cm (*15 x 10 x 1 po*) de biscuits Graham. Parsemer uniformément les guimauves sur les biscuits. Dans une casserole de 2 L (*8 tasses*), combiner le beurre, la cassonade, la cannelle et la vanille. Faire cuire à feu moyen, en remuant continuellement, jusqu'à ce que

la cassonade soit dissoute et le beurre, fondu (4 à 5 min). Verser uniformément sur les biscuits et les guimauves; parsemer d'amandes et de noix de coco. Faire cuire au four pendant 8 à 12 min ou jusqu'à légère coloration dorée. Laisser complètement refroidir; découper en tablettes.

4 douzaines
60 min

Carrés aux dattes et à l'orange glacés

*Ces délicieux carrés aux dattes sont agrémentés d'un zeste d'orange
et d'un succulent glaçage au beurre à l'orange.*

Carrés

175 mL	(*3/4 tasse*) sucre
125 mL	(*1/2 tasse*) beurre ou margarine
125 mL	(*1/2 tasse*) eau
250 g	(*8 oz*) dattes hachées
300 mL	(*1 1/4 tasse*) farine tout usage
250 mL	(*1 tasse*) pacanes hachées
175 mL	(*3/4 tasse*) lait
(50 mL)	(*1/4 tasse*) jus d'orange
2	œufs
3 mL	(*3/4 c. à thé*) bicarbonate de soude
2 mL	(*1/2 c. à thé*) sel
15 mL	(*1 c. à soupe*) zeste d'orange râpé

Glaçage

750 mL	(*3 tasses*) sucre glace
75 mL	(*1/3 tasse*) beurre ou margarine, ramolli
90 g	(*3 oz*) fromage à la crème, ramolli
15 mL	(*1 c. à soupe*) zeste d'orange râpé
30 à 45 mL	(*2 à 3 c. à soupe*) jus d'orange

Préchauffer le four à 180 °C (*350 °F*). Dans une casserole de 3 L (*12 tasses*), combiner le sucre, 125 mL (*1/2 tasse*) de beurre, l'eau et les dattes. Faire cuire à feu doux, en remuant continuellement, jusqu'à ce que les dattes soient ramollies (5 à 8 min). Retirer du feu. À la main, bien incorporer le reste des ingrédients des carrés. Étaler dans un moule à gâteau roulé de 38 x 25 x 2,5 cm (*15 x 10 x 1 po*) graissé.

Enfourner; faire cuire 15 à 20 min ou jusqu'à ce qu'un cure-dents inséré au milieu en ressorte propre. Laisser complètement refroidir. Dans le petit bol du mélangeur, combiner tous les ingrédients du glaçage. Battre à vitesse moyenne, en raclant souvent le bol, pour obtenir un mélange léger et gonflé (2 à 3 min). Étaler sur le gâteau refroidi; découper en carrés.

---

2 douzaines
60 min

Tablettes aux framboises

Des tendres tablettes garnies de confiture de framboises.

550 mL	(*2 1/4 tasses*) farine tout usage
250 mL	(*1 tasse*) sucre
250 mL	(*1 tasse*) pacanes hachées
250 mL	(*1 tasse*) beurre ou margarine, ramolli

1	œuf
175 mL	(*3/4 tasse*) confiture de framboises*

Préchauffer le four à 180 °C (*350 °F*). Dans le grand bol du mélangeur, combiner tous les ingrédients *sauf* la confiture de framboises. Bien mélanger, à faible vitesse, en raclant souvent le bol (2 à 3 min). *Réserver 375 mL (1 1/2 tasse) de mélange.* Presser le reste du mélange dans un moule carré de 20 cm (*8 po*) de côté allant au four et graissé; recouvrir de confiture jusqu'à 1 cm (*1/2 po*) du bord. Émietter les

375 mL (*1 1/2 tasse*) du mélange réservé sur la confiture. Enfourner; faire cuire 40 à 50 min ou jusqu'à légère coloration. Laisser refroidir complètement; découper en tablettes.

*Il est possible de remplacer la confiture de framboises par une égale quantité d'une confiture de votre choix.

Tablettes aux framboises

3 douzaines
45 min

Biscuits croquants au chocolat et aux noix

Tout le monde raffolera de ces délicieux biscuits remplis de chocolat et de noix.

175 mL	(*3/4 tasse*) cassonade bien tassée	5 mL	(*1 c. à thé*) bicarbonate de soude
125 mL	(*1/2 tasse*) sucre	2 mL	(*1/2 c. à thé*) sel
250 mL	(*1 tasse*) beurre ou margarine, ramolli	250 mL	(*1 tasse*) noix de Grenoble grossièrement hachées
1	œuf		
7 mL	(*1 1/2 c. à thé*) vanille	250 g	(*8 oz*) tablette de chocolat au lait, en morceaux de 0,5 cm (*1/4 po*)
550 mL	(*2 1/4 tasses*) farine tout usage		

Préchauffer le four à 190 °C (*375 °F*). Dans le grand bol du mélangeur, combiner la cassonade, le sucre, le beurre, l'œuf et la vanille. Bien mélanger à vitesse moyenne, en raclant souvent le bol (1 à 2 min). Ajouter la farine, le bicarbonate de soude et le sel. Continuer à battre pour bien mélanger (1 à 2 min).

À la main, incorporer les noix de Grenoble et le chocolat. Déposer la pâte par cuillerées à soupe sur des plaques à biscuits, en les espaçant de 5 cm (*2 po*). Enfourner; faire cuire 9 à 11 min ou jusqu'à légère coloration dorée. Laisser refroidir 1 min avant de retirer les biscuits des plaques à biscuits.

2 douzaines
30 min

Biscuits géants aux noix

Ces très gros biscuits seront les préférés de la famille.

250 mL	(*1 tasse*) sucre	375 mL	(*1 1/2 tasse*) flocons d'avoine à cuisson rapide
250 mL	(*1 tasse*) cassonade bien tassée	5 mL	(*1 c. à thé*) bicarbonate de soude
250 mL	(*1 tasse*) beurre ou margarine, ramolli	2 mL	(*1/2 c. à thé*) sel
2	œufs	500 mL	(*2 tasses*) chocolat au lait enrobé de sucre candi (450 g / *1 lb*)
15 mL	(*1 c. à soupe*) vanille		
500 mL	(*2 tasses*) farine tout usage	250 mL	(*1 tasse*) arachides grossièrement hachées

Préchauffer le four à 180 °C (*350 °F*). Dans le grand bol du mélangeur, combiner le sucre, la cassonade, le beurre, les œufs et la vanille. Battre à vitesse moyenne, en raclant souvent le bol, jusqu'à l'obtention d'un mélange léger et gonflé (2 à 3 min). Ajouter le reste des ingrédients *sauf* le chocolat enrobé de sucre candi et les arachides. Bien mélanger à faible vitesse,

en raclant souvent le bol (2 à 3 min). À la main, incorporer les chocolats enrobés de sucre candi et les arachides. Déposer la pâte par 50 mL (*1/4 tasse*) sur des plaques à biscuits graissées, en les espaçant de 5 cm (*2 po*). Enfourner; faire cuire 13 à 16 min ou jusqu'à légère coloration dorée.

Biscuits croquants au chocolat et aux noix (à gauche)
Biscuits géants aux noix (à droite)

Biscuits à l'avoine, à l'ancienne (à droite)
Biscuits croquants aux arachides (à gauche)

4 douzaines
60 min

Biscuits à l'avoine, à l'ancienne

Le goût de ces délicieux biscuits vous rappellera bien des souvenirs.

750 mL	(*3 tasses*) flocons d'avoine à cuisson rapide	5 mL	(*1 c. à thé*) cannelle
500 mL	(*2 tasses*) cassonade bien tassée	2 mL	(*1/2 c. à thé*) sel
250 mL	(*1 tasse*) beurre ou margarine, ramolli	10 mL	(*2 c. à thé*) vanille
2	œufs	425 mL	(*1 3/4 tasse*) farine tout usage
5 mL	(*1 c. à thé*) bicarbonate de soude	375 mL	(*1 1/2 tasse*) raisins secs

Préchauffer le four à 190 °C (*375 °F*). Dans le grand bol du mélangeur, combiner tous les ingrédients *sauf* la farine et les raisins secs. Bien mélanger à faible vitesse, en raclant souvent le bol (1 à 2 min). Ajouter la farine; continuer à battre pour bien mélanger (1 à 2 min). À la main, incorporer les raisins secs. Laisser tomber la pâte par cuillerées à thé sur des plaques à biscuits graissées, en les espaçant de 5 cm (*2 po*). Enfourner; faire cuire 8 à 10 min ou jusqu'à ce que le tour soit légèrement doré.

4 douzaines
60 min

Biscuits croquants aux arachides

Des biscuits délicieux à grignoter en tout temps.

425 mL	(*1 3/4 tasse*) farine tout usage	5 mL	(*1 c. à thé*) sel
125 mL	(*1/2 tasse*) sucre	2 mL	(*1/2 c. à thé*) bicarbonate de soude
125 mL	(*1/2 tasse*) cassonade bien tassée	2 mL	(*1/2 c. à thé*) vanille
125 mL	(*1/2 tasse*) beurre ou margarine, ramolli	500 mL	(*2 tasses*) arachides salées
2	œufs		

Préchauffer le four à 180 °C (*350 °F*). Dans le grand bol du mélangeur, combiner tous les ingrédients *sauf* les arachides. Bien mélanger à faible vitesse, en raclant souvent le bol (2 à 3 min). À la main, incorporer les arachides. Laisser tomber la pâte, par cuillerées à thé, sur des plaques à biscuits graissées, en les espaçant de 5 cm (*2 po*). Enfourner; faire cuire 8 à 12 min ou jusqu'à légère coloration dorée.

4 douzaines
60 min

Petits beurres glacés au sucre

Des biscuits délicieux à l'heure du thé ou trempés dans du lait froid.

550 mL	(*2¼ tasse*)	farine tout usage
250 mL	(*1 tasse*)	sucre
250 mL	(*1 tasse*)	beurre ou margarine, ramolli

1		œuf
5 mL	(*1 c. à thé*)	bicarbonate de soude
5 mL	(*1 c. à thé*)	vanille

Préchauffer le four à 180 °C (*350 °F*). Dans le grand bol du mélangeur, combiner tous les ingrédients. Bien mélanger à vitesse moyenne, en raclant souvent le bol (2 à 3 min). Façonner des cuillerées à thé de pâte en boules de 2,5 cm (*1 po*) de diamètre; déposer sur des plaques à biscuits graissées en les espaçant de 5 cm (*2 po*). Aplatir les biscuits à 0,5 cm (*¼ po*) d'épaisseur avec le fond d'un verre trempé dans du sucre. Enfourner; faire cuire 8 à 11 min ou jusqu'à ce que les bords soient très légèrement dorés.

Petits beurres aux grains de chocolat : à la main, combiner 250 mL (*1 tasse*) de grains de chocolat mi-sucré à la pâte.

Petits beurres à l'écorce d'amande : à la main, combiner 180 mL (*6 oz*) d'écorce d'amande à la pâte.

3 douzaines
60 min

Biscuits garnis

Offrez toute une variété de biscuits faits à partir d'une même pâte.

Biscuits

500 mL	(*2 tasses*)	farine tout usage
125 mL	(*½ tasse*)	cassonade bien tassée
250 mL	(*1 tasse*)	beurre ou margarine, ramolli
2		œufs, séparés
1		pincée de sel
5 mL	(*1 c. à thé*)	vanille ou extrait d'amande

Enrobages suggérés

375 mL	(*1½ tasse*)	arachides, amandes, pacanes ou noix de Grenoble hachées fin
		Sucres colorés
		Cannelle et sucre

Garnitures suggérées

Étoiles au chocolat
Cerises candi
Caramels, coupés en deux
Cerises au marasquin
Confitures de fruits

Préchauffer le four à 180 °C (*350 °F*). Dans le grand bol du mélangeur, combiner tous les ingrédients des biscuits *sauf* les blancs d'œufs. Bien mélanger à faible vitesse, en raclant souvent le bol (2 à 3 min). Façonner des cuillerées à thé de pâte en boules de 2,5 cm (*1 po*) de diamètre. Dans un petit bol, battre les blancs d'œufs avec une fourchette jusqu'à ce qu'ils soient mousseux. Plonger chaque boule de pâte dans le blanc d'œuf, puis la rouler dans les noix. (Ne pas plonger les boules de pâte dans le blanc d'œuf avant de les rouler dans le sucre coloré ou la cannelle et le sucre.) Disposer sur des plaques à biscuits graissées en les espaçant de 2,5 cm (*1 po*). Faire un creux au centre de chaque biscuit avec le dos d'une cuillère à thé. Enfourner; faire cuire 8 min; sortir du four. Garnir le centre avec une garniture au choix; poursuivre la cuisson pendant 6 à 10 min ou jusqu'à légère coloration dorée.

Biscuits garnis

Spritz fondants

5 douzaines
60 min

Spritz fondants

Des spritz parfaits, offerts avec cinq variantes.

150 mL	(²⁄₃ tasse) sucre
250 mL	(1 tasse) beurre ou margarine, ramolli
1	œuf

2 mL	(¹⁄₂ c. à thé) sel
10 mL	(2 c. à thé) vanille
550 mL	(2¹⁄₄ tasses) farine tout usage

Préchauffer le four à 200 °C (*400 °F*). Dans le grand bol du mélangeur, combiner tous les ingrédients *sauf* la farine. Battre à vitesse moyenne, en raclant souvent le bol, jusqu'à ce que le mélange soit léger et gonflé (2 à 3 min). Ajouter la farine. Réduire la vitesse à faible. Continuer à battre, en raclant souvent le bol, jusqu'à ce que la préparation soit bien mélangée (2 à 3 min). Si désiré, ajouter les ingrédients d'une des variantes suggérées. Si la pâte est trop molle, la couvrir; la mettre au réfrigérateur jusqu'à ce qu'elle soit suffisamment ferme pour façonner les biscuits (30 à 45 min). Mettre la pâte dans un presse-biscuits; façonner les biscuits; les déposer sur des plaques à biscuits en les espaçant de 2,5 cm (*1 po*). Enfourner; faire cuire 6 à 8 min ou jusqu'à ce que les bords soient légèrement dorés.

Variantes :

Spritz épicés : ajouter à la pâte : 5 mL (*1 c. à thé*) de cannelle, 5 mL (*1 c. à thé*) de muscade, 2 mL (¹⁄₂ c. à thé) de piment de la Jamaïque, 1 mL (¹⁄₄ c. à thé) de clous de girofle. Glaçage : dans un petit bol, combiner, en un mélange lisse, 250 mL (*1 tasse*) de sucre glace, 30 mL (*2 c. à soupe*) de lait et 2 mL (¹⁄₂ c. à thé) de vanille. Verser sur les biscuits chauds.

Spritz au lait de poule : ajouter à la pâte : 5 mL (*1 c. à thé*) de muscade. Glaçage : dans un petit bol, combiner en un mélange lisse, 250 mL (*1 tasse*) de sucre glace, 50 mL (¹⁄₄ tasse) de beurre ramolli, 30 mL (*2 c. à soupe*) d'eau et 1 mL (¹⁄₄ c. à thé) d'extrait de rhum. Verser sur les biscuits chauds.

Spritz au chocolat en flocons : ajouter à la pâte : 50 mL (¹⁄₄ tasse) de chocolat mi-sucré grossièrement râpé.

Spritz au piña colada : omettre la vanille dans la recette de la pâte ci-haut et ajouter : 15 mL (*1 c. à soupe*) de jus d'ananas et 1 mL (¹⁄₄ c. à thé) d'extrait de rhum; incorporer 125 mL (¹⁄₂ tasse) de noix de coco hachée fin. Glaçage : dans le petit bol du mélangeur, combiner 250 mL (*1 tasse*) de sucre glace, 30 mL (*2 c. à soupe*) de beurre ramolli, 30 mL (*2 c. à soupe*) de confiture d'ananas et 15 mL (*1 c. à soupe*) de jus d'ananas. Battre à vitesse moyenne, en raclant souvent le bol, pour obtenir une pâte légère et gonflée (2 à 3 min). Étaler sur les biscuits refroidis. Si désiré, parsemer de noix de coco grillée.

Spritz au chocolat à la menthe : ajouter à la pâte : 1 mL (¹⁄₄ c. à thé) d'extrait de menthe. Immédiatement après avoir sorti les plaques à biscuits du four, déposer 1 petit bec en chocolat sur chacun des biscuits.

3 douzaines
60 min

Tartelettes au beurre et aux pacanes

Des mini-tartelettes au goût de tarte aux pacanes.

Croûte

125 mL	(*1/2 tasse*) beurre ou margarine, ramolli
125 mL	(*1/2 tasse*) sucre
1	œuf
5 mL	(*1 c. à thé*) extrait d'amande
425 mL	(*1³/4 tasse*) farine tout usage

Garniture

250 mL	(*1 tasse*) sucre glace
125 mL	(*1/2 tasse*) beurre ou margarine
75 mL	(*1/3 tasse*) sirop de maïs foncé
250 mL	(*1 tasse*) pacanes hachées
36	demi-pacanes

Préchauffer le four à 200 °C (*400 °F*). Dans le grand bol du mélangeur, combiner tous les ingrédients de la croûte. Battre à vitesse moyenne, en raclant souvent le bol, jusqu'à ce que le mélange soit grumeleux (2 à 3 min). Presser 15 mL (*1 c. à soupe*) de mélange dans les cavités de moules à mini-muffins pour former 36 coquilles de 4,5 à 5 cm (*1³/4 à 2 po*). Enfourner; faire cuire 7 à 10 min ou jusqu'à ce que la pâte soit légèrement dorée. Sortir du four. Réduire la température du four à 180 °C (*350 °F*). Entre-temps, dans une casserole de 2 L (*8 tasses*), combiner tous les ingrédients de la garniture *sauf* les pacanes hachées et les demi-pacanes. Faire cuire à feu moyen, en remuant de temps à autre, jusqu'à ce que le mélange parvienne à pleine ébullition (4 à 5 min). Retirer du feu; incorporer les pacanes hachées. Déposer avec une cuillère dans les coquilles cuites. Recouvrir de demi-pacanes. Enfourner; faire cuire 5 min. Laisser refroidir; démouler.

Tartelettes au beurre et aux pacanes

4 douzaines
2 h 45 min

Biscuits de pain d'épice à l'orange

Des biscuits de pain d'épice subtilement aromatisés de zeste d'orange râpé.

Biscuits

75 mL	(*1/3 tasse*) cassonade bien tassée
75 mL	(*1/3 tasse*) beurre ou margarine, ramolli
150 mL	(*2/3 tasse*) mélasse claire
1	œuf
10 mL	(*2 c. à thé*) zeste d'orange râpé
675 mL	(*2¾ tasses*) farine tout usage
5 mL	(*1 c. à thé*) gingembre
2 mL	(*½ c. à thé*) bicarbonate de soude
2 mL	(*½ c. à thé*) sel

Glaçage

1 L	(*4 tasses*) sucre glace
125 mL	(*½ tasse*) beurre ou margarine, ramolli
45 à 60 mL	(*3 à 4 c. à soupe*) lait
10 mL	(*2 c. à thé*) vanille

Dans le grand bol du mélangeur, combiner la cassonade, 75 mL (*1/3 tasse*) de beurre, la mélasse, l'œuf et le zeste d'orange. Battre à vitesse moyenne, en raclant souvent le bol, jusqu'à ce que le mélange soit lisse et crémeux (1 à 2 min). Ajouter le reste des ingrédients des biscuits. Réduire à faible vitesse. Continuer à battre en raclant souvent le bol, pour bien mélanger (1 à 2 min). Couvrir; mettre au réfrigérateur au moins 2 h. Préchauffer le four à 190 °C (*375 °F*). Abaisser la pâte, ½ à la fois (en gardant le reste de pâte au réfrigérateur) sur une surface bien farinée, à 0,5 cm (*1/4 po*) d'épaisseur. Découper avec un emporte-pièce de 7,5 à 10 cm (*3 à 4 po*) de diamètre. Déposer sur des plaques à biscuits graissées, en les espaçant de 2,5 cm (*1 po*). Enfourner; faire cuire 6 à 8 min ou jusqu'à ce qu'ils reprennent leur forme après les avoir touchés. Laisser refroidir complètement. Dans le petit bol du mélangeur, combiner tous les ingrédients du glaçage. Battre à faible vitesse, en raclant souvent le bol, jusqu'à ce que le mélange soit gonflé (1 à 2 min). Si désiré, colorer le glaçage avec du colorant alimentaire. Décorer les biscuits avec le glaçage.

4,5 L (*18 tasses*)
1 h 25 min

Caramels au maïs et aux noix

Ce caramel au maïs prend une tournure toute spéciale avec l'ajout de noix.

5 L	(*20 tasses*) maïs soufflé
500 mL	(*2 tasses*) cassonade bien tassée
250 mL	(*1 tasse*) beurre
125 mL	(*½ tasse*) sirop de maïs foncé

2 mL	(*½ c. à thé*) sel
2 mL	(*½ c. à thé*) bicarbonate de soude
250 mL	(*1 tasse*) noix salées mélangées

Préchauffer le four à 93 °C (*200 °F*). Dans une rôtissoire allant au four, mettre le maïs; réserver. Dans une casserole de 2 L (*8 tasses*), combiner la cassonade, le beurre, le sirop de maïs et le sel. Faire cuire à feu moyen, en remuant de temps à autre, jusqu'à ce que le mélange parvienne à pleine ébullition (12 à 14 min). Poursuivre la cuisson, en remuant de temps à autre, jusqu'à ce que le thermomètre à bonbons atteigne 114 °C (*238 °F*) ou qu'une petite quantité du mélange dans de l'eau glacée forme une boule molle (4 à 6 min). Retirer du feu; incorporer le bicarbonate de soude. Verser sur le maïs; parsemer les noix sur le mélange de caramel. Mélanger jusqu'à ce que tout le maïs soit enrobé. Enfourner; faire cuire 20 min; mélanger. Poursuivre la cuisson 25 min. Retirer du four; déposer immédiatement sur du papier ciré. Laisser refroidir complètement. Briser en morceaux. Conserver dans un contenant qui ferme hermétiquement.

Biscuits de pain d'épice à l'orange

Caramels mous de tante Émilie

6 douzaines
3 h 30 min

Cette recette de caramels au beurre est appréciée depuis des générations.

500 mL	(*2 tasses*) sucre
250 mL	(*1 tasse*) cassonade bien tassée
250 mL	(*1 tasse*) beurre, ramolli
250 mL	(*1 tasse*) lait

250 mL	(*1 tasse*) crème à fouetter
250 mL	(*1 tasse*) sirop de maïs clair
5 mL	(*1 c. à thé*) vanille

Dans une casserole de 4 L (*16 tasses*), combiner tous les ingrédients *sauf* la vanille. Faire cuire à feu doux, en remuant de temps à autre, jusqu'à ce que le sucre soit dissout et le beurre, fondu (20 à 25 min). Poursuivre la cuisson, sans remuer, jusqu'à ce que le thermomètre à bonbons atteigne 120 °C (*248 °F*) ou qu'une petite quantité du mélange dans de l'eau glacée forme une boule ferme (environ 2 h). Retirer du feu; incorporer la vanille. Verser dans un moule de 33 x 23 cm (*13 x 9 po*) beurré. Laisser refroidir complètement; découper en morceaux de 2,5 x 3 cm (*1 x 1¹/₂ po*).

Conseil : après avoir découpé les caramels, les envelopper individuellement dans une pellicule de plastique.

Pommes au caramel du carnaval

10 à 14 pommes
60 min

Des pommes au caramel, qui rappellent les foires et les fêtes foraines, sûres de plaire.

125 mL	(*¹/₂ tasse*) beurre
500 mL	(*2 tasses*) cassonade bien tassée
250 mL	(*1 tasse*) sirop de maïs clair
1	pincée de sel
385 mL	(*14 oz*) lait condensé sucré, en conserve

5 mL	(*1 c. à thé*) vanille
10 à 14	pommes à tarte, lavées, séchées
250 mL	(*1 tasse*) arachides salées hachées

Dans une casserole de 2 L (*8 tasses*), faire fondre le beurre. Ajouter la cassonade, le sirop de maïs et le sel. Faire cuire à feu moyen, en remuant de temps à autre, jusqu'à ce que le mélange parvienne à pleine ébullition (10 à 12 min). Incorporer le lait condensé sucré. Poursuivre la cuisson, en remuant de temps à autre, jusqu'à ce que le thermomètre à bonbons atteigne 118 °C (*245 °F*) ou qu'une petite quantité du mélange dans de l'eau glacée forme une boule ferme (20 à 25 min). Retirer du feu; incorporer la vanille. Plonger les pommes dans le mélange au caramel. Tremper le dessus des pommes dans les noix hachées; déposer sur une feuille de papier ciré graissée. Faire durcir au réfrigérateur (10 min).

Pommes au caramel du carnaval

900 g (*2 lb*)
2 h 30 min

Bonbons croquants aux arachides

Servis au temps des fêtes, ces délices rapellent de bons souvenirs.

500 mL	(*2 tasses*) sucre		250 mL	(*1 tasse*) beurre, en morceaux
250 mL	(*1 tasse*) sirop de maïs clair		500 mL	(*2 tasses*) arachides crues
125 mL	(*½ tasse*) eau		5 mL	(*1 c. à thé*) bicarbonate de soude

Dans une casserole de 3 L (*12 tasses*), combiner le sucre, le sirop de maïs et l'eau. Faire cuire à feu doux, en remuant de temps à autre, jusqu'à ce que le sucre soit dissout et que le mélange parvienne à pleine ébullition (20 à 30 min). Ajouter le beurre; poursuivre la cuisson, en remuant de temps à autre, jusqu'à ce que le thermomètre à bonbons atteigne 138 °C (*280 °F*) ou qu'une petite quantité dans de l'eau glacée forme un fil souple (80 à 90 min). Incorporer les arachides; poursuivre la cuisson, en remuant continuellement, jusqu'à ce que le thermomètre à bonbons atteigne 152 °C (*305 °F*) ou qu'une petite quantité de mélange dans de l'eau glacée forme des fils cassants (12 à 14 min). Retirer du feu; incorporer le bicarbonate de soude. Verser le mélange sur 2 plaques à biscuits beurrées; étaler à environ 0,5 cm (*¼ po*) d'épaisseur. Laisser refroidir complètement; briser en morceaux.

Cuisson au micro-ondes : dans une casserole de 3 L (*12 tasses*) allant au micro-ondes, combiner le sucre, le sirop de maïs et l'eau. Faire cuire à FORT, en remuant après la mi-cuisson, jusqu'à ce que le sucre soit dissout et que le mélange parvienne à pleine ébullition (5 à 8 min). Ajouter le beurre; faire cuire à FORT, en remuant après la mi-cuisson, jusqu'à ce que la sonde thermique à bonbons atteigne 152 °C (*280 °F*) ou qu'une petite quantité de mélange dans de l'eau glacée forme un fil souple (15 à 20 min). Incorporer les arachides. Faire cuire à FORT, en remuant après la mi-cuisson, jusqu'à ce que la sonde thermique à bonbons atteigne 152 °C (*305 °F*) ou qu'une petite quantité de mélange dans de l'eau glacée forme des fils cassants (6 à 8 min). Incorporer le bicarbonate de soude. Verser le mélange sur 2 plaques à biscuits beurrées; étaler à environ 0,5 cm (*¼ po*) d'épaisseur. Laisser refroidir complètement; briser en morceaux.

565 g (*1¼ lb*)
45 min

Caramels au beurre au chocolat et aux noix

Une seule bouchée de ces savoureux caramels et vous ne pourrez plus vous en passer!

250 mL	(*1 tasse*) sucre		175 g	(*6 oz*) grains de chocolat mi-sucré
250 mL	(*1 tasse*) beurre, en morceaux		50 mL	(*¼ tasse*) noix de Grenoble hachées

Dans une casserole de 2 L (*8 tasses*), combiner le sucre et le beurre. Faire cuire à feu doux, en remuant de temps à autre, jusqu'à ce que le thermomètre à bonbons atteigne 149 °C (*300 °F*) ou qu'une petite quantité dans de l'eau glacée forme des fils cassants (25 à 30 min). Étaler sur une plaque à gâteau roulé de 38 x 25 x 2,5 cm (*15 x 10 x 1 po*) tapissée d'une feuille de papier ciré. Parsemer les grains de chocolat sur le bonbon chaud; laisser reposer 5 min. Étaler le chocolat fondu uniformément sur le bonbon; parsemer de noix. Laisser refroidir complètement; briser en morceaux.

Cuisson au micro-ondes : dans une casserole de 2 L (*8 tasses*) allant au micro-ondes, combiner le sucre et le beurre. Faire cuire à FORT, en remuant de temps à autre, jusqu'à ce que la sonde thermique à bonbons atteigne 149 °C (*300 °F*) ou qu'une petite quantité de mélange dans de l'eau glacée forme des fils cassants (12 à 18 min). Étaler sur une plaque à gâteau roulé de 38 x 25 x 2,5 cm (*15 x 10 x 2,5 po*). Parsemer les grains de chocolat sur le bonbon chaud; laisser reposer 5 min. Étaler le chocolat fondu uniformément sur le bonbon; parsemer de noix. Laisser refroidir complètement; briser en morceaux.

Bonbons croquants aux arachides (en haut)
Caramels au beurre, au chocolat et aux noix (en bas)

Comment conserver les biscuits et préparer les friandises

Pour conserver les biscuits à court terme (1 semaine) :

1. Laisser refroidir complètement les biscuits.

2. Ne pas mélanger les biscuits mous et les biscuits croquants dans le même contenant, sinon les biscuits croquants deviendront vite mous.

3. Ranger les biscuits mous dans un contenant ayant un couvercle qui ferme hermétiquement.

4. Ranger les biscuits croquants dans un contenant ayant un couvercle qui ne ferme pas hermétiquement.

5. Ranger les tablettes dans le moule dans lequel elles ont cuit; couvrir le moule de papier d'aluminium ou d'une pellicule de plastique bien serré.

Pour conserver les biscuits à long terme (6 mois) :

1. Les biscuits glacés ou non glacés peuvent tous deux se faire congeler et se conserver jusqu'à six mois.

2. Ranger les biscuits dans un contenant tapissé d'une pellicule de plastique ou de papier d'aluminium. Séparer les couches avec du papier d'aluminium ou une pellicule de plastique.

3. Fermer hermétiquement le contenant, étiqueter et congeler.

4. Faire dégeler les biscuits en les laissant reposer dans une assiette de service, lâchement couverts, pendant environ vingt minutes.

Pour poster :

1. Les tablettes, les bonbons ou les biscuits aux fruits sont ce qui se poste le mieux. Les biscuits tendres, délicats, ont plus de chance de s'émietter pendant le transport.

2. Utiliser une boîte en carton épais ou une boîte de café vide comme contenant.

3. Tapisser le contenant de papier d'aluminium ou d'une pellicule de plastique.

4. Envelopper quatre à six biscuits de même taille dans du papier d'aluminium, une pellicule de plastique ou des sacs de plastique et bien sceller avec du ruban adhésif pour congélation.

5. Placer les biscuits les plus lourds au fond du contenant et empiler les gâteaux enveloppés en les entourant d'essuie-tout alvéolé.

6. Sceller le contenant avec du ruban adhésif ou du ruban adhésif pour congélation.

7. Envelopper le contenant avec un papier d'emballage.

8. Inscrire sur l'emballage, à l'encre, l'adresse d'expédition et l'adresse de retour et la note «denrée périssable», pour assurer un transport plus rapide et une manipulation plus soignée.

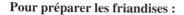

Pour préparer les friandises :

1. Suivre les indications soigneusement.

2. Utiliser des casseroles aux dimensions recommandées et à fond épais pour éviter que le bonbon ne bouille trop.

3. Utiliser un thermomètre à bonbons sûr! Le placer bien droit dans le mélange à bonbons, en s'assurant que la boule, à la base, soit entièrement recouverte de liquide et ne repose pas au fond de la casserole.

4. Il est possible de remplacer le thermomètre à bonbons par le test de l'eau glacée. Laisser tomber une petite quantité de mélange à bonbons dans une tasse remplie d'eau très froide. Retirer la goutte de bonbon de l'eau et la façonner en boule avec les doigts. La fermeté de la boule détermine la température du bonbon et indique le degré de cuisson.

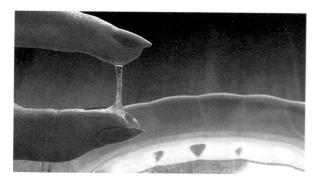

Fil : 106° à 112 °C (*223° à 234 °F*). Forme un fil mou de 5 cm (*2 po*).

Boule molle : 112° à 115 °C (*234 °à 240 °F*). Forme une boule molle qui s'aplatit lorsqu'on la sort de l'eau.

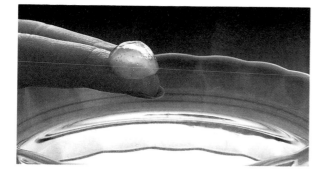

Boule ferme : 117° à 120 °C (*242° à 248 °F*). Forme une boule ferme qui ne s'aplatit pas lorsqu'on la sort de l'eau.

Boule dure : 121° à 131 °C (*250° à 268 °F*). Forme une boule dure, mais malléable.

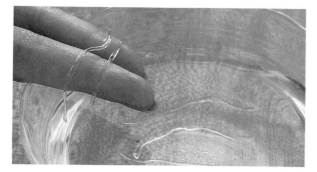

Fils souples : 132° à 143 °C (*270° à 290 °F*). Se sépare en fils durs, mais souples.

Fils durs : 149° à 154 °C (*300° à 310 °F*). Se sépare en fils durs et cassants.

A

ABRICOTS

Choux à la crème aux abricots 413

Poulets de Cornouailles glacés
à l'abricot 128

Salade du verger à la crème à
l'amande 315

Sauce crémeuse aux abricots 438

AGNEAU

Brochettes d'agneau et de légumes 205

Côtelettes d'agneau farcies à
la saucisse 203

Couronne d'agneau farcie, glacée
à l'orange 200

Gigot d'agneau rôti au romarin 205

ANANAS

Ailes de poulet à la sauce aux
ananas 13

Brochettes de réception 115

Poitrines de poulet à l'ananas
et à l'estragon 113

Salade de fruits au poulet et
à la cannelle 312

Salade de fruits hivernale 319

ARACHIDES

Biscuits croquants aux arachides 485

Bonbons croquants aux arachides 496

ARTICHAUTS

Salade d'artichauts estivale 297

Salade de pâtes arc-en-ciel 291

Salade de pâtes ensoleillée 289

Veau aux artichauts et aux
champignons 206

ASPERGES

Pointes d'asperges à la moutarde
et à l'ail 346

Quiche printanière 236

Salade printanière de jambon et
d'asperges 282

AUBERGINES

Pâtes et légumes au poêlon 333

Tranches d'aubergine au
parmesan et à l'ail 370

AVOCATS

Club-sandwiches au poulet et
à l'avocat 258

Salade BLT au fromage bleu 293

AVOINE

Biscuits à l'avoine, à l'ancienne 485

Biscuits géants aux noix 482

Bouchées tendres à l'avoine et
à l'érable 28

Petits pains aux flocons d'avoine
et à la mélasse 63

B

BABEURRE

Petits pains au babeurre 44

Sauce crémeuse aux fines herbes 320

BACON

Hors-d'œuvre

Foies de poulet enrobés de bacon 17

Quartiers de pomme de terre
au bacon et au fromage 22

Rouleaux au fromage et au bacon 20

Légumes

Carottes au bacon 360

Fèves de Lima et bacon du Sud 350

Haricots verts du jardin au bacon 346

Maïs au bacon au four 370

Autres

Chaudrée de pommes de terre et
de bacon 78

Farce au riz et au bacon 143

Galettes de maïs croquantes
au bacon 55

Salade BLT au fromage bleu 293

Sandwiches à la tomate, au
bacon et au cheddar 273

BANANES

Carrés à la banana split 431

Crêpes arrosées de sauce aux
bananes 414

Gâteau aux bananes à la crème
au chocolat 443

Pouding au pain à la banane,
à l'ancienne 398

Salade de bananes et de baies
glacée 306

Sandwiches glacés aux bananes
et aux grains de chocolat 435

Tarte aux bananes à la crème
et au zeste de citron 458

BARBECUE

Agneau

Brochettes d'agneau et de
légumes 205

Bœuf

Bifteck grillé au beurre au poivre
et aux fines herbes 173

Bifteck familial mariné 168

Dinde

Brochettes de dinde et de
légumes grillées 137

Cuisses de dinde à la sauce
barbecue 134

Dinde sur le barbecue 137

Poitrine de dinde farcie
aux épinards 134

Poisson

Brochettes de poisson aux
légumes 216

Truite arc-en-ciel et gaspacho
croquant 220

Porc

Sandwiches au porc à la sauce
barbecue 268

Poulet

Brochettes de réception 115

Poitrines de poulet à l'ananas
et à l'estragon 113

Poitrines de poulet du Sud-Ouest 113

Autre

Comment faire cuire au barbecue 207

BEIGNES

Beignes glacés au miel 70

BEIGNETS SOUFFLÉS

Savoureux beignets soufflés 52

BETTERAVES

Betteraves à la crème sure 350

BEURRE D'ARACHIDE

Carrés glacés au beurre d'arachide
et au miel 435

BIFTECKS

Voir Bœuf.

BISCUITS

À l'emporte-pièce

Biscuits de pain d'épice
à l'orange 492

Carrés

Carrés au chocolat garnis de
fromage à la crème 474

Carrés aux dattes et à l'orange
glacés 480

Carrés aux pommes glacés 479

Carrés de gâteau au fromage 477

Croquants au caramel et aux
biscuits Graham 479

Tablettes aux framboises 480

Moulés

Biscuits garnis 486

Petits beurres glacés au sucre 486

Spritz fondants 489

Tartelettes au beurre et
aux pacanes 490

Pastilles

Biscuits à l'avoine, à l'ancienne 485

Biscuits croquants au chocolat
et aux noix 482

Biscuits croquants aux arachides 485

Biscuits géants aux noix 482

Petits gâteaux

Petits gâteaux au beurre au citron 477

Petits gâteaux au chocolat, aux
pacanes et au caramel 474

Petits gâteaux feuilletés au
babeurre 44

Autres
Comment conserver les biscuits et préparer les friandises 498
Scones au cheddar et à l'aneth 50
Tarte au poulet et aux épinards recouverte de biscuits 116

BLEUETS
Streusel aux bleuets 398
Tourte aux bleuets, aux pêches et à la crème glacée 466

BŒUF
Voir aussi Bœuf haché; Hamburger.
Plats principaux, bifteck
Bifteck de flanc roulé, farci au cheddar et aux pacanes 170
Bifteck familial mariné 168
Biftecks grillés au beurre au poivre et aux fines herbes 173
Biftecks poivrés en sauce avec pommes de terre sautées 177
Bifteck Western 167
Biftecks ou hamburgers farcis aux épinards 164
Bœuf stroganoff aux petits oignons blancs 167
Bœuf mariné au brocoli 168
Plats principaux, rôti
Filet de bœuf au fromage bleu 173
Pointe de poitrine de bœuf à la moutarde en grains 162
Rôti de bœuf à l'aneth 175
Rôti de bœuf à la crème au raifort 175
Rôti de bœuf au poivre 160
Rôti du dimanche de grand-maman 160
Salade
Salade de bœuf et de pâtes à l'estragon 285
Sandwichs
Sandwiches spéciaux au rôti de bœuf et au raifort 262
Soupe et ragoût
Minestrone 87
Ragoût de bœuf et de fèves épicé 95
Ragoût de bœuf énergétique 162

BŒUF HACHÉ
Voir aussi Hamburgers.
Boulettes de viande à la sauce aux tomates 178
Carrés stroganoff 180
Pain de viande aux fines herbes 178
Ragoût de bœuf et de fèves épicé 95
Salade pizza au pepperoni 285

BOISSONS
Chaudes
Café à la menthe et à l'orange 33
Chocolat chaud riche et crémeux 37

Cidre ensoleillé 34
Lait de poule crémeux, à l'ancienne 37
Punch chaud épicé 34
Rhum chaud au beurre, à l'ancienne 33
Froides
Boisson panachée crémeuse à la lime 38
Café à la menthe et à l'orange 33
Lait malté au chocolat de la crémerie 38
Limonade rose pétillante 40
Punch aux pommes du verger 40

BOULETTES DE VIANDE
Boulettes de viande à la sauce aux tomates 178

BROCHETTES
Brochettes d'agneau et de légumes 205
Brochettes de dinde et de légumes grillées 137
Brochettes de légumes au citron 8
Brochettes de poisson aux légumes 216
Brochettes de réception 115

BROCOLI
Bœuf mariné au brocoli 168
Brocoli au beurre à l'ail et aux cajous 355
Brocoli au citron et au piment de Cayenne 352
Brocoli aux trois fromages 355
Brocoli et oignon au gratin 352
Dinde et brocoli au four avec sauce au cheddar 133
Légumes et fettuccine en crème 330
Légumes rôtis 363
Riz et légumes savoureux 335
Salade de légumes croquants 301
Sandwiches ouverts à la dinde et au brocoli 266

C

CAFÉ
Café à la menthe et à l'orange 33

CANNEBERGES
Carrés glacés aux canneberges 305
Compote d'agrumes glacée aux canneberges 319
Pouding aux canneberges cuit à l'étuvée 422

CANTALOUP
Melon garni à la dinde 278
Melon Melba estival 402

Salade crémeuse de melon à la muscade 310
Salade de fruits moulée 306

CARAMEL
Brioches au caramel et aux raisins secs 64
Caramels au maïs et aux noix 492
Caramels mous de tante Émilie 494
Carrés au chocolat, aux pacanes et au caramel 474
Croquants au caramel et aux biscuits Graham 479
Pommes au caramel du carnaval 494
Sauce au caramel maison 441
Tarte au chocolat, aux pacanes et au caramel 464
Trempette au caramel et au rhum 402

CAROTTES
Carottes à la menthe 363
Carottes au bacon 360
Carottes au gingembre glacées à l'orange 360
Carottes et légumes du jardin 359
Cosses de petits pois et carottes glacées au miel 379
Fagots de sole et de carottes au citron 218
Gâteau aux carottes glacé 444
Soupe crémeuse aux épinards et aux carottes 80

CERISES
Dessert aux cerises recouvert de pâte sablée 401
Gâteau au fromage 411
Gâteau surprise au chocolat et aux cerises 451
Salade de fruits au poulet et à la cannelle 312
Tarte aux cerises 456

CHAMPIGNONS
Champignons au vin 372
Champignons farcis jardinière 17
Champignons sautés aux fines herbes 372
Côtelettes de porc à la sauce aux champignons 190
Tranches d'oignons au fromage bleu cuites au four 375
Veau aux artichauts et aux champignons 206

CHAUDRÉES
Chaudrée aux fruits de mer 78
Chaudrée de pommes de terre et de bacon 78

CHILI
Ragoût de bœuf et de fèves épicé 95

CHOCOLAT
Voir aussi Grains de chocolat.
Biscuits
   Biscuits croquants au chocolat
      et aux noix   482
   Biscuits géants aux noix   482
Boisson
   Lait malté au chocolat de
      la crémerie   38
Desserts
   Carrés à la mousse au chocolat   426
   Carrés au chocolat garnis de
      fromage à la crème   474
   Gâteau au chocolat   446
   Gâteau au fromage et aux amandes,
      marbré au chocolat   413
   Gâteau surprise au chocolat et
      aux cerises   451
   Pouding au chocolat   420
   Tarte à la crème glacée au
      chocolat   466
   Tarte au chocolat, aux pacanes
      et au caramel   464
   Tarte au chocolat et à la menthe   460

CHOCOLAT CHAUD
   Chocolat chaud riche et crémeux   37

CHOU
   Chou aux pommes et au beurre   359
   Poulet au chou et aux pommes   124
   Salade de chou au fromage bleu   302
   Salade de chou   301

CHOUCROUTE
   Choucroute aux saucisses
      bratwurst poêlée   198

CHOU-FLEUR
   Légumes rôtis   363
   Pot-pourri au chou-fleur   364
   Salade de légumes croquants   301

CHOUX À LA CRÈME
   Choux à la crème aux abricots   413

CHOUX DE BRUXELLES
   Choux de Bruxelles au citron et
      à la ciboulette   356

CIDRE
   Cidre ensoleillé   34
   Jambon au miel glacé au cidre   185
   Poires épicées dans une sauce
      au cidre   438
   Punch chaud épicé   34

CITRON
Biscuits
   Petits gâteaux au beurre au citron   477

Desserts
   Carrés glacés au citron et
      aux framboises   432
   Gâteau au citron et aux baies   406
   Sorbet au citron   436
   Tarte aux bananes à la crème et
      au zeste de citron   458
   Tarte crémeuse au citron   460
Légumes
   Brocoli au citron et au piment
      de Cayenne   352
   Choux de Bruxelles au citron et
      à la ciboulette   356
   Pommes de terre nouvelles
      au raifort citronnées   383
Pain
   Pain marguerite glacé au citron   66
Pâtes
   Pâtes citronnées aux fines herbes   328
Plats principaux
   Fagots de sole et de carottes
      au citron   218
   Piccata de poulet   122
Sandwiches
   Sandwiches au poulet, au citron
      et à l'aneth   256
Autres
   Brochettes de légumes au citron   8
   Marinade persillée au citron   146
   Pommes de terre nouvelles au
      raifort citronnées   383

CITROUILLE
   Gâteau à la citrouille et
      aux pacanes   448
   Muffins épicés à la citrouille   49
   Tarte à la citrouille et aux
      pacanes à l'érable   463

COCOTTE (En)
Voir Repas d'un plat principal.

COMMENT
   Comment acheter, conserver et
      décongeler la volaille   150
   Comment acheter les fruits frais   468
   Comment acheter les légumes
      frais   392
   Comment conserver les biscuits
      et préparer les friandises   498
   Comment dépecer et désosser
      le poulet   152
   Comment dépecer la volaille   157
   Comment enrober et farcir
      la volaille   155
   Comment faire cuire au barbecue   207
   Comment identifier les pâtes,
      le riz et les légumineuses   342
   Comment lever les filets et
      identifier les formes de poisson   231
   Comment préparer la pâte à tarte   470

   Comment préparer le pain à
      la levure   74
   Comment préparer les soupes et
      les ragoûts   96

COMPOTE
   Compote d'agrumes glacée
      aux canneberges   319

CONCOMBRES
   Concombres croquants dans
      une vinaigrette à l'aneth   298
   Salade de pâtes ensoleillée   289

COURGES
Voir aussi Courgettes.
   Carottes et légumes du jardin   359
   Courgerons des moines
      aux pommes et au miel   389
   Porc aux courgerons des moines   195
   Pot-pourri de courges poêlées   386
   Salade de courges d'été   298

COURGETTES
Légumes
   Courgettes et oignons à
      la mozzarella   386
   Pot-pourri de courges poêlées   386
   Relish aux courgettes et à
      la tomate   390
Plats principaux
   Brochettes de poisson
      aux légumes   216
   Cocotte de poulet et de maïs
      en épi   127
   Collations au fromage, à la dinde
      et à la courgette   133
   Crevettes et courgettes du jardin   225
   Pâtes citronnées aux fines herbes   328
   Pâtes et légumes au poêlon   333
   Petits rouleaux de poulet et
      de légumes   110
   Poitrines de poulet et courgettes
      avec crème à l'ail   127
   Repas du pêcheur   212
   Rouleaux de lasagne, sauce à
      la crème   253
   Souper croustillant du Sud-Ouest   244
Salades
   Salade de courges d'été   298
   Salade de pâtes et de légumes   286
   Salade du jardin à la sauce
      piquante   302
Autres
   Bisque de courgettes du jardin   84
   Pains aux courgettes   55
   Sandwiches aux produits de
      la ferme   273

CRABE
   Crabe et palourdes rôtis au four   226

CRÈME ANGLAISE

Baies à la crème anglaise — 416
Crème anglaise au four — 419

CRÈME GLACÉE

Boissons

Boisson panachée crémeuse à la lime — 38
Café à la menthe et à l'orange — 33
Lait malté au chocolat de la crémerie — 38
Rhum chaud au beurre, à l'ancienne — 33

Desserts

Carrés à la banana split — 431
Carrés glacés au beurre d'arachide et au miel — 435
Crème glacée maison — 436
Melon Melba estival — 402
Sandwiches glacés aux bananes et aux grains de chocolat — 435
Sorbet au citron — 436

Tartes

Fantaisie à la crème glacée — 464
Tarte à la crème glacée au chocolat — 466
Tourte aux bleuets, aux pêches et à la crème glacée — 466

Autre

Salade de pêches glacée à la crème — 305

CRÈME SURE

Desserts

Diplomate aux fraises — 431
Gâteau au fromage et aux amandes, marbré au chocolat — 413
Soufflé aux fraises — 429

Hors-d'œuvre

Bouchées de poulet pané — 8
Trempette maison aux légumes — 22
Trempette régal aux fruits — 26

Légumes

Betteraves à la crème sure — 350
Maïs au bacon au four — 370

Plats principaux

Pilons de poulet en trempette — 107
Poulet à la ciboulette et à la crème sure — 108
Poulet pané à la bière, frit — 121
Rôti de bœuf à l'aneth — 175
Rôti de bœuf à la crème au raifort — 175
Tarte au poulet et aux épinards recouverte de biscuits — 116

Salades

Fruits panachés à la lime — 310
Salade de bananes et de baies glacée — 306
Salade de pommes — 278
Salade de poulet du Sud-Ouest — 274

Autres

Chaudrée de pommes de terre et de bacon — 78
Nouilles aux graines de pavot à la crème sure — 330
Sauce au vin blanc et à la crème sure — 144
Sauce crémeuse aux fines herbes — 320

CRÊPES

Crêpes arrosées de sauce aux bananes — 414
Crêpe au four — 241

CREVETTES

Crevettes et courgettes du jardin — 225
Crevettes glacées à la marmelade — 226
Jambalaya — 225
Œufs aux crevettes et à l'aneth à la diable — 242

D

DATTES

Carrés aux dattes et à l'orange glacés — 480
Tartinade au beurre, aux dattes et aux pacanes — 26

DESSERTS

Voir aussi Gâteaux; Tartes.

Choux à la crème

Choux à la crème aux abricots — 413

Crème anglaise

Baies à la crème anglaise — 416
Crème anglaise au four — 419

Crêpes

Crêpes arrosées de sauce aux bananes — 414

Gâteaux au fromage

Gâteau au fromage — 411
Gâteau au fromage et aux amandes, marbré au chocolat — 413

Glacés

Carrés à la banana split — 431
Carrés glacés au beurre d'arachide et au miel — 435
Carrés glacés au citron et aux framboises — 432
Coupes au fromage à la crème, à l'érable et aux noix — 432
Crème glacée maison — 436
Fantaisie à la crème glacée — 464
Sandwiches glacés aux bananes et aux grains de chocolat — 435
Sorbet au citron — 436
Tarte à la crème glacée au chocolat — 466
Tourte aux bleuets, aux pêches et à la crème glacée — 466

Meringues

Meringues individuelles garnies aux fruits — 424

Poudings

Pouding au chocolat — 420
Pouding au pain à la banane, à l'ancienne — 398
Pouding au riz — 420
Pouding aux canneberges cuit à l'étuvée — 422

Réfrigérés

Carrés à la mousse au chocolat — 426
Coupes chocolatées à la guimauve et à la menthe — 426

Sauces

Chocolat — 430, 446
Fruits — 414, 466
Poires épicées dans une sauce au cidre — 438
Sauce au caramel maison — 441
Sauce au chocolat et à la menthe — 441
Sauce crémeuse aux abricots — 438
Autres — 396, 398, 422

Soufflés

Délice à l'orange et aux pacanes — 408
Soufflé aux fraises — 429

Autres

Dessert aux cerises recouvert de pâte sablée — 401
Diplomate aux fraises — 431
Génoise aux pêches et à la crème — 404
Melon Melba estival — 402
Pommes à l'érable poêlées — 396
Pommes enrobées de pâte dans une sauce au brandy — 396
Tarte aux fruits délicieuse — 401
Tourte aux poires — 404
Trempette au caramel et au rhum — 402

DINDE

Plats principaux

Brochettes de dinde et de légumes grillées — 137
Collations au fromage, à la dinde et à la courgette — 133
Cuisses de dinde à la sauce barbecue — 134
Dinde et brocoli au four avec sauce au cheddar — 133
Dinde rôtie — 138
Dinde sur le barbecue — 137
Poitrine de dinde farcie à la saucisse et aux raisins secs — 130
Poitrine de dinde farcie aux épinards — 134

Salades

Melon garni à la dinde — 278
Salade de dinde aux raisins — 280

Sandwiches

Sandwiches à la dinde et à
la ciboulette 260

Sandwiches au fromage bleu 260

Sandwiches au jambon, à la
dinde et au raifort 266

Sandwiches ouverts à la dinde
et au brocoli 266

Ragoût

Ragoût de dinde à la tomate 95

Autres

Comment acheter, conserver et
décongeler la volaille 150

Comment dépecer la volaille 157

Comment enrober et farcir
la volaille 155

Sauce brune pour dinde 149

DIPLOMATE

Diplomate aux fraises 431

DOLIQUES À ŒIL NOIR

Riz et doliques à œil noir du Sud 340

DUMPLINGS

Ragoût de poulet avec dumplings 90

E

ÉPINARDS

Légumes

Timbales aux épinards 384

Plats principaux

Biftecks ou hamburgers farcis
aux épinards 164

Couronne d'agneau farcie,
glacée à l'orange 200

Huîtres aux épinards à la crème 229

Poitrine de dinde farcie aux
épinards 134

Strata aux épinards et au cheddar 241

Tarte au poulet et aux épinards
recouverte de biscuits 116

Salades

Salade d'épinards 293

Salade d'épinards à la sauce
au yogourt 294

Soupe

Soupe crémeuse aux épinards
et aux carottes 80

Autres

Fettuccine, sauce crémeuse
aux épinards 328

Fondue aux légumes 250

Riz et doliques à œil noir du Sud 340

ÉRABLE

Bouchées tendres à l'avoine et
à l'érable 28

Coupes au fromage à la crème,
à l'érable et aux noix 432

Pommes à l'érable poêlées 396

Sandwiches au jambon, à la
pomme et au sirop d'érable 268

Tarte à la citrouille et aux
pacanes à l'érable 463

F

FARCES

Épinards 134, 164, 200

Farce au pain de farine de maïs 143

Farce au pain et à la sauge 140

Farce au pain et aux fruits secs
épicée 140

Farce au riz et au bacon 143

Autres 102, 128, 130, 170

FARINE DE MAÏS

Pain de farine de maïs au miel 44

Poisson pané à la farine de maïs 215

FETTUCCINE

Fettuccine, sauce crémeuse
aux épinards 328

Légumes et fettuccine en crème 330

Salade de poulet aux fettuccine 286

FÈVES (séchées)

Comment identifier les pâtes,
le riz et les légumineuses 342

Fèves au four 340

Fèves surprise 338

Ragoût de bœuf et de fèves épicé 95

Riz et doliques à œil noir du Sud 340

FÈVES DE LIMA

Fèves de Lima et bacon du Sud 350

FOIE

Tartinade au foie de poulet 14

Foies de poulet enrobés de bacon 17

FONDUE

Fondue aux légumes 250

FRAISES

Diplomate aux fraises 431

Sablé aux fraises 406

Soufflé aux fraises 429

Tarte aux amandes et aux fraises
fraîches 458

Tarte aux fruits délicieuse 401

FRAMBOISES

Carrés glacés au citron et
aux framboises 432

Tablettes aux framboises 480

FRIANDISES

Bonbons croquants aux arachides 496

Caramels au beurre, au chocolat
et aux noix 496

Caramels au maïs et aux noix 492

Caramels mous de tante Émilie 494

Comment conserver les biscuits
et préparer les friandises 498

Pommes au caramel du carnaval 494

FROMAGE

Voir aussi Fromage à la crème;
Fromage bleu; Parmesan.

Fondue

Fondue aux légumes 250

Hors-d'œuvre

Boule au fromage suisse et au
poivre 19

Quartiers de pomme de terre
au bacon et au fromage 22

Rouleaux au fromage et au bacon 20

Légumes

Brocoli aux trois fromages 355

Brocoli et oignon au gratin 352

Coquilles farcies au cheddar
et aux légumes 250

Courgettes et oignons à
la mozzarella 386

Fondue aux légumes 250

Haricots verts au fromage 349

Pâtes et légumes au poêlon 333

Timbales aux épinards 384

Tomates croquantes au beurre 390

Œufs

Crêpe au four 241

Œufs brouillés 238

Quiche printanière 236

Strata aux épinards et au cheddar 241

Tourte aux œufs pour le brunch 249

Pains

Pain à l'ail rôti à la poêle 58

Scones au cheddar et à l'aneth 50

Pâtes, riz et légumineuses

Coquilles farcies au cheddar
et aux légumes 250

Macaroni au fromage maison 327

Pâtes à la mozzarella 324

Pâtes et légumes au poêlon 333

Riz confetti au fromage 335

Riz et doliques à œil noir du Sud 340

Rouleaux de lasagne, sauce à
la crème 253

Plats principaux

Bifteck de flanc roulé, farci
au cheddar et aux pacanes 170

Collations au fromage, à la dinde
et à la courgette 133

Dinde et brocoli au four avec
sauce au cheddar 133

Filets de sole farcis au fromage 220

Pizza poêlée 246

Poitrines de poulet à la tomate,
au basilic et au fromage 107

Poitrines de poulet du Sud-Ouest 113

Pommes de terre au jambon et au fromage 197
Quiche aux pommes de terre et à l'oignon 236
Souper croustillant du Sud-Ouest 244
Salades
Salade d'artichauts estivale 297
Salade d'épinards à la sauce au yogourt 294
Salade de pâtes arc-en-ciel 291
Salade de pâtes au saumon et à l'aneth 289
Salade de pâtes et de légumes 286
Salade pizza au pepperoni 285
Sandwiches
Palets de saucisse grillés sur pain de seigle 271
Sandwiches à la dinde et à la ciboulette 260
Sandwiches à la tomate, au bacon et au cheddar 273
Sandwiches au fromage bleu 260
Sandwiches au fromage et à la viande 262
Sandwiches au jambon, à la dinde et au raifort 266
Sandwiches au thon et aux légumes 265
Sandwiches aux produits de la ferme 273
Sandwiches ouverts à la dinde et au brocoli 266
Soupe
Soupe à l'oignon 92

FROMAGE À LA CRÈME
Desserts
Carrés à la mousse au chocolat 426
Carrés de gâteau aux carottes glacés 444
Choux à la crème aux abricots 413
Coupes au fromage à la crème, à l'érable et aux noix 432
Gâteau à la citrouille et aux pacanes 448
Gâteau au chocolat 446
Gâteau au fromage et aux amandes, marbré au chocolat 413
Gâteau au fromage 411
Tarte aux fruits délicieuse 401
Hors-d'œuvre
Boule au fromage suisse et au poivre 19
Chaussons au poulet à la sauce crémeuse 10
Cosses de pois garnies en fête 24
Tartinade au beurre, aux dattes et aux pacanes 26
Tartinade au foie de poulet 14
Tartinade au saumon fumé 19

Plats principaux
Bœuf stroganoff aux petits oignons blancs 167
Carrés stroganoff 180
Hamburgers farcis au fromage bleu 182
Macaroni au fromage maison 327
Poitrines de poulet et courgettes avec crème à l'ail 127
Salades
Carrés glacés aux canneberges 305
Melon garni à la dinde 278
Salade crémeuse de melon à la muscade 310
Salade de chou 301
Sandwiches
Sandwiches à la dinde et à la ciboulette 260
Sandwiches au poulet, au citron et à l'aneth 256
Autres
Brocoli aux trois fromages 355
Carrés au chocolat garnis de fromage à la crème 474
Carrés aux dattes et à l'orange glacés 480
Carrés de gâteau au fromage 477
Fondue aux légumes 250

FROMAGE BLEU
Brocoli aux trois fromages 355
Filet de bœuf au fromage bleu 173
Hamburgers farcis au fromage bleu 182
Salade BLT au fromage bleu 293
Salade de chou au fromage bleu 302
Sandwiches au fromage bleu 260
Tranches d'oignons au fromage bleu cuites au four 375

FRUITS
Voir aussi variétés individuelles.
Desserts
Baies à la crème anglaise 416
Gâteau au citron et aux baies 406
Meringues individuelles garnies aux fruits 424
Tarte aux fruits délicieuse 401
Trempette au caramel et au rhum 402
Plat principal
Longe de porc farcie aux fruits 185
Salades
Compote d'agrumes glacée aux canneberges 319
Fruits panachés à la lime 310
Panier de fruits garni d'étoiles 308
Salade crémeuse de melon à la muscade 310
Salade d'agrumes au miel glacée 316
Salade de bananes et de baies glacée 306

Salade de fruits au poulet et à la cannelle 312
Salade de fruits hivernale 319
Salade de fruits moulée 306
Salade du verger à la crème à l'amande 315
Autres
Comment acheter les fruits frais 468
Farce au pain et aux fruits secs épicée 140
Trempette régal aux fruits 26

FRUITS DE MER
Chaudrée aux fruits de mer 78
Crabe et palourdes rôtis au four 226
Crevettes et courgettes du jardin 225
Crevettes glacées à la marmelade 226
Huîtres aux épinards à la crème 229
Jambalaya 225
Œufs aux crevettes et à l'aneth à la diable 242
Garniture aux pétoncles et aux tomates pour pain français 229

G

GARNITURE
Garniture aux pétoncles et aux tomates pour pain français 229

GÂTEAUX
Gâteaux à étages
Gâteau à la citrouille et aux pacanes 448
Gâteau aux bananes à la crème au chocolat 443
Gâteau surprise au chocolat et aux cerises 451
Gâteau des anges
Gâteau des anges à la noix de coco et aux grains de chocolat 452
Quatre-quarts
Carrés de quatre-quarts aux grains de chocolat 446
Gâteau au citron et aux baies 406
Autres
Carrés au chocolat garnis de fromage à la crème 474
Gâteau au chocolat 446
Gâteau aux carottes glacé 444
Pain d'épice à l'orange 444
Sablé aux fraises 406
Streusel aux bleuets 398
Tarte au chocolat, aux pacanes et au caramel 464

GÂTEAUX AU CAFÉ
Voir aussi Pains sucrés (petits).
Gâteau détachable aux raisins secs et aux noix 68
Streusel aux bleuets 398

GÂTEAUX AU FROMAGE

Carrés de gâteau au fromage 477
Gâteau au fromage 411
Gâteau au fromage et aux amandes,
marbré au chocolat 413

GÉLATINE

Carrés glacés aux canneberges 305
Salade de fruits moulée 306
Salade de pêches glacée à
la crème 305

GÉNOISE

Génoise aux pêches et à
la crème 404

GLAÇAGES

Chocolat 443, 446
Fromage à la crème 444, 480
Autres 66, 451, 479, 492

GOÛTERS

Bouchées tendres à l'avoine et
à l'érable 28
Croustilles de pain 31
Maïs soufflé pour les fêtes 31
Noix épicées à l'orange et à
la cannelle 28

GRAINS DE CHOCOLAT

Biscuits
Biscuits au chocolat garnis de
fromage à la crème 474
Boisson
Chocolat chaud riche et crémeux 37
Desserts
Carrés à la banana split 431
Carrés au chocolat, aux pacanes
et au caramel 474
Coupes chocolatées à la guimauve
et à la menthe 426
Carrés de quatre-quarts aux grains
de chocolat 446
Gâteau au fromage et aux amandes,
marbré au chocolat 413
Gâteau aux bananes à la crème
au chocolat 443
Gâteau des anges à la noix de coco
et aux grains de chocolat 452
Pouding au chocolat 420
Sandwiches glacés aux bananes
et aux grains de chocolat 435
Tarte au chocolat, aux pacanes
et au caramel 464
Tarte aux pacanes au chocolat 463
Friandise
Caramels au beurre, au chocolat
et aux noix 496
Sauce
Sauce au chocolat et à la menthe 441

GUIMAUVES

Carrés glacés aux canneberges 305
Coupes chocolatées à la guimauve
et à la menthe 426
Croquants au caramel et
aux biscuits Graham 479
Gâteau au chocolat 446

H

HAMBURGERS

Biftecks ou hamburgers farcis
aux épinards 164
Hamburgers farcis au fromage
bleu 182

HARICOTS VERTS

Haricots verts au fromage 349
Haricots verts du jardin au bacon 346
Légumes à l'étuvée 349
Salade de tomates et de
haricots verts 294
Salade du jardin aux fines herbes 291

HORS-D'ŒUVRE

Voir aussi Boissons; Goûters;
Tartinades; Trempettes.
Fromage
Boule au fromage suisse et
au poivre 19
Quartiers de pomme de terre
au bacon et au fromage 22
Rouleaux au fromage et au bacon 20
Légumes
Brochettes de légumes au citron 8
Champignons farcis jardinière 17
Cosses de pois garnies en fête 24
Quartiers de pomme de terre
au bacon et au fromage 22
Poulet
Ailes de poulet à la sauce
aux ananas 13
Bouchées de poulet pané 8
Brochettes de légumes au citron 8
Chaussons au poulet à la sauce
crémeuse 10
Foies de poulet enrobés de bacon 17
Poulet à la diable 13

HUÎTRES

Chaudrée aux fruits de mer 78
Farce au pain et à la sauge 140
Huîtres aux épinards à la crème 229

I

IGNAMES

Voir Pommes de terre sucrées.

J

JAMBALAYA

Jambalaya 225

JAMBON

Bifteck de jambon glacé
aux pommes 197
Jambon au miel glacé au cidre 185
Pommes de terre au jambon et
au fromage 197
Salade printanière de jambon et
d'asperges 282
Sandwiches au jambon, à la
dinde et au raifort 266
Sandwiches au jambon, à la
pomme et au sirop d'érable 268
Soupe au riz sauvage de
Northwoods 82
Soupe aux pois cassés 82
Tourte aux œufs pour le brunch 249

L

LAIT DE POULE

Lait de poule crémeux,
à l'ancienne 37

LAIT MALTÉ

Lait malté au chocolat de
la crémerie 38

LASAGNE

Rouleaux de lasagne, sauce à
la crème 253

LÉGUMES

Voir aussi variétés individuelles.
Comment acheter les légumes
frais 392

LIME

Boisson panachée crémeuse à
la lime 38
Fruits panachés à la lime 310
Poitrines de poulet du Sud-Ouest 113

LIMONADE

Limonade rose pétillante 40

M

MACARONI

Macaroni au fromage maison 327

MAÏS

Cocotte de poulet et de maïs
en épi 127
Coquilles de tomate au maïs du
Sud-Ouest 368
Crabe et palourdes rôtis au four 226
Épis de maïs au four 368
Fèves de Lima et bacon du Sud 350

Galettes de maïs croquantes au bacon 55
Légumes de l'été des Indiens 376
Maïs au bacon au four 370
Maïs du jardin 364
Maïs en épi au raifort 366
Salade du jardin à la sauce piquante 302

MAÏS SOUFFLÉ

Caramels au maïs et aux noix 492
Maïs soufflé pour les fêtes 31

MARINADES

Marinade au vin et aux fines herbes 146
Marinade persillée au citron 146
Pour la volaille 113, 137
Pour le bœuf 167, 168, 170, 175, 205, 206

MELON

Melon garni à la dinde 278
Melon Melba estival 402
Panier de fruits garni d'étoiles 308
Salade crémeuse de melon à la muscade 310
Salade de fruits moulée 306

MELON D'EAU

Panier de fruits garni d'étoiles 308

MENTHE

Café à la menthe et à l'orange 33
Carottes à la menthe 363
Coupes chocolatées à la guimauve et à la menthe 426
Sauce au chocolat et à la menthe 441
Tarte au chocolat et à la menthe 460

MERINGUES

Meringues individuelles garnies aux fruits 424

MIEL

Beignes glacés au miel 70
Carrés glacés au beurre d'arachide et au miel 435
Cosses de petits pois et carottes glacées au miel 379
Courgerons des moines aux pommes et au miel 389
Filet de porc fumé au miel 192
Jambon au miel glacé au cidre 185
Pain de farine de maïs au miel 44
Pains de blé au miel 60
Salade d'agrumes au miel glacée 316

MINESTRONE

Minestrone 87

MOUTARDE

Hors-d'œuvre
Bouchées de poulet pané 8
Poulet à la diable 13
Plats principaux
Bifteck de jambon glacé aux pommes 197
Bifteck familial mariné 168
Jambon au miel glacé au cidre 185
Pointe de poitrine de bœuf à la moutarde en grains 162
Autres
Pointes d'asperges à la moutarde et à l'ail 346
Sauce crémeuse à la moutarde et aux oignons verts 144

MUFFINS

Muffins épicés à la citrouille 49
Muffins Streusel à la muscade 49

N

NOIX

Biscuits croquants au chocolat et aux noix 482
Biscuits géants aux noix 482
Bonbons croquants aux arachides 496
Caramels au beurre, au chocolat et aux noix 496
Caramels au maïs et aux noix 492
Côtelettes de porc farcies à la pomme et aux noix 188
Coupes au fromage à la crème, à l'érable et aux noix 432
Gâteau détachable aux raisins secs et aux noix 68
Noix épicées à l'orange et à la cannelle 28

NOUILLES

Nouilles aux graines de pavot à la crème sure 330
Ragoût de poulet et de nouilles 89

O

ŒUFS

Au four
Crêpe au four 241
Œufs aux fines herbes cuits au four 242
Quiche aux pommes de terre et à l'oignon 236
Quiche printanière 236
Strata aux épinards et au cheddar 241
Tourte aux œufs pour le brunch 249
Autres
Omelette jardinière 234
Œufs brouillés 238
Œufs aux crevettes et à l'aneth à la diable 242
Sandwiches ouverts à la salade aux œufs 265

OIGNONS

Bœuf stroganoff aux petits oignons blancs 167
Brocoli et oignon au gratin 352
Courgettes et oignons à la mozzarella 386
Croquettes de morue aux oignons verts et à l'aneth 216
Demi-oignons garnis aux petits pois 375
Poulet à la ciboulette et à la crème sure 108
Quiche aux pommes de terre et à l'oignon 236
Sauce crémeuse à la moutarde et aux oignons verts 144
Soupe à l'oignon 92
Tranches d'oignons au fromage bleu cuites au four 375

OMELETTES

Omelette jardinière 234
Tourte aux œufs pour le brunch 249

ORANGES

Biscuits de pain d'épice à l'orange 492
Brioches à l'orange glacées 64
Café à la menthe et à l'orange 33
Carottes au gingembre glacées à l'orange 360
Carrés aux dattes et à l'orange glacés 480
Compote d'agrumes glacée aux canneberges 319
Couronne d'agneau farcie, glacée à l'orange 200
Crevettes glacées à la marmelade 226
Délice à l'orange et aux pacanes 408
Noix épicées à l'orange et à la cannelle 28
Pain d'épice à l'orange 444
Salade de thon à l'orange 282
Salade d'agrumes au miel glacée 316
Trempette régal aux fruits 26

ORGE

Soupe à l'orge et à la tomate 84

P

PACANES

Bifteck de flanc roulé, farci au cheddar et aux pacanes 170
Délice à l'orange et aux pacanes 408
Gâteau à la citrouille et aux pacanes 448

Noix épicées à l'orange et
à la cannelle 28

Petits gâteaux au chocolat, aux
pacanes et au caramel 474

Tarte à la citrouille et aux
pacanes à l'érable 463

Tarte au chocolat, aux pacanes
et au caramel 464

Tarte aux pacanes au chocolat 463

Tartelettes au beurre et
aux pacanes 490

Tartinade au beurre, aux dattes
et aux pacanes 26

PAIN DE FARINE DE MAÏS

Farce au pain de farine de maïs 143

Pain de farine de maïs au miel 44

PAIN D'ÉPICE

Biscuits de pain d'épice à
l'orange 492

Pain d'épice à l'orange 444

PAIN DE VIANDE

Pain de viande aux fines herbes 178

PAINS (Petits)

Voir aussi Pains sucrés (petits).

Petits pains au babeurre 44

Petits pains au beurre et
au parmesan 46

Petits pains aux flocons d'avoine
et à la mélasse 63

Petits pains de grand-maman 63

PAINS SUCRÉS (Petits)

Brioches à la cannelle 73

Brioches au caramel et aux raisins
secs 64

Petits pains aux flocons d'avoine
et à la mélasse 63

PAINS, LEVURE

Pains

Pains de blé au miel 60

Pains de ménage 60

Petits pains

Brioches au caramel et aux
raisins secs 64

Petits pains aux flocons d'avoine
et à la mélasse 63

Petits pains de grand-maman 63

Rouleaux à l'orange glacés 64

Autres

Beignes glacés au miel 70

Brioches à la cannelle 73

Comment préparer le pain à
la levure 74

Craquelins croustillants 56

Gâteau détachable aux raisins
secs et aux noix 68

Pain marguerite glacé au citron 66

PAINS, RAPIDES

Muffins

Muffins épicés à la citrouille 49

Muffins Streusel à la muscade 49

Petits pains

Petits pains au babeurre 44

Petits pains au beurre et
au parmesan 46

Scones au cheddar et à l'aneth 50

Autres

Craquelins croustillants 56

Galettes de maïs croquantes
au bacon 55

Pain à l'ail rôti à la poêle 58

Pain de farine de maïs au miel 44

Pains aux courgettes 55

Savoureux beignets soufflés 52

Streusel aux bleuets 398

PALOURDES

Chaudrée aux fruits de mer 78

Crabe et palourdes rôtis
au four 226

PANAIS

Panais frits au beurre 376

PARMESAN

Pâtes

Fettuccine, sauce crémeuse
aux épinards 328

Légumes et fettuccine en crème 330

Linguine aux fines herbes
fraîches 333

Pâtes à la mozzarella 324

Pâtes citronnées aux fines
herbes 328

Rouleaux de lasagne, sauce
à la crème 253

Salades

Salade de courges d'été 298

Salade de dinde aux raisins 280

Autres

Petits pains au beurre et
au parmesan 46

Pommes de terre à l'ail rôties
au four 383

Tranches d'aubergine au
parmesan et à l'ail 370

Veau aux artichauts et
aux champignons 206

PÂTES

Plats principaux

Coquilles farcies au cheddar et
aux légumes 250

Fettuccine, sauce crémeuse
aux épinards 328

Légumes et fettuccine en crème 330

Linguine aux fines herbes
fraîches 333

Macaroni au fromage maison 327

Nouilles aux graines de pavot
à la crème sure 330

Pâtes à la mozzarella 324

Pâtes citronnées aux fines herbes 328

Pâtes et légumes au poêlon 333

Rouleaux de lasagne, sauce à
la crème 253

Sauce à spaghetti épicée,
au pepperoni 324

Salades

Salade de bœuf et de pâtes à
l'estragon 285

Salade de pâtes arc-en-ciel 291

Salade de pâtes au saumon et
à l'aneth 289

Salade de pâtes ensoleillée 289

Salade de pâtes et de légumes 286

Salade de poulet aux fettuccine 286

Autres

Comment identifier les pâtes,
le riz et les légumineuses 342

PÊCHES

Génoise aux pêches et à la crème 404

Salade de pêches glacée à
la crème 305

Tourte aux bleuets, aux pêches
et à la crème glacée 466

PEPPERONI

Pizza poêlée 246

Salade pizza au pepperoni 285

Sauce à spaghetti épicée,
au pepperoni 324

PÉTONCLES

Garniture aux pétoncles et aux
tomates pour pain français 229

PIZZA

Pizza poêlée 246

Salade pizza au pepperoni 285

POIRES

Poires épicées dans une sauce
au cidre 438

Tourte aux poires 404

POIS (verts)

Cosses de petits pois et carottes
glacées au miel 379

Cosses de pois garnies en fête 24

Demi-oignons garnis aux petits
pois 375

Légumes de l'été des Indiens 376

Pommes de terre et petits pois
à la crème 379

Soupe aux pois cassés 82

POISSON

Hors-d'œuvre

Tartinade au saumon fumé 19

Plats principaux, au four

Fagots de sole et de carottes
au citron 218

Filets de sole farcis au fromage 220

Repas du pêcheur 212

Tourte au saumon 222

Plats principaux, sur la cuisinière

Croquettes de morue aux oignons
verts et à l'aneth 216

Croquettes de poisson et
de pommes de terre 215

Filets de perche aux légumes 212

Jambalaya 225

Poisson pané à la farine de maïs 215

Truite arc-en-ciel et gaspacho
croquant 220

Salades

Salade de pâtes au saumon et à
l'aneth 289

Salade de thon à l'orange 282

Sandwiches

Sandwiches au thon et
aux légumes 265

Autres

Brochettes de poisson aux
légumes 216

Comment lever les filets et
identifier les formes de poisson 231

POIVRONS VERTS

Poivrons verts à la poêle 380

Salade du jardin à la sauce
piquante 302

POMMES

Biscuits

Carrés aux pommes glacés 479

Boissons

Cidre ensoleillé 34

Punch aux pommes du verger 40

Punch chaud épicé 34

Desserts

Pommes à l'érable poêlées 396

Pommes enrobées de pâte dans
une sauce au brandy 396

Tarte aux pommes 455

Friandise

Pommes au caramel du carnaval 494

Légumes

Chou aux pommes et au beurre 359

Courgerons des moines
aux pommes et au miel 389

Pommes de terre sucrées garnies
aux pommes 384

Porc

Bifteck de jambon glacé
aux pommes 197

Côtelettes de porc farcies à
la pomme et aux noix 188

Longe de porc farcie aux fruits 185

Poulet

Poulet au chou et aux pommes 124

Poulet glacé à la pomme rouge 102

Salades

Salade de pommes 278

Salade du verger à la crème
à l'amande 315

Sandwiches

Sandwiches au jambon, à la
pomme et au sirop d'érable 268

POMMES DE TERRE

Voir aussi Pommes de terre sucrées.

Hors-d'œuvre

Quartiers de pomme de terre
au bacon et au fromage 22

Légumes

Pommes de terre à l'ail rôties
au four 383

Pommes de terre allemandes,
chaudes et relevées 380

Pommes de terre et petits pois
à la crème 379

Pommes de terre nouvelles
au raifort citronnées 383

Plats principaux

Biftecks poivrés en sauce avec
pommes de terre sautées 177

Croquettes de poisson et de
pommes de terre 215

Pommes de terre au jambon et
au fromage 197

Pommes de terre et saucisse
épicée à la poêle 198

Quiche aux pommes de terre et
à l'oignon 236

Salade

Salade de pommes de terre
pique-nique 297

Soupe

Chaudrée de pommes de terre et
de bacon 78

POMMES DE TERRE SUCRÉES

Pommes de terre sucrées garnies
aux pommes 384

PORC

Voir aussi Bacon; Jambon; Saucisses.

Côtelettes

Côtelettes de porc à la sauce
aux champignons 190

Côtelettes de porc à la tomate
et au basilic 186

Côtelettes de porc au four 188

Côtelettes de porc farcies à
la pomme et aux noix 188

Côtelettes de porc poêlées 192

Rôti

Longe de porc farcie aux fruits 185

Rôti de porc à la sauge 186

Autres

Cubes de porc aux fines herbes
en cocotte 195

Fèves au four 340

Filet de porc fumé au miel 192

Pain de viande aux fines herbes 178

Porc aux courgerons des moines 195

Sandwiches au porc à la sauce
barbecue 268

POUDING AU PAIN

Pouding au pain à la banane,
à l'ancienne 398

POUDINGS

Pouding au chocolat 420

Pouding au pain à la banane,
à l'ancienne 398

Pouding au riz 420

Pouding aux canneberges cuit
à l'étuvée 422

POULET

Hors-d'œuvre

Ailes de poulet à la sauce
aux ananas 13

Bouchées de poulet pané 8

Brochettes de légumes au citron 8

Chaussons au poulet à la sauce
crémeuse 10

Foies de poulet enrobés de bacon 17

Poulet à la diable 13

Tartinade au foie de poulet 14

Plats principaux, au four

Petits rouleaux de poulet et
de légumes 110

Pilons de poulet en trempette 107

Poitrines de poulet à la tomate,
au basilic et au fromage 107

Poulet à la ciboulette et à la
crème sure 108

Poulet à la Kiev 104

Poulet frit au four 122

Poulet glacé à la pomme rouge 102

Poulet rôti aux fines herbes et
au beurre 100

Poulet rôti aux légumes du jardin 100

Plat principal, grillé

Poulet grillé à l'ail 115

Plats principaux, barbecue

Brochettes de réception 115

Poitrines de poulet à l'ananas et
à l'estragon 113

Poitrines de poulet du Sud-Ouest 113

Plats principaux, en cocotte

Quiche printanière 236

Salade de poulet chaude en
cocotte 116

Tarte au poulet et aux épinards
recouverte de biscuits 116
Tourte au poulet 118
Plats principaux, frit
Piccata de poulet 122
Poulet frit au four 122
Poulet pané à la bière, frit 121
Plats principaux, sur la cuisinière
Cocotte de poulet et de maïs
en épi 127
Poitrines de poulet et courgettes
avec crème à l'ail 127
Poulet au chou et aux pommes 124
Salades
Salade chaude de poulet et
de laitue 277
Salade de fruits au poulet et à
la cannelle 312
Salade de pommes 278
Salade chaude de poulet à
la poêle 274
Salade de poulet aux fettuccine 286
Salade de poulet du Sud-Ouest 274
Salade de poulet estivale 277
Sandwiches
Club-sandwiches au poulet et à
l'avocat 258
Sandwiches à la salade de poulet
croquante 256
Sandwiches au poulet, au citron
et à l'aneth 256
Soupes et ragoûts
Bouillon de poulet maison 87
Ragoût de poulet avec dumplings 90
Ragoût de poulet et de nouilles 89
Soupe au riz sauvage de
Northwoods 82
Autres
Comment acheter, conserver et
décongeler la volaille 150
Comment dépecer et désosser
le poulet 152
Comment dépecer la volaille 157
Comment enrober et farcir
la volaille 155
Marinade au vin et aux fines
herbes 146
Marinade persillée au citron 146

POULETS DE CORNOUAILLES
Poulets de Cornouailles aux légumes
avec beurre aux fines herbes 128
Poulets de Cornouailles glacés
à l'abricot 128

PUNCH
Boisson panachée crémeuse à
la lime 38
Punch aux pommes du verger 40
Punch chaud épicé 34

Q

QUICHES
Quiche aux pommes de terre
et à l'oignon 236
Quiche printanière 236

R

RAGOÛTS
Comment préparer les soupes et
les ragoûts 96
Délicieux ragoût de légumes 89
Ragoût de bœuf et de fèves épicé 95
Ragoût de dinde à la tomate 95
Ragoût de poulet avec dumplings 90
Ragoût de poulet et de nouilles 89

RAIFORT
Maïs en épi au raifort 366
Pommes de terre nouvelles au
raifort citronnées 383
Rôti de bœuf à la crème au
raifort 175
Sandwiches au jambon, à la
dinde et au raifort 266
Sandwiches spéciaux au rôti de
bœuf et au raifort 262

RAISINS SECS
Biscuits à l'avoine, à l'ancienne 485
Bouchées tendres à l'avoine et à
l'érable 28
Brioches au caramel et aux
raisins secs 64
Gâteau détachable aux raisins
secs et aux noix 68
Poitrine de dinde farcie à la
saucisse et aux raisins secs 130

RELISH
Relish aux courgettes et à
la tomate 390

REPAS D'UN PLAT PRINCIPAL
Bœuf
Bœuf mariné au brocoli 168
Carrés stroganoff 180
Ragoût de bœuf énergétique 162
Fromage
Pizza poêlée 246
Rouleaux de lasagne, sauce à
la crème 253
Souper croustillant du Sud-Ouest 244
Tourte aux œufs pour le brunch 249
Fruits de mer
Crabe et palourdes rôtis au four 226
Garnitures aux pétoncles et aux
tomates pour pain français 229
Huîtres aux épinards à la crème 229
Jambalaya 225

Œufs
Quiche aux pommes de terre et
à l'oignon 236
Quiche printanière 236
Strata aux épinards et au cheddar 241
Pâtes
Pâtes à la mozzarella 324
Pâtes et légumes au poêlon 333
Porc
Choucroute aux saucisses
bratwurst poêlée 198
Cubes de porc aux fines herbes
en cocotte 195
Filet de porc fumé au miel 192
Pommes de terre au jambon et
au fromage 197
Pommes de terre et saucisse
épicée à la poêle 198
Porc aux courgerons des moines 195
Poulet
Cocotte de poulet et de maïs
en épi 127
Poitrines de poulet et courgettes
avec crème à l'ail 127
Poulet au chou et aux pommes 124
Salade de poulet chaude
en cocotte 116
Tarte au poulet et aux épinards
recouverte de biscuits 116
Tourte au poulet 118

RHUBARBE
Tarte à la rhubarbe 456

RIZ
Voir aussi Riz sauvage.
Dessert
Pouding au riz 420
Plats d'accompagnement
Pilaf printanier du jardin 336
Pot-pourri de riz croquant 336
Riz confetti au fromage 335
Riz et doliques à œil noir du Sud 340
Riz et légumes savoureux 335
Plats principaux
Côtelettes de porc au four 188
Jambalaya 225
Salade de poulet chaude
en cocotte 116
Autres
Comment identifier les pâtes,
le riz et les légumineuses 342
Farce au riz et au bacon 143

RIZ SAUVAGE
Farce au riz et au bacon 143
Pot-pourri de riz croquant 336
Riz sauvage du trappeur 338
Salade d'épinards 293
Soupe au riz sauvage de
Northwoods 82

S

SALADE DE CHOU

Salade de chou	301
Salade de chou au fromage bleu	302

SALADES

Fruits

Compote d'agrumes glacée aux canneberges	319
Fruits panachés à la lime	310
Panier de fruits garni d'étoiles	308
Salade crémeuse de melon à la muscade	310
Salade d'agrumes au miel glacée	316
Salade de fruits au poulet et à la cannelle	312
Salade de fruits hivernale	319
Salade du verger à la crème à l'amande	315

Légumes

Concombres croquants dans une vinaigrette à l'aneth	298
Salade BLT au fromage bleu	293
Salade d'artichauts estivale	297
Salade d'épinards à la sauce au yogourt	294
Salade d'épinards	293
Salade de chou au fromage bleu	302
Salade de chou	301
Salade de courges d'été	298
Salade de légumes croquants	301
Salade de pommes de terre pique-nique	297
Salade de tomates et de haricots verts	294
Salade du jardin à la sauce piquante	302
Salade du jardin aux fines herbes	291

Moulées

Carrés glacés aux canneberges	305
Salade de bananes et de baies glacée	306
Salade de fruits moulée	306
Salade de pêches glacée à la crème	305

Pâtes

Salade de pâtes arc-en-ciel	291
Salade de pâtes au saumon et à l'aneth	289
Salade de pâtes ensoleillée	289
Salade de pâtes et de légumes	286
Salade de poulet aux fettuccine	286

Plats principaux

Melon garni à la dinde	278
Salade chaude de poulet et de laitue	277
Salade de bœuf et de pâtes à l'estragon	285
Salade de dinde aux raisins	280
Salade de pommes	278
Salade chaude de poulet à la poêle	274
Salade de poulet du Sud-Ouest	274
Salade de poulet estivale	277
Salade de thon à l'orange	282
Salade pizza au pepperoni	285
Salade printanière de jambon et d'asperges	282

SANDWICHES

Bœuf

Sandwiches spéciaux au rôti de bœuf et au raifort	262

Porc

Pain croûté farci à la saucisse	271
Palets de saucisse grillés sur pain de seigle	271
Sandwiches à la tomate, au bacon et au cheddar	273
Sandwiches au fromage et à la viande	262
Sandwiches au jambon, à la pomme et au sirop d'érable	268
Sandwiches au porc à la sauce barbecue	268

Volaille

Club-sandwiches au poulet et à l'avocat	258
Sandwiches à la dinde et à la ciboulette	260
Sandwiches à la salade de poulet croquante	256
Sandwiches au fromage bleu	260
Sandwiches au jambon, à la dinde et au raifort	266
Sandwiches au poulet, au citron et à l'aneth	256
Sandwiches ouverts à la dinde et au brocoli	266

Autres

Sandwiches au thon et aux légumes	265
Sandwiches aux produits de la ferme	273
Sandwiches ouverts à la salade aux œufs	265

SAUCES

Voir aussi Desserts.

Barbecue	134, 268
Crème sure	8, 121, 175
Crème	127, 162, 253
Fromage	133, 352, 384
Fruits	13, 112, 115, 128
Sauce à spaghetti épicée, au pepperoni	324
Sauce au vin blanc et à la crème sure	144
Sauce crémeuse à la moutarde et aux oignons verts	144
Teriyaki	216
Tomate	222, 234

SAUCES AU JUS DE VIANDE

Côtelettes de porc à la sauce aux champignons	190
Sauce brune pour dinde	149
Sauce crémeuse de grand-maman	149

SAUCISSES

Voir aussi Pepperoni.

Plats principaux

Choucroute aux saucisses bratwurst poêlée	198
Côtelettes d'agneau farcies à la saucisse	203
Poitrine de dinde farcie à la saucisse et aux raisins secs	130
Pommes de terre et saucisse épicée à la poêle	198
Souper croustillant du Sud-Ouest	244

Ragoûts

Délicieux ragoût de légumes	89
Ragoût de bœuf et de fèves épicé	95
Ragoût de dinde à la tomate	95

Sandwiches

Pain croûté farci à la saucisse	271
Palets de saucisse grillés sur pain de seigle	271
Sandwiches au fromage bleu	260

Autre

Riz et légumes savoureux	335

SAUMON

Salade de pâtes au saumon et à l'aneth	289
Tartinade au saumon fumé	19
Tourte au saumon	222

SCONES

Scones au cheddar et à l'aneth	50

SOUFFLÉS

Voir Desserts.

SOUPES

Voir aussi Ragoûts.

Bouillons

Bouillon de poulet maison	87
Minestrone	87
Soupe à l'oignon	92
Soupe à l'orge et à la tomate	84

Crèmes

Bisque de courgettes du jardin	84
Chaudrée aux fruits de mer	78
Chaudrée de pommes de terre et de bacon	78
Soupe au riz sauvage de Northwoods	82
Soupe crémeuse aux épinards et aux carottes	80

Autres

Comment préparer les soupes et
les ragoûts ... 96
Soupe aux pois cassés ... 82

SPAGHETTI

Sauce à spaghetti épicée,
au pepperoni ... 324

SPRITZ

Spritz fondants ... 489

STROGANOFF

Bœuf stroganoff aux petits
oignons blancs ... 167
Carrés stroganoff ... 180

T

TARTES

Au four

Tarte à la citrouille et aux
pacanes à l'érable ... 463
Tarte à la rhubarbe ... 456
Tarte au chocolat, aux pacanes
et au caramel ... 464
Tarte aux cerises ... 456
Tarte aux pacanes au chocolat ... 463
Tarte aux pommes ... 455

Glacées

Fantaisie à la crème glacée ... 464
Tarte à la crème glacée
au chocolat ... 466
Tourte aux bleuets, aux pêches
et à la crème glacée ... 466

Réfrigérées

Tarte au chocolat et à la menthe ... 460
Tarte aux amandes et aux fraises
fraîches ... 458
Tarte aux bananes à la crème et
au zeste de citron ... 458
Tarte crémeuse au citron ... 460

Autres

Carrés aux pommes glacés ... 479
Comment préparer la pâte à tarte ... 470
Tarte aux fruits délicieuse ... 401
Tartelettes au beurre et aux
pacanes ... 490

TARTINADES

Tartinade au beurre, aux dattes et
aux pacanes ... 26
Tartinade au foie de poulet ... 14
Tartinade au saumon fumé ... 19

THON

Salade de thon à l'orange ... 282
Sandwiches au thon et
aux légumes ... 265
Tourte au saumon ... 222

TOMATES

Légumes

Coquilles de tomate au maïs du
Sud-Ouest ... 368
Demi-tomates aux fines herbes ... 389
Relish aux courgettes et à
la tomate ... 390
Tomates croquantes au beurre ... 390

Plats principaux

Boulettes de viande à la sauce
aux tomates ... 178
Côtelettes de porc à la tomate et
au basilic ... 186
Garniture aux pétoncles et aux
tomates pour pain français ... 229
Omelette jardinière ... 234
Poitrines de poulet à la tomate,
au basilic et au fromage ... 107
Sauce à spaghetti épicée,
au pepperoni ... 324
Truite arc-en-ciel et gaspacho
croquant ... 220

Salades

Salade BLT au fromage bleu ... 293
Salade de tomates et de haricots
verts ... 294

Sandwiches

Sandwiches à la tomate,
au bacon et au cheddar ... 273

Soupe et ragoût

Ragoût de dinde à la tomate ... 95
Soupe à l'orge et à la tomate ... 84

TOURTE

Tourte au poulet ... 118

TREMPETTES

Trempette au caramel et au rhum ... 402
Trempette maison aux légumes ... 22
Trempette régal aux fruits ... 26
Autres ... 8, 107, 121

V

VEAU

Rôti de veau mariné aux fines
herbes ... 206
Veau aux artichauts et
aux champignons ... 206

VIANDE

Voir variétés individuelles - Agneau;
Bœuf; Porc; Poulet; etc.

VINAIGRETTES ET SAUCES

Sauce crémeuse aux fines herbes ... 320
Vinaigrette au basilic ... 320
Sucrées ... 278, 308, 310, 312
Autres ... 274, 277, 280, 282, 285, 286,
291, 293, 294, 301, 302

VOLAILLE

Voir aussi Dinde; Poulet; Poulets de
Cornouailles.

Comment acheter, conserver et
décongeler la volaille ... 150
Comment dépecer et désosser
le poulet ... 152
Comment dépecer la volaille ... 157
Comment enrober et farcir
la volaille ... 155

Y

YOGOURT

Carrés glacés au citron et
aux framboises ... 432
Salade d'épinards à la sauce
au yogourt ... 294
Salade de bœuf et de pâtes à
l'estragon ... 285
Salade de fruits au poulet et à
la cannelle ... 312
Sauce crémeuse à la moutarde
et aux oignons verts ... 144